教师职业道德与教育法律法规

主　编　穆湘兰
副主编　张成林
参　编（按姓氏笔画顺序）
　　　　文　芳　白有凤　冯小燕
　　　　李　宁　杨　莲　吴　茵
　　　　张其志　徐廷福　谭雅诗

南京大学出版社

图书在版编目(CIP)数据

教师职业道德与教育法律法规 / 穆湘兰主编.
南京：南京大学出版社，2025.1. — ISBN 978-7-305-28608-7

Ⅰ.G451.6;D922.16

中国国家版本馆 CIP 数据核字第 2024SG7153 号

出版发行	南京大学出版社		
社　　址	南京市汉口路 22 号	邮　编	210093

书　　名 教师职业道德与教育法律法规
　　　　　JIAOSHI ZHIYE DAODE YU JIAOYU FALÜ FAGUI
主　　编 穆湘兰
责任编辑 钱梦菊　　　　　　　编辑热线　025-83592146

照　　排　南京南琳图文制作有限公司
印　　刷　南京玉河印刷厂
开　　本　787 mm×1092 mm　1/16　印张 18.5　字数 400 千
版　　次　2025 年 1 月第 1 版　2025 年 1 月第 1 次印刷
ISBN 978-7-305-28608-7
定　　价　49.80 元

网址：http://www.njupco.com
官方微博：http://weibo.com/njupco
官方微信号：njupress
销售咨询热线：(025) 83594756

＊版权所有，侵权必究
＊凡购买南大版图书，如有印装质量问题，请与所购
　图书销售部门联系调换

前　言

"百年大计，教育为本。教育是民族振兴、社会进步的基石，是提高国民素质、促进人的全面发展的根本途径，寄托着亿万家庭对美好生活的期盼。"党的十八大以来，以习近平同志为核心的党中央团结带领全国各族人民，紧紧围绕"两个一百年"和中华民族伟大复兴的中国梦，举旗定向、谋篇布局、攻坚克难、强基固本，开辟了党和国家事业发展的新局面，进一步加快了教育改革发展的新步伐。

教育事业的发展，关键在于教师。正所谓"强教必先强师"，教师是教育发展的第一资源。建设优秀教师队伍、培养高质量师范生已成为适应新时代我国教师教育改革实践的必然要求，也是实现中华民族伟大复兴中国梦及"教育强国梦"的应有之义。

当前，国家加快教育立法进程，教育法律法规体系不断完善；高等学校积极开展教师教育课程改革、创新培养模式，强化实践环节，加强师德修养和教育教学能力训练。为了更好地帮助中小学教师或师范生系统学习和掌握我国当前对中小学教师的职业道德、法治素养等方面的基本要求，与党和国家的要求保持高度一致，我们组织重新编写了《教师职业道德与教育法律法规》教材。

本教材的师德部分以《中小学教师职业道德规范(2008年修订)》和《新时代中小学教师职业行为十项准则》(2018年)为主，对师德规范、行为要求进行了解读；教育法律法规部分，主要对《中华人民共和国教育法》《中华人民共和国义务教育法》《中华人民共和国教师法》等6部法律以及《学生伤害事故处理办法》等3部重要的教育部门规章进行了详细解读。

本教材是集体劳动的成果，由韶关学院穆湘兰副教授担任主编，张成林副教授担任副主编，该课程授课团队参加编写。具体写作分工如下：第一章：穆湘兰、徐廷福；第二章、第四章：杨莲；第三章：穆湘兰、吴茵；第五章：张成林；第六章：穆湘兰；第七章：文芳、谭雅诗；第八章：白有凤；第九章：李宁、冯小燕；第十章：穆湘兰、张其志。本教材另有在线开放课程资源，见学银在线(https://www.xueyinonline.com/detail/240847979)。

  本教材的编写参阅和引用了同行专家的资料和成果，得到了韶关学院教务部、教育科学学院领导和教师的关心和支持，得到出版社的具体指导，谨在此一并表示衷心感谢。教材编写过程中参考、借鉴和引用了诸多学者的研究成果和文献资料，我们在页下做了标注或在书末列出，如有遗漏或不当之处，请联系编者予以修正和完善。尽管我们做了努力，但由于水平有限，书中仍有疏漏和不足，敬请广大教师、读者和专家批评指正。

编写组
2025 年 1 月

目 录

上篇　教师职业道德

第一章　教师职业道德概述 3
  第一节　教师职业与职业道德 5
  第二节　教师职业道德原则 14
  第三节　教师职业道德的基本范畴 21

第二章　立德树人的内涵与新时代好老师的要求 30
  第一节　立德树人的内涵 31
  第二节　新时代好老师的要求 36

第三章　中小学教师职业道德规范 51
  第一节　爱国守法 53
  第二节　爱岗敬业 56
  第三节　关爱学生 61
  第四节　教书育人 66
  第五节　为人师表 75
  第六节　终身学习 81

第四章　新时代中小学教师职业行为要求 85
  第一节　《新时代中小学教师职业行为十项准则》解读 87
  第二节　《中小学教师违反职业道德行为处理办法》解读 94

第五章　中小学教师职业道德的培育与修养 101
  第一节　中小学教师常见的师德问题 102
  第二节　中小学教师师德问题的产生原因 107
  第三节　中小学教师师德培育和修养的原则与方法 111

下篇　教育法律法规

第六章　教育法律法规概述 ………………………………………………… 123
第一节　我国教育法制发展的历程与现状 ……………………………… 124
第二节　教育法律关系 …………………………………………………… 135
第三节　教育法律责任 …………………………………………………… 141
第四节　教育法律救济 …………………………………………………… 147

第七章　教育基本法律与专门法律的解读 ………………………………… 153
第一节　《中华人民共和国教育法》解读 ……………………………… 154
第二节　《中华人民共和国义务教育法》解读 ………………………… 168
第三节　《中华人民共和国教师法》解读 ……………………………… 177
第四节　《中华人民共和国家庭教育促进法》解读 …………………… 189

第八章　教育相关法律的解读 ……………………………………………… 202
第一节　《中华人民共和国未成年人保护法》解读 …………………… 203
第二节　《中华人民共和国预防未成年人犯罪法》解读 ……………… 222

第九章　教育部门规章的解读 ……………………………………………… 232
第一节　《学生伤害事故处理办法》解读 ……………………………… 233
第二节　《中小学教育惩戒规则(试行)》解读 ………………………… 247
第三节　《未成年人学校保护规定》解读 ……………………………… 256

第十章　依法治教与中小学教师法治素养的提升 ………………………… 270
第一节　依法治国背景下的依法治教 …………………………………… 272
第二节　依法执教与教师法治素养 ……………………………………… 278
第三节　中小学教师法治素养的提升 …………………………………… 280

附　录 ………………………………………………………………………… 288

主要参考文献 ………………………………………………………………… 289

上 篇
教师职业道德

富士

秋菜生理的障害

第一章 教师职业道德概述

学习目标

1. 知道教师职业的产生与特点,理解教师职业道德的特点、功能及其重要性;理解我国教师职业道德的原则和范畴。
2. 能辨析教师的职业道德与其他职业道德的区别;学会正确处理教师个人与集体、职业责任与职业荣誉等关系。
3. 对教师职业产生情感认同、价值认同;初步形成教师职业的责任感、使命感、自豪感。

内容框架

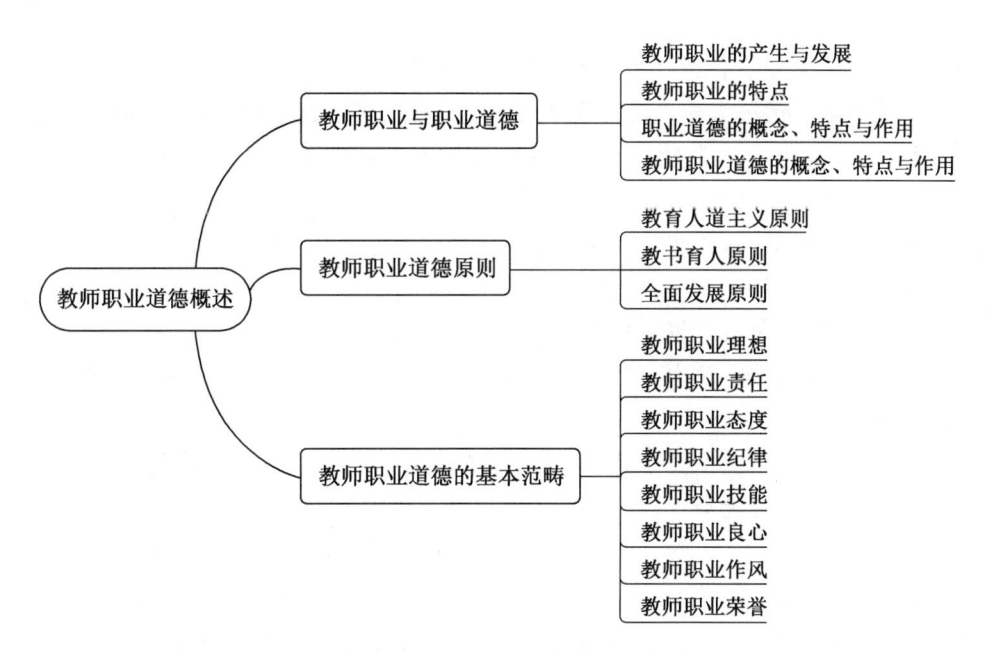

教师职业道德概述
- 教师职业与职业道德
  - 教师职业的产生与发展
  - 教师职业的特点
  - 职业道德的概念、特点与作用
  - 教师职业道德的概念、特点与作用
- 教师职业道德原则
  - 教育人道主义原则
  - 教书育人原则
  - 全面发展原则
- 教师职业道德的基本范畴
  - 教师职业理想
  - 教师职业责任
  - 教师职业态度
  - 教师职业纪律
  - 教师职业技能
  - 教师职业良心
  - 教师职业作风
  - 教师职业荣誉

案例导入

选择做老师就选择了与国家骨肉相连[①]

老师,你好!

我是于漪。

教师节就快到了,我们一起谈谈心。

我这个已逾鲐背之年的老人,一见到青年教师,一想到青年教师,心中就无限欢喜。

育人是一个非常复杂的工程,教师必须思想有高度,学识有厚度,精神有朝气。我们的教育事业特别需要青年教师。

青年是人生之王,处在思维最活跃的时期,对生命的追求也最有动力。青年教师应志存高远,把自己的生命同我们所肩负的使命结合起来,要有底气、有骨气,还要有锐气、有韧劲。

青年教师,就是祖国教育的未来。

……

质量是教育的生命。教育质量,说到底就是人的质量。

学校中人的质量,就是两支队伍的质量——培养者和被培养者的质量。要把学生培养得全面发展,有理想、有本领、有创新精神、有实践能力,归根到底,培养者这支队伍就要过硬。

什么样的人培养出什么样的人,我想,这个就是教育的生命。

育人先育己。我一辈子走的是同学生一起成长的路,在教育学生的同时首先教育自己,教育自己成为一个堂堂正正、表里如一、言行一致的,有中国心的中国人,成为一个能和学生知心交心的老师。

一辈子做基础教育,我相信教师的生命是在学生身上延续的,教师的价值是在学生身上体现的。

生命虽然有限,但教育事业常青。

从事教育,必须有一种内心的觉醒,那就是把自己的命运和国家的命运紧密结合在一起。

你选择了做教师,就选择了高尚,就选择了与国家休戚与共、血肉相连。我们为党育人、为国育才的责任大如天。

……

[①] 中国教育报. 于漪给中国青年教师的一封信:选择了做教师,就选择了与国家血肉相连[EB/OL]. http://www.jyb.cn/rmtzgjyb/202209/t20220915_2110946819.html,2022-09-15/2023-08-11(有删减).

祝愿我们的青年教师,在教育的岗位上散发青春的光芒,收获教育的欢乐,取得可喜的成绩,为孩子们的人生旅途带去一片光明!

你的朋友于漪
2022 年 9 月

这是我国著名教育家于漪[①]在 2022 年教师节前写给中国青年教师的一封信。于漪老师是从普通教师队伍中走出来的"人民教育家",为何她会说选择做老师就选择了与国家骨肉相连?教师之于国家,到底意味着什么?

第一节 教师职业与职业道德

职业是人类社会发展到一定历史时期的产物。随着人类社会的发展,职业的分化程度以及个体对职业的认识是在逐渐发展的。现代意义上的职业是人们参与社会分工、利用专门的知识和技能,为社会创造物质财富和精神财富,获取合理报酬,作为物质生活来源,并满足精神需求的工作。

一、教师职业的产生与发展

(一)古代教师职业的非专门化

早在人类社会初期,教师还没有形成独立职业的时候,就存在着教的活动。我国古籍所载的伏羲氏教民以猎、神农氏教民耕种的传说,表明原始社会早期是原始部落的首领或有生产经验的人承担了教师的职责。原始社会生产与生活中的观察模仿,原始教育中的庠、青年之家等,都是长者为师、能者为师。奴隶社会,当教育从生产劳动与日常生活中分离出来,产生了专门的教育机构——学校后,虽然有了专门从事教育活动的教师,但多是"以吏为师""僧侣为师",教师是一种社会官吏或僧侣兼做的工作。在学校产生后一个相当长的历史阶段里,教师并不是专职的,教师职业也没有成为一种独立的社会职业,更没有专业教育机构来专门训练教师。从奴隶社会文化下移而兴起的私学或书院的教书先生与讲学的学者,虽以教书为谋生手段,也只是因其掌握较多的文化知

---

① 注:于漪,女,汉族,1929 年 2 月 7 日出生,中共党员,上海市杨浦高级中学名誉校长,曾任全国语言学会理事、全国中学语文教学研究会副会长。长期躬耕于中学语文教学事业,坚持教文育人,推动"人文性"写入全国《语文课程标准》,主张教育思想和教学实践同步创新,撰写数百万字教育著述,许多重要观点被教育部门采纳,为推动全国基础教育改革发展做出突出贡献。曾荣获"全国先进工作者""全国三八红旗手""全国教书育人楷模"等荣誉称号,2019 年 9 月 17 日,国家主席习近平签署主席令,授予于漪"人民教育家"国家荣誉称号。这是中华人民共和国首次颁发"人民教育家"这一国家荣誉称号,于漪作为基础教育界的唯一代表获此殊荣。

识,并不具有从教的专业技能。从奴隶社会到封建社会,社会的总体教育程度很低,能接受教育的人数由于阶级社会的等级制度而极为有限,私学虽有,但实际为数寥寥。因此,古代教师职业的专业化程度十分有限,从事教师职业的人数也屈指可数。

教师职业在此时还不是社会的必需职业,它对社会发展所起的推动作用,在继承、繁荣和发展人类文化方面以及人类自身的发展方面所起的作用远未被揭示出来。在统治阶级看来,其重要性远远不如社会上的其他职业,如裁缝、铁匠。

(二) 近代教师职业的专职化

资本主义的社会制度首先在西方国家形成,它是以机器大工业生产和商品经济的繁荣、资本主义生产关系的确立、资产阶级占据统治地位为基本特征。在资本主义社会的发展过程中,对教师职业的发展影响最大、最深刻的事件当首推义务教育制度的提出和推行。

义务教育制度的提出和推行,始于十六世纪欧洲宗教改革运动中奉行新教的国家推行宗教教育的需要。各资本主义国家实际上是在十九世纪七十年代才开始实行义务教育。义务教育的实施在客观上意味着对教师数量需求的激增和业务质量要求的提高,教师和教师培养问题因而引起了社会的广泛关注。法国启蒙思想家卢梭在其教育名著《爱弥儿》中就一针见血地指出:"教师必须受过教育,才能教育他的学生……把孩子交给一个连他本身都没有受过良好教育的人培养,又怎么能培养得了呢?"这说明教师培养问题已到了非解决不可的地步,尤其初等教育的教师培养问题。

世界最早的独立师范教育机构产生于法国。1681年,法国天主教神父拉萨尔创立了第一所师资训练学校,成为世界独立师范教育的开始。1695年,德国法兰克在哈雷创办了一所师资养成所,施以师范教育,成为德国师范教育的先驱。1795年,法国在巴黎设公立师范学校,1810年设立高等师范学校,1832年颁布统一的师范学校系统,统一隶属中央。1833年的《基佐法案》明确规定各省均设师范学校一所。从1870年到1890年,世界许多国家颁布法规设立师范学校,中国也是在这个时代,即1897年创立了以专门培养教师为主的师范学校。

教师的职业化意味着教师与政治事务、宗教行为相对疏离,专门以教师职业作为谋生的手段。在各国政府开始兴办初等学校后,出于对教育质量的考虑,禁止从教人员再从事妨碍学校教学工作的职业,使教师从业人员专职化。尽管此时对教师的要求仍然很低,对教师资格的要求仅限于行为举止的得体和宗教信仰的正统,但对教师职业的发展来说,毕竟走过了兼职的历史,成为一项专门的职业。

(三) 现代教师职业的专业化

专业化的活动首先以基本的专业训练为前提,师范学校的出现代表着教师专业化的肇始。早期的教师培养训练主要采用口耳相传的"艺徒式"训练方式,具有很明显的经验化、随意化特征。只有当教育科学发展到一定水平并被纳入教师教育课程以后,教师的专业训练和专业化发展才进入了比较成熟的阶段,教师的教学也逐渐摆脱了工业革命以前的经验化和常识化状态,有了科学的理论指导。

"二战"以来,随着世界政治格局的变迁,教育成为关乎各国在综合国力大战中能否取胜的一个最重要的砝码。促进教育改革和发展的呼声引发了对教师专业发展和专业教育的关注,世界范围内开始把教师专业发展的问题作为关系教育质量的关键问题加以探讨和研究。1966年,联合国教科文组织和国际劳工组织在《关于教师地位的建议》中明确提出:"应把教育工作视为专门的职业,这种职业要求教师经过严格的、持续的学习,获得并保持专门的知识和特别的技术,它是一种公共的业务。"这是世界范围内首次对教师专业地位的探讨,从而开启了世界上教师专业化研究的序幕。进入80年代,教师专业发展问题日趋成为人们关注的焦点。1980年,世界教育年鉴将"教师专业发展"(professional development of teachers)作为主题,由此引发了一系列以提高教师素质为核心的教育改革,并发表了一系列有价值的研究报告。美国霍姆斯小组于1986年、1990年和1995年先后发表的《明天的教师》《明日之学校》《明日之教育学院》等一系列报告,卡内基教育和经济论坛"教育作为一种专门职业"工作组于1986年发表的《国家为培养21世纪的教师做准备》的报告,共同倡导通过确立教学工作的专业性地位、培养训练有素的专业化教师等途径来提高美国的教育教学质量,由此引发了声势浩大的教师专业化运动。

进入新世纪,中国学者开始了对教师专业素质、专业伦理、专业发展模式以及教师教育改革的方向等热点问题的研究,促进了教师教育的改革。新一轮基础教育课程改革的启动,尤其对教师的教育观念和教学行为提出了更高的要求,一下子将我国起步阶段的教师专业化进程推到了理论研究与教育改革的焦点位置。[①]

二、教师职业的特点

关于教师职业的特点在各种教育学著作中都有提到。教师职业作为社会分工中的一个专门职业,它不同于其他社会专门性职业,具有自身的特点。

(一) 从职业对象来看,教师的工作具有示范性

教师职业的对象是活生生的人,是正在成长中的儿童青少年。他们具有主观能动性,而且千差万别、人人不同。因此,教师的工作方式与其他社会职业不同,它不似其他职业那样要使用什么工具,而要用教师自己的知识、智慧、人格魅力在和学生共同活动中去影响学生。这就要求教师做到"学为人师,行为世范"。教师的一言一行对学生来说都具有示范性。教师要时时注意自己的言行能不能成为学生的表率,能不能对学生起到积极的正面的影响。所以,教师职业具有鲜明的示范性。

(二) 从职业内容和任务来看,教师的工作具有复杂性

唐朝教育家韩愈说,"师者,传道、授业、解惑也"。今天看来,教师就是既要让学生

[①] 车丽娜,徐继存. 我国教师专业化:历程、问题与发展[J]. 教育理论与实践,2008(10):36-40.

学习掌握知识、技能,还要使学生身心健康地发展,把他们培养成有理想、有道德、有文化、有纪律的人。教育的内容很丰富,任务很复杂。教师除了需要有扎实的专业知识、精湛的技艺,把知识、能力传授给学生,自身还要有良好品行,还要有养成学生崇高的思想品德的专业能力。教师不仅要教书,还要育人。

(三) 从职业的工作过程来看,教师的工作具有复杂性和创造性

教师的劳动具有复杂脑力劳动的特点,需要运用教师的知识和智慧。教育既是一门科学,又是一门艺术,需要专门的训练才能掌握它。"任何职业都要求创造性,但教师不同,更需要有创造性,并且还要有灵活性。教师面对的是千差万别的学生,不可能用一种模式去塑造他,也不可能用一个标准去要求他。需要教师有教育的机敏性,创造性地灵活地运用各种方法。"[1]

(四) 从职业的工作性质来看,教师的工作具有难度量性

教师工作的难以度量性主要体现在两个方面:一方面,教师工作具有非计时性,教师不可能按8小时工作制上班,他们甚至没有上下班的严格限制,他们在下班以后,在学校之外经常需要延续其他教育活动。另一方面,教师工作还具有非计件性,不可能限质限量地计算教师工作的劳动产品与成果。[2] 正因为如此,教师工作常被称为"良心活"。

(五) 从职业的工作效果来看,教师的工作具有长期性和长效性

教师教育的效果有些是立竿见影的,而大多情况都不是立马起作用,是需要教师长期的工作。所以我们常说的"十年树木,百年树人",就是形容教育的长期性。教育还有长效性。有时老师一句不经意的话会影响学生一辈子。[3]

三、职业道德的概念、特点与作用

道德,就是以善恶评价为形式,依靠社会舆论和个体良心来调节与其他生存物(包括人或非人)之间关系的心理意识、原则规范、行为活动的总和。[4] 对于选择群居方式的人类而言,道德在社会发展中既是人类自身冲突的调节器,也是人类复杂人际关系的润滑剂,在人类社会发展过程中起着举足轻重的作用。

(一) 职业道德的概念

职业道德是从业人员在职业活动中应该遵循的道德要求和行为准则,涵盖了从业人员与服务对象、职业与职工、职业与职业之间的关系。随着现代社会分工的发展和专业化程度的增强,市场竞争日趋激烈,整个社会对从业人员职业观念、职业态度、职业技

---

[1] 顾明远.教师的职业特点与教师专业化[J].教师教育研究,2004(6):3-6.
[2] 李黎,吕鸿.师德与教师礼仪[M].北京:高等教育出版社,2011:5.
[3] 顾明远.教师的职业特点与教师专业化[J].教师教育研究,2004(6):3-6.
[4] 郑航.学校德育概论[M].北京:高等教育出版社,2007:4.

能、职业纪律和职业作风的要求越来越高。

(二)职业道德的特点

职业道德是社会分工的产物。在原始社会末期,由于生产和交换的发展,出现了农业、手工业、畜牧业等职业分工,职业道德在职业分工基础上开始萌芽。进入阶级社会以后,又出现了商业、政治、军事、教育、医疗等职业,这些特定的职业不但要求人们具备特定的知识和技能,而且要求人们具备特定的道德观念、情感和品质。各种职业集团为了维护职业利益和信誉,适应社会的需要,在职业实践中根据一般社会道德的基本要求,逐渐形成了职业道德规范。

1. 职业道德适用范围的有限性

每种职业都担负着一种特定的职业责任和职业义务。由于各种职业的责任和义务不同,从而形成各自特定的职业道德的具体规范,只对各自的职业领域和范围产生作用和影响。

2. 职业道德发展的历史继承性

由于职业具有不断发展和世代延续的特征,不仅其技术世代延续,其管理员工的方法、与服务对象交道的方法,也有一定历史继承性。如"有教无类""学而不厌""诲人不倦",从古至今始终是教师的职业道德。

3. 职业道德表达形式具有多样性

由于各种职业有其内在的不同特点,职业道德的要求也必须符合职业特征,尽可能具体、细致地加以阐述,可以在制度、章程、条例中以成文的形式表达,也可以是某个职业内部约定俗成的习惯等。可见,职业道德的表达形式是多种多样的。

4. 职业道德具有强烈的纪律性

职业道德会涉及纪律要求。纪律也是一种行为规范,是介于法律和道德之间的一种特殊的规范,它既要求人们能自觉遵守,又带有一定的强制性。就前者而言,它具有道德色彩;就后者而言,又带有一定的法律色彩。也就是说,一方面遵守纪律是一种美德,另一方面遵守纪律又带有强制性,有法令的要求。例如,工人必须执行操作规程和遵守安全生产规定等。

(三)职业道德的作用

职业道德是社会道德体系的重要组成部分,一方面具有社会道德的一般作用,另一方面它又具有自身的特殊作用,具体表现在以下几个方面:

1. 有助于调节职业交往中从业人员内部以及从业人员与服务对象间的关系

职业道德的基本职能是调节职能。它一方面可以调节从业人员内部的关系,即运用职业道德规范约束职业内部人员的行为,促进职业内部人员的团结与合作;另一方面职业道德又可以调节从业人员和服务对象之间的关系,如营销人员怎样对顾客负责,医生怎样对病人负责,教师怎样对学生负责等。

2. 有助于维护和提高本行业的信誉

职业道德是在工作中协调个体、群体与社会的职业行为准则和规范系统。它不是一般地反映社会道德的要求,而是要反映职业或行业特殊利益的要求;它通常是在特定职业实践基础上形成的,往往表现为某一职业特有的道德传统和道德习惯,表现为从事某一职业的人们所特有的道德心理和道德品质。职业道德一方面是用来调节从业人员内部关系,加强职业、行业内部人员的凝聚力;另一方面,它也是用来调节从业人员与其服务对象之间的关系,用来塑造从业人员的形象。①

一个行业、一个企业的信誉,就是它们的形象、信用和声誉,是企业及其产品与服务在社会公众中的信任程度。提高企业的信誉主要靠产品的质量和服务质量,而从业人员职业道德水平高是产品质量和服务质量的有效保证。若从业人员职业道德水平不高,则很难生产出优质的产品和提供优质的服务。

3. 有助于促进本行业的发展

行业、企业的发展有赖于高的经济效益,而高的经济效益源于高的员工素质。员工素质主要包含知识、能力、责任心三个方面,其中责任心是最重要的。责任心就是属于职业道德的范畴。因此,加强职业道德建设能促进行业的发展。

4. 有助于提高全社会的道德水平

职业道德是整个社会道德的主要内容。职业道德一方面涉及每个从业者如何对待职业、如何对待工作,同时也是一个从业人员的生活态度、价值观念的表现,是一个人的道德意识、道德行为发展的成熟阶段;另一方面,职业道德也是一个职业集体,甚至一个行业全体人员的行为表现,如果每个行业、每个职业集体都具备优良的道德,对整个社会道德水平的提高肯定会发挥重要作用。

资料拓展

污名化教师现象必须坚决遏制②

近年来,人们对师德师风问题颇为关注,但据《半月谈》报道,涉及教师的不实举报、污名化、刻意炒作有增加趋势,让不少教师在不利舆论环境中如履薄冰。

教师是立教之本,师德是教育之魂。人们关心"教师失德"事件,反映了人们对教育的重视,本身并非坏事。如果教师师德有亏,如何为人师表,如何尽好教育学生的责任?人们关心"教师失德"事件,就是担心一些师德素养欠缺的教师浑水摸鱼、误人子弟,甚至伤害整个教育事业,让教育丢了"灵魂"。而只要方法得当,合理合法,通过关心"教师

---

① 梅养宝.从教师劳动的特点看教师职业的道德性[J].安徽师范大学学报,2009(3):260.
② 戴先任.污名化教师现象必须坚决遏制[N].中国教师报,2023-06-21(第3版).

失德"事件,关注师德师风问题,也能起到倒逼教育部门、学校重视师德师风建设的积极作用。

但问题在于,一些人对"教师失德"事件的关心"跑偏"了,目前涉教师不实舆情时有发生。尽管近年来我国全面加强师德师风建设,师德违规案件数量总体下降,但针对师德师风的负面舆情并未明显减少。随着社交媒体、自媒体的发展,涉教师不实舆情甚至有逐渐增多的趋势。

据媒体调查,涉教师不实负面网络舆情有不实举报、引导舆论、教师污名化、恶意炒作等,往往会起一个吸引眼球的标题,配上类似校园场景、学生背景的视频和照片,一起起"教师失德"事件瞬间就被引爆……这些不实舆情让教师成了舆论攻击对象,教师被造谣、中伤,破坏了家校信任,破坏了尊师重教的社会氛围。

涉教师不实舆情还会导致一些教师在教学管理上"不敢管",变得束手束脚,对学生放任不管。污名化教师现象还会让教师寒心,降低教师职业的吸引力。涉教师不实舆情,不仅损害了教师权益,最终受伤害的还有学生群体和教育事业。

涉教师不实舆情的存在,并不意味着舆论对教师的监督不可取,相反,还应加强对教师的监督。关键在于监督不能"跑偏",不能对教师进行不实举报、污名化、刻意炒作等,要引导社会力量正确监督教师,依法严厉惩治涉教师不实舆情,保护好教师的合法权益。比如,对于涉教师不实舆情的造谣者、传谣者要依法依规进行惩治,网络平台要履行好管理责任,加强管控自媒体账号,杜绝涉教师不实舆情。

另外,相关部门和学校要狠抓师德师风建设,促进教师依法依规执教,尽可能减少校园舆情的发生。同时,学校要学会正视校园舆情,加强学校管理者和教师的媒介素养、网络素养和舆情处置能力培训,帮助学校管理者和教师提升应对网络舆情的素养和能力。与之相对,广大网友也要提升网络素养和法律素养,做到不造谣、不信谣、不传谣。

教师是教育的"燃灯者",是学生成长的"引路人",要保护好教师的合法权益,营造尊师重教的社会氛围,就不能让教师在"谣言陷阱"中泥足深陷。因此,除了对涉教师不实舆情要全社会合力围堵,相关部门还要进一步完善教师保护机制,为教育的"燃灯者"点亮"法治明灯",让受害教师能够拿起法律武器维护自身的合法权益,让更多人增强做教师的底气。

四、教师职业道德的概念、特点与作用

(一) 教师职业道德概念

教师职业道德,简称为师德,是指从事教师工作的人们在教育劳动过程中应该遵循的道德规范,以及自觉形成的与道德规范要求相适应的道德观念、道德品质和道德情操的总和。

（二）教师职业道德的特点

如前所述,教师职业具有特殊性,这也使得社会对教师职业道德比其他职业道德有着更高、更全面的要求。教师职业道德也具有不同于其他职业道德的新特点。具体表现为:

1. 示范性

教师职业的特点和性质,决定教师经常处于为人师表的地位,为"师"就要有渊博的知识,为"表"就要有高尚的美德。在有思想、有感情、有意志、有个性的年轻一代面前,教师的言行要符合社会主义的道德规范,时时处处起表率作用。尤其是中小学生正处于成长发展的关键时期,他们可塑性大、模仿性强,具有强烈的向师性,教师在他们心目中具有特殊的重要地位。他们把教师的言论作为真理,教师的行为作为标准,教师的形象作为榜样。教师高尚的道德行为是对学生的一种期望、召唤,是引导和激励学生完善品德、积极向上的一种精神力量。正如19世纪俄国著名教育家乌申斯基所说:"教师个人的范例,对于青年人的心灵,是任何东西都不能代替的阳光。"

2. 先进性

教师是社会中具有较高文化素质的成员,他们在社会中享有良好的社会声誉,其道德无疑也承担着对社会其他成员的引导作用。这既是教师职业功能的体现,也是社会发展对教师职业道德的要求,是新时期教师职业道德具有的先进性特点。就道德的现实性来说,教师作为社会一员,必须遵守社会的各项道德要求,更要遵守教师职业的道德要求;就道德的理想性而言,教师是人类灵魂的工程师,应努力追求道德的超越,主动吸收人类道德的宝贵财富,开拓道德发展的新境界,为下一代树立先进道德的典范。无数的历史事实也说明,教师道德总是处于当时社会道德的较高水平,为人类道德的继承和发展发挥积极作用。

3. 深广性

教师职业道德一方面受社会道德的制约,另一方面又对社会道德的形成和发展产生重要的影响。现代学校由封闭式转为开放式,教师的道德行为更加广泛、深刻地影响着社会的各个方面和各个阶层,尤其对学生的影响最直接、最深刻、最全面、最持久。古代教育家孔子被尊称为"至圣先师"、现代教育家陶行知被称为"万世师表"、许多优秀教师被称为"人之楷模",都反映教师职业道德深广性的特点。[①]

> 扫描目录页二维码,阅读"你是我二十年前的先生,现在仍然是我的先生"。

4. 全面性

教师职业道德的全面性表现在两个方面:一是教师职业道德要求的全面性。教师

---

① 谢瑞俊.教师职业道德的特点和功能[J].苏州教育学院学报,1992(4):17-19.

职业道德也有人称为"教师道德",它既包括职业道德活动中的道德,也包括教师的个人道德和社会公德。二是教师职业道德内容的全面性。教师职业道德的内容以社会主义核心价值观为统领,包括政治思想、思想意识、道德品质等方方面面的内容,有爱党、爱祖国、爱人民、爱劳动、爱科学、爱社会主义的内容,有爱岗敬业、教书育人、为人师表、终身学习等规范的内容,也有社会主义荣辱观为基本行为准则的内容。

5. 完整性

教师职业道德是一个完整的、统一的,具有真正道德意义的规范体系。这种完整性集中表现在教师职业道德的继承性、发展性和开放性上。教师职业道德作为一种意识形态,深受历史道德传统的浸润,在职业发展的过程中具有历史的继承性。在市场经济条件下,教师的道德观念也面临着新的挑战,需要在继承历史宝贵遗产的基础上不断吸收新的观念,才能更加完善,成为完整的具有时代意义的教师职业道德规范体系。教师职业道德的发展性指的是当前一些新的观念,如平等观念、民主观念、效率观念、竞争观念等已经逐渐被人们所承认和接受,形成了新的社会主义道德规范。这些思想观念对教师职业也产生了影响,教师只有进一步吸收这些新的道德规范,才能使教师职业道德更加具有时代的完整性。开放性是指新的教师职业道德,不仅要吸收社会改革中的新思想和新观念,还要面向世界,吸收人类文明的优秀成果。只有保持这样的开放,教师职业道德规范才会更加丰富和完善。

(三)教师职业道德的作用

教师职业道德一经产生,作为一种意识形态和上层建筑,它会对教师自身、他人以及社会发挥多方面的作用。具体表现如下:

1. 认识—导向作用

"教师职业道德的认识功能,是指在教育实践中,它通过道德判断、道德标准和道德理想等形式,客观地反映各种利益关系状态、教育的规律特点和任务要求,帮助教师正确对待自己的权利和义务,并借助于善与恶、利与害、正当与不正当、应该与不应该等概念来表现认识成果的功能。"[①]它的作用在于,一方面向教师提供有关的道德知识、给教师选择行为的依据;另一方面帮助教师了解自己在社会中的地位和作用,认识个人与社会的利益关系,认识教师对自身、对国家、对民族、对教育事业以及他人应负的社会责任、应有的行为模式、应具备的道德素质和人格。在帮助教师对职业等形成正确认识的同时,它引导教师与社会和社会教育融为一体,在实践中不断增强教师遵守师德行为规范的自觉性,促使教师在为社会、为教育服务中创造与实现自己的人生价值。

2. 调节—规范作用

教师职业道德的调节与规范作用,是指在教育实践中,一方面通过激发教师的道德

---

① 肖自明,孙宏恩,韦庆华. 现代教师道德修养[M]. 咸阳:西北农林科技大学出版社,2010:13-14.

良知,唤起教师的道德责任感、义务感和荣誉感等,以调节教师在与他人和社会各种人际交往中,纠正不良行为,坚定正确的行为,从而实现自身道德向更高层次的转化和发展。另一方面教师职业道德通过规范、条例、守则等具体形式来规范和约束教师的职业行为,使其符合社会的需要和职业发展的需要。这一作用主要通过社会舆论、内心信念等方式来实现。

3. 教育—示范作用

教师职业道德的教育—示范作用,是指它具有指导教师进行自我教育和社会示范的功能。一方面,教师职业道德能帮助教师正确认识教师职业,正确对待教师应尽的职责和义务,处理好与他人、社会、集体的关系,在此过程中是师德理论与实践的紧密结合,激发教师道德修养的自觉性和积极性,这是教师进行自我教育的表现。另一方面,教师职业道德对社会产生的示范作用,这一作用主要通过三个渠道进行:一是教师在教师实践中用自己的道德品质影响感染学生。学生带着从教师那里学习、效仿而成的优良品质和道德风貌踏入社会,对社会道德风尚发生作用。二是教师亲自参加社会活动而影响社会道德风气。三是教师通过自己的道德行为影响家庭成员、亲朋好友、邻里等社会人员,对社会风气产生影响,净化社会。

第二节 教师职业道德原则

教师职业道德体系是由教师职业道德原则、教师职业道德规范和教师职业道德范畴这三个基本要素构成的。其中,道德原则是教师在教育职业活动中正确处理各种利益关系所遵循的最根本的行为准则,它贯穿教育活动始终,指导教师的行为方向,是教师处理利益关系的总方针,也是师德社会本质最集中的体现,因此在整个师德体系中占有首要地位。①

我国社会主义社会的教师是由无产阶级政党——中国共产党领导,为社会主义建设事业服务,为劳动人民服务。目前,我国中小学教师职业道德原则主要有教育人道主义原则、教书育人原则、全面发展原则。其中,人道主义原则居于基础层次,全面发展原则居于最高层次,教书育人原则居于中间层次。

一、教育人道主义原则

(一) 教育人道主义原则的概念

人道主义原则泛指一切以人为中心,强调人的地位、重视人的价值、维护人的尊严和保障人的权利的道德思想体系。所谓教育人道主义原则,就是要求教育者从人道主

---

① 李黎,吕鸿.师德与教师礼仪[M].北京:高等教育出版社,2011:28.

义出发,在教育过程中尊重人、关心人、爱护人,正确调节教师与学生、教师与学生家长、教师与教师等各方面的关系,以人道主义的言行达到培养学生社会主义人道主义品格的目的。

教育人道主义是人道主义精神在教育中的具体运用和体现,是现代教育的重要特征,是关系着教育善恶好坏的重要领域。

(二) 教育人道主义原则的作用

古往今来,许多著名教育家在倡导与践行教师人道主义方面做出了重大贡献,促进了教育人道主义的不断发展与完善,教育人道主义原则作为教师道德的基本原则在教育教学理论与实践中发挥着重要的作用。

1. 坚持教育人道主义原则有助于师生关系的和谐发展

在教育劳动过程所形成的各种人际关系中,师生关系是最重要、最基本的关系。师生关系的和谐与否决定着教育过程能否顺利进行以及教育结果的好坏。教师只有坚持教育人道主义原则,尊重学生、爱护学生、平等地对待每一位学生,才能真正教育好学生;相反,教师的任何非人道化的言行都将伤害学生的人道主义态度,破坏师生关系的和谐,并阻碍教育目标的实现。

2. 坚持教育人道主义原则有助于调节教师和学生家长之间的关系

除了学校教育,家庭教育对学生的成长也是至关重要的。在培养学生成长、成才这一点上,教师和家长的目标是一致的,教师与学生家长和谐的关系有助于教育目标的实现。教师尊重学生家长,平等对待学生家长,实现与学生家长关系的人道化,这是吸引家长积极地参与教育活动的重要手段,而家长对教师的尊重、关心会促进教师满腔热情地投入教育事业中去。

3. 坚持教育人道主义原则有助于调节教师与同事及其他人际关系

"教师劳动的形式往往是个体的,但教育的全部过程绝不是单个教师所能实现的,它要求全体教师协调一致形成优化的集体合力,为共同目标而努力。同时,教师关系也是学生认识成人世界人际关系最直接的缩影之一。教师间关系的和谐是实现教学教育目标,培养学生良好道德品质的重要因素。因此教育人道主义也是处理教师间的关系的基本原则。"[①]教育是一个庞大的社会系统工程,教师除了要协调师生关系,教师与学生家长的关系,教师间的关系外,还需要调整与学校领导、教辅人员及社会其他人员的关系。坚持教育人道主义原则,就能够有效地处理好各种关系,从而调动社会各种力量、齐抓共管、献力献策,为培养"社会主义事业的建设者和接班人"这一总目标共同努力。

(三) 贯彻教育人道主义原则的具体要求

教育人道主义是所有教育工作者必须共同遵守的基本道德原则。贯彻教育人道主

---

① 施修华.学校教育伦理学[M].上海:学林出版社,1991:36.

义原则,教师须做到以下几个方面:

1. 尊重学生

遵循教育人道主义原则,教师要尊重学生。教师对学生的尊重要建立在平等的基础之上,没有平等也就没有尊重。一般来说,相对于教师,学生的年龄较小、知识水平较低、生活阅历较少,但教师和学生在人格上是平等的。在现实生活中,有些教师不能平等对待学生,常常是不管学生的感觉如何,不管学生是对是错,一不高兴就训斥,甚至讽刺学生,结果使许多学生对教师敬而远之,师生关系出现障碍,给教育教学活动增加了困难,降低了教育教学的效果和质量。因此,教师不论是在课堂教学过程中,还是在管理工作中,都应尊重学生。要注意尊重成绩差的同学,对他们多加鼓励,热情地帮助他们提高学习成绩;对那些缺点较多、组织纪律性较差,不尊重教师的学生,既要严格管理加强教育,又要尊重他们的人格。此外,教师不仅自己要尊重学生,还要教育学生相互尊重、理解,避免同学间出现欺凌。

2. 关心学生

遵循教育人道主义原则,教师要关心学生。教师要关心学生的各个方面,既要关心学生的学习,又要关心学生的物质生活和文化生活,教师要多和学生交流,以加强教师和学生间的相互了解。只有了解学生,才能采取有效的方法帮助学生,才能使学生在遇到困难时及时得到帮助。教师要关心每一位学生,不能只关心部分学生,不能只关心那些由于种种原因和自己关系密切的学生。对那些在学习、物质生活、文体活动和人际关系方面有着特殊困难的学生,教师应予以更多的关心。此外,教师不仅自己要关心学生,还要教育学生相互关心。

3. 同不尊重学生、不关心学生的思想和行为做斗争

遵循教育人道主义原则,要求教师对于不尊重、不关心学生的其他教师、其他教育活动参与者的思想和行为予以指出、制止,对严重损害学生合法权益的行为做坚决的斗争,以维护学生的尊严,维护学生合法的、正当的、应有的权益。教师对自己有损学生人格,有损学生各方面正当权益的行为,一旦发现应及时纠正。有些学生有意无意地侮辱了同学,侵犯了同学的正当权益,教师对这些学生,无意的要及时提醒,有意的要严肃处理、绝不姑息。

教育是一项培养人的社会事业,一切教育活动都是围绕人并且是为了人而展开的。人是教育的核心和宗旨,这一本质就内在地决定了教育必然要致力于对人的普遍关怀,致力于对人的价值、尊严、权利和自由的追求,致力于人自身的不断发展与完善,这些正是不同历史时期的人道主义共同的价值取向。不同类型的人道主义的区别不在于是否关心人,而在于对人的不同理解。所以,教育的本性和人道主义的精神是一致的。

二、教书育人原则

(一)教书育人原则的概念

教书育人,顾名思义,就是指传授知识、培养人才。具体地讲,教书育人要求教师在其职业活动中既要努力教授学生专业知识,又要关心爱护学生,以自身的道德行为和人格魅力言传身教,引导学生寻求生命意义、塑造完美人格、实现人生价值。教书育人是教师职业道德的基本要求,是教师职业道德的基本原则。在我国,教书育人原则就是要求教师按照党和国家的教育方针,在传授专业知识的同时,坚持育人为本,德育为先,把立德树人作为教育的根本任务,努力把学生培养成为德、智、体、美、劳全面发展的社会主义建设者和接班人。

(二)"教书"和"育人"的关系

1. 教书和育人紧密相连

教书育人一方面指明了教师的神圣职责和肩负的历史使命,另一方面总结了教师的劳动手段、劳动方式和劳动任务。从教育实践上看,教书是手段,育人是目的。教师教书的目的就在于培养人才,如果教师错把教书作为目的,片面追究书本知识和前人经验的推演、传授,忽略人文精神和科学精神的培养,忽略学生道德品质和修养的塑造,忽略学生身心健康等全面发展,最终培养出来的将是一些毫无社会责任感和创造力、无法担当祖国建设重任的平庸之才。教书是学校教育中教师培养人才的主要工作,但是教书只是达到育人的经常化手段;育人才是真正的目的和根本。两者紧密联系、相互促进。

2. 教书和育人两者统一

教书为了育人,育人必须教书,这是一条成功的教育教学经验,是为现代教育教学实践证明了的真理,也是学校教育之所以存在的意义。学校育人有很多途径,但教学是学校教育的基本途径。在教学过程中,既传授各学科知识,又将思想品德教育融于其中,尤其新课程改革后,构建了知识与技能、过程与方法、情感态度与价值观三位一体的"立交桥"式的课程目标。教师在教学过程中落实与达成课程目标,必然要育人,要育人必须通过教书的方式和内容来实现。两者彼此促进、共同发展。

(三)贯彻教书育人原则的要求

教书育人是教师的基本职责,是教师义不容辞的道德义务。教师应自觉地履行教书育人的道德义务,不断提高教师职业道德水平。

1. 热爱

热爱是遵循教书育人原则的关键。"热爱"表现在两个方面:一是热爱教育事业,这是教书育人的前提。作为一名教师,首先必须热爱自己的事业。这种热爱之情来自对自己所从事工作重要性的深刻认识。教师深刻地认识到自己的工作是和祖国的未来发展、国家的繁荣昌盛联系在一起的，才会把自己日常看似平凡的工作做得更好。二是热爱学生，这是教书育人的根本。热爱学生，是教师必不可少的、最重要的职业道德，它反映了教师对教育事业的忠诚、对祖国未来的责任。

2. 学习

教师劳动的手段是教师自身，也就是教师要用自己的知识和才能、智慧和品德、勤奋和献身，去实现教书育人的目的。所以，教师不仅要有高尚的道德情操，还应该具有广博的专业知识、精湛的教学艺术。只有这样才能承担起祖国建设者和接班人的培养重任。要达成这一目标，每一位教师都应该树立终身学习的理念，时刻充实自己、完善自己，这是教书育人的关键所在。教师在学习过程中要有良好的学习态度、善于学习，向书本、向他人（包括学生）学习；在反思中学习，在理论、在实践中学习。

3. 践行

践行是建立在热爱与学习基础之上的教书育人。教书育人是教师的天职，是教师职业道德的基本要求，是教师职业道德的基本原则。在教书育人过程中，一定要深刻理解教育目标并贯穿于整个教学中，坚持对学生的全面培养，遵循教育教学规律，树立正确的学生观、教师观、教学观，在实践中与时俱进，提升思想政治觉悟，形成良好的道德品质。同时，在践行过程中，总结教育教学经验与人才培养规律，不断将实践经验上升为教育教学理论，提升自身修养与道德品质，用自身的"践行"提升教书育人的质量。

三、全面发展原则

（一）全面发展的概念

全面发展，即人的全面发展，指人的体力和智力的充分发展，又指人在德智体美劳各方面和谐的发展，与片面发展、畸形发展相对。人的全面发展是马克思主义经典作家基于对资本主义社会中物对人的统治和以物的依赖性为基础的人的片面发展的批判，提出了"人的全面发展"理论，这种理论提出的社会历史前提是资本主义的早期发展阶段。关于马克思主义全面发展的概念，可以具体表述在五个重要方面：① 全面发展是人的解放；② 全面发展是人的权利；③ 人的全面发展是人的能力的全面发展；④ 全面发展是人的属性的全面发展；⑤ 全面发展是人类的历史追求。

根据马克思的历史唯物主义的方法论原则，人的全面发展体现为现实性与理想性的辩证统一，体现为不断发展的永恒的历史过程。因此，在当今构建社会主义和谐社会的时代背景下，人的全面发展思想除了继承经典作家思想精华之外，还应包含更多新的富有时代意义的内容。

（二）马克思主义关于人的全面发展学说的基本观点

1. 人的片面发展的历史根源在于社会分工和私有制

马克思和恩格斯在全面研究人类社会发展历史的基础上，论述了分工与人的发展的关系。私有制下的分工限制了人的发展,造成了发展的片面性。在原始社会也有分工,不过这种分工是纯生理基础上的自然分工,它对个体的发展还不能产生实质性的影响。随着生产力的发展,出现了体力劳动与脑力劳动的分离,这才是真正意义上的社会分工,也正是这种社会分工,才开始对人的发展产生实质性的影响。这种分工在资本主义工厂手工业时期达到了最为严重的程度,工厂手工业把一种工艺分成各个精细的工序,再把每个工序分给个别工人,作为他们终生的职业,使他们一生束缚在单一的操作和单一的工具之上,这就导致了劳动者身心发展的分离,使劳动者成为劳动的工具。而直接或间接剥削工人的阶级,也都因分工而被自己活动的工具所奴役。

2. 人的全面发展是大工业生产的客观要求,同时大工业生产也为人的全面发展提供了可能性

大工业生产是以现代科学技术为基础的,它从不把某一生产过程当成是生产的理想状态。追求工艺的不断改进、产品类型的推陈出新、产品质量的不断提高是现代生产竞争的客观规律。生产过程的不断完善和更新,需要劳动者不断学习和掌握科学技术,通晓生产过程的基本原理,这就必须要求脑力劳动和体力劳动的结合,要求人的全面发展。现代工业生产不仅提出了个人全面发展的必要性,而且也提供了这种可能性。首先,大工业生产依靠的是先进的科学技术,为适应这种生产的顺利进行,涌现出了一系列新兴学科。这些新兴学科的出现,使劳动者通过学习掌握生产过程的基本原理和基本技能,了解整个生产系统成为可能。其次,大工业生产的发展,促进了劳动生产率的提高,从而为缩短劳动时间,减轻劳动强度,使劳动者学技术、学文化、发展自己的兴趣爱好特长成为可能。

3. 社会生产关系是人的全面发展的决定性条件

机器大工业生产尽管迫切要求个人全面发展并为个人的全面发展创造了物质基础,但是,大工业生产的资本主义形式却阻碍了个人全面发展的实现。在资本主义社会,资本家顺应时代潮流,对普通劳动者的教育条件和生活条件做了一些改善,但是资本主义私有制下的根本矛盾依然存在,那些改善措施只是为了适应生产力的发展,提高资本的竞争以取得更高利润。资产阶级为了巩固其现有的生产关系和政治制度,必然要用它的意识形态和生活方式来腐蚀人们的心灵,危害人们的身心健康。因此,只要资本主义剥削制度存在,人的全面发展就不可能全面地、普遍地实现。

社会主义社会消灭了剥削制度,脑力劳动与体力劳动的根本对立,才给人的全面发展提供了良好的社会基础。在未来的社会条件下,劳动生产率极大提高,劳动不再是奴役人的手段和谋生手段,而成为解放人的手段。此时,人的全面发展才能得以完全实现。

4. 教育与生产劳动相结合是造就全面发展的人的途径和方法

马克思主义关于人的全面发展的理论阐明了教育和社会生产活动在人的发展中的影响和作用,认为现代工业生产是高知识、高科技的表现,没有教育与生产劳动的结合,

就不能消灭脑力劳动和体力劳动的差别,也就不能满足现代化生产的需要和促进生产力的发展,更不会有人的全面发展。马克思特别指出:"未来的教育对所有已满一定年龄的儿童而言,就是生产劳动同智育和体育相结合,它不仅是提高社会生产的一种方法,而且是造就全面发展的人的唯一方法。"

关于个人全面发展的含义,散见于马克思、恩格斯的多部著作中,综合马克思、恩格斯在众多篇章里阐发的关于个人全面发展的思想,可以认为,马克思主义个人全面发展的内涵就是人的多方面的、充分的、自由的、和谐的发展,即人的智力和体力,志趣和才能,道德精神和审美情趣都得到自由而充分的发展。

(三) 贯彻全面发展原则的基本要求

当前,我国教育"坚持立德树人,对受教育者加强社会主义核心价值观教育,增强受教育者的社会责任感、创新精神和实践能力""培养德智体美劳全面发展的社会主义建设者和接班人",它明确了我国人才培养的素质要求,明确了使受教育者各方面全面发展,即在注重基本素质(德、智、体、美、劳)形成发展的同时,也要注重促进其他素质的形成和发展。

教师在贯彻全面发展原则的过程中应该遵循的基本要求如下:

1. 把促进人的全面发展作为教育目标来认识

首先,把促进人的全面发展作为教育目标,教师应认识到使每一个学生都得到全面的发展是教育的最高理想。而全体学生全面地得到基本发展,在此基础上各自得到不同的个性发展,就应该成为我们的现实理想和近期目标。其次,要求教师必须充分认识促进人的全面发展的现实意义与长远意义,在教育劳动中充分发挥自己的积极性、主动性和创造性。最后,把促进人的全面发展作为教育的目标,要求教师必须坚持"以人为本"。

2. 面向全体学生、开展全面教育

一方面,要求教育教学要面向全体学生,教师把每个学生都装在心里,要公平地保障每个学生的学习权利,要一视同仁地施教于每个学生。另一方面,要开展面向全体的全面教育。全面教育也称同时教育,是指对所有学生进行共同内容的教育,其目的是将受教育者作为一个具有主体的、完整的人而施以教育,使受教育者人格与学问、理智与情感、身心各方面得到自由、和谐、全面的发展,包括体质教育、思想政治教育、智力教育、情感教育、社会劳动教育和人际交往教育等。

3. 在全面发展的基础上充分发展学生的特长

首先,全面发展是指教育教学要让学生在知、情、意、行等方面获得最自由、最充分的发展,并非追求德、智、体、美、劳面面俱到的发展。其次,要注意用各个学科的个性去反映素质教育共性,不能要求在某一学科的某节课后学生在德、智、体、美、劳诸方面都有变化,要突出学科特点。最后,发展学生特长是全面发展应有之意。

4. 全面提高教师自身素质

教师要发展学生的智力素质,自身必须具有较强的业务能力,学有所长、学有所专;教师要培养学生的良好思想品德,自己必须具有良好的人品;教师要培养学生的审美能力,自己必须具有审美素质……所以,要促进学生全面发展,教师就要全面提升自身素质。

总之,教师职业道德原则是一定社会、一定阶级的所有教师在教育教学中不断总结、提炼出来的,既有全面性,又具有稳定性,是教师在道德实践中认识和处理各种关系的具体原则,对教师的道德实践具有指导意义,是教师职业道德体系的核心。

第三节 教师职业道德的基本范畴

道德范畴是反映人们之间最本质、最重要、最普遍的道德关系和基本概念,如义务、良心、公正、荣誉等等。教师职业道德范畴,即教师职业道德的基本构成,它有广义和狭义之分。广义的教师职业道德范畴是指反映和概括教师职业道德现象的特征和关系的本质的基本概念;而狭义的教师职业道德范畴是指反映教师职业劳动中教师与学生、教师与教师、教师与家长、教师与社会之间最本质、重要、普遍的道德关系的基本概念。本节所说的是狭义的教师职业道德范畴。

教师职业道德范畴主要包括教师职业理想、教师职业责任、教师职业态度、教师职业纪律、教师职业技能、教师职业良心、教师职业作风和教师职业荣誉八个因素,这些因素从不同方面反映教师职业道德的特定本质和规律,同时又互相配合,构成一个严谨的教师职业道德结构模式。

一、教师职业理想

职业理想是个人对未来职业的向往和追求。[①] 职业理想是职业实践的方向盘和指南针,具有明显的未来指向性。任何职业都需要职业理想,教师职业更是如此。

教师职业肩负立德树人的特殊使命,更需要树立崇高的教师职业理想。习近平总书记在2014年9月9日同北京师范大学师生代表座谈时,指出"正确理想信念是教书育人、播种未来的指路明灯。不能想象一个没有正确理想信念的人能够成为好老师"[②]。有理想信念是成为好老师的四大条件之一,只有拥有崇高教师职业理想,才能形成可贵的教师气质和深厚教育情怀,才能调动起奉献教育事业的职业热情和奋斗意志。在教师的职业生涯发展过程中,会面临很多困难,这些困难需要教师通过坚定的教

---

① 詹万生.职业道德与职业指导[M].北京:教育科学出版社,2001:179.
② 习近平总书记同北京师范大学师生代表座谈时的讲话(全文)[EB/OL]. http://politics.people.com.cn/n/2014/0910/c70731-25629122.html,2014-09-10.

师职业理想与信念才能够克服,只有教师坚定职业理想与信念,才能投入全部的热情到教育工作中来。

教师在树立职业理想过程中应处理好什么样的问题呢?

第一,要把个人职业选择与社会需要结合起来。教师职业理想常常与职业选择紧密联系在一起。当前社会发展阶段下的职业选择和职业发展,还无法满足人们全凭个人知识技能和兴趣爱好等因素进行自由选择的需求,它要求从事职业活动的社会成员必须首先关照社会现实发展要求。只有确立正确的职业理想,才能够在职业活动中不迷失,才能够解决好目的和手段的关系问题,才能纠正职业认知误区,做好职业选择、主动适应职业环境,在事业实践中实现崇高的职业理想。

第二,要正确处理职业选择与教育才能的关系。教育是一门科学,是一门艺术。不是随便什么人想当教师就能当的,要当教师必须具备一定的教育才能,这是需要在教育实践中逐步积累和提高的。无论是师范生、还是在职教师都要不断地加强学习和实践,增长教育才能,才可能实现教师职业理想。

第三,要正确看待教师职业的社会地位和待遇。新中国成立后,人民教师的地位发生很大变化,教师的政治地位不断提高,教师的工资、住房等条件也在逐步提高,一些优秀教师还享受政府的特殊津贴……政府、学校都在想方设法改善办学条件、提高教师福利待遇,但也还是有许多不尽如人意的地方,例如社会上还存在不尊重教师、教师物质生活不充裕等等问题。因此,有些人不愿意选择教师职业,甚至有些师范生也不愿意当教师。国家高度重视教育的战略重要性,正在着手逐步解决这些具体问题。

第四,要正确看待教师职业的苦与乐。教师工作的辛苦是人所共知的,教师每天要备课、讲课、批改作业、辅导学生,还要抽时间搞教科研、做家访……教师劳动既是脑力劳动,也是体力劳动,是脑力体力的双支出。同时,教师职业也充满快乐和幸福,当教师看到自己培养的学生成为国家栋梁,会感到无比幸福与自豪;当教师与学生之间建立美好而深厚的情谊时,会感受到幸福与快乐。

二、教师职业责任

职业责任是从事职业活动的人必须承担的职责和义务。它往往是通过具有法律和行政效力的职业章程或者职业合同来规定的。教师职业责任就是教师必须承担的职责和义务。教师能否履行其职责义务,是判断教师是否称职、能否胜任的标准。

一般来说,职业责任就是职业义务,而职业责任、职业义务和道德义务又并不完全相同,它们之间既有联系又有区别。它们的联系表现为都要求从事一定职业活动的人必须敬业、乐业,积极工作,努力完成自身职业所赋予的各项任务,区别在于职业责任、职业义务是靠外在强制力量推动人们的职业行为,而道德义务是人们自觉地认识客观要求,是一种使命,不是为了外在的权利和报偿。

教师职业责任具有不以个体主观意志为转移的客观约束力,因此也就具有了强制性特点。它是每位教师"应该做""必须做"的事情,是每个教师必须遵守的职业生活纪律。

教师要做到自觉履行职业责任,把职业责任转变成自觉的道德义务,为培养社会主义新人而无私奉献。那么,教师要如何做才是履行了职业责任呢?

第一,对学生负责。人民教师肩负着教书育人的重要职责,这要求教师既要向学生传授科学文化知识,也要培养学生品德、塑造学生灵魂。这样的工作需要教师付出大量的时间和精力,没有对学生高度负责的道德义务感是不可能实现的。而对学生负责,还要求教师主动自觉地建立和维护良好的师生关系,热爱学生、关心学生、尊重学生,时时处处为学生着想。

第二,对学生家长负责。学生家长把孩子送到学校接受教育,是对学校和教师的信任,也是对学校和教师培养其成才寄予厚望的,因此,教师也要对学生家长负责,主动与学生家长保持密切联系,通过各种合理的方式为家长了解其子女的在校表现提供帮助,与家长齐心协力,把学生培养好。

第三,对教师集体负责。学生的成长成才不是教师个体劳动的结果,而是教师集体共同劳动的结果。为了学生全面健康成长这一目标,教师之间要相互配合,团结互助;不能同行相轻、互相拆台。因此,教师要对教师集体负责,对教师集体负责就是对学生负责。

第四,对社会负责。对社会负责归根结底就是要求教师为社会培养合格人才。如果教师培养的学生是合格的、高质量的,就能推动社会发展和进步,反之,如果教师培养的学生不合格甚至品行败坏,就会给社会发展带来消极影响甚至危害社会。所以,教师对社会负责的关键就在于培养合格的人才。

三、教师职业态度

职业态度是人们对自身职业劳动的看法和采取的行为。教师职业态度则是教师对自身职业劳动的看法和采取的行为。教师正确的劳动态度是教师职业道德的反映,而教师职业道德的提升又能不断端正教师的劳动态度。

在社会主义社会,教师需要具有怎样的劳动态度呢?

首先,教师必须有主人翁的责任感。教师的主人翁责任感就是要把人民的教育事业视为自己的事业,把培养社会主义新人视为自己的神圣义务,以积极主动的态度对待教育教学工作。教师的主人翁责任感源于教师对社会主义祖国的深厚感情——热爱祖国。有了这种情感,教师会以积极主动的态度对待自己的劳动,全心全意为学生发展倾尽全力。

其次,教师要有从事教师劳动的光荣感和自豪感。古往今来,教师及其劳动就被给予很高的评价:"人类灵魂工程师""辛勤的园丁""太阳底下最光辉的职业"等等。从事这一崇高的职业劳动,教师应是感到无比光荣和自豪的;这种职业的光荣感和自豪感也是教师做好教育工作的强大动力。然而,从现实情况来看,还是有少数教师为眼前浮利所诱惑,或者满腹牢骚、消极懈怠……这些现象既有客观原因,也有主观原因。从主观原因上看,是人生观、价值观的倾斜导致产生错误的教育劳动态度,需要树立正确的人生观、价值观。

再次,教师要有肯于吃苦的精神。教育劳动是一项长期又艰辛的劳动,绝非一些人认为的那样"轻松""悠闲"。当前,社会对教师的能力要求越来越高,教师工作的专业性越来越强,没有吃苦耐劳的精神,没有积极主动的态度,难以承担教师的繁重工作,是当不了好老师的。

四、教师职业纪律

职业纪律是职业劳动者必须遵守的行为规范,是维持职业活动正常秩序、保障职业责任得以实现的重要措施。职业纪律常常表现为规章、制度等形式。教师职业纪律是维持教育活动正常进行的保证,是教师必须遵守的。

教师怎样做到遵守职业纪律呢?

第一,要强化教师意识。教师意识就是教师时刻要想到自己是一名教师,一言一行都要给学生做出好的榜样。每当自己出现某种想法或者采取某种行动时,都要考虑是否符合自己的身份,符合教师纪律的要求,是否会给学生带来消极影响。一般来说,教师意识越强,就越能严格遵守教师纪律。

第二,要认真学习教师职业纪律的有关规定。教师,尤其是刚刚走上讲台的新教师,要对教师职业有关规章、条例、守则等进行学习、领会。

第三,要在教育劳动中恪守教师职业纪律。学习教师职业纪律是为了在教育实践中按纪律要求去做,不是将其束之高阁的,更不能搞嘴上说一套,行动另一套。教师在知行职业纪律的过程中,要时时处处严格要求自己,绝不能自我放松。

第四,要虚心接受批评,勇于自我批评,善于改正错误。教师亦非完人,如若出现违纪行为,要虚心接受批评,也要不断反思、开展自我批评。虚心接受他人批评,勇于自我批评,改正自己的错误行为不仅是教师应采取的正确态度,也是教师自我修养的重要方法。

第五,要有坚强的意志和持之以恒的决心。遵守教师职业纪律,需要教师有坚强的意志和毅力。例如:有的教师家住在离学校很远的地方,为了准时上班需要早早起床出门,无论刮风、下雨,从不迟到、坚持认真批改作业等等,这些看似微小的行为,都是需要坚强的毅力和意志的。

五、教师职业技能

职业技能是从事一定职业的人们应当具备的技术和能力,这是人们从事某种职业工作的重要条件,也是职业工作者实现其职业理想,践行职业道德的具体行动内容。教师职业技能是从事教师这一职业应当具备的业务能力。教师职业技能的高低直接关系到人才培养质量的高低,所以努力提高职业技能是教师职业本身对教师的要求,也是教师职业道德对教师提出的要求。

教师要如何提升自身职业技能呢?

第一,要刻苦钻研业务。当今时代科学技术迅猛发展、新知识不断涌现,教师是人类文化知识的创造者和传播者,其职业技能又是以一定的业务知识为基础,更需要教师不断学习新知识。教师的业务知识不仅包括所在学科的专业文化知识,还包括其在教育教学工作中不断探索、总结出的课堂情境知识和解题知识等等,对此教师要下苦功夫去钻研、提升。

第二,要不断更新知识结构。对教师的知识结构,不同研究者有不同的研究角度或研究方式,因此,也就有不同的理解。从其功能出发,教师的知识可以分为四个方面的结构内容:本体性知识、文化知识、实践性知识和条件性知识,这四个方面知识共同构成教师的知识结构。[①] 教师要从这四个方面不断地更新自身知识结构,使之更趋完善。

第三,要勇于实践,不断创新。实践是提高教师职业技能的最重要方法。有一定的知识水平,还要勇于实践,通过理论与实践的结合,职业技能才能提高。"实践出真知",教师要在实践中自觉地、有意识地进行总结,这样才能创新。

总之,"高尚的师德是提高师能的前提,精湛的师能又是践行师德的基础。两者是相辅相成、相互促进的。没有师德,师能就失去方向;仅讲师德,而没有师能,培养的人才往往缺乏本领。"[②]

六、教师职业良心

良心是人类特有的一种道德心理现象,是和义务、责任密切联系的道德范畴,也是义务内化后的自我升华。教师职业良心是指教师在教育实践中,对履行道德义务的自觉意识、对履行教育职责的价值认同与情感体认,以及对自我行为进行道德判断、调控、评价的能力等。教师职业良心是教师职业道德的灵魂,是教师道德自律的最高实现形式。

马克思指出:"良心是由人的知识和全部生活方式来决定。"[③]教师职业良心作为一种道德意识,是对教师所处的客观社会关系的自觉反映,是教师个人或群体在履行教书育人过程中产生和形成的。

教师的职业良心主要表现在什么方面呢?

第一,恪尽职守。恪尽职守实际上就是一种工作责任和纪律的要求。教育工作中"恪尽职守"的重要内涵有两条。第一条是从职业规范上说,教师的良心要求教师应当遵守工作纪律,按照社会和教育事业对教师的要求尽职尽责。比如,认真备课、上课,遵守工作时间及其他工作规范等等。第二条是从教育效果上说,职业良心要求教师不能误人子弟,要尽全力取得最佳的教育效果。做不到这两条的教师就是某种意义上的玩

---

① 林崇德. 师魂:新时代师德八讲[M]. 杭州:浙江教育出版社,2022:139.
② 林崇德. 师魂:新时代师德八讲[M]. 杭州:浙江教育出版社,2022:132.
③ 马克思恩格斯全集(第6卷)[M]. 北京:商务印书馆,1961:139.

忽职守，就会受到职业良心的谴责。

第二，自觉工作。自觉工作的要求是由教师的劳动特点决定的。首先，教师的教学行为具有个体和自由的特性。教师的工作多数情况下是无人监督的，虽然有学生的面对，但由于学生的未成熟性和师生关系的不对等性，学生往往也没有全面监督教师工作及其质量的能力。其次，教师的工作在一定意义上是没有边界和限度的。比如教师不仅要完成校内的工作，还应当与家长、社区等方面建立教育联系。这一联系需要教师大量的精力投入。所以，教师能不能自觉要求自己是教师工作成败或效能高低的决定因素，教师必须有自觉工作的良心。

第三，爱护学生。爱护学生是教师的天职。教师对学生的爱护有其职业上的特点，这就是教师必须对教育对象的成长负责。教师对学生的爱不同于其他，主要表现在为学生"传道、授业、解惑"上。教师教学质量成为能否真正爱学生的最重要的标志。此外，教师对学生发展中存在的这样或那样的问题，不能采取放任的态度，并且教师在纠正学生的缺点时又必须充分考虑到不能挫伤他们的学习积极性，抑制他们的个性成长。

第四，团结执教。团结执教也是教师良心要求的重要组成部分。教师的劳动从其活动过程来看具有明显的个体性，但教育效果的取得却是集体性的。学生的人格成长，学生的知识及心智水平的提高都是教师群体合力劳动的产物。所以教师的同事关系不是一般的同事关系，而是一种职业道德的本质要求。教师同事关系方面的良心不是一般人际关系方面的良心，而是职业良心的直接构成部分。[①]

教师职业良心的上述四个方面，分别反映了教师与社会，教师与自身，教师与学生以及教师与同事之间的道德关系。

七、教师职业作风

职业作风是人们在一定职业活动中表现出来的一贯的态度和行为。职业作风是职业道德的重要范畴，是一种巨大的无形的精神力量。职业作风是由职业理想和目标决定的，有什么样的职业理想和目标就有什么样的职业作风。教师树立全心全意培养学生的理想和目标，才会一心扑在教育事业上，爱生如子，为培养下一代积极工作。若以谋生为职业理想和目标，就不会潜心教书育人，有机会就可能会离开岗位……可见，职业理想和目标决定职业作风，职业作风是职业理想和目标的反映。当然，职业作风一旦形成又会反过来进一步强化职业理想和目标。

教师职业作风，就是教师在自身职业活动中表现出来的一贯的态度和作风。那么，教师应该树立哪些优良职业作风呢？

第一，实事求是，坚持真理。"实事求是，一切从实际出发"，是我们党的优良传统和作风，也是教师的职业作风之一。人民教师在教育教学过程中要尊重事实，注重调查研

[①] 肖自明，孙宏恩，韦庆华. 现代教师道德修养[M]. 咸阳：西北农林科技大学出版社，2010：24-25.

究,要深入学生中,全面了解情况,有针对性地做好教育和教学工作。人民教师要讲真话、办实事;做到胸襟坦荡,表里如一,不讲假话、空话和套话;关心学生、解决学生发展中的实际问题。人民教师要公道正派、坚持真理、脚踏实地;教师不仅要传播真理,还要坚持真理、捍卫真理,为学生树立坚持真理、尊重科学的榜样。

第二,工作积极,认真负责。人民教师肩负着为社会主义现代化建设事业培养建设者和接班人的重任,没有工作积极、认真负责的作风是不可能完成此重任的。工作积极,要求教师勇挑重任、兢兢业业、为教育事业多做贡献,为培养人才吃苦耐劳。认真负责,要求教师对学生成长成才负责。教师在工作中不仅要向学生传授科学文化知识,还要关心学生的思想,做到既教书又育人,坚决杜绝只教书不育人的现象。

第三,真诚坦白,平等待人。教师为人要忠实诚恳,敢于讲真话,无论对学生还是学生家长,对同事还是上级领导都要真诚、平等以待,不因交往对象的身份、地位而不同,特别是面对学生,既不要以教育者自居、高高在上,也不因为学生的家庭、能力、性格、兴趣爱好不同而区别对待。

第四,发扬民主,团结互助。发扬民主指的是教师在工作中要善于发扬民主,要经常与学生谈心、虚心听取意见,让学生参与到班级管理和学校管理中来,将他们看作班级建设、学校建设的主体;团结互助主要指教师在处理与同事关系过程中,要团结友爱、和睦相处,在思想、工作生活中互相关心、互相帮助,这样也更有助于服务好学生的成长成才。

八、教师职业荣誉

教师职业荣誉是指对教师职业道德行为的社会价值所做出的肯定评价和教师本人对这种评价的自我意识。它包括两个方面,一方面是指教师履行了社会义务,对社会做出一定贡献后,社会舆论所给予的赞许和褒奖。它是一定社会和阶级评价教师道德行为的社会价值尺度,是教师道德行为的价值标准和价值体现,其客观基础是社会舆论。另一方面是指教师对自己行为的社会价值所产生的自我意识,即由于履行了社会义务而产生的自我道德情感上的满足和自豪。[1] 教师的职业荣誉是在社会评价和自我评价中形成和发展起来的一种主观意识和内心体验,是对教师职业道德生活中存在的各种道德关系的反映。

教师职业荣誉有着巨大作用,一是能激励教师自觉地按照社会所倡导的价值尺度去从事职业行为,履行职业义务。二是教育和鼓励社会各个阶层的人们尊师重教,为发展社会主义事业创造良好的社会环境。既然教师职业荣誉作用如此巨大,教师该如何正确对待职业荣誉呢?

第一,要积极履行职业义务,以实际行动赢得社会的尊重和个人的尊严。职业荣誉包括社会评价和个人自我评价两个方面,因此教师在职业道德生活中就需要正确处理

---

[1] 雷小波.论教师职业荣誉[J].机械工业高教研究,2000(4):51-55.

社会赞誉和个人尊严的问题。要使这两者达成一致，需要教师个人追求的价值、运用价值标准与社会的价值标准相一致，也就是说教师要遵循社会公认的价值标准和行为准则，以此指导自己的职业，履行社会赋予的职责和义务。唯有此，才能获得社会的赞誉。反之，则不能获得社会的赞誉，教师个人的尊严也就无法实现。

当前，由于合理健全的社会利益分配机制尚未完全建立，社会中分配不公、体脑倒挂的现象依旧存在，教师的生活还比较清贫、社会地位还有待进一步提高。在这种情况下，教师坚持正确的职业荣誉观，爱岗敬业、无私奉献，不为偏见和诱惑所动摇，保持心灵的一方净土，就显得更为重要。

第二，要有团队协作精神，正确处理好个人荣誉和集体荣誉的关系。个人与集体的关系是社会生活中的重要关系。集体是许多人集合起来的有组织的整体，个人则是构成集体的基础、源头。在社会主义社会里，教师的个人利益与集体利益从根本上是一致的。对教师来说，集体荣誉与个人荣誉之间具有根本的一致性，追求个人荣誉与维护集体荣誉之间是辩证统一的。首先，追求个人荣誉是教师追求进步的一种具体体现，教师积极追求个人荣誉也有利于集体荣誉的实现。其次，追求个人荣誉与维护集体荣誉是相辅相成、辩证统一的。一方面，个人荣誉是集体荣誉的一部分，个人荣誉的取得离不开集体的培养和帮助。另一方面，集体荣誉也同样要靠每一位教师的共同努力、团结协作才能够实现，集体荣誉中蕴含了教师个人的奉献和功绩，因而也是更高层次的个人荣誉。再次，集体荣誉高于个人荣誉。个人不能离开集体而孤立存在，个人的一切活动都离不开集体的帮助和支持，个人的贡献里往往渗透着集体的智慧，即使自己的才能在创造业绩过程中起着重要作用，集体中其他人的配合和支持也是必不可少的。教师个体价值的最终评判标准来自个人对集体的贡献，来源于社会、集体是否对其做出肯定的价值判断。

第三，正确划清荣誉与虚荣的界限。荣誉作为对道德行为的社会价值做出的公认和评价，是人所特有的一种美好的社会心理。珍视社会的肯定和称颂，自觉把荣誉当作一种鞭策的力量，这就是荣誉感。健康的荣誉包含进取的精神、正确的目的以及艰苦的付出。三个因素体现着一个问题的三个方面，紧密联系、不可分割。而虚荣心是一种浅薄、庸俗的社会心理。人们平常说的"死要面子"，指的就是这种心理状态。仔细分析起来，贪图表面光彩、务虚名、求私利的人，他们的目的卑微低贱，以满一时的虚名为荣，置他人和正义于不顾，企求不付或少付出劳动，甚至窃取他人的劳动成果来骗得称颂或掠夺荣誉。这样的表里之相悖逆，名实之相违背，正是虚荣的本质特征。

每位合格的教师应区分清楚荣誉和虚荣的差别，做到不沽名钓誉、不贪图虚名，不弄虚作假，不窃取他人劳动成果以骗取荣誉；不贬低别人，抬高自己以谋取荣誉；不嫉贤妒能，不同行相轻……只有这样教师获得的荣誉才是高尚的、纯洁的。

本章小结

　　道德从本质属性上说是社会意识形态之一,在人类社会发展中发挥着不可替代的作用。职业道德是社会道德体系的重要组成部分,伴随着人类社会分工、职业的产生而产生,随着职业发展而不断发展。由于教师职业的特殊性,其职业道德比其他职业道德有着更高、更全面的要求,而社会主义社会的教师职业道德比历史上任何一个社会的教师职业道德水准更高,它具有示范性、先进性、全面性、深广性、完整性等特点。目前,我国中小学教师职业道德原则主要有教育人道主义原则、教书育人原则、全面发展原则;其中,人道主义原则居于基础层次,全面发展原则居于最高层次,教书育人原则居于中间层次。教师职业道德范畴是反映教师职业劳动中最本质、最重要的道德关系的基本概念,包括教师职业理想、职业责任、职业态度、职业纪律、职业技能、职业良心、职业作风、职业荣誉,它与职业道德原则、职业道德规范一起构成一个完整的教师职业道德体系。

思考题

　　1. 为何人们对教师职业提出了高于其他职业的道德要求和期望?
　　2. 如何理解教师职业道德是由社会经济关系决定的?
　　3. 结合生活实际,找出实例来说明教师职业道德是如何影响着社会道德风气的发展?
　　4. 教师职业技能与教师职业道德之间是怎样的关系?
　　5. 有人说"教师就该淡泊名利",对此观点你是否认同。结合实际,谈谈教师应有怎样的职业荣誉观?

第二章 立德树人的内涵与新时代好老师的要求

学习目标

1. 理解"立德树人"的内涵和新时代"好老师"的要求。
2. 掌握立德树人的实践路径,并能够按照好老师的标准严格要求自己。
3. 形成正确的职业道德观念和职业道德行为,增强社会责任感和职业意识,培养高尚的道德情操;牢固立德树人,做新时代好老师的职业理想。

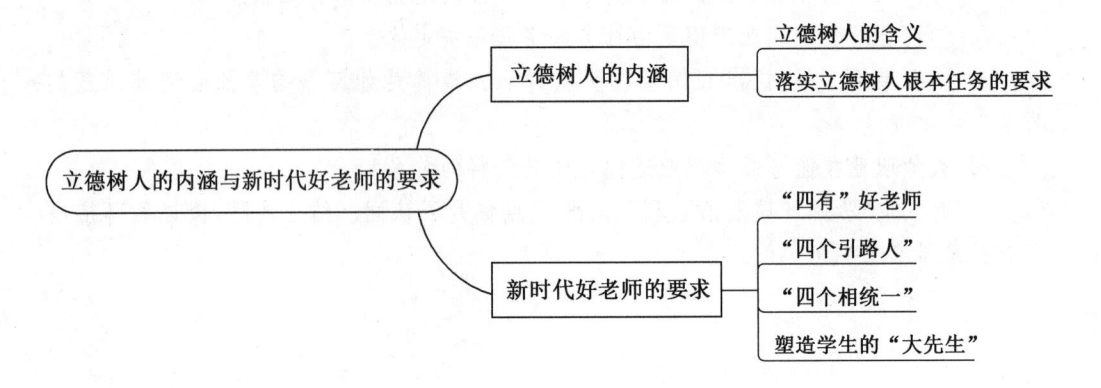

内容框架

立德树人的内涵与新时代好老师的要求
- 立德树人的内涵
  - 立德树人的含义
  - 落实立德树人根本任务的要求
- 新时代好老师的要求
  - "四有"好老师
  - "四个引路人"
  - "四个相统一"
  - 塑造学生的"大先生"

案例导入

教师错在哪儿了?[①]

2021年12月31日下午,一则消息先是悄悄在家长群传播、发酵,继而,微博话题

[①] 光明社教育家. 两位教师错在哪儿了?——北京朝阳二小事件的教育审视[EB/OL]. https://new.qq.com/rain/a/20220103A05MAB00,2022-01-03(有删减).

"北京朝阳二小老师发动全班同学霸凌学生"迅速刷屏。几个小时内阅读量破千万,网友纷纷对该事件中教师的做法表示愤慨和谴责。

朝阳二小一年级某班排元旦节目,摄像在教室后面拍摄。一个男生在绘声绘色地高声朗诵《满江红》。坐在前排的几个学生回头看摄像镜头,并不时将耳朵捂起来。拍摄暂停之后,两位教师手指一个前排女生进行批评,并要求该女生坐到后排去。但该女生并没有听从老师的安排。

两位老师就轮流批评、命令该女生坐到后排去。但该女生感觉是没有反应过来,没有动。两位老师开始动用胁迫手段,先是说如果不按命令做,就会将刚才的视频发给家长;还鼓动全班同学,说你这样的行为影响了全班,耽误全班下面的活动,"全班同学都讨厌你"。这些都没见效,老师又让该女生旁边的一位同学与她换座位,该同学很积极,站在被批评女生旁边等着换。后来还是老师动手拉起该女生与那位同学换了座位。

可能是该女生没有服从老师的命令,教师"兑现警告",将自录的视频放在家长群里了,用意本在向家长"告状"、指责家长、批评该女生。没承想,视频流出,全网愤慨,网络媒体用"教师发动全班霸凌学生"这种刺激性题目进行传播,点击量超千万,变成了2021年最后一天的一个网络热门事件。

正如案例标题所示,两位教师错在哪里了?其行为是否做到了立德树人?他们是好老师吗?为什么?

第一节 立德树人的内涵

一、立德树人的含义

中国共产党历来重视德育在人才培养中的重要作用,始终将"德"作为人才标准的首位,强调德才兼备、以德为先。党的十八大报告中指出:"教育是民族振兴和社会进步的基石。要坚持教育优先发展,全面贯彻党的教育方针,坚持教育为社会主义现代化建设服务、为人民服务,把立德树人作为教育的根本任务,培养德智体美全面发展的社会主义建设者和接班人。"在此次报告中,首次将"立德树人"确立为教育的根本任务。

党的十九大、二十大报告进一步指出,要"落实立德树人根本任务"。在党的二十大报告中明确指出:"教育是国之大计、党之大计。培养什么人、怎样培养人、为谁培养人是教育的根本问题。育人的根本在于立德。全面贯彻党的教育方针,落实立德树人根本任务,培养德智体美劳全面发展的社会主义建设者和接班人。"党和国家把立德树人作为教育的根本任务,抓住了教育问题的本质所在,为新时代中小学加强和改进德育工作提出了新要求,指明了新的发展方向。

(一)"立德"的含义

立德,出自《左传·襄公二十四年》:"太上有立德,其次有立功,其次有立言。虽久不废,此之谓不朽。""立"即确立、树立。"德",是"大德、公德、私德"的总称。立德树人的"德",与德智体美劳中"德"的含义相同,包括政治、道德、法律,即理想信念、道德品质、法治素养三个方面。立德,即树立德业,就是要在坚定青少年理想信念、塑造青少年道德品质、涵养青少年法治素养方面下大功夫、花大力气。

2014年5月4日,习近平总书记在北京大学师生座谈会上寄语青年:"青年的价值取向决定了未来整个社会的价值取向,而青年又处在价值观形成和确立的时期,抓好这一时期的价值观养成十分重要。这就像穿衣服扣扣子一样,如果第一粒扣子扣错了,剩余的扣子都会扣错。人生的扣子从一开始就要扣好。"[1]"人生的扣子从一开始就要扣好"这一朴素而又生动的比喻,蕴藏着丰富的人生哲理。"扣扣子",表明了"立德"的重要性。"立德树人"要明确"立什么德"的问题,当下我们强调的"立德"就是立社会主义之德,就是要把社会主义核心价值观作为德育工作的统领,引导广大学生树立正确的世界观、人生观和价值观。2014年5月30日,习近平总书记在参加北京市海淀区民族小学庆祝"六一"国际儿童节活动时发表了重要讲话,他强调:"要把社会主义核心价值观的基本内容熟记熟背,融化在心灵里,铭刻在脑子中,结合学习和生活等实践不断加深理解。要学习英雄人物、先进人物、美好事物,在学习中养成好的思想品德追求。要从自己做起、从身边做起、从小事做起,一点一滴积累,养成好思想、好品德。"[2]2016年12月8日,习近平总书记在全国高校思想政治工作会议上指出:"要坚持把立德树人作为中心环节,把思想政治工作贯穿教育教学全过程,实现全程育人、全方位育人,努力开创我国高等教育事业发展新局面。"[3]我国是中国共产党领导的社会主义国家,因此,我国的教育必须把培养社会主义建设者和接班人作为根本任务,培养一代又一代拥护中国共产党领导和我国社会主义制度并为之奋斗终身的人才,因此我们要立的德必须是社会主义性质的德。为此,要努力引导学生树立共产主义远大理想和中国特色社会主义共同理想,培养学生成为担负起中华民族伟大复兴重任的时代新人。要引导学生做到"明大德、守公德、严私德",自觉践行社会主义核心价值观,成为有较高思想水平、政治觉悟、道德品质和文化素养,德才兼备、全面发展的人才。

(二)"树人"的含义

树人,即培养人才,出自《管子·权修》:"一年之计,莫如树谷,十年之计,莫如树木,

---

[1] 习近平:青年要自觉践行社会主义核心价值观——在北京大学师生座谈会上的讲话[EB/OL]. http://www.xinhuanet.com/politics/2014-05/05/c_1110528066_2.htm,2014-05-05.

[2] 李斌,霍小光. 习近平向全国各族少年儿童致以节日祝贺[EB/OL]. http://www.xinhuanet.com/politics/2014-05/30/c_1110944124.htm,2014-05-30(有删减).

[3] 习近平在全国高校思想政治工作会议上强调:把思想政治工作贯穿教育教学全过程 开创我国高等教育事业发展新局面[EB/OL]. http://dangjian.people.com.cn/GB/n1/2016/1209/c117092-28936962.html?ivk_sa=1024609w,2016-12-09.

终身之计,莫如树人。"这句话表明了"树人"不是一朝一夕的事,而是一项长期性的、艰巨的任务。习近平总书记在2021年9月27日至28日中央人才工作会议上指出:"综合国力竞争说到底是人才竞争。人才是衡量一个国家综合国力的重要指标。国家发展靠人才,民族振兴靠人才。我们必须增强忧患意识,更加重视人才自主培养,加快建立人才资源竞争优势。"[①]国家的发展靠人才,人才的培养靠教育。而办好人民满意的教育,落脚点又在人的培养。"树人"就是全面实施素质教育,培养德智体美劳全面发展的社会主义建设者和接班人。"树人"的主体包括两类:一是学校,二是教师。就学校而言,学校的各项教育活动要以"树人"为中心,以培养人才为宗旨。就教师而言,每位教师也要做好本职工作,教书育人,为社会培养人才。习近平总书记在2016年全国高校思想政治工作会议上强调:"教师要以德立身、以德立学、以德施教,坚持教书和育人相统一,言传和身教相统一,潜心问道和关注社会相统一,学术自由和学术规范相统一。"这为新时代教师如何"树人"指明了方向,教育要从"教"走向"育",广大教师要扎根中国大地,切实遵循教书育人规律、学生成长规律,创新人才培养模式,全面提升人才培养水平,让每一位学生获得高质量的教育,让学生有更多的获得感、幸福感。

(三)"立德"与"树人"的关系

厘清立德树人的含义,首先需要明确立德与树人之间的关系。德和人是一体关系。德是人之德,离开人,德无寄生之地;德是人之魂,人无德不立。因此,立德与树人是一体的,立德树人是"立育人之德"与"树有德之人"的有机统一。虽然"立德"在"树人"之前,"立德"才能"树人"。但思考"立什么德"时,首先要考虑"树什么人"。因为德为人之德,没有脱离人的德,有什么人就有什么德。因此,我们需要从"树什么人"开始,追问"立什么德"。如今,中国特色社会主义进入新时代,应"树什么样的人",应"立什么样的德"呢?

1. 树什么人

一是社会主义事业建设者和接班人。培养社会主义建设者和接班人,是中国特色社会主义教育的一贯目的。我国是中国共产党领导的社会主义国家,这就决定了我们的教育必须把培养社会主义建设者和接班人作为根本任务,培养一代又一代拥护中国共产党领导和我国社会主义制度、立志为中国特色社会主义事业奋斗终身的有用人才。

二是德智体美劳全面发展的人。社会主义建设者和接班人应该具有什么样的素质?2018年9月,习近平总书记在全国教育大会上提出,要培养德智体美劳全面发展的社会主义建设者和接班人。会上提出了"德智体美劳全面发展"的新表述,在深入贯彻习近平总书记重要讲话精神过程中,教育系统逐步形成"五育"并举的提法,逐渐成为加快推进教育现代化、建设教育强国、办好人民满意的教育的重要指导的新理念。

---

① 人民网.金句来了!习近平在中央人才工作会议上发表重要讲话[EB/OL].http://politics.people.com.cn/n1/2021/0929/c1001-32242242.html,2021-09-29.

三是担当民族复兴大任的时代新人。中国特色社会主义进入了新时代,时代新人应该有理想、有本领、有担当,具有奋斗精神、实干精神、创新精神,成为新时代的奋进者、开拓者、奉献者。只有这样,才能担负起实现中华民族伟大复兴的历史重任。

2. 立什么德

一是立成"人"之德。德是成"人"的根本。人性中包含着成为人的共同德性,即人性的善。

二是立时代之德,即时代的共同道德。随着农业社会向工业社会、信息社会转型,小农经济转向市场经济,社会交往日益密切,公共生活日益扩大,人们对社会公德的需求也与日俱增。因此,现代社会不仅强调个人权利,也强调公共利益和社会责任,且公共性不断扩大,从国家走向区域,进而走向世界。

"才者,德之资也;德者,才之帅也。""立德"与"树人"相辅相成、不可分割。我们要坚持以"树人"为核心,以"立德"为根本,努力办好人民满意的教育,培养品格高尚、人格健全的高素质人才,杜绝教书、育人两张皮的现象。我们要结合学校的实际情况,结合中小学生身心发展的规律和特点,寻求新形势下中小学校立德树人的新方法、新模式,以社会主义核心价值体系为指导,增强立德树人的创新能力和影响力,提高德育工作的亲和力和向心力。

二、落实立德树人根本任务的要求

党的十八大以来,以习近平同志为核心的党中央高度重视培养社会主义建设者和接班人,坚持把立德树人作为教育的中心环节。2018年9月在全国教育大会上提出了"六个下功夫"①,为我国未来人才培养指明了方向。从这"六个下功夫"的内涵中,我们可以看到,对于新时代人才培养的目标,把"德"放在了"知识"的前面,而在对于"德"的要求中分别谈到了国家大德、社会公德和个人品德。"要在坚定理想信念上下功夫"和"要在厚植爱国主义情怀上下功夫"其实讲的就是"国家大德",而"要在加强品德修养上下功夫"指的就是"社会公德"和"个人品德"。

因此,新时代落实立德树人根本任务应做到以下几个方面:

(一) 始终坚持党的领导

新时代落实立德树人根本任务,坚持党的领导是根本。坚持正确的育人方向,是保证习近平新时代中国特色社会主义事业有序开展的重要前提,以确保新时代教育为社会主义现代化建设提供源源不断的人才支撑。各级党组织应积极将立德树人贯穿到学生成长成才的各个环节,为学校营造一个坚持德育为先、以人为本的良好环境,常态化

---

① "六个下功夫"分别为:"要在坚定理想信念上下功夫""要在厚植爱国主义情怀上下功夫""要在加强品德修养上下功夫""要在增长知识见识上下功夫""要在培养奋斗精神上下功夫""要在增强综合素质上下功夫"。

推进立德树人工作,促进各项工作落到实处。

(二)调动学生主体作用

新时代落实立德树人根本任务,调动学生主体作用是重点。转变学生的观念和思想认识是开展立德树人工作的重要前提,这就要求我们要树立学生在教育中的主体意识,激发学生的主观能动性,使得学生在意识上得到升华。激发学生主体性作用,有助于学生进行主动思考,形成较强的思辨能力。在具体的实践中要做到:第一,注重学生的实际需求,加强对学生的人文关怀。第二,创造更多的实践机会,激发学生的参与热情,使得学生能够在历练中得以成长。第三,激发学生潜能,促进学生的全面发展和个性成长。

(三)发挥教师主导作用

新时代落实立德树人根本任务,发挥教师主导作用是关键。教师主导作用是指教师在教育教学活动中的主动引领和组织管理作用。

首先,教师需要制定合理的教学计划。教学计划是教师落实教学任务和培养学生良好品德的基础。教师应该结合学生的特点和学科要求,制定明确的教学目标和教学内容,并合理安排教学进度和教学方法。在制定教学计划时,教师应注重培养学生的品德和价值观,将道德教育纳入教学计划的各个环节,例如设置相关案例和讨论问题,引导学生思考和探究道德问题。通过合理的教学计划,教师能够明确自己的教学目标,有效组织教学活动,帮助学生全面发展。

其次,教师要组织丰富多样的教学活动。教学活动是教师落实立德树人根本任务的具体操作。教师应根据学生的实际情况和教学目标,设计符合学科特点的教学活动,并注重培养学生的品德和价值观。例如,在语文课上,教师可以组织学生进行文学作品欣赏和演绎,引导学生通过亲身体验和参与,感受文学作品中的美和道德情感。在数学课上,教师可以设计有关社会公平和正义的数学问题,引导学生思考和讨论数学与道德的关系。通过组织丰富多样的教学活动,教师能够激发学生的学习兴趣和动力,培养学生的品德。

再次,教师还要积极引导学生的发展。学生是教学活动的主体,教师应该充分发挥自己的引领和指导作用,促使学生全面发展。教师可以通过教育引导和个别辅导等方式,帮助学生树立正确的品德观和价值观,在学习、生活和社会交往中形成正确的行为习惯和道德意识。教师还要注重培养学生的自主学习和合作精神,通过设立学习任务和交流平台,引导学生主动思考和参与,培养他们的创新能力和团队合作精神。通过积极引导学生的发展,教师能够帮助学生全面发展,树立正确的人生观和价值观。

(四)抓稳抓牢课堂教学主阵地

新时代落实立德树人根本任务,抓稳抓牢课堂教学主阵地是核心。百年大计,教育为本。教育是国家事业的重要组成部分,而课堂教学是教育工作的核心环节。站稳守好课堂教学主阵地,将课堂教学与立德树人紧密结合,善用"大思政课",全面落实立德树人根本任务,关系到教育质量的提高和学生素质的提升。因此,广大教师应牢固树立立德树人的理念,注重课堂教学,在课堂上努力培养学生多方面的能力和素质。

首先,教师在教学内容与方法上应注重培养学生的品德。中小学教育不仅要培养学生的认知能力,还要注重培养学生的品德。教师应通过讲授教材内容,引导学生理解和接受正确的价值观,激发学生对良好品德的追求。例如,教师可以在教学中引导学生关注社会热点事件,让学生思考和讨论,培养他们的社会责任感和公民意识。另外,教师还可以通过开展班级活动和社团组织等形式,组织学生参与志愿者活动,培养学生的自主学习和团队合作能力。

其次,教师在课堂教学中也要注意培养学生的创新能力和综合素养。创新能力是当代社会对人才的重要要求之一,教师应通过创设情境、提供资源和引导思考等方式,激发学生的创新意识和创新能力。例如,在数学课上,教师可以引导学生设计一个实际问题,让学生自己解决问题,培养他们的问题意识和解决问题的能力。另外,教师还可以通过开设课外拓展课程或者组织参加科技创新比赛等方式,激发学生的兴趣和动力,培养学生的综合素养。

再次,教师在课后指导方面也要关注学生的全面发展。课后时间是学生和教师沟通和交流的重要时期,教师应充分利用这段时间,与学生进行有效的交流和指导。教师可以通过个别辅导、小组讨论等方式,帮助学生解决学习和生活上的问题。此外,教师还要密切关注学生的思想动态和心理健康,及时与学生沟通,了解他们的困惑和需求,并给予适当的帮助和指导。通过这样的课后指导,教师能够更好地了解每个学生的特点和需求,做到个性化教育,帮助每个学生全面发展。

第二节 新时代好老师的要求

党的十八大以来,习近平总书记始终心系广大教师,对教师队伍建设做出了一系列重要指示批示,从"四有"好老师、"四个引路人",到"四个相统一"和塑造学生的"大先生",为教师队伍建设赋予了新时代的内涵与精神,为新时代如何成为一名好老师提出了明确要求。

一、"四有"好老师

2014年第30个教师节前夕,习近平总书记考察北京师范大学时发表重要讲话,勉励广大教师做有理想信念、有道德情操、有扎实学识、有仁爱之心的"四有"好老师。习近平总书记用"四有"标准定义"好老师",是新时代对教师的新标准和新要求,指出了新时代好老师的基本品格,为广大教师的成长指明了方向。

(一)"四有"好老师的基本内涵

1. 有理想信念

　　希望广大教师认清肩负的使命和责任,教育和引导学生热爱祖国、热爱人民、热爱中国共产党,教育和引导学生心中要有国家和民族,意识到肩负的责任,牢固树立为祖国服务、为人民服务的意识,立志成为党和人民需要的人才。
　　——2016年9月9日,习近平总书记在北京市八一学校同教师学生代表座谈时的讲话

　　好老师应该做中国特色社会主义共同理想和中华民族伟大复兴中国梦的积极传播者,帮助学生筑梦、追梦、圆梦,让一代又一代年轻人都成为实现我们民族梦想的正能量。
　　——2014年9月9日,习近平总书记在北京师范大学同师生代表座谈时的讲话

　　理想,是对未来事物的想象或希望(多指有根据的、合理的,跟空想、幻想不同),对人的行为有一定指导作用。理想既不同于幻想,也不同于空想和妄想。列宁曾说过:"人需要理想,但是需要人的符合社会的理想,而不是超自然的理想。"因此,理想是一种正确的想象,是人生的奋斗目标,是人们对未来的一种有可能实现的目标的合理想象。

　　信念是指人们对自己的想法观念及其意识行为倾向,强烈的坚定不移的确信与信任。[1] 从来源上来看,信念来源于人们对自我本能的意识与唤醒,是个体本能中可与其行为志向、志趣相统一的部分。信念在很大程度上会转化为行为态度与行为信心,从而形成士气,即形成个体行为的积极性和主动性。

　　习近平总书记在2018年全国教育大会上强调,教师是人类灵魂的工程师,是人类文明的继承者,承载着传播知识、传播思想、传播真理、塑造灵魂、塑造生命、塑造新人的时代重任,要求教师在理想信念等六个方面下下功夫,严格要求自己,不断完善自己,执着于教书育人,有热爱教育的定力、淡泊名利的坚守。作为新时代的人民教师,必须坚定理想信念,把立德树人作为自己的根本任务,培养德智体美劳全面发展的社会主义建设者和接班人。对于广大教师而言,应坚定什么样的理想信念呢?

　　我国的教育是为人民服务、为中国特色社会主义服务、为改革开放和社会主义现代化建设服务的,党和人民需要培养的是社会主义事业建设者和接班人,教师应该以这一要求为基准,坚定自己的理想信念。按照党和人民的要求,新时代人民教师的理想信念,就是要坚定对马克思主义的信仰,对社会主义和共产主义的信念;就是要为人民、为中国特色社会主义、为改革开放和社会主义现代化建设而教书育人,要始终把立

---

[1] 林崇德,等.心理学大辞典[M].上海:上海教育出版社,2003:4.

德树人作为自己的根本任务,培养德智体美劳全面发展的社会主义事业的建设者和接班人。

2. 有道德情操

> 只有打动学生,才能引导学生。教师在课堂上展现的情怀最能打动人,甚至会影响学生一生。真信才有真情,真情才能感染人。
> ——2019年3月18日,习近平总书记在学校思想政治理论课教师座谈会上的讲话

> 古人说:"师者,人之模范也。"在学生眼里,老师是"吐辞为经、举足为法",一言一行都给学生以极大影响。教师思想政治状况具有很强的示范性。要坚持教育者先受教育,让教师更好担当起学生健康成长指导者和引路人的责任。
> ——2018年5月2日,习近平总书记在北京大学同师生代表座谈时的讲话

道德情操通常指道德情感和操守的结合,是构成道德品质的重要因素。不同社会和时代有不同的内容和要求。[①] 道德情操是一种重要的精神力量,它对人的道德行为起着支持作用。

著名教育家陶行知先生说过:"学高为师,德高为范。"教师不仅作为知识的传播者和人类文明的传递者,还是年青一代的培育者和塑造者。教师不仅仅要具有广博的知识,更要有高尚的道德情操。那么,教师应具有什么样的道德情操呢?

(1) 以身作则,为人师表。这是教师道德情操的重要表现。教师的职责不仅仅是传授科学文化知识,更重要的是育人,这就意味着教师的言行具有很强的示范性。如教师的语言、仪表、仪态等都对学生的成长具有潜移默化的影响。《论语·子路》有言:"其身正,不令而行;其身不正,虽令不从。"教师以身作则、为人师表,才能起到人格感召的作用,培养出品格端庄、言行一致的人。教师对学生的这种影响是任何教科书、任何道德箴言、任何惩罚和奖励制度都无法代替的一种教育力量。

(2) 热爱学生,诲人不倦。这是教师的神圣职责,也是衡量教师道德水准的重要标尺。这就要求教师满腔热情、毫无保留地把自己掌握的知识传授给学生,耐心解答学生的疑问。同时要做到因材施教,教书育人。"精诚所至,金石为开",教师由衷的关心和关爱,循循善诱,能够使教育更有成效。

(3) 清正廉洁,严于律己。教师清正廉洁是教师立教、教师立身的根本。教师不仅要用广博的学识,授业解惑,而且还要用高尚的人格魅力立身传道,严于律己,成为学生求知求学、做人的楷模。

"师垂典则,范示群伦",道德情操是成长为一个好老师的先决条件。广大教师只有以培育和践行社会主义核心价值观为己任,以立德树人为目标,才能为实现中华民族伟

[①] 朱贻庭.伦理学大辞典[M].上海:上海辞书出版社,2011:4.

大复兴之中国梦培养有德之才。

3. 有扎实学识

  教师要成为大先生,做学生为学、为事、为人的示范,促进学生成长为全面发展的人。要研究真问题,着眼世界学术前沿和国家重大需求,致力于解决实际问题,善于学习新知识、新技术、新理论。

——2021年4月19日,习近平总书记在清华大学同师生代表座谈时的讲话

  要有学识魅力,用真理的力量感召学生,以深厚的理论功底赢得学生。思想要有境界,语言也要有魅力,从教师的话语中,学生能够感受到教师的人格和学识。

——2019年3月18日,习近平总书记在学校思想政治理论课教师座谈会上的讲话

  扎实学识,应包括教师从教需要的知识、能力与教育智慧。教师要有一定的扎实学识,才能胜任本职工作。唐代著名诗人韩愈在他的《师说》中说过:"师者,所以传道、授业、解惑也。"教师的使命就是教书育人。但是,要做到这一点,要求老师必须有扎实的学识。如果你想给学生一碗水,那么自己就必须有一桶水,"为了让学生获得一点知识的亮光,老师应该吸收整个光的海洋"。2014年9月9日,习近平总书记在北京师范大学同师生代表座谈时的讲话中指出:"在信息时代做好老师,自己所知道的必须大大超过要教给学生的范围,不仅要有胜任教学的专业知识,还要有广博的通用知识和宽阔的胸怀视野。"

  扎实学识是教学之本,是解决学生求知之源。新时代背景下,学生掌握某些新知识、新技能的速度甚至比教师还快,这是教师面临的新挑战。教师只有努力提升自己的学识,才能满足学生的求知欲,才能促进学生的发展和自身的专业成长。如果没有扎实的学识,教学过程中必然误教误学。我国古代就有"学高为师"古训,指的是老师应在学识上高人一筹,也体现了深厚学识是好老师必备的素质。社会主义新时代的变化要求,知识不断涌现更新,做一个新时代的好老师,必须具备扎实的学识,努力提升自己的学识魅力。扎实的学识应包括以下几个方面:

  (1) 专业知识与学科前沿。教师应具备扎实的学科知识,这是教学的基础。无论是数学、语文、英语还是科学等科目,教师都应对其内容有深刻的理解,能够准确无误地传授给学生。此外,教师还应关注学科的最新发展,了解最新的研究成果和教学资源,以便将最新的知识和方法引入课堂,激发学生的学习兴趣。

  (2) 教育理论与教学方法。教师应熟悉现代教育理论,如建构主义、认知发展理论等,这些理论可以帮助教师更好地理解学生的学习过程,设计更有效的教学方案。教师还应掌握多种教学方法,如讲授法、讨论法、探究法等,能够根据学生的不同需求和学习风格灵活运用。此外,教师还应熟练使用现代教育技术,如多媒体教学、在线教育资源

等,提高教学效果。

(3) 人文素养与情感支持。一方面,教师应具备广泛的人文素养,包括文学、艺术、历史等领域的知识。这不仅能够丰富教师的个人内涵,还能帮助教师在教学中融入更多的人文元素,培养学生的人文情怀和社会责任感。另一方面,教师不仅是知识的传递者,还是学生情感的守护者。教师应关注学生的情感需求,通过倾听、鼓励和理解,帮助学生建立自信,培养积极的心态。这有助于学生更好地应对学习和生活中的困难,促进其全面发展。

4. 有仁爱之心

> 有爱才有责任。好老师应该懂得,选择当老师就选择了责任,就要尽到教书育人、立德树人的责任,并把这种责任体现到平凡、普通、细微的教学管理之中。
> ——2014年9月9日,习近平总书记在北京师范大学同师生代表座谈时的讲话

> 教师要时刻铭记教书育人的使命,甘当人梯,甘当铺路石,以人格魅力引导学生心灵,以学术造诣开启学生的智慧之门。
> ——2014年5月4日,习近平总书记在北京大学师生座谈会上的讲话

爱是教育永恒的主题,没有爱就没有教育,教育因爱而拥有了生命的温度。教育是塑造人心灵和灵魂的伟大事业,热爱学生是教师厚重的职业底色。教师面对的是一个个具有丰富情感的鲜活生命,这就需要教师用爱去教育和感染学生。做好老师,要有仁爱之心,没有爱心的人不可能成为好老师。教师的仁爱之心,不简单等同于父母爱子女,这是一种对国家、民族的爱在教师身上的体现,是一种无私的爱、不求回报的爱。教师的仁爱之心是以师生相互信赖为基础的,这种爱表现为真诚地尊重学生、充分地理解学生、无微不至地关怀学生。

教师的职业特点决定了其不能成为经济上的大富翁,不可能拥有丰厚的物质财富,但真正的好老师,一定能收获精神上的富足和愉悦。"得天下英才而教育之""桃李满天下"的幸福感,是一种无法用金钱衡量的满足,是其他任何职业无法体会到的成就感与获得感。习近平总书记在与北京师范大学师生代表座谈时提道:"老师在学生心目中具有重要位置,老师无意间的一句话,可能造就一个天才,也可能毁灭一个天才。好老师一定要平等对待每一个学生,尊重学生的个性,理解学生的情感,包容学生的缺点和不足,善于发现每一个学生的长处和闪光点,让所有学生都成长为有用之才。"

总之,拥有一颗仁爱之心能够使教师保持良好的生命状态,是教师不断努力前进的不竭动力。一个厌恶教育的人,肯定不可能成为一名好教师。一个善于从工作中发现幸福、创造幸福的教师,肯定会更积极投身教育之中,从教育中体验到幸福感、获得感。久而久之,这种幸福感不仅会成为一种前进的动力,激发教师创造更多幸福,也会成为教师坚定理想信念的力量源泉。

案例链接

丹心育桃李　仁爱铸丰碑——追记安徽省怀远一中教师宋文武[①]

宋文武(1975年7月—2023年1月19日),生前为安徽省蚌埠市怀远县第一中学老师、怀远一中教育集团123高考辅导文武班班主任。宋文武生前长期资助困难学生,累计献血13 200毫升,曾获2008—2009年度全国无偿献血奉献奖铜奖,被推荐为2023年"全国最美教师"候选人。

2023年1月19日早上8:55,宋文武因抢救无效离世,享年48岁。

生前,他是个极其低调、沉默寡言的人,以至于很少有人了解他的感人事迹。在连绵的哀思中,一段段沉睡于时光中的往事被唤醒,人们开始重新认识这名心怀大爱、初心不改的热血教师。

照亮梦想的"执灯人"——他深切了解农民的困苦,资助了30多名和他一样从农村来的学生

曾经,宋文武接手了一班高三学生,发现学生小海从来没有换过衣服,永远穿着那件领子快要磨掉、袖子有好几个破洞的衬衫。跟学生打听,学生说小海每天都靠在食堂里捡拾别人的剩饭、剩菜生活。翻看小海的周记,周记中写着:"自从父亲走后,我们家再也没有吃过肉!"

他鼻头一酸,立刻找到小海,把自己的饭卡递给他,说:"以后我的饭卡你随便刷。"之后又贴上大半个月的工资,偷偷帮小海交了书本费、杂费,寒假前夕还特地给小海买了两大包年货。开学后,小海上交的周记中写着:"今年过年,我们家终于吃上肉了……"

一生从教的"守巢人"——他努力钻研教学,不愿学生走自己落榜的老路

1991年,宋文武被挤下了高考的独木桥,像一叶浮萍到处漂泊,四处打工。后来在亲朋好友的帮助下,重回校园再战高考,闯过阴霾。1999年,大学毕业后回到母校怀远一中,担任高一语文教师。

有的家长听说班里来了个年轻教师,就赶紧把孩子转到别的班级。有邻班家长听说高三班主任将由他接任,直接找校领导抗议……打击、不甘、担当皆化为奋进的力量,每一天、每一晚,他心无旁骛地琢磨如何提升教学能力。刚走上讲台时,他讲课会结结巴巴,甚至会失语冷场,后来索性放开自己,但凡讲错的地方,即使学生不提出来,他也要做个记号,或者写在备课本上,提醒自己下次上课一定要改正过来,

---

[①] 王志鹏.丹心育桃　李仁爱铸丰碑——追记安徽省怀远一中教师宋文武[EB/OL]. https://baijiahao.baidu.com/s?id=17712702944194108948wfr=spider&for=pc,2023-07-13.

渐渐走出了一条适合自己的教学之路。

言传身教的"引路人"——他把学校当家,把学生当作自己的孩子

面对学生的不良习惯,宋文武不喜欢空谈大道理,而是采取"细雨透地,润物无声"的教育方式,在日常细节中言传身教。每届学生入学之时,或在盛夏,或至初秋,天气还很热,教室里开着空调。为了便于闭门保冷,教室的门上装了拉力弹簧。起初,学生们进出教室,聒噪的"咣当"声不绝于耳。于是,他不断地给学生做示范,进出教室,一定要用手扶门,转过身来,轻轻合上,不影响他人学习或休息,并借此情景,解读归有光散文《项脊轩志》中"以手阖门"这一细节所饱含的真情、深情。经过长时间的言传身教,学生们慢慢学会了轻轻地开门、关门,而不是任由门板撞击门框,发出巨响。

奉献社会的"好心人"——他无偿献血 13 200 ml,用汩汩热血救死扶伤

宋文武走后数日,他的家人在家里隐蔽处找到一沓子无偿献血证和荣誉证书。才得知,他 2002 年首次参加无偿献血,先后捐献全血 36 次,捐献总量 13 200 ml。

(二)"四有"好老师的实践路径

1. 坚定理想信念

"坚定"强调对理想信念坚如磐石,矢志不移。作为塑造灵魂的工程师,理想信念是教师的立身之基、人格之本。引导广大教师坚定理想信念,就是要坚定教师对马克思主义的信仰、对中国特色社会主义的信念、对中华民族伟大复兴中国梦的信心。教师不仅要传授知识,更要培育精神,要有坚定的信念和执着的坚守,要从根本上解决好世界观、人生观、价值观的"总开关"问题,坚持立德树人,以大爱之心、大德之行,做学生敬仰爱戴的学问之师、品行之师,把唤醒学生"为中华复兴而读书"的原动力作为人才培养的首要任务,引导广大青年学子爱国、励志、求真、力行,着力培养堪当民族复兴大任的时代新人。

2. 陶冶道德情操

"陶冶"强调道德情操的社会属性需要不断潜移默化地磨炼、涵育。"好老师"不仅要在专业领域学有专长,还要能够恪守"为党育人、为国育才"初心使命,矢志为中华复兴而育人,以德立身、以德立学、以德施教,把教书育人的神圣职责镌写在以心育人、以情育人、以境育人、以品育人的全过程,潜心育人,躬耕不辍。

3. 涵养扎实学识

"涵养"强调需要永葆谦虚、敬畏之心,不断吸收、内化、厚植学识。作为知识的传播者,教师要切实担当"传道"之责,用丰厚的才学、过硬的能力、勤勉的态度、科学的方法教好书、育良才。首先,要用先进的理论思想武装自己的头脑,广泛涉猎多学科知识,多角度看待问题,加强自身专业理论学习,关注相关学科领域的发展情况及最新教育动态,用新思想、新理念指导教学实践工作。其次,实践出真知,教师要积极投身教改实践,并不断反思、探索和改进教学方法,将掌握的教育理论转变成教育教学的实际能力。最后,要树立终身学习的理念,与时俱进,不断汲取知识,更新知识结构,应对挑战。只有站在学识前沿,才能引领学生未来发展之路。新时代做有扎实学识的好老师,应多学理论武装头脑,多记录课堂得失,多思考存在问题,多写作教学经验,多实践教学想法,在实际工作磨炼自己,提升自身能力。

4. 勤修仁爱之心

"勤修"强调"仁爱之心"需要时时刻刻去呵护和浇灌。热爱学生是教师厚重的职业底色。教育是一门"仁而爱人"的事业,教师的仁爱之心体现为真诚地尊重学生,传承有教无类、因材施教的教育者品质;充分地理解学生,乐于倾听学生的心声,理解学生的人格发展需要;自觉做到宽容关怀学生,用自身言行感染学生,做到"严而有格,爱而不纵",用爱去塑造学生的心灵和灵魂,致力于成为经得起学生考验的仁爱之师。

从2014年"四有"好老师的首次提出,再到2023年建设教育强国集体学习中,"坚定""陶冶""涵养""勤修"四个词,是对"四有"好老师的新阐释和新发展,更是教育强国视域下"四有"好老师的实践方法论。

案例链接

昔日背母求学　今日助学育人——第八届全国道德模范候选人刘秀祥[①]

刘秀祥,男,贵州望谟人,中共二十大代表,现任贵州省望谟县实验高级中学副校长,第24届"中国青年五四奖章",2020年获"全国最美教师"荣誉称号。

背母求学,点亮传统美德孝道之光

刘秀祥四岁丧父,年幼的他同患有精神病且生活不能自理的母亲相依为命,幼小的双肩挑起了家庭生活的重担,被当地人称为"贵州第一孝子"。从中学的四处辗转,到大学远赴他乡,他一直把母亲带在身边悉心照顾,其"背母求学"的事迹感动了无数人。

返回家乡,重燃弟弟妹妹求学梦想

2012年毕业后,他放弃优厚的待遇,回到贵州大山里当一名普普通通的特岗教师,助力千名贫困学子圆了大学梦。教学之余,他积极开展公益活动,全国巡回励志演讲1 000多场,听众上百万人,牵线一对一资助贫困学子1 700多人。

[①] 人民资讯.刘秀祥:昔日背母求学　今日教书育人[EB/OL].https://baijiahao.baidu.com/s?id=1706336625238221591&wfr=spider&for=pc,2021-07-26.

乡村助学，解决弟弟妹妹后顾之忧

特岗三年服务期满后，刘秀祥决定留下来继续教书育人，用思想和行动去影响更多人、感染更多人。9年时间，他从一名普通老师做到副校长，就是让更多的学生走出去，为了解决孩子们没钱上学的后顾之忧，他发起了"助学走乡村"行动，对接资金超千万元，资助贫困学生2700余人。

刘秀祥还先后创建了省、州级刘秀祥劳模创新工作室和刘秀祥省级名师工作室，充分发挥引领和辐射作用，开展公益演讲、学生德育教育和贫困学生资助等活动。

资料拓展

习近平致全国优秀教师代表的信[①]

各位与会老师：

你们好！值此第三十九个教师节到来之际，我代表党中央向你们、向全国广大教师和教育工作者致以节日的问候和诚挚的祝福！

长期以来，以你们为代表的全国广大教师认真贯彻党的教育方针，教书育人、培根铸魂，培养了一代又一代德智体美劳全面发展的社会主义建设者和接班人，造就了大批可堪大用、能担重任的栋梁之才，为国家发展、民族振兴作出了重要贡献。教师群体中涌现出一批教育家和优秀教师，他们具有心有大我、至诚报国的理想信念，言为士则、行为世范的道德情操，启智润心、因材施教的育人智慧，勤学笃行、求是创新的躬耕态度，乐教爱生、甘于奉献的仁爱之心，胸怀天下、以文化人的弘道追求，展现了中国特有的教育家精神。

新征程上，希望你们和全国广大教师以教育家为榜样，大力弘扬教育家精神，牢记为党育人、为国育才的初心使命，树立"躬耕教坛、强国有我"的志向和抱负，自信自强、踔厉奋发，为强国建设、民族复兴伟业作出新的更大贡献。

习近平
2023年9月9日

二、"四个引路人"

2016年9月，中共中央总书记、国家主席、中央军委主席习近平到北京市八一学校

[①] 新华社. 习近平致全国优秀教师代表的信[EB/OL]. https://cn.chinadaily.com.cn/a/202309/09/WS64fc3f21a310936092f210bb.html, 2023-09-09.

看望慰问师生,在与八一学校师生座谈时,习近平总书记指出:"广大教师要做学生锤炼品格的引路人,做学生学习知识的引路人,做学生创新思维的引路人,做学生奉献祖国的引路人。"对教育和教师提出了新的要求。

(一) 做学生锤炼品格的引路人

品格即品性、性格,反映了一个人的人品和做事风格。品格影响着学生的现在,更决定着学生的未来。中小学阶段是学生品格形成的关键时期,是锤炼人生品格最重要的时段。教师要以身作则,用自己的一言一行影响学生,使自己成为学生求知的导师和做人的楷模,进而培养学生良好的品格。作为引路人,不仅要教会他们如何学习,更要教会他们如何做人,学会做事,学会合作;作为引路人,不仅要教会他们能够理解别人、尊重别人,还要锤炼发现美的眼睛,培养感恩之心;作为引路人,不仅要帮助学生分析自己的优劣势,还要帮助迷茫的学生找到方向,找到光明。

(二) 做学生学习知识的引路人

知识是无价之宝。一个国家的发展,要靠人类用学来的知识去改变它;一个正确理论的产生,也要靠人类用学来的知识去总结;要推翻迷信思想,更需要人类用知识来改造。学习知识是学生阶段最主要的任务之一。作为教师,在学生学习知识的过程中具有重要作用。古人云"授人以鱼,不如授人以渔",这是对教师"引路人"的精辟论述。叶圣陶先生曾说过:"教师的责任不在教,而在教学,在教学生学。"只有使课堂教学的出发点和归宿都着眼于学生,才能提高课堂教学的实际效益。素质教育不仅仅要求广大教师传道、授业、解惑,更重要的是要培养学生良好的学习习惯,发展学生的智力,这是每一位教师在教育事业上追求的理想境界。

(三) 做学生创新思维的引路人

创新(Innovation),起源于拉丁语,它原意包括三层含义:一是更新,二是创造出新的东西,三是改变。创新是当今时代的重大命题。要创新,前提是要有创新思维。创新思维是指以新颖独创的方法解决问题的思维过程,通过这种思维能突破常规思维的界限,以超常规甚至反常规的方法、视角去思考问题,提出与众不同的解决方案,从而产生新颖的、独到的、有社会意义的思维成果。创新思维的本质在于用新的角度、新的思考方法来解决现有的问题。[1] 作为学生引路人的教师,要想方设法成为培养学生创新思维的能手。

(四) 做学生奉献祖国的引路人

祖国就是自己的国家,是我们成长的摇篮。奉献祖国就是积极自觉地为社会做贡献。

要做学生奉献祖国的引路人,首先要在思想上教育学生奉献祖国。如利用课堂教学让学生懂得自身的幸福与祖国的繁荣强大密切相关。当学生的思想发生偏差时,要

---

[1] 姚本先. 大学生心理健康教育[M]. 合肥:安徽大学出版社,2012:272-275.

教育学生个人服从集体,不能因为一己私利,做损害国家和集体的事。

其次,在行动上培养学生奉献祖国。爱祖国,就要建设好祖国,爱祖国,不只是说说而已,而要有实际行动。教师要以身作则,从自身做起,做好学生的榜样。这就要求教师自身要热爱祖国、爱岗敬业、无私奉献,用认真的工作态度、负责的工作精神感染学生,让学生耳濡目染,成为学生的榜样,在学生心中成为指路的明灯。并且告诉学生,努力工作,培养祖国的人才,也是为祖国建设奉献自己的力量。

再次,用优秀的人物感染学生热爱祖国、奉献祖国。如给学生介绍古今中外众多爱国、报国的人物事迹,让学生懂得祖国的强大是无数的仁人志士抛头颅、洒热血换来的,从而激发学生奉献祖国的热情。

三、"四个相统一"

2016年12月,习近平总书记在全国高校思想政治工作会议提出的"四个统一",是新时代对加快建设师德师风的四个基本要求。习近平总书记强调,要加强师德师风建设,坚持教书和育人相统一,坚持言传和身教相统一,坚持潜心问道和关注社会相统一,坚持学术自由和学术规范相统一,引导广大教师以德立身、以德立学、以德施教。这"四个统一"的要求,不仅适用于高校教师,也适用于各级各类学校的所有教师。教师承担着办好人民满意教育的重任,是打造中华民族"梦之队"的筑梦人;只有坚持"四个统一",扎实推进师德师风建设,我们广大教师才能完成塑造灵魂、塑造生命、塑造新人的时代重任。

(一)坚持教书和育人相统一

教书育人是教师的基本职责,是每一位教师的神圣使命。"教书"与"育人"二者相互联系、不可分割,统一于培养中国特色社会主义事业合格建设者和可靠接班人的实践过程中。教师要做到把教书和育人二者有机地结合起来,并落实到教学实践活动中。《礼记》中曾记载:"师者也,教之以事而喻诸德也。"教师不仅要用自己广阔的见识、扎实的专业知识去教好书,使学生掌握科学文化知识,同时,也要帮助学生养成良好的道德品质和行为习惯。教育家陶行知先生曾说:"先生不应该专教书,他的责任是教人做人;学生不应该专读书,他的责任是学习人生之道。"因此,对于教师而言,必须不断丰富和完善自己的知识结构,增强教学技能,凝练育人本领,努力做到教书与育人的和谐统一,努力实现自身的社会价值。教师履行好教书育人的职责,教师的综合素质是关键。这里的综合素质,应包括精深的学养积累、严谨的治学态度和务实的敬业精神,这就要求教师不断提升自己的道德素养,不断学习,掌握自己所从事专业领域的学科知识,练就过硬的本领,努力成为面向学生的学术对话者和学生学习的谆谆善导者。

(二)坚持言传和身教相统一

言传身教、以身示范是作为一名教师的必备素质。曾有心理学研究发现,人与人进行交流时,只有30%的信息量通过语言来表达,而另外70%都是由肢体动作和面部表情等第二语言系统来传达的。"以身教者从,以言教者讼",这就告诉我们,履行育人的职责,不仅要言传,更要身教。作为教师,应恪守积极乐观、健康向上的人生态度,并把这种态度渗透到自己的一言一行中,传递给学生,做到言传与身教相统一。"不教之教,无言之诏","不教之教"胜于"教",教师的良好行为和高尚风格就是不教之教,无言之诏。教师在教书育人过程中需要为人师表,率先垂范,以良好的师德师风影响学生、感染学生,引导学生不断强化道德意识、提高道德修养、提升道德品质,自觉践行道德规范。习近平总书记强调:"教师是人类灵魂的工程师,承担着神圣使命。"教师要牢记使命,不忘职业操守,传递正能量,坚定不移地落实立德树人的根本任务,努力实现言传和身教相统一。

(三)坚持潜心问道和关注社会相统一

潜心问道的"潜心"为用心专一,深沉之意。汉·扬雄《法言·问神》:"敢问潜心於圣。"潜的本意是秘密的、隐藏的。这里更代表的是一种态度,即埋头苦干,务实求真的精神。问道则为寻求心中向往,追求真理之意。而这里的"道"指的是马克思主义科学理论,是共产主义远大理想和中国特色社会主义共同理想,是社会主义核心价值观,也是整个人类社会历史发展的必然。"孔德之容,惟道是从。""天命之谓性,率性之谓道,修道之谓教。"认识一切事物要从"道"开始,如何"修道"是关键。作为担当教书育人重大使命的教师,要站在人民立场上,关注人类社会生活的本质和社会发展的规律,掌握科学方法,不断地在实践中探索,勇于探索,善于回答时代提出的命题,彰显学问价值。潜心问道不是闭门造车,还应关注社会,及时掌握社会发展的前沿动态。关注社会不仅是追求学问的价值取向,也是学问保持强大生命力的源泉。坚持潜心问道和关注社会相统一,对教师提出了更高的要求,即要将个人价值和社会价值相统一。教师求道不应只是为了实现个人价值,满足自身的物质和精神需求,应该本着完成小我成就大我的心态,倾力做到个人价值和社会价值的统一。

(四)坚持学术自由和学术规范相统一

学术自由是所有一流学校孜孜以求并赖以立足的最为宝贵的根基,是科学文化繁荣的必要前提。一定程度的学术自由客观上能够为学者们提供一个良好的发展平台。早在1956年,毛泽东同志就明确提出了"百花齐放,百家争鸣"的方针,以此来促进我国社会主义文化的繁荣。我国《教师法》中也明确规定,教师有从事科学研究、学术交流,参加专业的学术团体,在学术活动中充分发表意见的权利。然而,"无规矩不成方圆",任何自由都是有条件的,学术自由也不例外。离开纪律的强制性,自由也就难以真正实现。学术自由不是毫无限制的,学术自由是遵守学术规范前提下的自由,遵守学术规范是确保学术活动健康发展的重要保障,没有学术规范,不仅会造成学术界一片混乱,还会影响到国家的稳定和健康有序发展。

"四个统一"是新时代对师德师风建设提出的客观要求。教师承担着办好人民满意教育的重任,广大教师只有坚持"四个统一",扎实推进师德师风建设,才能承担起塑造灵魂、塑造生命、塑造新人的时代重任。

四、塑造学生的"大先生"

2016年12月7日,习近平总书记在全国高校思想政治工作会议中强调:"教师做的是传播知识、传播思想、传播真理的工作,是塑造灵魂、塑造生命、塑造人的工作。教师不能只做传授书本知识的教书匠,而要成为塑造学生品格、品行、品味的'大先生'。"2021年4月,习近平总书记在清华大学考察时进一步强调:"教师要成为大先生,做学生为学、为事、为人的示范,促进学生成长为全面发展的人。"这些重要讲话都充分表达了习近平总书记对教师的尊重,也是对教师的更要高求,意味着教师肩负着重大责任。

(一)"大先生"的内涵

习近平总书记对大先生下了准确、明晰的定义:"大先生是学生为学、为事、为人的示范","促进学生成长为全面发展的人"。"为学、为事、为人的示范"是大先生的内涵特质和价值定位,描述了大先生的样子;"促进学生成长为全面发展的人"是大先生的责任与使命,两者相互映照,大先生闪耀着特有的光彩。

在我国,"先生"二字是一种尊称,是对父兄长者和教师的称呼。大先生更是对有德业者的尊称。《礼记·曲礼》中就有一句"从于先生,不越路而与人言。遭先生于道,趋而进,正立拱手"。这里的先生指的就是老师,对老师要恭敬。只有人格、品德、学业上能为人表率者称为大先生。习近平总书记的讲话,对广大教师在政治上、专业上、教育上都提出了更高的要求。

资料拓展

何为"大先生"?[①]

大先生是个大写的人。大先生有对祖国的无限忠诚,大德大爱大情怀;有对事业的执着,深邃而朴实,淡泊名利而学术纯粹;有对他人的宽容,谦逊而真实,自尊而无傲气;有对生活的热爱,淡定而有追求,素朴而高雅……大先生,是一个忠诚的中国人,一个自觉以道德方式过积极生活的人,一个坚定地以教书育人为己任的人。大先生,信仰在事业,使命在岗位,快乐在生活,光荣在奉献。一个真正的人、大写的人,大先生有美丽的灵魂、灿烂的人性,是大先生的本质,是做大先生的基础,是大先生永远的起点与不朽的生命归属。

[①] 中国教师报. 成尚荣:中小学教师如何做新时代的"大先生"?[EB/OL]. https://mp.weixin.qq.com/s?__biz=MzA5NDE2MDY3NA==&mid=2649981289&idx=1&sn=ecb2330e62a806277 2a24f27593f1f0d&chksm=8855f324bf227a3263ceb6c023651dd89365995bc09918f6836cc519c4c4cabdd feed923e364&scene=27,2021-10-14(有删减,修改).

大先生是"大丈夫"。"大丈夫精神"是一种英雄气概,是一种浩然正气。"大丈夫精神"自然是中华民族精神的生动写照,凸显了中华民族的人格特征与风骨气节。顺着中华民族的这一血脉,北宋张载提出了"四为":"为天地立心,为生民立命,为往圣继绝学,为万世开太平"。这是对大先生人生格局和使命的阐释,舍己为国,舍生取义,在天地之间有一个大写的中国人,为了人民,为了国家,为了中华文化,为了天下与人类而在所不辞、在所不惜。"四为"既是责任心、使命感,也是人生意义的最高境界。

大先生是心怀国之大者。吴健雄这位杰出的女物理学家,为了帮助杨振宁、李政道的研究,毅然决然地退掉回国的机票,让丈夫袁家骝独自一人回祖国,自己留下来,与她的团队完成了实验,为"弱作用下宇称不守恒定律"提供实验依据,证明了定律的正确性,因而杨、李获得了诺贝尔奖。当时,杨振宁35岁,李政道31岁,为祖国荣誉大厦添加了一块闪亮的奖牌。

在吴健雄母校——太仓明德学校的校园里,会看到吴健雄墓园里的墓志铭——"一位优秀的世界公民和一个永远的中国人。"心怀国之大者才是大先生。

大先生是作为教师的大儿童。陶行知是大先生,因为他"人生为一大事来,为一大事去","捧着一颗心来,不带半根草去",这一大事就是为了儿童的发展,这一颗心就是纯粹的童心。陈鹤琴是大先生,因为他"一切为了儿童",是"大麦田"的守望者,守望的是儿童成长的田野。斯霞是大先生,因为她倡导"童心母爱",是"我还爱得很不够"的育苗人,爱儿童是她神圣的天性。李吉林是大先生,因为她说自己是"长大的儿童",在她心目中儿童是最真实、最丰富、最生动的情境……用大先生顾明远的话来说,"没有爱就没有教育",对儿童之爱是博大的无私之爱,发生的是真正的伟大的教育。

(二)如何成为"大先生"

教师要做大先生,首先要有坚强的理想信念,不断提高思想政治修养,关心国家大事,世界大事,心怀祖国,坚持党的领导和走中国特色社会主义的道路,为实现中华民族伟大复兴做出贡献。中国共产党成立100多年来,在波澜壮阔的历史进程中,中国共产党带领中国人民不懈奋斗,战胜各种困难和挑战,在各个领域都创造了惊天动地的发展奇迹。教师要不断学习,发扬建党精神,不忘初心,担当使命,全心全意为人民服务。

教师要做大先生,就要不断提高专业水平,要严谨治学,深耕科研,研究真问题。作为教师,要以习近平新时代中国特色社会主义思想为指引,认真学习习近平关于教育的一系列论述。坚持理论与实际相结合,提高教育科研质量和服务能力。当前我国教育发展进入了一个新时期,教师要为实现第二个百年奋斗目标培养人才。同时,教育改革进入了深水区,人民群众对教育的期盼与教育发展不均衡不充分的矛盾非常突出。作为教师,要围绕国家经济社会发展的战略部署,把握社会变革的大形势、大趋势,加强教育宏观决策和发展战略研究,提升教育政策和科学化水平;教育科研要围绕中央关心、社会关注、人民关切的教育热点难点问题,开展深入调查研究,在重要领域和关键环节取得新突破;同时要深入教育实际,和第一线的老师沟通,总结鲜活的经验,提升到理论高度,为教师队伍的建设起到推动引领的作用。

  教师要做大先生,就要把立德树人作为根本任务,培养肩负中华民族伟大复兴的下一代。学生正处于人生观、世界观、价值观形成的关键时期。他们的价值观正确与否,不仅关系到个人的发展,更直接关系到社会主义建设事业和中华民族的未来。教师要成为学生价值观的引领者,引领学生树立正确的人生观、世界观、价值观。要坚持党的教育方针,践行学为人师,行为世范的格言。"师者,所以传道授业解惑也","传道"是第一位的,教师既要精于授业解惑,更要以传道为己任,既是经师,更是人师。教师要不断提升自己的思政修养,树立高尚的师德师风,以身作则,为人师表,做学生为学、为事、为人的榜样,成为学生树立理想信念、刻苦学习、奉献祖国的引路人,把学生培养成为德智体美劳全面发展的社会主义建设者和接班人。

  做新时代的"大先生",不仅要在学识、能力方面敢为人先,为学生指点迷津、授业解惑,更要在人品、思维等方面提升自我,塑造学生的品格、品行、品味。

本章小结

  立德树人即培养有品德的人才。立德即立成"人"之德、立时代之德;树人,要树社会主义事业建设者和接班人,要树德智体美劳全面发展的人,要树担当民族复兴大任的时代新人。做好立德树人,要始终坚持党的领导、调动学生主体作用、发挥教师主导作用、抓稳抓牢课堂教学主阵地,更好地为党育好人、为国育良才。

  好老师是教师一生的事业追求,要成为一名党和人民满意的好老师,就要做"四有"好老师,争当四个引路人,做到四个相统一,成为塑造学生的"大先生"。

思考题

  1. 在你的成长过程中遇到过许多老师,你认为什么样的老师才是好老师?

  2. 请结合个人实际,谈谈如何成为一名"好老师"。

  3. 在第 39 个教师节来临之际,习近平总书记代表党中央致信全国优秀教师代表,首次提出并深刻阐释了中国特有的教育家精神。请思考"教育家精神"与"四有好老师"之间存在怎样的内在联系?

第三章　中小学教师职业道德规范

学习目标

1. 理解并掌握《中小学教师职业道德规范(2008年修订)》中六大规范的具体要求,明确行为底线要求。

2. 运用规范要求对现实中教师的教育教学行为进行正确的分析和评价;形成符合师德规范要求的教育教学、班级管理等方面的能力。

3. 产生对教师职业道德规范的意义与价值的情感认同,萌发坚守教师职业道德规范的信心和信念。坚持"以德立身",养成积极的职业情感、端正的职业态度、正确的职业价值观。

内容框架

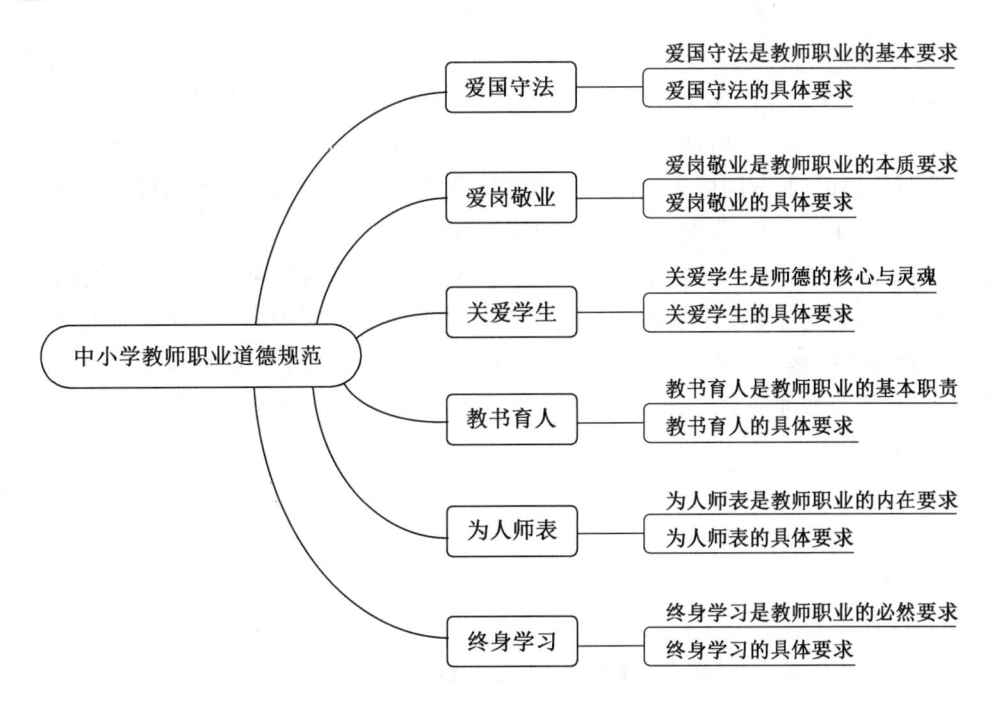

中小学教师职业道德规范
- 爱国守法
  - 爱国守法是教师职业的基本要求
  - 爱国守法的具体要求
- 爱岗敬业
  - 爱岗敬业是教师职业的本质要求
  - 爱岗敬业的具体要求
- 关爱学生
  - 关爱学生是师德的核心与灵魂
  - 关爱学生的具体要求
- 教书育人
  - 教书育人是教师职业的基本职责
  - 教书育人的具体要求
- 为人师表
  - 为人师表是教师职业的内在要求
  - 为人师表的具体要求
- 终身学习
  - 终身学习是教师职业的必然要求
  - 终身学习的具体要求

案例导入

我最喜欢的老师[①]

如果你问我最喜欢的老师是谁,答案就是英语老师计老师。

计老师二十多岁,长着细细的柳叶眉、大大的杏仁眼、白白的瓜子脸,脸蛋上有浅浅的酒窝。计老师刚来我们班上课时,调皮的我们欺负她年轻,在课堂上交头接耳。计老师却没有阴沉着脸训斥我们,而是问:"同学们,是不是我讲得不好,你们不想听啊?""不是!不是!"我们异口同声地否认。"那你们不好好听课是什么原因呢?""这……"我们一时语塞,继而都觉得有点愧疚,再也不捣乱了。

同学胡孟胆小,从不举手回答问题,而计老师偏偏让他回答问题。"你大胆地说吧,说错了也没关系。"计老师一直鼓励他。功夫不负有心人,胡孟胆子渐渐大了,越来越自信,经常在英语课上提问或抢着回答问题。

让我敬佩的是,计老师对自己有错必纠。有一次,她在黑板上不小心写错了一个英语单词,眼尖的希妍马上指了出来。这不是当着大家面让老师出丑吗?我有点为希妍担心。计老师不但没有生气,反而立即改正并高兴地说:"谢谢你,希妍同学。你不仅英语学得好,而且上课非常认真。"下课了,计老师没有离开,将那个单词在黑板上正确地写了30遍,她说自己犯错要受罚。从此,我做作业时不敢有半点马虎,更尊敬计老师了。

你们说,这样的老师,谁不喜欢呢?

这是一篇小学生的作文,作文里的计老师没有令人瞩目的业绩,没有催人泪下的事迹,就是一名普通的老师,她身上有什么样的魅力(品质)让小学生这么喜爱她呢?

改革开放以后,我国曾先后四次颁布和修订了《中小学教师职业道德规范》,最新一次是在2008年。《中小学教师职业道德规范(2008年修订)》的基本内容包括6个方面:爱国守法、爱岗敬业、关爱学生、教书育人、为人师表、终身学习。它继承了我国的优秀师德传统,并充分反映了新形势下经济、社会和教育发展对中小学教师应有的道德品质和职业行为的基本要求。该《中小学教师职业道德规范》对教师的职业道德发展起指导作用,是调节教师与学生、教师与学校、教师与国家、教师与社会相互关系的基本行为准则。

[①] 查嫣筠,崔蕴含.我最喜欢的老师[J].少儿科技,2023(3):36.

第一节 爱国守法

爱国守法是每一位公民的职责和必须履行的义务。翻开中外教育的史卷,不难发现爱国守法始终是教师职业道德的一个重要组成部分。《中小学教师职业道德规范(2008年修订)》中对"爱国守法"的具体要求是:

> 热爱祖国,热爱人民,拥护中国共产党领导,拥护社会主义。全面贯彻国家教育方针,自觉遵守教育法律法规,依法履行教师职责权利。不得有违背党和国家方针政策的言行。

一、爱国守法是教师职业的基本要求

(一)爱国是教师首要遵守的政治伦理规范

爱国是基于个人对自己祖国依赖关系的深厚情感,也是调节个人与国家关系的行为准则。它同社会主义紧密结合在一起,要求人们以振兴中华为己任,促进民族团结、维护祖国统一、自觉报效祖国。爱国是每个国人骨子里深深藏着的那股对国家最质朴的忠诚。几千年以来,中华民族历史上涌现的无数民族英雄和爱国仁人志士,在抵抗外来侵略、反抗专制统治、保护百姓生存和建设神州家园的社会活动中,表现出来的情有独钟、矢志不移、奋不顾身、尽心尽力、无怨无悔的大无畏的英雄主义民族气概,正是爱国主义坚强意志的真实写照。爱国是每一个公民义不容辞、不可推卸的社会责任,教师作为国家公民和民族一员,理应承担热爱祖国、报效国家的责任和义务。

(二)守法是教师最基本的行为准则

守法是一个文明的现代国家对公民最起码的要求,公民应当把守法当作基本的行为准则。"守法"作为教师职业道德规范,就是要求教师不仅要有知法、懂法、守法的法律意识,更要将法律意识转化为依法行使权力、自觉履行义务的法律行为,使自己的言行合乎法律的精神和要求。教师工作的特殊性决定了教师必须是守法的模范。教师劳动的示范性,需要教师以身作则去影响学生。青少年学生富于模仿性且易受暗示,他们将教师视为天然的模仿对象;如果教师对本职工作缺乏责任心,甚至目无法纪、违法乱纪,他的行为还会对学生产生不良和消极的影响,最终危害的是国家和社会的未来。

二、爱国守法的具体要求

(一)热爱祖国,热爱人民,拥护中国共产党领导,拥护社会主义

1. 热爱祖国是中华民族的优良传统

在建设有中国特色社会主义的今天,教师需要做到以下几个方面:

(1) 了解国情，认清责任。教师要正确认识祖国悠久的历史、灿烂的文化和优良的传统，尤其是近现代中国人民为实现民族独立和祖国富强而英勇奋斗的壮丽历史。只有认识和了解了我国的基本国情，才能发自内心地、真心诚意地热爱祖国，才能真正明确教师肩上的历史责任。

(2) 要坚决维护国家利益和民族尊严。一个人的前途和命运始终是与祖国和民族的前途命运紧密相连、息息相关。国家的统一、民族的团结是我们的事业取得胜利的基本保证。维护国家利益和民族的尊严可以放弃个人利益甚至生命，这一直就是中国人民最宝贵的思想品格，也是爱国主义精神的具体体现。作为教师更要有牢固树立维护国家和民族利益的思想意识，自觉维护祖国独立、统一，民族的尊严、和谐。

(3) 要立足教师岗位，把爱国之情转化为扎实的行动。爱国需要激情，更需要理性。对于普通的公民而言，要把爱国热情转化为坚守岗位的动力，做好本职工作，在自己的岗位上踏实勤恳地为社会创造价值，这才是最好的爱国方式。就教师而言，爱国并不是要做出惊天动地的伟大壮举，而是需要在平凡的教师岗位上辛勤工作、默默奉献，切实履行好教书育人的职责，为祖国发展培养出合格的人才。

2. 热爱人民是爱国情感的集中体现

对于教师而言，热爱人民的情感主要是通过关爱学生、尊重学生家长、关心同事等方面体现出来的。

(1) 在对学生的关爱方面，教师应把自己的才智、精力和热情奉献给学生，努力与学生建立和谐平等的师生关系。和谐友好愉快而正常的师生关系，会使学生感受到人间的温暖和情谊，在内心深处就会产生一种幸福感、快乐感和满足感，将有助于培养学生自尊、自信、自爱、自强的精神以及高尚的社会情感；相反，如果师生关系紧张对立，教师对学生缺乏爱心，经常对学生表现出不耐烦，甚至体罚或者变相体罚，导致学生将上学和学习当作沉重负担，就会给学生生活蒙上一层阴影，影响学生的成长和身心健康，甚至对学生造成终身难以弥补的伤害。

(2) 在尊重学生家长方面，教师应该真诚相待，公平合理地对待每一位学生家长，积极主动地与家长一起交流学生的学习、生活情况，一起商讨教育学生的方法，共同促进学生健康、快乐、和谐地成长。

(3) 在关心同事方面，教师要不断增进集体凝聚意识，彼此之间相互尊重、相互学习，共同进步。

3. 拥护中国共产党的领导、拥护社会主义是教师应当具有的政治意识和政治头脑

中国共产党是中国工人阶级的先锋队，同时是中国人民和中华民族的先锋队，是中国特色社会主义事业的领导核心。中国共产党的领导是历史形成的，是中国人民在长期的艰苦斗争中的选择。党的十一届三中全会以来，中国共产党带领全国人民经过艰苦探索，开辟了中国特色社会主义道路，形成了中国特色社会主义理论，拥护社会主

就是要拥护这条道路和这个理论体系。当今中国,也只有中国共产党才能担当起带领中国人民建设和发展中国特色社会主义、创造幸福生活、实现民族复兴的伟大历史使命。人民教师承担着培养中国特色社会主义事业的建设者和接班人的重任,要坚定拥护党的领导、坚定习近平新时代中国特色社会主义理论体系的信念,引导学生认识党的历史,正确评价党的历史地位,坚定对中国共产党的信任、坚定对中国特色社会主义理论体系的信念,提高学生思想政治素质。

(二)全面贯彻国家教育方针,自觉遵守教育法律法规,依法履行教师职责权利

1. 全面贯彻国家教育方针

我国的教育方针是教育必须为社会主义现代化建设服务,必须与生产劳动相结合,培养德、智、体、美、劳全面发展的社会主义事业的建设者和接班人。教师要在全面理解和掌握国家教育方针的基础上,坚持"立德树人"根本任务,做好自己的本职工作,为党育人、为国育才。在日常教育教学活动中立足社会和国家的需要,以学生的全面发展为方向,为社会主义事业培养素质优秀的人才。

2. 自觉遵守教育法律法规,依法履行教师职责权利

教师应做到如下几个方面:

(1) 主动学习教育法律法规。遵守宪法和法律是教师的基本义务,要很好地履行这一义务,首先需要学习、了解我国现有的法律法规,尤其是有关教育的各项教育法律、法规,如《中华人民共和国教育法》《中华人民共和国教师法》《中华人民共和国义务教育法》以及与教育活动关系密切的《未成年人保护法》《民法典》《国旗法》等相关法律法规,这些都是指导教师开展教育教学活动的重要依据。教师只有主动学习、熟悉相关的法律法规,才能做到知法、懂法、守法。

(2) 自觉遵守教育法律法规。现代教育是一种专业化的活动,依法执教是其中应然之义。首先,要求必须具备一定的条件才能从事教育教学活动。许多国家都实行了专门的教师资格制度。一个公民只有具备教师资格才能当教师,不具备或丧失教师资格就不能当教师。我国的《教育法》《教师法》对此都有明确的规定。所以,教师主体的合法性是教师是否依法执教的首要衡量标准。其次,教师的教育教学活动必须符合法律规定的培养目标和要求。现代社会的多数国家对教育的法律控制会表现在对人才培养目标的不同层次的规定上,这些不同层次的法定教育目标是教师教育教学行为必须严格遵守的法律准则。当然,教育还是具有创造性的活动,为了实现法律规定的教育目标,各国法律往往也都允许教师在开展具体教育教学活动时可以较自由地选择教育教学的内容。由于教育内容与教育目标有着不可分割的联系,国家对教育内容也会做出某些法律上的规定,包括课程开设、课程设计、课程标准、教材使用等。教师对教育教学内容的选择必须在法律规定的范围内进行。

(3) 正确行使法律赋予的权利。教师在教育教学活动中依法享有进行教育教学活动,开展教育教学改革和实验;从事科学研究、学术交流,参加专业的学术团体,在学术

活动中充分发表意见;指导学生的学习和发展,评定学生的品行和学业成绩;按时获取工资报酬,享受国家规定的福利待遇以及寒暑假期的带薪休假;对学校教育教学、管理工作和教育行政部门的工作提出意见和建议,通过教职工代表大会或者其他形式,参与学校的民主管理;参加进修或其他方式的培训的权利。教师在享受权利的同时,必须履行相应的义务;教师在行使权利时必须尊重学生的合法权益,必须明确宪法和法律对此项权利的限制。

(三) 不得有违背党和国家方针政策的言行

"不得有违背党和国家方针政策的言行",这个否定句式强调的是对教师职业言行的限制,从而强调教师"爱国守法"的严肃性。教师要牢牢把握"培养什么人、怎么培养人"等关键问题,用正确的理论和观点武装自己的头脑,对学生进行教育。

"不得有违背党和国家方针政策的言行"是关于教师爱国守法的底线规定,也是教师不得违背的师德规定。"一是因为党和国家的方针政策,代表的是最广大人民的根本利益,集中反映的是最广大人民的愿望和心声。二是因为中小学教育的对象是未成年学生,他们辨别是非的能力和自我控制的能力都不太成熟。三是因为中小学教师的职责与权利决定了'学术无禁区,讲台有纪律'。四是因为教师特别是中小学教师的思想观点对未成年学生的影响巨大。因此,中小学教师在职业活动中,特别是教育教学活动中,必须做到'心中有根弦,嘴上有把门'。"[①]

第二节　爱岗敬业

《中小学教师职业道德规范(2008年修订)》对"爱岗敬业"的具体要求是:

> 忠诚于人民教育事业,志存高远,勤恳敬业,甘为人梯,乐于奉献。对工作高度负责,认真备课上课,认真批改作业,认真辅导学生。不得敷衍塞责。

爱岗敬业就是要求人们对自己所从事的职业具有敬重感,恪尽职守,履行自己的社会义务。尽管古今中外各种职业的职责各有不同,但各自对其从业者设定爱岗敬业的要求却是普遍相同的。作为职业道德的一种要求,蕴含着职业人员对社会分工必要性和现实性的尊重。

一、爱岗敬业是教师职业的本质要求

爱岗是指一个人热爱自己的事业、热爱自己的岗位。教师爱岗就是热爱教育事业,

---

① 王毓珣,王颖.教师新师德六项修炼[M].重庆:西南师范大学出版社,2009:11.

具体体现在热爱工作和热爱学生上。教师热爱工作,意味着对教育事业全身心的投入和不悔追求的信念、态度和决心;热爱学生意味着对学生人格和生命的尊重、对学生潜能和自觉的信任、对学生思想和行为的理解、对学生失误和不足的宽容,表现出对学生的关心、关注和关爱。

敬业是指一个人对工作产生的使命感和责任感,是指对自己的职业所怀有的一种虔敬的感情。它要求人们在职业活动中表现为专心致志、勤奋认真、守职尽责。教师敬业就是对国家教育和学生成长的强烈使命感和责任感,具体表现为对教育教学工作的认真负责,对学生的关怀备至等。

爱岗与敬业既相互联系,又互有区别。从两者的联系来看,爱岗是敬业的前提,敬业是爱岗的体现。一个热爱教育事业的人会更好地履行自己的职责,完成工作任务,一个敬业的人会在认真工作中体验到教育教学的快乐与幸福,从而更热爱教育事业。从两者的区别来看,爱岗更多的是属于情感体验;而敬业更多表现为态度和行为。总之,两者相互联系、相互促进。

二、爱岗敬业的具体要求

(一) 忠诚于人民教育事业,志存高远,勤恳敬业,甘为人梯,乐于奉献

1. "忠诚于人民教育事业"是当代教师道德的核心原则

所谓"忠诚",就是"人们对某人、某种理想、某种职业、某个国家、某个政府或组织等的忠实状态或程度"[①]。全球人力资源管理服务和咨询公司的翰威特曾经将职业忠诚划分为三个层次:第一是乐于宣传层次,就是组织员工经常会对同事与可能的同事、现实的与潜在的客户说组织的好话。第二是愿意留下层次,就是具有愿意留在组织内的强烈愿望与行为。第三是全力付出层次,就是员工工作非常投入,并愿意付出额外的劳动,以促进组织走向成功。以此对照,教师需要不断提高自己的职业忠诚层次。

2. "志存高远,勤恳敬业,甘为人梯,乐于奉献"是忠诚于人民教育事业的具体体现

社会主义核心价值观中明确倡导"爱国、敬业、诚信、友善",社会各行各业都把热爱本职工作、忠于职守作为职业道德的基本要求。教师只有真正热爱教育工作,自愿自觉地把知识和才能奉献给教育事业,才能做好工作,才能有利于教育事业的发展。

为此,教师需要做到以下几点:

(1) 树立远大的职业理想。教师职业道德要求中的"志存高远",是指教师要有远大职业理想、抱负,要立志在教师岗位上建功立业,实现人生价值。心理学的研究表明,一个人的职业理想深深地影响着一个人对未来的憧憬和努力方向。教师只有具有远大的职业理想,才会产生发自内心的教育热情,努力工作,勤奋探索,做出一流的业绩和最

---

① 王泽应. 今天,我们还要不要职业忠诚[N]. 中国教育报,2006-02-21.

佳的绩效,成为人们尊敬的"人类灵魂的工程师"。在现实生活中,有的人"羡官慕富",对从事教育工作的教师抱有成见,把教师称之为"小"教师,甚至有的教师自己也对从事教育工作抱有自卑心理。其实,一个人有没有价值以及价值的大小,不能以其从事的职业为衡量标准,而是要以他对社会的贡献大小作为衡量标准。俗话说"三百六十行,行行出状元",教师身在三尺讲台,同样可以创造不朽的人生价值。尽管教师职业平凡,却充满着创造性和艺术性,教育事业同样是人们发展和发挥聪明才智,展示自我价值和人格魅力的广阔舞台。

(2)要有强烈的事业心和高度的责任感。教育是一项艰苦的创造性劳动,需要有顽强的意志、刻苦的钻研、坚持的付出,没有强烈的事业心和责任感是不可能做好的。教师只有正确认识自己所从事职业的意义,认识到教育职业对国家繁荣、社会发展和人类进步的作用,才能满腔热情地热爱自己的职业,全力以赴地做好工作;才能在任何环境条件下,自觉践行正确的行为,把自己的事业看作对社会、对他人的不可推卸的道德责任。

(3)正确处理教育事业整体利益和教师个人利益的关系。处理好这两者关系一方面要重视教师个人正当利益的满足,积极改善教师的工作和生活条件,以利于社会主义事业的发展。社会主义教育事业的发展必须调动每个教师的积极性,依靠广大教师的共同努力。教师个人正当利益得不到满足,教育事业的整体利益就难以实现。另一方面就教师个人而言,要遵守集体主义道德原则,坚持整体利益高于个人利益。个人利益的实现从根本上有赖于整个社会物质文明生活条件的提高,而要提高我国人民的物质文化生活条件,必须大力发展教育。由于教师职业的特殊性,利己主义、享乐主义、个人至上等价值观是与教师崇高职责格格不入的。

(二)对工作高度负责,认真备课上课,认真批改作业,认真辅导学生

1."对工作高度负责"是对敬业的总要求

负责是一种态度,是各行各业对从业人员的基本要求。教师职业因其工作性质、内容、对象等的特殊性,决定其工作态度更要高于其他行业。"高度负责"是对教师工作态度提出的期望和要求。一方面需要教师对职业的意义和价值有深刻认识,才能端正态度,另一方面需要教师明确职业责任,只有明确了责任,才能真正做到"负责"。

2."认真备课上课,认真批改作业,认真辅导学生"是对工作高度负责的具体表现

(1)认真备课上课。这就要求教师做好自己从事的主要工作——教学。备课是上课的基础,是教师教学工作的起始环节。教师要履行岗位职责,必须在备课上下足功夫,做足准备。教师要研究课程标准、明确本学科及各章节、课题的教学目标,领会教学的具体要求和标准,弄清教材体系及教材范围和深度;钻研教科书的有关章、节内容,真正吃透教科书中的内容和材料,做到"懂""透""化";划分教材重点及难点;研究有关的教学法参考资料,并加以精选和组织;了解本班学生的特点。根据课程标准的提示、教科书和教学参考资料的内容及学生的特点,选择有效的教学方法、手段。真正好的备课

需要教师持续不断地积累。

上课是教学工作的中心环节,是实现培养目标、提高教育质量的基本途径。教师在上课过程中要努力做到"教学目标明确、教学内容正确、教学方法恰当、教学组织合理、师生积极性高、教学效果明显"等。

(2)认真布置和批改作业。布置和批改作业是教学工作的重要组成部分,是课堂教学的继续和补充。在作业布置方面,有些教师存在随意、随口、随心等现象,在实施素质教育、减轻学生课业负担的要求下,教师更需要对作业布置进行精心设计和准备。"一般要求做到:一是依据课标教材,体现布置意图。二是明确教学目标,突出作业重点。三是强化针对意识,注重作业质量。四是作业形式多样,激发学生兴趣。五是加强创新意识,克服思维定势。六是结合实际操作,加深理解意义。七是学习编题技巧,掌握解题规律。八是掌握作业时间,控制作业密度。九是重视作业技巧,处理好七对关系:量与质、易与难、扶与放、统与分、死与活、课内与课外、主动与被动。"①作业收上来以后,教师必须认真批改。通过作业的批改,一方面可以了解学生对所学知识等的掌握情况,另一方面可以通过学生作业来发现教师在教学中的问题,以便改进教学。

资料拓展

义务教育学校的作业管理(部分节选)②

为贯彻落实中央有关精神,进一步规范学校教育教学管理,全面提高教育教学质量,坚决扭转一些学校作业数量过多、质量不高、功能异化等突出问题,现就加强义务教育学校作业管理有关要求通知如下。一、把握作业育人功能。二、严控书面作业总量。三、创新作业类型方式。四、提高作业设计质量。五、加强作业完成指导。六、认真批改反馈作业。七、不给家长布置作业。八、严禁校外培训作业。九、健全作业管理机制。十、纳入督导考核评价。

该通知于2021年4月8日印发,通知中对义务教育阶段教师应如何设计和布置作业这一问题从作业总量、类型、质量等方面提出了要求。关于教师如何批改作业,在通知中的第六条是这样规定的:"教师认真批改反馈作业。要对布置的学生作业全批全改,不得要求学生自批自改,强化作业批改与反馈的育人功能。作业批改要正确规范、评语恰当。通过作业精准分析学情,采取集体讲评、个别讲解等方式有针对性地及时反馈,特别要强化对学习有困难学生的辅导帮扶。有条件的地方,鼓励科学利用信息技术手段进行作业分析诊断。"

---

① 王毓珣,王颖.教师新师德六项修炼[M].重庆:西南师范大学出版社,2009:44.
② 中华人民共和国教育部.教育部办公厅关于加强义务教育学校作业管理的通知[EB/OL]. http://www.moe.gov.cn/srcsite/A06/s3321/202104/t20210425_528077.html,2021-04-25.

(3) 认真辅导学生。由于班级授课的教学组织形式存在难以照顾学生个别差异等弊端,所以"认真辅导学生"就是要求教师关注每位学生的发展,照顾到个别差异;教师要对学习有困难的学生给予特别的关照,因为同样的课堂内容他们可能"吃不了",需要教师的帮助和指导;教师要注意对学习优异的学生的辅导,因为同样的课堂内容他们可能"吃不饱",需要教师引领其快速成长;教师要对某些方面有特长的学生积极引导,才有可能推助其产生更浓厚的兴趣,并有所创新。

(三) 不得敷衍塞责

"不得敷衍塞责"是对教师要"爱岗敬业"的底线规定。我们身边有很多优秀的教师,他们用"爱心"和"责任"去诠释、践行教师的师德师魂。但现实中也有一些教师对教育教学工作采取敷衍塞责的态度。比如,有的教师"备课不认真、上课不负责",对教学工作不上心、不投入;有的教师批改作业马虎了事,批改后也不讲评作业,学生对作业答案是对是错"一头雾水""不知所以然";有的教师对学生的提问缺乏耐心,甚至不愿意回答;有的教师忙于学校教学之外的个人事务,把教学当作"第二职业"……这些对教育教学工作敷衍塞责的态度和行为必须坚决杜绝。

案例链接

满腔热血育桃李　赤诚丹心献山村[①]

在广东省韶关市乳源瑶族自治县的大布镇中心学校,经常可以看到一名中年女教师在一群学生的簇拥下,一脸笑容,她就是乳源大布镇中心学校教师——卓兰英。

卓兰英是土生土长的大布人。1999年7月,中师毕业的她回到了母校——大布镇中心学校任教,从此就一直没有离开过大山。20多年的岁月,学生和老师换了一批又一批,但卓兰英老师却依旧坚守在这里,成了学生的良师益友和年轻老师的榜样。

大布镇中心学校距离县城有60公里,开车需要一个多小时。从1999年至今,约有150人调离大布镇中心学校,而卓兰英坚持扎根山区。

"是这片土地养育了我,我想反哺这里的孩子。"朴实的话语,道出了卓兰英的初心。这是一个革命老区的女儿用最直接最质朴的方式表达了她对家乡的热爱,也是一个教育工作者用最坦诚的心、最执着的信念坚守着她热爱的事业。

如何留住学生,减少流失率,是山区学校工作的一大难点。卓兰英做了18年的班主任,她班上从来没有流失过学生。不是卓老师的运气好,而是卓老师关爱学生,做学生的"好家长";经常性的家访,让家长们乐于和卓老师做朋友。

[①] 韶关日报.满腔热血育桃李　赤诚丹心献山村——记2020年广东"最美教师"、韶关市优秀乡村教师卓兰英[EB/OL]. http://www.sgxw.cn/2020/0911/17961.shtml,2020-09-11.

时间倒回13年前,在2007年4月10日凌晨3时许,大布镇中心学校师生已在睡梦中。九(4)班的女生宿舍里有人在痛苦地呻吟,原来候同学的抽搐症又犯了,同宿舍的同学马上告诉卓老师。梦中醒来的卓兰英鞋子都来不及穿,立刻叫上丈夫冯老师,背起学生就往镇上的医院跑。找医生、打针、吃药……不觉间天亮了。这样的情况,卓老师自己都记不清楚发生多少次了。她洗了个冷水脸,给自己清醒清醒,又像往日一样精神抖擞地走进了课堂……

在这里,生源素质、教学成绩相对落后,但是卓兰英任教班级的英语教学成绩却一直能在全县名列前茅;现在带的这个班,班级总平均分比另一个班高出了50多分;2018年毕业的那届学生,连续三年的英语成绩名列全县第一;2002年,卓老师的学生聂神有获得了当年的全县中考总分状元,英语单科状元,创造了山区教育的一大奇迹……

这些成绩,都与卓兰英20多年来钻研教法学法密不可分。同时她还勇于探索,虚心请教。

2020新年伊始,突如其来的新冠疫情给山区教育带来了巨大的挑战。作为学校的教导主任,卓兰英深知必须尽快学习线上教育技能,并带领老师们做好线上教育工作。卓兰英不分白天黑夜,虚心向年轻教师请教信息技术技能,探讨直播软件用法;向县教研员讨教教学内容;带领老师翻山越岭送教上门……在她的带领下,一个边远山区学校实现了线上教育100%全覆盖。

"一分耕耘,一分收获"。从教以来,卓兰英获奖无数:"县优秀教师""县优秀教育工作者"、韶关市教改优秀课例一等奖、全国优秀指导教师奖……2020年,还获得韶关市优秀乡村教师、广东"最美教师"等荣誉称号。诸多荣誉的背后是这位扎根大山的教育工作者对教育事业的热爱和执着,是对她教育工作二十多年如一日的肯定。

第三节 关爱学生

《中小学教师职业道德规范(2008年修订)》对"关爱学生"的具体要求是:

> 关心爱护全体学生,尊重学生人格,平等公正对待学生。对学生严慈相济,做学生良师益友。保护学生安全,关心学生健康,维护学生权益。不讽刺、挖苦、歧视学生,不体罚或变相体罚学生。

一、关爱学生是师德的核心与灵魂

苏联著名文学家高尔基曾说:"爱孩子,那是连母鸡都会做的事情。"而关爱学生却是人类复杂情感中最高尚情感的结晶。关爱学生是教师的天职,是教育工作的起点,是衡量教师职业道德水准的标尺。教师关爱学生也称教育爱,是教师对学生的一种自觉的、纯洁而真挚的、普遍而持久的爱。在师爱这一职业性的情感中,包含着社会对教师职业的特殊道德要求:"教师要对学生有亲近感,要时刻牵挂着、依恋着自己的学生;教师要对学生有期望感,始终对学生寄予深切的希望,为学生的点滴进步感到由衷的高兴;教师要理解学生,要怀着一种体贴、爱护的心情去对待学生;教师要有愿为学生的成长而贡献才智和力量的热忱。"[1]

教师对学生的爱,不仅是学生健康成长的重要客观条件,而且师爱作为一种无形的力量,可以直接转化为学生学习和进步的内在动力。在教育过程中,师生之间的情感和心理是相互影响的,教师亲近学生,牵挂学生,给予学生的关爱被学生体验到,学生就愿意接近老师,接受教师的教育。正所谓"亲其师,信其道"。教师对学生怀抱期望和信任,学生体验到教师真情的关怀,其内心就会产生一股强烈的动力,增强自信,从而促进学习和各方面的发展进步。

教师对学生的关怀、爱护、尊重、信任,必然激起学生对教师的感激、依恋、尊重、爱戴,这是心灵与心灵的接触、是爱的双向交流,会使师生感情融洽、关系和谐。这种在教育过程中反复发生、不断深化的情感体验,会将师生关系推向一个美好的境界,可以使教师更深刻地感受到从事教育事业的乐趣,进而引导教师成为坚强有力的人类精神财富的传播者。

二、关爱学生的具体要求

(一) 关心爱护全体学生,尊重学生人格,平等公正对待学生

1. 关心爱护全体学生

教育过程中,教师要关心爱护全体学生而不是只偏爱部分学生。教师对待不同相貌、不同性别、不同智力发展水平、不同个性、不同家庭出身、不同籍贯、不同亲疏关系等学生都要一视同仁,热爱学生,给予每个学生应该得到的合理满足和合理评价,不能以学生"太差"为借口放弃任何一个学生。教师既要关爱品学兼优的优等生,也要关爱中等生和后进生。

2. 尊重学生人格

尊重学生是教育获得成功的基础。教师能够给学生以尊重,就会使学生感到自己的人品、才华、能力得到了认可,进而增强前进的信心和动力。教师要做到尊重学生的人格,首先需要了解学生,这是关爱学生的起点,是进行教育的前提。没有了解的爱是盲目的;没有了解的教育是主观主义的教育。教师要全面认识和了解学生,才能寻找到亲近学生的钥匙。其次,善于运用赏识教育,给学生以鼓励与肯定。对于学生来说,赏

---

[1] 王玲. 师德的核心:敬业、爱岗、奉献[J]. 思想理论教育导刊,2002(8):54-55.

识教育就像阳光和雨露一样,可以让学生开花成长。再次,要宽容学生,对学生出现的错误要予以宽容,并引导学生改过迁善。坚决抵制讥讽谩骂、挖苦训斥、无原则批评学生,甚至体罚殴打学生的行为。

3. 平等公正对待学生

人与人之间是平等的,这种平等的一个突出表现,就是人人都应该受到公正的对待。对学生来说,教师是与之关系最密切的人之一,教师对学生的态度有着举足轻重的作用,因此教师要平等、公正地对待所有学生,一视同仁地尊重他们每个人。

➢ **扫描目录页二维码,了解"教师公正的标准"。**

(二)对学生严慈相济,做学生良师益友

教师关爱学生要严慈相济,将尊重信任与严格要求相结合。"严"和"慈"是教育的"双翼",二者共同作用,缺少任何一翼或者偏向任何一翼,教育都会走向倾斜。教师应做到"严而有度""严而有理""严而有恒""严而有方",将严格要求与爱结合起来,做到爱寓于严,爱而不纵,严而不凶。

1. 要严而有度

首先,教师对学生的"严"必须严格遵守我国的法律法规,这是最基本的前提。教师对学生的严格要求,不能脱离法制的轨道,不能违反法律的规定。其次,教师对学生的"严"要符合学生的成长规律。青少年学生大都是未成年人,活泼好动、自控力差的他们不可能按照成人的要求去做好每件事,而且对学生的过度严厉,一定程度上也会压制学生个性和创造力的发展,不利于他们的全面发展。

2. 要严而有理

教师在教育过程中对学生严格要求,应该合乎科学、符合情理。教师要根据党的教育方针,根据心理学、教育学的原理来开展教育教学活动,对学生的教育要合乎科学理论,也要合乎情理。

3. 要严而有道

所谓"有道",就是要采取合适的方式方法。一般说来,教师不宜采取强制、压制的方法来教育学生,而是应采取耐心、疏导的方法,用好的理论、好的事例、好的榜样来启发和教育学生。严格教育学生,有时候有必要采取一些合理的惩罚手段,但是惩罚不是目的,而是通过惩罚更好地教育学生。

4. 要严而有恒

在教育管理过程中,教师要将对学生的严格要求和坚持精神结合起来。教师对学生的严格要求,不能只是一时半会、心血来潮的,而是应该体现在日常的教育过程之中并持之以恒。

总之,教师关爱学生,必须爱中有严,否则就会变成娇宠护短、放任自流;严格要求必须以尊重爱护为前提,否则就会变成无理、无度。

(三)保护学生安全,关心学生健康,维护学生权益

1. 保护学生安全

保护学生安全,尤其是中小学生安全,是教师应尽的第一义务。保护学生安全包括:一是教师组织学生参加各种各样的教育教学活动时,必须保证学生的安全。二是教师在学生安全受到威胁时必须挺身而出,保障学生安全。三是教师必须尽可能地防止校园暴力的发生。四是积极开展生命教育,通过生命赏识教育、生命安全教育、生命价值教育等,引导学生认识、尊重、珍惜、热爱生命。

当我们选择了某种职业,其实就选择了一份责任。从教育的角度分析,保护学生的安全是教师的第一责任,是教师的天职。从法律角度分析,保护学生、保护未成年人是法律赋予教师的义务。中小学教师职业区别于其他社会职业的地方就在于所面对的是活生生的个体,是缺乏自我保护能力的未成年人。当学生的身心安全受到威胁时,教师责无旁贷地担负着保护他们的责任和义务。

案例链接

她用生命完成了最后一堂课[①]

2018年6月11日17时51分,河南省信阳市浉河区董家河镇绿之风小学校门外50米的红绿灯路口处,老师们正护送放学的孩子依次过马路。二年级的语文老师李芳也在其中,她正站在路口护送孩子们,一切就这样猝不及防地发生了。

当时在现场的五年级学生小曹说,事发时有4名同学正走在斑马线上,走到一半时,小曹突然听到一声大喊,"李老师让孩子们快点走,我看见李老师推了那4名同学,自己却挡在了前面。飞驰的三轮车从她身上撞过去,并连带刮倒了那4名同学。"

据了解,那是一辆装满西瓜的摩托三轮车,没有牌照,从高坡上冲下来,刹车已经失灵。另一位张姓老师也在现场,她听见在背后护队的李老师大声呼喊,接着就是一声巨响,李芳老师被撞得躺在地上,4个孩子也被刮倒了。孩子们吓得哭起来,张老师冲过去抢救,李老师已经不省人事。

"要不是李老师推开孩子们,后果不堪设想。"一位在场家长说,"三轮车惯性好大,撞了李老师后又冲了很远,车头撞上三层台阶后才停住。"

据了解,李芳老师被紧急送往一五四医院后,经检查诊断,确定为脑部颅骨骨

[①] 王汉超,吴炳辉. 她用生命完成了最后一堂课[EB/OL]. http://society.people.com.cn/n1/2018/0615/c1008-30060219.html,2018-06-15(有修删).

折,脑组织大面积出血。转至信阳市中心医院后,医院紧急联系了武汉协和医院、同济医院的多位专家远程会诊。但是,李芳老师的自主呼吸渐渐衰竭,医护人员经过一天两夜的奋力抢救后,仍然没能挽救李老师的生命。6月13日凌晨4时40分,李老师平静地离开了。

李芳老师是农家的女儿,20岁从原信阳师范学校毕业,正式成为一名乡村教师,从最初分配的谢畈小学,到撤校后来到绿之风希望小学任教至今,默默耕耘近30年。作为一名优秀的共产党员,生死的一瞬间,她把生的希望留给了孩子们。"她用抉择教给了学生们最后一道题,她用生命完成了最后一堂课,她永远是我们心目中的最美老师!"

2. 关心学生健康

健康不仅指一个人没有疾病或虚弱现象,而且指一个人生理上、心理上和社会上的完好状态。近年来,学生的身体和心理健康方面的问题,如视力下降、体质虚弱、心理问题检出率上升、心理问题行为增加等日益引起人们的关注。在这样的背景下,教育部在修订完成的新规范中把"关心学生健康"正式写入师德规范中,可谓抓住了关键,对学生全面发展、健康成长具有极其重要的意义。

关心学生健康,首先要注意增强学生体质。中小学是人体生理发育成熟的关键时期,要让学生合理安排作息、饮食,进行体育锻炼。当务之急就是要切实减轻中小学生过重的课业负担,让学生能走出课堂、亲近自然,积极参加文体娱乐和社会活动以强身健体、增长才干。其次要关心学生的心理健康。学校和教师要有针对性地做好心理健康教育,注重提升学生心理素质和水平,学校要健全心理咨询和健康教育的机构和人员,帮助学生排除心理障碍,养成健康人格。做好这两方面的工作,学生的健康才能落到实处。

3. 维护学生合法权益

从教师的角度来看,首先,教师自身不能做有损害学生合法权益的事情。而从根本上遏止学校或教师侵犯学生合法权益现象的发生和蔓延,必须对教师进行法律知识的教育,通过学法、知法,提高教师对学生权益保障的自觉性和法律意识,使教师明确学生所享有的权利,自己应履行的义务,学校应承担的责任,从而自觉用法律法规来规范自己的言行,在管理工作中公正地对待每一个学生,尊重学生权利。其次,教师还要采取有效措施制止有害于学生的行为或者其他侵犯学生合法权益的行为,批评和抵制有害于学生健康成长的现象。在学生身心健康受到损害、合法权益受到侵害时,教师要拿起法律的武器维护学生的合法权益。

从学生的角度来看,维护学生合法权益需要培养学生的权利意识和自我保护意识。教师应该有意识地培养学生的权利意识和自我保护意识,使他们清楚自己所应享有的权利以及当自己的合法权益遭到侵害时应采取的保护措施,这对遏止侵犯学生合法权益现象的发生和蔓延是非常必要的。只有学生权利意识不断觉醒,自我保护意识不断增强,自我保护能力不断提高,侵犯学生合法权益的现象才能被有效遏止。

(四) 不讽刺、挖苦、歧视学生,不体罚或变相体罚学生

从前,先生管教学生可用戒尺打手、罚跪、饿肚等方式,并且流传下来"严师出高徒""玉不琢,不成器"等教育至理名言。但是在今天体罚学生,是违法行为,要受到法律制裁。

讥讽、挖苦、歧视学生,甚至体罚或变相体罚学生,将会给学生造成严重的身心危害,也会给教师自身造成终身遗憾,是教师最应当忌讳的行为。在现实中,有的教师出于对学生的严格要求,有时候在课堂上会"毒舌"般地批评学生,这种做法,即便其初衷可能是好的,但是结果却伤害了学生,其方法简单粗暴。讥讽、挖苦、歧视学生,甚至体罚或变相体罚学生,这些行为都是有违师德的表现。

第四节 教书育人

《中小学教师职业道德规范(2008年修订)》中第四条指出"教书育人"的具体要求是:

> 遵循教育规律,实施素质教育。循循善诱,诲人不倦,因材施教。培养学生良好品行,激发学生创新精神,促进学生全面发展。不以分数作为评价学生的唯一标准。

既教书又育人是教育的本质要求,也是师德规范的基本要求,更是教师的责任和义务。要求教师关心爱护学生,在传授专业知识的同时,会以自身的魅力和道德行为,以身作则,言传身教,积极引导学生不断寻找自己生命的意义,从而追求和实现人生应有的价值,塑造自身完美的人格。

一、教书育人是教师职业的基本职责

(一) 教书育人的内涵及特点

我国古籍最早对"教育"概念的使用,是在《孟子·尽心(上)》中的"得天下英才而教育之"。但在先秦时代,教育作为一个专有名词出现得很少,此后很长时期也是大多只对"教"这个字进行诠释。直到东汉时期,文字学家许慎在《说文解字》中解释,"教,上所施下所效""育,养子使作善也"。教书的"教"就是教授、教导;"书"就是知识、技能;教书即传授知识、技能。育人的"育",就是培育、养育;"人"就是培育对象或学生,育人即培

育学生。教书育人是由教书和育人组合的词语。教师在教育教学过程中,既需要教书,也需要育人,二者相互配合,同向并行,不分先后。脱离育人的教书和脱离教书的育人,不是真正完整的教育过程。教书育人在我国是指教师向学生传授系统的科学文化知识和技能,培养学生的科学文化素养,发展学生的智能;同时要以马克思主义为指导,以自身的道德行为示范,引导学生树立正确的世界观、人生观和价值观,促进学生全面发展。因而,教书属智育范畴,育人是德育职责,教书和育人是德育和智育关系在教师职责上的统一,是培养又红又专、德才兼备人才的保证。如果把教书和育人的关系延伸,就是既要教学生学会做事,又要教学生学会做人;既要坚持教学的科学性,又要坚持教育的价值性;既要对学生进行专业知识和技能教学,又要对学生进行人文精神教育。这些关系,不管过去、现在还是将来,不管是在学校还是在社会其他领域,都将不可分割地联系在一起。

教书育人有广义和狭义之分。从广义视角看,教书育人不仅仅是普通学校教师的职责,而且是一切培训、指导、咨询者的职责。早在我国古代社会,就有"教无常师"的说法,即"德无常师,主善为师。"(《尚书·咸有一德》),孔子有句名言:"三人行,必有吾师焉。择其善者而从之,其不善者而改之"(《论语·述而》);"能博喻,然后能为师"(《礼记·学记》),意思是能者为师。在当代社会,随着科学技术的快速发展,信息的大量、广泛传播,新情况、新问题不断地涌现,人们需要不断学习新鲜的事物、接受系统的教育。所以当代社会是学习化社会,是终身教育的社会,学高为师,德高为范,已经成为社会的普遍现象,各种培训、讲坛、研讨、传播、咨询等活动在社会各个领域广泛开展。因而,教书育人突破了学校的界线,扩展到了全社会。从狭义视角看,教书育人是指教师在传授专业知识的同时,以自己的道德人格、学识情趣潜移默化引导学生不断塑造完美人格的终身受益活动。

教书育人具有长期性、连续性和示范性的特点。教师的教育对象是学生,是完整的人,是德智体美劳都应得到发展的人。而人的发展是在各种教育和环境条件下,经过量变到质变、由低层次向高层次、由不完善到完善的逐渐发展的过程,这个过程是长期的、反复的。学生的发展是接连不断地日积月累,因此育人工作也需要持续不断。在这个过程中,教师要以德立身、以身立教、为人师表,将言传与身教结合起来,为学生发展提供示范。

(二)"教书"和"育人"之间的关系

1. 教书与育人具有统一性

教书和育人是不可分割的统一体,是一个完整教育过程的两个方面,二者相互作用、相互联系、相互渗透、相辅相成。从教育过程来看,教书育人,既不是教书加育人,也不是教书兼育人,而是教书中包含着育人,教书的人就是育人的人。一个老师,如果只知道"授业""解惑"而不"传道",不能说这个老师是完全称职的,充其量只能是"经师""句读之师",而非"人师"了。育人与育才是不可分、不可缺的。教育作为一种道德性活动,意味着任何教育教学内容、途径都具有道德性品质。也就是说,任何课程都有政治性、道德性、价值性意蕴,都有育人任务;任何教师都具有政治教育、道德教育、价值教育的使命,都有育人的职责。没有育人的教育不成其为教育,没有育人的教学不成其为教学,没有育人的教师不成其为教师。

2. 教书是手段,育人是目的

从教育的根本目的来看,教育以培养真正的人,培养全面、完整的人为己任。对于所有学校来说,教学都是中心工作,但它并不是目的而是教育过程中的手段,学校的根本任务是育人。德国著名的教育家赫尔巴特说过:"教学如果没有进行道德教育,只是一种没有目的的手段;道德教育如果没有教学,就是一种失去了手段的目的。"德国哲学家、教育学家雅斯贝尔斯曾说:"将教育仅仅停留在知识的传授上,这种教育是没有灵魂的。"此外,美国教育家杜威也指出:"教育主要是培养儿童的德性。"由此可见,"教书"是"手段","育人"是"目的";教书是以育人为目的,教书必育人,不育人则无须教书,不教书则难以育人。如果育人在教育教学活动中被看作一个额外的任务,这就割断了在教书育人之间的有机的内在联系,"教师教书、班主任育人"或"只教书、不育人"的不良现象将会比比皆是,一名优秀的教师决不应该是简单的"教书匠"和传授知识的"工具"。因此,只有二者紧密结合,把教书看成手段,育人看成目的,才能更好地造就学生的德才兼备,培养出社会所需要的良好公民。

作为以教书育人为中心的一种职业,教师承担着传播人类知识、创造人类文化、开发人类智能、塑造人类灵魂的神圣职责。[①] 教师职业活动不仅要给学生传授系统的科学文化知识和培养学生过硬的技术操作能力,还要教会学生如何沉着冷静地做事,要对学生进行思想道德教育,教会学生如何做人。具体地说,教书是指在课堂上向学生传授系统的科学文化知识,培养学生的科学文化素质,发展学生的智力和能力;育人是指教师通过课上课下教育教学活动和师生之间相互作用的过程以及教师的行为对学生进行一些显性的或潜在的政治教育、思想教育和道德教育,促进学生人格不断发展和完善。只有教师根据社会发展的需要和学生身心发展的规律,自觉地在教育教学过程中把教学和教育相结合起来,尽职尽责,既传授科学文化知识,又对学生进行思想品德教育,才可能把学生培养成为德、智、体、美、劳全面发展的社会主义建设者和接班人,肩负起民族复兴的时代重任。

3. 教好书是育好人的基础

要想育好人必先教好书,教好书是育人的基础。然而"教书"不等于"育人",教好了书并不是自然就育好了人,还需要很多其他因素共同作用。如果抱着"教书"可以自然而然地"育人"的思想进行教书育人,片面追求书本知识的传授、学习,这种"育人"往往是不自觉的、无意识的、被动的,因而常常落空。在实际工作中,确有不少教师只重知识

---

① 王淑琴. 教师职业道德新编[M]. 北京:高等教育出版社,2015:283.

传授,轻思想品德教育,只教书、不育人的现象仍然存在①。

教师除了在课堂上教好书外,个人的一些因素也会直接影响到育人。例如,教师自身的文化素养、教师的人格魅力、师生之间的关系等。俗话说爱屋及乌,那些不但能胜任教学工作,而且能跟学生成为朋友,很好地处理自己与学生关系的教师,学生会特别喜欢他,会更加努力地学习这位教师所教授的课程,甚至可能在老师的鼓舞下重拾他以前并不感兴趣或者感觉困难的学科。这样的教学唤起了学生的学习热情,拉近了老师与学生之间情感上的距离,使学生带着强烈的求知欲投入学习当中,在情感高涨的气氛中进行智力活动。教学活动生动活泼,师生情感交融,相互感染,彼此都体验着教学的快乐、耕耘的喜悦。而思想品质形成的过程正是教育者与受教育者之间情感交融与共鸣的过程。学生在教师积极诱导下带着丰富的情感进入教育情境,就会自觉地把教育情境中的一切要求转化为自觉的要求。这样的教学过程是学生学习科学文化知识的过程,更是激发学生健康情感,形成学生健全人格,塑造学生美好心灵的过程②。

资料拓展

教书与育人关系的四大情形[③]

"不教不育"。极少数教师把教师职业当作一种纯粹的谋生手段,缺乏教书育人的责任感和敬业精神,对教书育人没有兴趣,教学不认真,不投入。有的教师不认真备课,不写讲稿,或拿教材照本宣科,或随意发挥离题万里;有的教师不判作业,不答疑;有的教师不钻研教学内容,不研究教学方法,教学效果极差而又不思进取,更是甚者,极个别教师甚至利用课堂向青年学生散发一些错误的舆论和观点。在一定意义上,这些教师根本谈不上职业修养,因为其所作所为本身就不道德。

"教而不育"。有些教师没有把教书育人看成是一个过程,而是把育人游离于教书过程之外,似乎在教书之外,还有一个专门的育人过程。有些教师认为,育人是政工干部的事,是班主任或辅导员的事,与己无关,只把上课看成硬任务,在课堂上仅讲授知识,没有传道、解惑,更没有以自己高尚的人格、正确的行为去感染学生。

"重教轻育"。这些教师重视教学经验的积累和教学中的精力投入,注重对教学规律的探究和不懈实践。他们虽能对学生的品德、心理及其他方面的发展给予一定关注,但这种关注却不够充分;对学生发展的思考不够深刻;他们尚未把教师自身的各种因素都视为可能对学生产生重大影响的教育因素;对教师职业行为的伦理反思尚不深入。

"重教重育"。这是教师职业道德"从心所欲,不逾矩"的最高境界。这些教师能深

---

① 许映建,陈玉祥.教师职业道德与教育法规教程[M].南京:南京大学出版社,2021:248.
② 付世秋.教育政策法规与教师职业道德[M].北京:清华大学出版社,2016:288.
③ 杨克平,傅晓燕.教书育人:高校教师职业道德的真谛[J].中国高等教育,2007(1):56-57(有修删).

刻地认识到教育在建设有中国特色社会主义事业中的战略地位和对人的全面发展的重要意义,对教育事业忠贞不渝,无私奉献。他们既重视对学生的知识传授,又重视学生的能力培养、心理辅导、品德发展;既尊重学生的主体地位,又注重教学过程控制和教学相长;还以自己崇高的行为风范对学生的人生发展产生着积极而深远的影响。

二、教书育人的具体要求

(一) 遵循教育规律,实施素质教育

1. 遵循教育规律

受传统教育理念的影响,重智育轻德育、重理论轻实践、重知识轻能力培养等问题仍然存在于我国教育中。教育上的这种片面追求,违背了教育规律和人才培养规律,往往可能导致学生读死书,死读书,没有自己的想法和个性,缺乏开拓创新精神,成为片面发展的人。这样的人很难适应社会需要,很难胜任中国特色社会主义建设事业的各项工作[1]。

教书育人是一项充满创造性、挑战性和艺术性的工作。教师仅有知识是不够的,还要懂得怎样把知识传授给学生,这需要教师遵循相应的教育发展规律。我们时常可以看到,同样的学科、同样的教学条件、同样的教材,甚至连学生的水平也相差无几,但由不同的教师任教会产生不同的教学效果。其原因就在于教师对教育教学规律以及精心施教的把握。因此,探索教育教学的规律和原则,精心施教,是现代师德的重要要求。

在日常教育教学工作中遵循教育规律应注意以下几个方面:

一是受教育者身心发展规律。个体身心发展具有顺序性、阶段性、不平衡性、互补性、个别差异性。教育者应充分了解与正确把握处于不同发展阶段学生的身心发展特点,设计相对应的方案来进行教育教学活动。

二是学习动机与情感影响学习活动的规律。教师的教学风格、管理模式及师生关系都可能影响学生的学习动机。如过于严格的管理模式或者不良的师生关系可能会降低学生的学习动机,消极地对待学习,更严重的可能会产生厌学的情绪。教育者应把握好自己与学生之间的关系,调节好自己的教学风格和管理模式,从而提高学生的学习动机。

三是学科学习本身的特点与教学规律。不同的学科在知识体系、理论假设、方法论上会有很大的差别。教师应寻找学科教育与学生特点的最佳适配点,找到学生的最近发展区。

四是学习的规律。学习本身有很多规律可循,教师在教育教学过程中应遵循学生的学习规律,有意识地指导学生掌握科学的学习方法,这将大大地提高教学质量与

---

[1] 周琴. 教师职业道德与教育法律法规[M]. 合肥:安徽大学出版社,2019:234.

效益。

五是注重评估方式对教育教学的导向作用。为了培养富有个性且具有创新精神的学生,教师应加强对学生动手操作能力、实践创新能力及语言表达能力的考核,重视学生在平时学习过程中形成性与终结性评价的结合。

六是重视学生的深度参与和体验。深度参与和体验能强烈地催化着知识转化为能力、观念转化为行为。教师只有科学合理地给学生提供大量亲身参与、实践体验的机会,才能有效提升学生培养质量。

2. 实施素质教育

实施素质教育就是遵循教育规律,以注重开发学生的潜能,促进学生德、智、体、美、劳方面的发展为基本特征,体现全面育人。在具体的教学中,素质教育要求实现教书与育人相统一,传授知识和发展智能相统一,理论与实践相统一,教师主导作用与学生主体地位相统一,课内与课外相统一,面向全体学生与因材施教相统一,以及注重培养学生的自学能力、创造精神的现代教育理念。因此,教师在教育教学活动中,要把学生看成一个个具有丰富思想和鲜活个性的人,关注并尊重每个学生,使学生的个体潜能、智慧、创造力都得到充分发挥,把每个学生都培养成充满个性活力、人格完善与社会需要的合格人才。

(二) 循循善诱,诲人不倦,因材施教

1. 循循善诱

"循循善诱"这一成语出自《论语·子罕》中颜渊对孔子教学艺术的赞叹:"夫子循循善诱人,博我以文,约我以礼,欲罢不能。"其中的"循循"是指有步骤,有顺序,由浅入深,由表及里,由此及彼,它体现了教育的规律性。"善诱"是善于在教育教学中启发引导学生。对于教师来说,循循善诱表明在平时的教育教学工作中,要把学生视为教育过程中具有思维活动的主体,有耐心、恒心、步骤地引导、教育他们,启发自觉,激励动机,进行学习,而不是急于求成,强制接受,牵着他们走。循循善诱不仅仅是一种教育的方法,也不只是一种教育的态度,它还反映出教师的教育理念,突显出教育的引导和启发功能,关系到教育目的的实现。

在教学中,教师要多运用启发式、探究式、讨论式、参与式等新型教学模式,使学生的知识广度由少到多地逐步拓宽,知识的深度由表及里地逐步加强,从而不断地激发起学生的好奇心,培养学生的兴趣爱好,调动起学生的主观能动性,提高学生的独立思考能力与创新精神。

2. 诲人不倦

"诲人不倦"一语源于《论语·述而》,孔子两次论及"诲人不倦"。一次是"子曰:'默而识之,学而不厌,诲人不倦,何有于我哉?'"另一次则是"子曰:'若圣与仁,则吾岂敢?抑为之不厌,诲人不倦,则可谓云尔已矣。'公西华曰:'正唯弟子不能学也'"。

"学而不厌""诲人不倦"是孔子提出的两条重要规范,他不仅强调教师要"学而不

厌""不耻下问",不断提高自己的人格修养和学识水平,更强调教师要"诲人不倦"、勤于执教,对教育教学工作始终保持良好的工作态度和工作热情。从这两条师德规范的联系来看,教师"学而不厌",掌握精深广博的知识、培养多种才干的主要目的是把教书育人的工作做好,促进学生的健康成长和全面发展。因此,对于教师来说,"诲人不倦"是比"学而不厌"更高一个层次的道德要求,也是教师正确处理自身与教育劳动关系的关键所在。如果一个教师勤奋学习,自己满腹学问,但是他并不热衷于教学,对待教育教学工作永远持有马马虎虎的态度,那么他的学问再好,他也只是一个"学者",而不是一个"教师",因为"教师"之所以为"教师",就是在于一个"教",在于要把自己的学问传授给他人。诲人不倦就是要求教师在教育学生的过程中要有耐心、不知疲倦,做到乐业、乐教。教师诲人不倦的理想境界是教师能体验到从教之乐,享受到从教之乐。正如《孟子·尽心上》记载:"父母俱在,兄弟无故,一乐也;仰不愧于天,俯不怍于人,二乐也;得天下英才而教育之,三乐也。"在孟子看来,教师所从事的是培养人才的崇高事业,能培养出天下英才以造福于社会和民众,是教师最值得自豪和快乐的事情,是教师人生价值的最高体现。

因此,教师要做到"诲人不倦",在教书育人中就要具备"二心"。一是爱心,即在教书育人过程中热爱学生,做学生心灵的领航者、引导者,让学生意识到、感受到、体验到并享受到教师之爱,使学生产生亲近感、安定感、信赖感。二是耐心,即教师在教育学习过程中不急躁、不厌烦。对于教师来说,如果学生都是听话的、品行好的,那教书育人的过程自然会轻松,"诲人"时就能"不倦";然而由于成长环境、经历的差异,学生之间存在差异,在教育学困生、问题学生时就更需要教师的耐心,不能急躁,更不要厌烦。

3. 因材施教

世界上最早推行因材施教的教育家是我国春秋时期伟大的教育家孔子。根据《论语》记载,孔子对不同学生提出的同一个问题,总是针对学生禀赋的差异,或者根据自己对学生发展的预测和期望,给予不同的解答。但"因材施教"并不是孔子的原话,而是宋代大儒朱熹在论语注疏中对孔子教学方法进行归纳时说,"夫子教人,各因其材",这表明教育过程要注重因材施教。要做到因材施教,首先,教师要敢于面对学生的差异,把学生看成是平等的、有区别的主体,而不是待加工的同一的"零部件"。其次,因材施教这一优良教育传统是在古代社会中个别教学为主的教学组织形式下提出的,对于当前班级授课制情形下的教师提出了更高的要求。尤其在提倡素质教育的今天,因材施教具有更为重要的现实意义。素质教育提倡面向全体学生,促进每一个学生的成长成才和全面发展。要实现这一目标,教师应尊重学生的兴趣、爱好、性格等,从每个学生的实际出发,针对学生的个体差异以个性化的教育引导,对他们提出相应的要求和制定相适应的发展目标。正如著名教育家马卡连柯所言:"教师要尊重每个学生,又要向他们提出一定的要求。"再者,采用多种教学方法进行教学,努力让每个学生都参与到课堂中,成为课堂教学活动的主体,使得每个学生的潜力能得到最大化开发。

(三)培养学生良好品行,激发学生创新精神,促进学生全面发展

1. 培养学生良好品行,促进学生全面发展

学生良好的品行培养是教书育人中最主要的目的,也是教师在教书育人中的道德责任。一名优秀的教师,绝不是简单的"教书匠"和传授知识的"工具",他更应该是学生生活的导师,是学生道德培养与人格塑造的领路人,是学生良好品行的启蒙者。从道德品质优秀的教师身上,学生学习的是正直、尊重、勇敢、守信等;反之,学生学习到的是傲慢、懒散、虚伪、自私等。这些直接的道德经验,常常比纯粹的说教更有说服力,更能影响学生良好品行的形成。教师工作的基本目标就是引导学生个体的成长,形成正确的三观,启迪他们对于人生和世界的美好情怀,通过塑造良好的品行,给他们的一生奠定良好的精神基础。

全面发展强调的是"德、智、体、美、劳"的全面发展,而在这其中,"德"是第一位的,是最重要的方面。"德"是人才素质的灵魂,失去了这个灵魂,就谈不上全面发展。因此,只有重视学生良好品行的培养,才能促进学生的全面发展。它是全部教育工作的追求目标,也是教师进行教书育人工作的出发点和归宿,也是我国教育的基本方针。《中华人民共和国宪法》第四十六条第二款规定:"国家培养青年、少年、儿童在品德、智力、体质等方面全面发展。"《中华人民共和国教育法》第五条规定:"教育必须为社会主义现代化建设服务、为人民服务,必须与生产劳动和社会实践相结合,培养德智体美劳全面发展的社会主义建设者和接班人。"每一个教师都必须关心学生的全面发展,以把学生培养成为德、智、体、美、劳各方面全面发展的社会主义建设者和接班人作为教育工作的出发点和归宿点,只有这样才算尽到了教书育人的职责。脱离这个出发点和归宿点,就有可能背离教书育人的道德要求。

2. 激发学生创新精神

2013年,习近平总书记在《在欧美同学会成立100周年庆祝大会上的讲话》中就提出:"创新是一个民族进步的灵魂,是一个国家兴旺发达的不竭动力,也是中华民族最深沉的民族禀赋。在激烈的国际竞争中,惟创新者进,惟创新者强,惟创新者胜。"当前,知识更新迅速,各种新理念、新发明不断涌现,创新型人才需要不断被培养,创新型国家需要不断被建设。因此,教育的要旨是培养创新型人才,教师在教学中要多实施创新教育,善于激发学生的创新精神。创新教育是一种旨在培养个性,激发学生思维灵感,增强学生创新意识的教育。创新教育,就其本质而言,是培养学生具有各种创新能力,鼓励学生标新立异,大胆去想,对任何一件小事都要鼓励学生有创造性的思路;就其教育方式而言,是一种自由、快乐的启发式教育;就其核心而言,是培养学生的创新思维,并使学生各种能力得到全面发展的素质教育。学生创新精神培养的关键在教师,只有具有创新能力的教师,才能够培养出具有创新精神和实践能力的学生。

(四)不以分数作为评价学生的唯一标准

"不以分数作为评价学生的唯一标准"是对教书育人的底线规定,是对教师行为的

具体化要求。对于中小学生来说,考试成绩是考查学生在校学习情况的一个重要指标,但绝不是唯一的指标。如果把分数当作衡量学生好坏的唯一标准,成绩好则一俊遮百丑,成绩差就一棍子打死,这样做会把学生学习的目的引向分数,使学生过度关心自己的成绩,而忽略了德、体、美、劳等方面的素质培养,忽略了学习过程、学习方法和学习态度,也忽略了生活中的其他乐趣,不利于学生的全面发展。

不以分数为评价学生的唯一标准,要求教师注重发展性评价,以发展的眼光看待学生,不以静止的、一成不变的眼光看待学生。古人云:士别三日,当刮目相看。教师应该看到学生的潜能,尤其是正处在成长中的儿童和青少年具有很大的可塑性,身边各种条件的变化都可能会促使学生的变化与发展,特别是在对待一些后进生或犯错误的学生,更需要教师不抛弃、不放弃,给予他们耐心的帮助和指导,采用鼓励性评价,促进他们的转化,增强学生的自信心。教师还应多维度评价学生,用综合性标准对学生进行评价。

案例链接

"时代楷模"张桂梅——立德树人　倾情投入[①]

扎根边疆教育一线40余年,云南丽江华坪女子高级中学党支部书记、校长张桂梅全身心投入民族地区教育事业和儿童福利事业,创办了全国第一所全免费女子高中,是华坪儿童之家130多个孤儿的"妈妈"。她把所有财产和爱给了学生,她和同事们一起帮助1800多名女孩走出大山、走进大学,用教育阻断贫困的代际传递。

张桂梅说,民族地区教育有自身的特点,孩子自尊心强,需要老师的"爱心+耐心",真心实意与他们交往。作为一名山村教师,赢得全社会的尊重,张桂梅靠的是"立德树人"。20年前在华坪民族中学教书时,为了毕业班的孩子,她拖着病体坚持上课,不去住院;为了帮助山里的穷困学生,她节衣缩食,舍不得吃好的;为了增加学生对课堂的兴趣,她时常唱歌念诗……直到现在,张桂梅还每天五点半就起床,担心女高学生害怕,她要早早地打开灯,赶走路上的野生动物。

"民族地区教育事业发生了翻天覆地的变化。"张桂梅说,尤其是脱贫攻坚以来,民族地区产业发展、基础设施建设加强、人们精神面貌变化,为教育进步打下了坚实基础。她认为,提高民族地区教育质量和水平,一方面民族地区当自强,探索教育规律;另一方面教育要更加均衡发展,希望全社会关心民族地区教育。

习近平主席发表的新年贺词令张桂梅感到温暖又振奋。"'征途漫漫,惟有奋斗'让我印象尤为深刻。今年我64岁,有人说我可以休息了。但我觉得自己还能坚持。我还要继续奋斗,勇往直前,把华坪女高做大、做强,让更多山区女孩走出大山!"

[①] 谢倩,闫妍."时代楷模"张桂梅——立德树人　倾情投入[N].人民日报,2021-01-03(02).

第五节 为人师表

《中小学教师职业道德规范(2008年修订)》第五条指出"为人师表"的具体要求是:

> 坚守高尚情操,知荣明耻,严于律己,以身作则。衣着得体,语言规范,举止文明。关心集体,团结协作,尊重同事,尊重家长。作风正派,廉洁奉公。自觉抵制有偿家教,不利用职务之便谋取私利。

"教师兴则教育兴,教育兴则民族兴。"教师既是人类文明的传承者,也是人类灵魂的工程师。教师素质的高低,直接关系到国家的兴旺发达、繁荣昌盛,关系到中华民族能否在激烈的国际竞争中立于不败之地。"学高为师,身正为范"。在育人的过程中,教师自身的品德和言行对学生的健康成长具有重要影响。尤其是教师劳动的对象是成长中的儿童、青少年,儿童、青少年习性未定,身心具有较强的可塑性,因此强调教师的为人师表,是教师职业素养的内在要求。

一、为人师表是教师职业的内在要求

(一) 为人师表的内涵

"师表"一词,出自《史记·太史公自序》,意思与"师范"相同,是指学习的榜样。为人师表本是对官、师的共同要求,只是到了现代才主要用于对教师的要求。

为人师表是一个传统的命题,又是一个具有现实意义的命题。汉代扬雄所说的"师者,人之模范也"成了传世名言,唐代韩愈提出的"道之所存,师之所存"的见解,被称为"绝世议论",这些都说明教师为人师表的实践主流已成为中华民族教育的一个优良传统。从古至今呼唤教师要为人师表的声音似乎从未消减过,这一方面说明教师为人师表虽已形成优良传统,但仍始终有教师不能为人师表的现象;另一方面说明随着时代的进步,社会对教师为人师表的认识和要求在不断深化和提高。

教师为人师表的基本内涵是教师在生活、教学和社会实践中,所表现出来的素质与行为都可以成为他人的表率。从传统意义上说,教师为人师表内容的先进性,主要表现在品德和学识两大方面,教师应当成为"善表"和"先知"[①]。现代教师为人师表先进性的内涵比之古代更为丰富,也更具有时代性。它要求教师具备作为现代人所应具备的全面而优秀的素质,其中主要包括先进的教育思想和优秀的思维品质,优秀的政治、思想道德素质,坚实的专业基础知识和学科研究相应层次的前沿水平,广博的科学文化知

[①] 胡相峰.为人师表论[J].教育研究,2000(9):55-59.

识和良好的人文素养,较强的生活、学习和教育技能,优秀的身心素质与审美素质,并通过良好的职后教育,在实践中不断发展提高,保持动态的持续的先进性,成为现代社会的精英与表率。

(二) 为人师表与言传身教的关系

教师要以身作则、言传身教,成为学生和他人学习以及效仿的榜样,是我国自古以来对为人师表一以贯之的道德要求。事实上为人师表、言传身教是相辅相成、不可分割的。言传身教是指教师不仅在口头上用言语向学生讲解、传授系统的知识和技能,而且在行为上培养学生爱好,教育、指导学生的品行,以身作则,起示范性作用。言传身教是教师为人师表的一种表现方式、具体体现和要达到的境界,彼此都是一致的,其根本目的就是教师通过自身的言行举止、知识涵养、文化素养、道德品质,教育、引导和感召学生,使他们成为有理想、有道德、有文化、有纪律的"四有"青年。在实现这一目的的过程中,教师必须借助于自己的身教和言教,成为学生学习和效仿的榜样。为人师表、言传身教是教师道德的显著特征,是在职业活动中所形成的一种美德,更是教师崇高的道德责任。

(三) 为人师表的特征

"为人师表"是教师职业道德区别于其他职业道德的显著特征。它具有以下特点:

一是典范性。现实中人们道德观念的萌生、道德行为的表现、道德品质的养成,都源自实践中不断地学习和模仿。教师在学校中跟学生朝夕共处,理所当然成为学生的主要模仿对象,教师的一言一行、一举一动都会在学生的心灵深处烙下印记。正如加里宁所说,教师"他的品行和生活习惯,他对每一现象的态度都这样或那样地影响着全体学生",对学生举止行为起着潜移默化的作用,是学生的行为典范。

二是广泛性。教书育人是教师的基本职责,教师的教育教学活动就是履行职责的整个过程,其中伴随对学生的"言教"和"身教"。教师的"言教"从时间、内容、场所、方式、环境等方面来讲都是有限的,"身教"却是无限的,教师与学生交往之时就是教师行"身教"之时。学生崇拜教师、仰慕教师,在接受的教育中更多的是来自教师无声的"身教"。教师的举手投足、言行举止、一颦一笑都会给学生留下深刻的印象,产生影响。教师无所不在、无时不在地对学生进行身教,这就要求教师不仅在课堂上、学校里的一切言行举止都要严格和谨慎,而且在家庭中、社会上也要为社会普通人做榜样。

三是激励性。不仅教师自己会被"为人师表"这一教师道德规范激励,学生也会被激励。为人师表要求教师在教学过程中用自己的言行举止,"以身立教",成为学生的表率;要求教师不断加强学习,提高自己的思想觉悟;要求教师严于律己,时时处处要规范自己的行为;要求教师宽以待人,多关心别人,帮助别人;要求教师作风正派,乐于助人,注重身教。教师的榜样示范作用会激励和引导学生学习教师高尚的品德和情操,学习教师优秀的待人处事的方法和技巧,做一个高尚的人,一个有道德的人。

四是统一性。教师施教与为人师表的两种基本形式是言传和身教。言传和身教在教育教学过程中各有自己的优点。言传在内容表达上更具有针对性、准确性、严密性和逻辑性,而身教主要是通过教师自身的实际行动去感化、感召,让学生或社会他人自觉产生模仿、学习的动力,所以身教相较于言教更加具有直观性,影响和号召力也相对较大。

二、为人师表的具体要求

(一)坚守高尚情操,知荣明耻,严于律己,以身作则

1. 坚守高尚情操,知荣明耻

为人师表,首先要有师德。德,品德,德行也。人可以没有知识、没有能力,但是不可以没有品德。2014年9月,中共中央总书记习近平到北京师范大学考察时,曾说过:"做一个好老师,要有道德情操"。教师身上的品德和言行举止都可能被学生放大及模仿。广大教师必须知荣明耻,塑造正确的三观,树立高尚的道德情操来感染和教育学生,引导学生们明辨是非,营造知荣辱、倡新风、促和谐的良好氛围。

2. 严于律己,以身作则

古人云:"严于律己,宽以待人"。"严于律己",就是对自己要求严格。国有国法,家有家规,个人也有个人的"纪律",这个"纪律"就是对自己的高标准和严要求,日常中能做到自我反省和批评。应用到教育教学过程中,教师也应塑造自己良好的品格和培养高尚的道德情操,做到以身作则,给学生起示范性作用,当好表率。教师尤其需要注意塑造诚实守信品格。诚信是中华民族的传统美德,是做人做事的基本准则,也是师德之本。教育呼唤诚信,学校需要净土。有时,兑现一个小小的承诺,遵守一个小小的约定,就会在学生心中播下诚信的种子;而忽视承诺,违背约定,则会让学生对教师失去信任,甚至对社会失去希望。教师"严于律己,以身作则"就要严格依据教师职责所要求的知识和能力素养标准,提升自身的文化素养和教学水平,完成教书育人任务。

案例链接

守信与失信[①]

有一位班主任曾经许诺学生,对数学测验前三名的学生予以物质奖励。然而,事后班主任忘了自己的承诺,没有履行诺言,使得应该受奖的同学十分失望。期中考试前,该教师在做考前动员时又许下诺言:如果期中考试班级能考全年级第一名,老师将奖励全班同学看一场电影。结果全班同学摩拳擦掌,都憋足了劲要拿第一。当同学们终于实现了班级目标,请班主任兑现承诺时,班主任却以学习任务重、没时间、学校不允许、票价高等种种理由拒绝了。令班主任没有想到的是,从此以后,班

---

① 王淑芹.教师职业道德新编[M].北京:高等教育出版社,2015:137-138.

主任的任何号召都失去了效力,班集体再也凝聚不到一起。特别令班主任难以接受的是,一旦有学生没有信守约定,便会理直气壮地说:"这是班主任教给我们的!"

(二)衣着得体,语言规范,举止文明

1. 为人师表,要有师形

"衣着得体"说的就是教师的仪表示范。仪表是教师展现在学生面前的外部形态,是一个教师德、识、才、情等各种素质的综合表现,包括教师容貌、风度、衣着、修饰等等。好的仪表能够获得学生的认可和尊敬,糟糕的仪表能引起学生反感,破坏教师应有的亲和力。"为人师表"对教师有相应的一些规范,例如教师在着装上既不能过分新奇艳丽,又不能褴褛邋遢,教师所选的衣服配饰要与自己的性格、性别、年龄、体形融为一体,甚至还要根据自己的教育对象来选择着装。教师要做到仪表端庄,除了注意衣着,还要注意个人容貌,做到整洁卫生,教师要讲究个人卫生,头发、指甲等要经常修剪。教师端庄的、与职业相符合的仪表示范,能给学生一种稳重、得体的教师形象,有助于教师教书育人。总之,人有百象,物有百形。无论形也好,象也好,要与环境、身份、职位相匹配,否则就是不合时宜。

2. 为人师表,重在师行

"语言规范、举止文明"说的就是对师行的基本要求。首先,教师的语言要发挥示范作用。教师的语言是教师进行传道、授业、解惑的重要媒介,是教师特殊的劳动手段和工具。规范教师的语言是语言示范的前提,是为人师表的重要内容。这要求教师在语言上做到科学规范、准确得体、生动形象、情感丰沛、优美动听、文明有礼等。其次,教师的行为要发挥示范效应。"师者,人之模范也"的经典性诠释,的确让社会和公众对教师形象存在着完美化的期待,无形之中也使教师的一举一动被置于社会的广泛监督之下。对于教师的行为要求是全方位的,几乎涵盖了教师的教学活动、日常生活和其他社会实践的方方面面。所谓"行为世范"正是对教师行为要求的最好概括。

资料拓展

关于教师着装仪容的讨论[①]

2023年2月15日,辽宁丹东市教育局公开一则对人大代表《关于加强教师着装仪容管理建议》的答复称,教师群体统一穿着职业装,将是未来的主要发展趋势。但是,目前国家、省对此尚没有相关的政策出台,丹东拟在着装种类、数量、款式、资金来源等方

---

① 吕新文.辽宁丹东教育局答"统一教师着装"建议:是未来趋势,将先行试点[EB/OL]. https://www.guancha.cn/politics/2023_02_18_680334.shtml?s=zwyxgtjdt,2023-02-18(有修删).

面深入调查研究,形成完善的方案并先行试点。

据丹东市政府网站消息,丹东市教育局答复市十七届人大一次会议樊萍代表《关于加强我市教师着装仪容管理的建议》称,现实当中部分教师在着装方面存在着一些问题。一部分教师在校着装五花八门,穿着随意,甚至是奇装异服,打扮怪异,或者邋遢,不利于树立教师的良好形象,也不利于学生的德育培养,甚至在一些特定场合会影响学校、教师队伍的整体形象。

丹东市教育局答复称,《中小学教师职业道德规范》第五条对教师提出了"为人师表,衣着得体,举止文明"的要求。各地教育部门也在下发的相关文件中提出教师着装要"忌脏、露、透、短、紧、异"等要求,但这些都只是从宏观上来管理的,并没有微观的细致标准。很多学校在教师的服饰着装方面也仅仅是按照道德规范有着总体原则性标准,并无明晰规范的统一要求,这是教师着装仪容方面问题得不到有效解决的主要原因。

丹东市教育局表示,准备将教师仪容仪表纳入制度考核,即:要求各校根据实际情况出台教师的仪容仪表规定,要求教师在工作期间禁止穿戴与教师身份不符的装束与仪容装扮,在课堂及一些特定重要活动中必须着正装,做到有规可循,并将其纳入考核内容,切实提高教师的精神风貌。

(三) 关心集体,团结协作,尊重同事,尊重家长

关心集体,团结协作,尊重同事,尊重家长,是处理、调节教师与学校集体、教师与同事、教师与学生家长之间关系的道德规范。

1. 关心集体,团结协作

教师个人的工作与集体的合作是分不开的,教师个人的成长也离不开集体,因此教师要自觉把自己的发展与集体的发展联系在一起,依靠集体的发展来带动自己的进步。现代社会知识更新迭代速度极快,对人才的要求也越来越高,一个教师即便知识再渊博,能力再强,也不能完成人才培养的全部。教师只有树立大局意识,团结一致,相互协作,树立校荣我荣、校耻我耻的观念,把自己融入集体之中,和集体共同成长,才能产生良好的教育效果。

2. 尊重同事,尊重家长

当代社会倡导的是双赢、互利,教师也不例外。在教育教学中,提倡教师间相互竞争,从而促使教师们奋发图强,在自己的教学岗位上做出更大成绩。但是,这种竞争不应破坏教师间应有的合作关系。教师之间只有互相学习,互帮互学,才能共同提高,共同进步,培养出合格的人才。

对待学生家长,教师一定要平等公正、以礼相待,充分尊重家长;切忌趾高气扬,随意指责训斥家长。在学校,有时可以看到这样的场景:班主任怒容满面地坐着,家长则陪着犯错的孩子,恭恭敬敬地肃立在一旁,接受班主任的训斥,这是何其难堪的一幕。学生犯了错,请家长到校配合教育本是情理之中的事,但千万不能伤害家长的自尊,更

不能训斥家长。教师要与家长之间建立起平等合作的关系,通过加强与家长的沟通和联系,形成教育合力,联合家庭、学校、社会教育共同促进学生健康成长。

(四) 作风正派,廉洁奉公

作风正派,廉洁奉公,是教师廉洁从教的要求和体现。廉洁从教要求教师自觉抵制社会不良风气的影响,绝不利用职务之便谋取私利,在整个从教生涯中都要坚持行廉操法的原则,不贪学生及家长的钱财,不贪占公共物品,不染上贪、贿、欲等恶习,依靠工资收入、著书立说、发明创造来获得合法的、合乎道义的收入。教师只有坚持操守,作风正派,无私奉献,才能不辱教师的称号。教师廉洁从教不仅能为学生树立一个好的榜样,而且还能以自身廉洁的形象不断影响和感化周围的人,从而达到净化社会风气的效果。

(五) 自觉抵制有偿家教

"补课""家教"曾经是学生心目中多么温暖的字眼。老师利用课余休息时间给某方面欠缺的学生开小灶,弥补他们的不足。这充分体现了教师职业的奉献精神。随着市场经济的发展,"劳动有偿"概念广泛被接受,"掏点钱给孩子开开小灶"的"有偿家教"也逐步被人所接受和认可,但问题是"有偿家教"逐渐变了味,已经改变了补课的初衷,使教育涂上功利化、商业化的色彩,师生之间的教学关系转变为金钱关系,渐渐失去了师生互动中纯净的情感。更有甚者,有些教师为了"有偿家教",牺牲正常教学,课堂留一手,就是上课该讲的内容可能不讲,放到课后有偿家教的时候去讲,这样的行为严重影响到正常的教学秩序,也违背了教育宗旨,影响了教师职业形象,给学生增加了沉重负担。

案例链接

教师有偿家教"令行禁止",难啊[1]

"女儿现在上五年级,看她的试卷,经常有奥数题,我们做家长的又辅导不了。有一次,女儿周末刚刚在数学班上学了一道题,结果没过几天,题目就出现在学校的测试试卷中,你说这辅导班不去能行?"家住新昌路的一位家长对记者说,老师办辅导班,在班里说自愿,但是哪个孩子放了假会自愿上辅导班?如果孩子真的不去,老师就会打电话动员家长、动员孩子,你说大部分孩子都去了,这些不愿意让孩子去的家长还能沉得住气?谁敢让孩子在老师心中留下不好的印象。听说有的孩子学习不好,老师马上给家长打电话,说孩子得马上补习,要不就落下了,家长一听,肯定会逼着孩子去辅导班。"其实,有些班是孩子想去的,有些是老师'暗示'要上的。我们家长被这种风气推着走,很无奈。"

---

[1] 胡相洋. 教师有偿家教"令行禁止",难啊[N]. 青岛日报,2021-03-03.

第六节 终身学习

任何一种职业都需要终身学习,但是世界上没有一种职业的终身学习比教师这一职业的终身学习要求更为严格。《中小学教师职业道德规范(2008年修订)》第六条指出"终身学习"的具体要求是:

> 崇尚科学精神,树立终身学习理念,拓宽知识视野,更新知识结构。潜心钻研业务,勇于探索创新,不断提高专业素养和教育教学水平。

终身学习的实质是在如何处理教师与业务学习的关系上对中小学教师提出的职业道德要求。

一、终身学习是教师职业的必然要求

终身学习是指社会每个成员为适应社会发展和实现个体发展的需要,贯穿于人的一生的、持续的学习过程,即我们常说的"活到老学到老"。[1] 联合国教科文组织终身教育局局长保罗·郎格朗于1965年首次提出"终身教育"的理念,他认为:"终身教育所意味的,并不是指一个具体的实体,而是泛指某种思想或原则。"此后,他又在《何谓终身教育》一文中指出,终身教育绝非是在"传统教育形态上添加一个新的名词而已",也并非与"大众教育""成人教育"等词语完全等同,而是一个"更加广泛的概念",是对它们的一种超越和升华。其含义主要是:第一,每个人都要实现自己的抱负,发展自己的可能性,也都要适应快速发展的社会,因此,未来的教育不再是由"任何一个学校毕业之后就算完结了,而应该是通过人的一生持续进行";第二,现行的教育是"以学校为中心的",而且是"闭锁的、死板的",未来的教育则将对社会整个教育和训练的全部机构和渠道加以统一和整合,从而使人们在其生存的所有部门,都能根据需要而方便地获得接受教育的机会。

教师要终身学习不仅是时代发展的要求,而且也是教师职业特点的体现。我国进入了建设人力资源强国的新时期,而建设人力资源强国需要大批创新型人才,而人才的培养基础在教育。教师作为人类文明的传承者,是推动教育事业发展和培养高素质的人才的关键。同时,在当今时代知识层出不穷的条件下,要成为合格的教育者,就必须不断地学习,不断地充实自己,要崇尚科学精神,树立终身学习的理念,如饥似渴地学习新知识、新技能、新技术,拓宽知识视野,更新知识结构,不断地提高教学质量和教书育人的本领。教师的终身学习不仅仅是教师个人自我发展、自我完善的需要,更是更好地

---

[1] 许映建,陈玉祥.教师职业道德与教育法规教程[M].南京:南京大学出版社,2021:248.

开展教育工作、培养高素质人才,振兴中华民族,富国强民的需要,是时代赋予教师的重任。

> **资料拓展**
>
> **不同国家关于终身学习法律的颁布**[①]
>
> 自20世纪60年代终身学习、终身教育思想确立以来,很多国家通过法规制定、机构设置来推动其实践。
>
> 1976年,美国政府正式颁布《终身学习法》,在联邦教育局内设终身教育局。
>
> 1971年,法国国民议会通过《终身职业教育法》,1984年通过《职业继续教育法》。
>
> 1990年,日本政府颁布《终身学习振兴法》,文部省设立"终身学习审议会"。
>
> 1998年,英国政府发表《学习的时代》绿皮书,2000年颁布《学习与技能法》。
>
> 2000年,欧盟发布《终身学习备忘录》,2001年发表宣言《实现终身学习的欧洲》。

二、终身学习的具体要求

(一) 崇尚科学精神,树立终身学习理念

"人们逐渐认识到,教学同其他职业一样是一种'学习'的职业,从业者在职业生涯中自始至终都要有机会定期更新和补充他们的知识、技巧和能力。"这句话曾被联合国教科文组织在《世界教育报告(1998)·教师和变革世界中的教学工作》中提到。教师所从事的工作,从某种意义上说就是科学工作,对于中小学教师而言,要求做到:"一是要坚持解放思想、实事求是,从实际出发解决工作中遇到的新情况、新问题。二是要热爱科学,崇尚真理,依据教育科学规律从事教育工作。三是要勤于学习、善于思考,努力用人类创造的智慧成果丰富和发展自己。四是要甘心付出、勇于创新,不断提升教育科学水平与教学艺术水准。"[②]因此,教师必须崇尚科学精神,树立终身学习理念,并且善于将科学精神传递给学生,有意识地培养学生的科学意识,普及科学知识。

树立终身学习的理念,就是要求中小学教师既要把终身学习作为职业的必然需要,又要把终身学习作为自己的终身追求。但是,在目前的中小学教学中,仍有不少教师教学理念、教学方法陈旧,逐段逐句讲,以释词析句为主镜头的课堂片段时有出现;教师讲、学生听的"满堂灌"现象也经常出现;驾驭教材又超越教材的技能远远不及,教学视野狭窄,提问不能高屋建瓴,吸引不了学生,起不到激发学生兴趣、突出重点、突破难点、完成教学目标的实际效果;新的教学模式运用十分勉强;等等。产生上述不足的原因最

[①] 王淑琴.教师职业道德新编[M].北京:高等教育出版社,2015:283.
[②] 王毓珣,王颖.教师新师德六项修炼[M].重庆:西南师范大学出版社,2009:205.

主要就是教师缺乏自觉学习、终身学习的意识。

从教师本身的知识来看,教师的专业发展是一个终身过程。现在大家都已经认识到:教师职前培养的功效是非常有限的,只是教师专业发展的起步,特别是在科学技术、社会经济发展越来越快的形势下,以前那种"一朝受教,终身受用"的时代已经过去了。教师曾经得到的"文凭""证书",不仅仅是作为当教师的资格证明,而是作为能够进一步学习的证明,是在改革中具有参与资格或取得成功的一种潜力的证明。教师的学历不等于能力,只有持续不断地学习,教师的能力才能不断增强,素质才能不断提高。

从教师的教学与实践来看,过去讲"给人一杯水,自己先要有一桶水",可在知识经济迅速发展的今天,要给学生一杯水,教师应该有一桶"活"水。只有活水才能使这桶水永远不干不涸。活水意味着教师的教学技能里不断有新的信息、新的方法。这种活水的源泉在哪里,就在教师个人的终身学习里。①

(二)拓宽知识视野,更新知识结构

美国教育学会(NEA)在广泛调查的基础上,发现教师教学的前5~6年,随着教学经验的增加,教学效果显著上升;5~6年后,教师习惯于已有的教学程序,进步速度放慢,并有逐步下降的现象,如不进修,即使再教20年,也不会有多大进步,只能平平常常地应付教学,到最后出现衰退的现象。这一研究发现充分地证明教师终身学习的必要性。在人类知识呈几何级数增长、科技迅猛发展的背景下,教师需要定期更新和补充新的知识、技能。

概括来说,教师从事教育专业工作的知识,至少包括:第一,条件性知识,这是指必要的教育科学知识,包括教育学的理论与方法、心理学的理论与方法、学科教学论的知识;第二,本体性知识,教师的本体性知识又有两大类型:一是教师的学科专业知识,二是教师专业相关的其他学科的知识;第三,实践性知识,它主要产生于教师的教育教学实践过程中。这些知识的学习不是一次性完成的,而是需要持续不断地学习和积累,是伴随在教师职业生涯的全部历程中。

(三)潜心钻研业务,勇于探索创新,不断提高专业素养和教育教学水平

终身学习是教师不断提高专业素养和教育教学水平、实现专业持续发展的根本途径。随着网络的普及,社会逐渐进入信息化。首先,学生每天都会接受大量的信息,面对东西方不同文化的碰撞,面对学习和生活中的诸多压力,他们时常会感觉困惑,需要教师答疑解惑。其次,在教育专业活动中,学生不断变化,教育内容日新月异,教育问题层出不穷,教师的劳动愈发具有挑战性,仅靠简单、机械的重复劳动已经无法解决新出现的问题。教师绝不能满足于对原有知识的掌握和经验积累,只有不断充实自己,不断加强业务学习,掌握现代教育技术和过硬的教学技能,提升自己的科研能力和创新意识,自觉把教育教学过程变成培养学生创新精神、激发学生创造力的过程,才能较好地

---

① 曹万吉.教师要做终身学习的楷模[J].江西教育,2002(23):10.

应对时代变化,更好地传道、授业、解惑。

陶行知先生指出:"要想做教师的人把岗位站得太久,必须使他们有机会,一面教,一面学,教到老,学到老。当然,一位进步的教师,一定是越教越要学,越学越快乐。"创新型人才的培养是教育的要旨,但少部分教师因循守旧、习惯模仿,缺乏创新精神。教师只有通过学习,才能掌握现代化教学手段,传播先进文化,造就创新人才。教育不再是随着学校学习的结束而结束,那些抱着老观念、旧思想的教师势必被淘汰,即"逆水行舟,慢进则退,不进则亡"。教师要胜任教书育人的神圣使命,必须潜心钻研业务,勇于探索创新;必须随时补充、更新、调整自己的知识体系,使自己的思想观念和知识跟上科学发展的需要。

总之,教师的职业是一种综合性很高,需要高度创造性的工作。教师的专业也是一种特殊的复合的专业。教师要想成为人师,绝不止于职前的专业教育和师范培训,更重要的是在终其一生的职业生涯中不断地学习,真正做到"活到老,学到老"。

本章小结

《中小学教师职业道德规范(2008年修订)》六项基本内容:爱国守法、爱岗敬业、关爱学生、教书育人、为人师表、终身学习。"爱国守法"是对教师职业的基本要求;"爱岗敬业"是教师职业的本质要求;"关爱学生"是教师职业道德的核心与灵魂;"教书育人"是教师的基本职责;"为人师表"是教师职业道德的内在要求;"终身学习"则是时代对教师职业的必然要求。这六项内容构成当前社会对教师职业道德的共同期待和要求。

思考题

1. "爱国守法""爱岗敬业""关爱学生"之间存在怎样的联系?
2. 结合你的学习成长经历,说说教师"关爱学生"会有哪些具体的行为表现?
3. "教书"与"育人"之间存在怎样的辩证关系?
4. 新形势下教师要做到"为人师表",需要加强哪些方面的素质修炼?
5. 世界各国为什么要推动终身教育?终身教育对教师有何意义?

第四章　新时代中小学教师职业行为要求

学习目标

1. 了解并掌握《新时代中小学教师职业行为十项准则》《中小学教师违反职业道德行为处理办法》的主要内容。
2. 能运用《新时代中小学教师职业行为十项准则》《中小学教师违反职业道德行为处理办法》相关知识分析教育现象。
3. 增强法治观念和依法执教的意识;形成正确的职业道德观和法律意识,树立正确的世界观、人生观和价值观。

内容框架

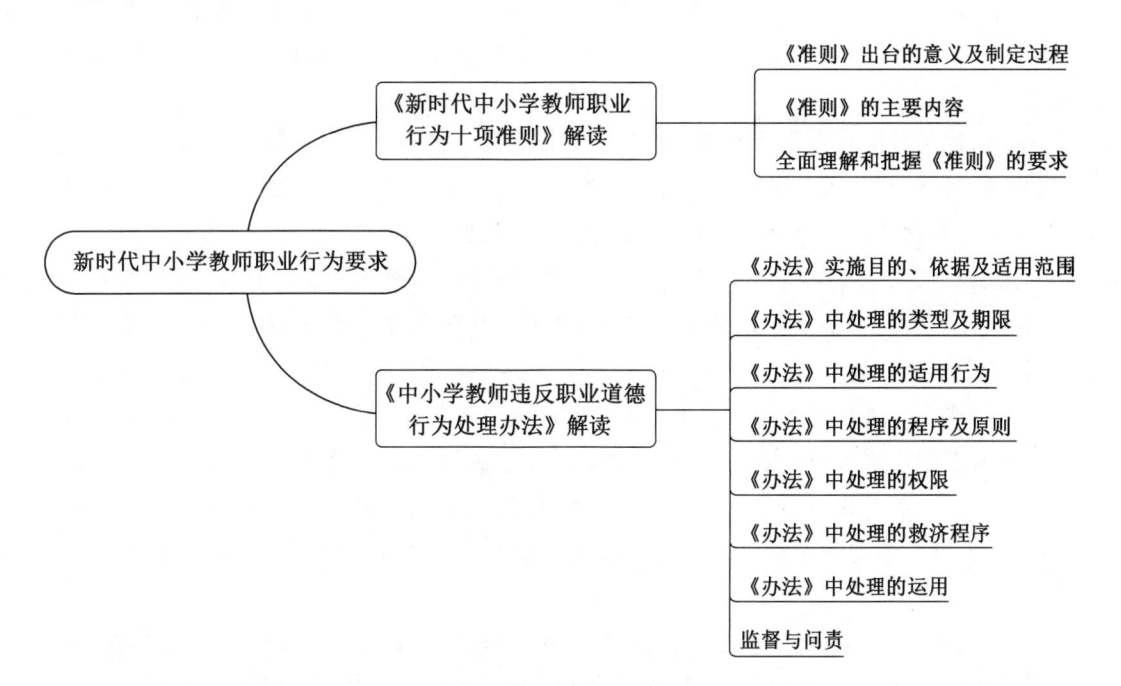

新时代中小学教师职业行为要求
- 《新时代中小学教师职业行为十项准则》解读
  - 《准则》出台的意义及制定过程
  - 《准则》的主要内容
  - 全面理解和把握《准则》的要求
- 《中小学教师违反职业道德行为处理办法》解读
  - 《办法》实施目的、依据及适用范围
  - 《办法》中处理的类型及期限
  - 《办法》中处理的适用行为
  - 《办法》中处理的程序及原则
  - 《办法》中处理的权限
  - 《办法》中处理的救济程序
  - 《办法》中处理的运用
  - 监督与问责

案例导入

四起违反教师职业行为十项准则的典型案例[①]

根据教育部学习贯彻习近平新时代中国特色社会主义思想主题教育工作要求,落实师德师风建设工作推进暨师德集中学习教育启动部署会关于专项整治的相关安排,日前,教育部公开曝光第十三批7起违反教师职业行为十项准则典型案例。其中4起典型案例涉及中小学教师,具体如下:

一、辽宁省阜新市细河区育才小学教师徐某某收受礼品礼金问题。2021年至2022年期间,徐某某多次收受学生家长礼品礼金。徐某某的行为违反了《新时代中小学教师职业行为十项准则》第九项规定。根据《中小学教师违反职业道德行为处理办法(2018年修订)》等相关规定,给予徐某某记过处分,三年内不涨工资、不晋级、不评优,停职至2023年8月31日,停职期间不发工资,停职期满后调离学校。对所在学校党支部书记进行诫勉谈话,给予校长警告处分。

二、陕西省延安市宝塔区延安培植中学(附设小学)教师刘某体罚学生问题。2022年5月,刘某在对学生教育管理中出现推搡打骂等体罚行为。刘某的行为违反了《新时代中小学教师职业行为十项准则》第五项规定。根据《中小学教师违反职业道德行为处理办法(2018年修订)》等相关规定,给予刘某解聘处理,责成其向家长及学生承认错误。对所在学校执行校长给予停职处理,对学校进行全区通报批评,取消当年评优资格。

三、四川省泸州市纳溪区棉花坡学校教师徐某骚扰学生问题。2022年12月,徐某因引诱、侮辱女学生,公安部门依法对其处以行政拘留处罚。徐某的行为违反了《新时代中小学教师职业行为十项准则》第五项规定。根据《中小学教师违反职业道德行为处理办法(2018年修订)》等相关规定,给予徐某解聘处理,撤销其教师资格,列入教师资格限制库。对所在学校党支部书记、校长,德育主任进行立案审查,对校务监督委员会主任进行诫勉谈话。

四、贵州省铜仁市碧江区和平中心小学教师吴某某猥亵多名学生问题。2022年12月,吴某某因多次猥亵多名不满12周岁的学生被法院判处有期徒刑14年。吴某某的行为违反了《新时代中小学教师职业行为十项准则》第七项规定。根据《事业单位工作人员处分暂行规定》《中小学教师违反职业道德行为处理办法(2018年修订)》《最高人

[①] 中华人民共和国教育部.教育部公开曝光第十三批7起违反教师职业行为十项准则典型案例[EB/OL]. http://moe.gov.cn/jyb_xwfb/gzdt_gzdt/s5987/202308/t20230816_1074599.html, 2023-08-16(有删减).

民法院 最高人民检察院 教育部关于落实从业禁止制度的意见》等相关规定,给予吴某某开除处分,丧失其教师资格,列入教师资格限制库,终身不得重新申请认定教师资格,终身禁止其从事密切接触未成年人的工作。对所在学校校长进行诫勉谈话并作免职处理。

教育部通报中提到《新时代中小学教师职业行为十项准则》的具体内容究竟是什么?它与《中小学教师职业道德规范》存在怎样的内在联系?

第一节 《新时代中小学教师职业行为十项准则》解读

2018年11月8日,教育部正式印发实施《新时代中小学教师职业行为十项准则》(以下简称《准则》)。此次《准则》是结合新时代、新要求、新形势、新问题制定的教师职业行为规范,既有正面倡导、高线追求,也有负面禁止、底线要求,是对之前教师职业道德规范和"十条红线"等师德底线的继承和发展。《准则》规范的不仅是教师职业道德行为,还对教师提高政治素质、传播优秀文化、积极奉献社会等方面提出要求。《准则》是原则性规定,与此前制定的"红十条"等以及严禁教师违规收受学生及家长礼品礼金、严禁中小学校和在职中小学教师有偿补课的规定与准则结合执行。总之,《准则》是规范教师行为的底线,是每个教师必须遵守的规矩。

一、《准则》出台的意义及制定过程

(一)《准则》出台的重要意义

教师是决胜全面建成小康社会、建设社会主义现代化强国的重要力量,是落实立德树人根本任务、培养德智体美劳全面发展的社会主义建设者和接班人的关键。截至2018年,我国各级各类学校有1 700多万专任教师,他们中的绝大多数都敬重学问、关爱学生、严于律己、为人师表,受到学生尊敬和爱戴。但是也有极个别人理想信念模糊,育人意识淡薄,放松自我要求,甚至出现严重违反师德的行为,损害教师队伍形象,影响学生健康成长。同时,进入新时代,人民群众对更好教育的需要日益增长,知识获取方式和传授方式、教和学关系都发生了革命性变化,这些都对教师队伍能力和水平提出了新的更高的要求。制定教师职业行为准则,明确新时代教师职业规范,针对主要问题、突出问题划定基本底线,加强师德师风建设,是建设政治素质过硬、业务能力精湛、育人水平高超的高素质教师队伍的重要举措,也为教师严格自我约束、规范职业行为、加强自我修养提供基本遵循。

(二)《准则》的制定过程

《准则》研制工作坚持针对突出问题、回应基层声音、凝聚基层智慧,征集了中小学教师代表及全国教书育人楷模、从事教师职业道德及教育法律研究的专家学者、地方教

育部门及高校相关负责同志的意见建议,对中小学教师职业道德规范以及教师自律公约进行系统梳理,充分研究分析有关课题研究中对教师、学生、家长关于教师行为规范的调查结果。在此基础上,邀请专家学者、教育部门有关同志、教师代表组成专班,对照新时代新要求、新形势新问题,研究起草了框架稿。之后广泛征求各省级教育部门、部分中小学意见,通过召开座谈会或书面方式征求专家学者和一线教师意见建议,反复讨论修改,形成准则的制度文件。

二、《准则》的主要内容

《准则》根据中小学教师队伍的特点,提出十条针对性的要求,其主要内容包括:坚定政治方向、自觉爱国守法、传播优秀文化、潜心教书育人、关心爱护学生、加强安全防范、坚持言行雅正、秉持公平诚信、坚守廉洁自律、规范从教行为。具体来说,如下:

(一) 坚定政治方向

> 坚定政治方向。坚持以习近平新时代中国特色社会主义思想为指导,拥护中国共产党的领导,贯彻党的教育方针;不得在教育教学活动中及其他场合有损害党中央权威、违背党的路线方针政策的言行。

在当今社会,教育的重要性日益凸显,而教师作为教育工作的核心力量,其政治方向对于教育事业的健康发展具有至关重要的影响。中小学教师作为基础教育的重要实施者,始终坚定政治方向尤为重要。

首先,中小学教师需要具备正确的政治立场。应该坚持马克思主义指导思想,深入学习贯彻习近平新时代中国特色社会主义思想,增强"四个意识",坚定"四个自信",做到"两个维护",始终保持政治清醒。

其次,中小学教师需要关注国家发展大局,了解国家政策法规,关注社会热点问题,培养敏锐的政治洞察力和判断力。应该把教书育人同热爱祖国紧密结合起来,言传身教,为人师表,引导学生树立正确的世界观、人生观和价值观。

再次,中小学教师需要积极参与学校和社会组织的政治学习和活动,提高自身的政治素养和领导能力。以身作则,发挥榜样的力量,带动学生和同事共同进步。

中小学教师坚定政治方向不仅关乎个人的职业发展,更关乎整个教育事业的发展和国家的未来。只有具备坚定的政治方向,才能培养出具有爱国情怀、社会责任感和创新精神的新时代人才。

(二) 自觉爱国守法

> 自觉爱国守法。忠于祖国,忠于人民,恪守宪法原则,遵守法律法规,依法履行教师职责;不得损害国家利益、社会公共利益,或违背社会公序良俗。

中小学教师要自觉爱国守法,这是对教师职业的基本要求,也是教师应有的道德品质。作为一名中小学教师,应该时刻牢记自己的使命,以身作则,引导学生树立正确的世界观、人生观和价值观,培养他们成为有理想、有道德、有文化、有纪律的社会主义事业建设者和可靠接班人。

爱国守法是教师的根本原则。要热爱祖国,忠诚于人民的教育事业,不断提高自己的政治素质和业务水平,为培养有理想、有道德、有文化、有纪律的社会主义公民而努力。要遵守国家法律法规,维护国家利益和社会公共秩序,不做违法乱纪的事情。同时,还要注重自身的品德修养,以身作则,为学生树立良好的榜样。

在教学中,要遵循教育规律,注重培养学生的创新精神和实践能力,注重学生的全面发展。要尊重学生的人格和权利,关注个体差异,因材施教,为每一个学生提供适合其发展的教育。同时,还要注重与家长、社会的沟通和合作,共同促进学生的健康成长。

中小学教师要自觉爱国守法,以身作则,为学生树立良好的榜样。要不断提高自身的政治素质和业务水平,为培养有理想、有道德、有文化、有纪律的社会主义公民而努力。只有这样,才能成为一名合格的教师,为教育事业的发展做出更大的贡献。

(三) 传播优秀文化

> 传播优秀文化。带头践行社会主义核心价值观,弘扬真善美,传递正能量;不得通过课堂、论坛、讲座、信息网络及其他渠道发表、转发错误观点,或编造散布虚假信息、不良信息。

中小学教师要传播优秀文化,这是教师职业的重要职责之一。优秀文化是指那些能够促进人类文明进步、社会和谐发展、个体全面发展的文化,包括优秀的思想、道德、艺术、科学等方面的内容。

首先,中小学教师要注重培养学生的文化素养。要引导学生了解和欣赏优秀的文化成果,包括文学、艺术、音乐、戏剧、电影等,让他们在欣赏的过程中感受到文化的魅力,培养他们的审美能力和人文素养。

其次,中小学教师要注重传播优秀文化思想。要引导学生树立正确的世界观、人生观和价值观,让他们了解和认同优秀的思想观念,如爱国主义、集体主义、诚信友善等。同时,我们还要注重培养学生的文化批判能力,让他们能够辨别真假、美丑、善恶,树立正确的文化价值观。

此外,中小学教师还要注重传播优秀的民族文化和地域文化。要让学生了解和认同自己的民族文化和地域文化,培养他们的文化自觉和自信,让他们更好地融入社会、服务社会。

最后,中小学教师要积极参与文化创新和传承。要不断学习和探索新的文化形式和内容,将其融入教学中,为学生的成长和发展提供更好的教育环境。同时,还要注重传承和弘扬优秀的传统文化,让它们在新时代中焕发新的生命力。

中小学教师要传播优秀文化,为学生树立正确的文化观念和文化价值观,培养他们的文化素养和文化批判能力,为他们的健康成长和发展做出积极的贡献。

(四)潜心教书育人

> 潜心教书育人。落实立德树人根本任务,遵循教育规律和学生成长规律,因材施教,教学相长;不得违反教学纪律,敷衍教学,或擅自从事影响教育教学本职工作的兼职兼薪行为。

教书育人是教师的本职工作。中小学教师,这个职业看似平凡,实则充满了挑战和意义。中小学教师每天面对的是一群充满好奇心的孩子,需要用爱心、耐心和专业知识去引导,帮助他们成长。

作为一名中小学教师,首先要做的就是潜心教书育人。这意味着要全身心地投入教学,不断学习、更新自己的知识,以便更好地传授给学生。同时,也要关注学生的需求,了解他们的兴趣和特长,因材施教,激发他们的潜能。

在这个过程中,教师需要付出大量的时间和精力。教师不仅要备课、上课、批改作业,还要与学生、家长、学校领导和社区等各方面进行沟通和协调。

除了潜心教书,中小学教师还要承担起育人的职责。需要注重培养学生的品德、价值观和行为习惯,帮助他们树立正确的人生观和价值观。在这个过程中,教师自身的品德和行为也会对学生产生潜移默化的影响。因此,中小学教师需要时刻保持高尚的道德品质和良好的行为习惯,为学生树立榜样。

(五)关心爱护学生

> 关心爱护学生。严慈相济,诲人不倦,真心关爱学生,严格要求学生,做学生良师益友;不得歧视、侮辱学生,严禁虐待、伤害学生。

作为一名中小学教师,关心爱护学生是义不容辞的责任和义务。在教育工作中,关爱学生不仅是一种道德责任,也是一种教育方法。在教育工作中,关爱学生的重要性不仅仅在于提高学生的学习成绩,还在于帮助学生建立正确的价值观、情感态度和社交技能。

在日常生活中,教师应该注重与学生建立良好的关系,关注学生的身心健康和情感状态。教师应该尊重学生的个性差异,关注学生的兴趣爱好和特长,鼓励学生发挥自己的优势,帮助他们树立自信心。同时,教师应该关注学生的家庭背景和社会环境,了解学生的需求和问题,给予适当的帮助和支持。

教师应该注重与学生沟通交流,倾听学生的心声和困惑,给予积极的回应和指导。教师应该鼓励学生表达自己的想法和意见,尊重学生的独立思考和判断能力,引导学生正确看待问题,培养他们的创新精神和批判思维能力。

除了关心学生的身心健康和情感状态外,教师还应该注重培养学生的道德品质和社会责任感。教师应该以身作则,树立良好的道德榜样,引导学生树立正确的价值观和道德观念,培养他们的社会责任感和公民意识。同时,教师应该注重培养学生的团队协作精神和人际交往能力,鼓励学生积极参与集体活动和社会实践,增强他们的社会适应能力和人际交往能力。

(六) 加强安全防范

加强安全防范。增强安全意识,加强安全教育,保护学生安全,防范事故风险;不得在教育教学活动中遇突发事件、面临危险时,不顾学生安危,擅离职守,自行逃离。

在我们的日常生活中,安全问题无处不在,尤其对于中小学生来说,他们正处于身心发展的关键阶段,更需要教师们时刻关注他们的安全。因此,中小学教师要加强安全防范,这不仅是一种责任,更是一种使命。

首先,增强安全意识是至关重要的。作为教师,不仅要有专业的教育知识,还要有足够的安全意识。教师要了解各种可能存在的安全隐患,如校园设施、消防安全、交通安全、食品安全等等,以便在教育教学活动中及时发现并排除隐患。

其次,加强安全教育是必不可少的。要将安全教育贯穿于日常教学中,让学生了解并掌握基本的安全知识,如防火、防溺、防拐骗等。同时,还要教育学生养成良好的安全行为习惯,如不随意乱跑、不私自外出等,以减少意外事故的发生。

再者,保护学生安全是中小学教师的首要任务。要时刻关注学生的身心状态,确保他们在校园内的安全。在教育教学活动中,要严格遵守相关规定,不得在遇到突发事件或面临危险时,擅离职守,自行逃离。要坚守岗位,积极采取应对措施,保护学生的安全。

最后,要与家长保持密切沟通,共同关注学生的安全问题。要向家长反馈学生的安全情况,听取家长的意见和建议,共同为学生的安全保驾护航。

(七) 坚持言行雅正

坚持言行雅正。为人师表,以身作则,举止文明,作风正派,自重自爱;不得与学生发生任何不正当关系,严禁任何形式的猥亵、性骚扰行为。

在我们生活的世界中,"言行雅正"似乎是一种古老而永恒的智慧,它犹如一盏明灯，照亮了中小学教师的前行之路。作为教师，肩负着培养祖国未来之花的重任，更应以身作则，以言行雅正为准则，为学生树立一个良好的榜样。

为人师表，应以身作则。教师的行为举止，无时无刻不在影响着学生。要时刻保持文明礼貌，尊重他人，公正待人。对待学生，要有耐心和爱心，关注他们的成长，引导他们树立正确的人生观和价值观。教师的言辞，应当充满善意和关爱，为学生们描绘出一幅美好的未来画卷。

作风正派，应作风严谨。教师的工作需要一种严谨的态度，其作风直接影响着学生的行为习惯。要以高尚的道德品质和严谨的治学态度，为学生树立一个良好的学习典范。在教师的影响下，学生们将学会如何对待学业，如何对待生活，如何对待他人。

自重自爱，应自尊自律。作为教师，应时刻保持自我尊重和爱护，保持良好的心态和精神风貌。在与学生的交往中，要尊重他们的个性差异，关心他们的身心健康，给予他们足够的关爱和支持。应以自己的言行举止，传递给学生一种积极向上的正能量。

不得与学生发生任何不正当关系，这是我们作为教师的底线。教师要时刻牢记这一原则，坚守道德底线，不越雷池半步。要以高尚的师德和人格魅力，赢得学生的尊重和信任，成为他们成长道路上的良师益友。

言行雅正是教师的必修课。教师要时刻保持文明礼貌，作风严谨，自重自爱，坚守道德底线。只有这样，才能真正成为学生成长道路上的引路人，为他们的人生之旅点亮一盏明灯。

（八）秉持公平诚信

> 秉持公平诚信。坚持原则，处事公道，光明磊落，为人正直；不得在招生、考试、推优、保送及绩效考核、岗位聘用、职称评聘、评优评奖等工作中徇私舞弊、弄虚作假。

作为一名中小学教师，公平诚信是必须秉持的原则。教师不仅要在教学中做到公平公正，对待每一个学生，还要在各项工作中坚守诚信，不弄虚作假，不徇私舞弊。

在招生工作中，要严格按照招生政策，公平对待每一个申请者，不偏袒任何一方。要认真审核每一个申请材料，确保信息的真实性和准确性。对于不符合条件的学生，要耐心解释原因，帮助他们找到适合他们的学习途径。

在考试工作中，要严格遵守考试纪律，确保考试的公平公正。要认真监考，及时发现并纠正任何作弊行为。对于作弊的学生，要严格按照规定进行处理，让他们明白诚信考试的重要性。

在推优、保送及绩效考核、岗位聘用、职称评聘、评优评奖等工作中，更要坚守原则，坚持公开、公平、公正的原则。要认真评审每一个申请者的资料和表现，根据他们的实际能力和表现进行评选。对于徇私舞弊、弄虚作假的行为,要坚决予以制止和纠正。

为人正直、光明磊落是教师在工作中必须做到的。要时刻保持自己的职业操守和道德底线,不做任何违背职业道德的事情。教师要以身作则,用自己的行为和言语去影响和引导学生,让他们明白诚信和公平的重要性。

时刻保持公平诚信的原则,对待每一个学生和每一项工作都要做到公正公平、诚信守信。只有这样,才能赢得学生的尊重和信任,才能让教育工作取得更好的效果。

(九)坚守廉洁自律

> 坚守廉洁自律。严于律己,清廉从教;不得索要、收受学生及家长财物或参加由学生及家长付费的宴请、旅游、娱乐休闲等活动,不得向学生推销图书报刊、教辅材料、社会保险或利用家长资源谋取私利。

坚守廉洁自律,不仅是教师应有的品质,更是教师崇高师德的体现。中小学教师身处教育的最前线,肩负着培养祖国未来之花的重任。在这个过程中,教师不仅要传授知识,更要以身作则,坚守廉洁自律,为孩子们树立起一个良好的榜样。

严于律己,清廉从教,是每一名中小学教师应有的态度。要时刻保持清醒,不忘初心、牢记使命,始终保持高尚的师德师风。不仅要关注学生的学业进步,更要关注他们的品德成长,以自己的言行影响他们,让他们懂得什么是真、善、美。

不得索要、收受学生及家长财物或参加由学生及家长付费的宴请、旅游、娱乐休闲等活动。这是每一名中小学教师应尽的职责,也是应坚持的底线。要坚决抵制各种形式的贿赂,不以教师的身份索取任何不义之财。

不得向学生推销图书报刊、教辅材料、社会保险或利用家长资源谋取私利。时刻牢记教师职责是教书育人,而不是利用职务之便为自己谋取私利。要以学生的利益为重,不推销任何与教学无关的物品,也不利用家长的关系为自己谋取利益。

(十)规范从教行为

> 规范从教行为。勤勉敬业,乐于奉献,自觉抵制不良风气;不得组织、参与有偿补课,或为校外培训机构和他人介绍生源、提供相关信息。

勤勉敬业,这是教师的初心。每一位教师都应以满腔热情投入教育事业中,无论春夏秋冬,无论早晚,始终坚守在三尺讲台上,用知识的烛光照亮学生的心灵。敬业不仅是一种态度,更是一种精神,只有如此,才能让我们在教育的道路上越走越远。

乐于奉献,这是教师的品质。教师的付出是无价的,教师的每一句话、每一个动作、每一份关爱,都可能在学生心中播下一颗种子。然而,规范从教行为并不只是勤勉敬业和乐于奉献那么简单。教师还要自觉抵制不良风气,坚决不参与有偿补课,不为了个人利益而违背教师的职业道德。这不仅是对自己的要求,更是对教育公平、公正的坚守。

此外,教师也不得组织或参与有偿补课,不得为校外培训机构和他人介绍生源、提供相关信息。要坚守教育的初心,保持教育的纯粹性,不为外界的诱惑所动摇。

以上十条要求,每一条既提出正面倡导,又划定师德底线,既贴合实际,又具针对性。

三、全面理解和把握《准则》的要求

《新时代中小学教师职业行为十项准则》是对广大中小学教师落实立德树人根本任务提出的更高要求,引导广大教师努力成为有理想信念、有道德情操、有扎实学识、有仁爱之心的好老师。

如何全面理解和把握《新时代中小学教师职业行为十项准则》的要求呢?

第一,要深入学习准则的相关文件。认真阅读准则文件的内容,理解每一项要求和规范,掌握准则的核心理念和精神。

第二,要从个人角度审视现实行为。教师要对照准则,反省自己的职业行为是否符合要求,深入思考自己在教育教学中的实践和成果。

第三,要加强与同行的沟通交流。与其他教师交流心得体会,分享经验,互相学习和督促,推动准则落到实处。

第四,要加强自我提升和专业发展。教师要不断提高自身的教育教学能力和专业素养,积极参加相关培训和研讨活动,深化自己在教育教学领域的知识储备。

第五,要加强与学生和家长的沟通。教师要与学生和家长建立良好的沟通渠道,关心学生的发展,及时反馈教育成果和问题,并与家长共同关注学生的全面成长。

第六,要善于总结和归纳,形成自己的教育思考和教学理念。在实践中不断总结经验,将准则要求内化为个人的自觉行动和职业追求,真正做到言行一致,使自己成为一名优秀的教师。

总之,《新时代中小学教师职业行为十项准则》是对教师行为的要求和规范,全面理解和把握这些要求需要教师不断学习和自我反省。只有教师们在实践中不断提高自身素养,践行准则要求,才能够真正为学生的成长和社会发展做出自己的贡献。

第二节 《中小学教师违反职业道德行为处理办法》解读

为深入贯彻习近平新时代中国特色社会主义思想和党的十九大精神,深入贯彻落实全国教育大会精神,扎实推进《中共中央 国务院关于全面深化新时代教师队伍建设改革的意见》的实施,2014年1月11日,教育部以教师〔2014〕1号印发《中小学教师违反职业道德行为处理办法》(以下简称《办法》)。为进一步加强师风师德建设,规范教师

职业行为,2018年11月8日,教育部对该办法进行了修订,印发《中小学教师违反职业道德行为处理办法(2018年修订)》的通知,《办法》共十四条,自发布之日起施行。

一、《办法》实施目的、依据及适用范围

本办法的第一条明确指出了处理中小学教师违反职业道德行为的目的是基于"规范"和"保障"。规范的是行为,保障的权益;"规范"是为了更好地"保障"。本办法的制定依据则来源于与教师、学生权益保护密切相关的法律法规和制度规范。而本办法的第二条明确了适用对象是哪些学校、教育机构的教师,学校和机构既包括公办,也包括民办。具体如下:

第一条 为规范教师职业行为,保障教师、学生的合法权益,根据《中华人民共和国教育法》《中华人民共和国未成年人保护法》《中华人民共和国教师法》《教师资格条例》和《新时代中小学教师职业行为十项准则》等法律法规和制度规范,制定本办法。

第二条 本办法所称中小学教师是指普通中小学、中等职业学校(含技工学校)、特殊教育机构、少年宫以及地方教研室、电化教育等机构的教师。

前款所称中小学教师包括民办学校教师。

二、《办法》中处理的类型及期限

本办法对中小学教师违反职业道德行为规定了两种处理类型,一是处分,二是其他处理。《办法》还对各种处分、处理的时间期限做了规定。具体如下:

第三条 本办法所称处理包括处分和其他处理。处分包括警告、记过、降低岗位等级或撤职、开除。警告期限为6个月,记过期限为12个月,降低岗位等级或撤职期限为24个月。是中共党员的,同时给予党纪处分。

其他处理包括给予批评教育、诫勉谈话、责令检查、通报批评,以及取消在评奖评优、职务晋升、职称评定、岗位聘用、工资晋级、申报人才计划等方面的资格。取消相关资格的处理执行期限不得少于24个月。

教师涉嫌违法犯罪的,及时移送司法机关依法处理。

三、《办法》中处理的适用行为

中小学教师在教育教学活动中出现了什么样的行为,会受到处理呢?在本《办法》第四条中做了规定。这一规定内容与《新时代中小学教师职业行为十项准则》中划定的行为底线是一致的。具体如下:

第四条 应予处理的教师违反职业道德行为如下:

(1)在教育教学活动中及其他场合有损害党中央权威、违背党的路线方针政策的言行。

(2)损害国家利益、社会公共利益,或违背社会公序良俗。

（3）通过课堂、论坛、讲座、信息网络及其他渠道发表、转发错误观点，或编造散布虚假信息、不良信息。

（4）违反教学纪律，敷衍教学，或擅自从事影响教育教学本职工作的兼职兼薪行为。

（5）歧视、侮辱学生，虐待、伤害学生。

（6）在教育教学活动中遇突发事件、面临危险时，不顾学生安危，擅离职守，自行逃离。

（7）与学生发生不正当关系，有任何形式的猥亵、性骚扰行为。

（8）在招生、考试、推优、保送及绩效考核、岗位聘用、职称评聘、评优评奖等工作中徇私舞弊、弄虚作假。

（9）索要、收受学生及家长财物或参加由学生及家长付费的宴请、旅游、娱乐休闲等活动，向学生推销图书报刊、教辅材料、社会保险或利用家长资源谋取私利。

（10）组织、参与有偿补课，或为校外培训机构和他人介绍生源、提供相关信息。

（11）其他违反职业道德的行为。

四、《办法》中处理的程序及原则

（一）处理程序

对于中小学教师违反职业道德行为的处理程序在《办法》第五条、第八条做了具体规定。处理的基本程序包括：调查核实—听取陈述、申辩和多方意见—处理决定—书面通知。具体如下：

第五条 学校及学校主管教育部门发现教师存在违反第四条列举行为的，应当及时组织调查核实，视情节轻重给予相应处理。作出处理决定前，应当听取教师的陈述和申辩，听取学生、其他教师、家长委员会或者家长代表意见，并告知教师有要求举行听证的权利。对于拟给予降低岗位等级以上的处分，教师要求听证的，拟作出处理决定的部门应当组织听证。

第八条 处理决定应当书面通知教师本人并载明认定的事实、理由、依据、期限及申诉途径等内容。

（二）处理原则

中小学教师违反职业道德的行为不仅会对学生成长产生负面影响，还会损害整个教育系统的声誉，对此必须严肃处理。在处理过程中要坚持公平公正等原则，才能真正达到处理的目的。对于处理原则在《办法》第六条给予了明确规定。具体如下：

第六条 给予教师处理，应当坚持公平公正、教育与惩处相结合的原则；应当与其违反职业道德行为的性质、情节、危害程度相适应；应当事实清楚、证据确凿、定性准确、处理恰当、程序合法、手续完备。

五、《办法》中处理的权限

对于中小学教师违反职业道德的行为的处理,是根据教师行为的情节轻重由不同组织机构负责。具体如下:

第七条 给予教师处理按照以下权限决定:

(1) 警告和记过处分,公办学校教师由所在学校提出建议,学校主管教育部门决定。民办学校教师由所在学校决定,报主管教育部门备案。

(2) 降低岗位等级或撤职处分,由教师所在学校提出建议,学校主管教育部门决定并报同级人事部门备案。

(3) 开除处分,公办学校教师由所在学校提出建议,学校主管教育部门决定并报同级人事部门备案。民办学校教师或者未纳入人事编制管理的教师由所在学校决定并解除其聘任合同,报主管教育部门备案。

(4) 给予批评教育、诫勉谈话、责令检查、通报批评,以及取消在评奖评优、职务晋升、职称评定、岗位聘用、工资晋级、申报人才计划等方面资格的其他处理,按照管理权限,由教师所在学校或主管部门视其情节轻重作出决定。

六、《办法》中处理的救济程序

在中小学教师违反职业道德行为的处理中,如若教师不服处理决定的,有权利要求得到相关救济。教师可以申请复核、提出申诉。在《中华人民共和国教师法》中就明确赋予教师申诉的权利,《教师法》第三十九条规定:"教师对学校或者其他教育机构侵犯其合法权益的,或者对学校或者其他教育机构作出的处理不服的,可以向教育行政部门提出申诉,教育行政部门应当在接到申诉的三十日内,作出处理。"因此,本《办法》第九条做了相关规定,如下:

第九条 教师不服处理决定的,可以向学校主管教育部门申请复核。对复核结果不服的,可以向学校主管教育部门的上一级行政部门提出申诉。

对教师的处理,在期满后根据悔改表现予以延期或解除,处理决定和处理解除决定都应完整存入人事档案及教师管理信息系统。

七、《办法》中处理的运用

对于违反中小学教师职业道德的行为,在本《办法》中作出了处理的规定,在《中华人民共和国教师法》《教师资格条例》《事业单位工作人员处分暂行规定》等法律法规、制度规范中也有相应的规定。因此,在《办法》第十条、第十一条有如下规定:

第十条 教师受到处分的,符合《教师资格条例》第十九条规定的,由县级以上教育行政部门依法撤销其教师资格。

教师受处分期间暂缓教师资格定期注册。依据《中华人民共和国教师法》第十四条规定丧失教师资格的,不能重新取得教师资格。

教师受记过以上处分期间不能参加专业技术职务任职资格评审。

第十一条 教师被依法判处刑罚的,依据《事业单位工作人员处分暂行规定》给予降低岗位等级或者撤职以上处分。其中,被依法判处有期徒刑以上刑罚的,给予开除处分。教师受到剥夺政治权利或者故意犯罪受到有期徒刑以上刑事处罚的,丧失教师资格。

八、监督与问责

师德师风建设不仅是教师个人的职责所在,学校及其主管教育部门也负有管理、监督等职责。对于学校及主管教育部门不履行或不正确履行师德师风建设管理职责,在本《办法》中对其中情形做了相关的问责规定。具体如下：

第十二条 学校及主管教育部门不履行或不正确履行师德师风建设管理职责,有下列情形的,上一级行政部门应当视情节轻重采取约谈、诫勉谈话、通报批评、纪律处分和组织处理等方式严肃追究主要负责人、分管负责人和直接责任人的责任：

（1）师德师风长效机制建设、日常教育督导不到位；

（2）师德失范问题排查发现不及时；

（3）对已发现的师德失范行为处置不力、方式不当或拒不处分、拖延处分、推诿隐瞒的；

（4）已作出的师德失范行为处理决定落实不到位,师德失范行为整改不彻底；

（5）多次出现师德失范问题或因师德失范行为引起不良社会影响；

（6）其他应当问责的失职失责情形。

第十三条 省级教育行政部门应当结合当地实际情况制定实施细则,并报国务院教育行政部门备案。

案例链接

3·5平顶山教师体罚学生事件[①]

2021年3月5日,河南省平顶山市卫东区新华路小学三年级的苑同学,因为上课讲话被教信息课的常老师揪头发拎到讲台罚站,事后被查出头皮和头骨分离,经历7次穿刺,出血量达到1000毫升。2021年3月6日,苑同学的母亲苑女士发现

---

① 王俊生,高君晓.平顶山卫东区教师体罚学生官方回应:严肃惩处 举一反三[EB/OL].http://news.hnr.cn/djn/article/1/1390584610970275840,2021-05-07.

孩子的头皮肿得像鸡蛋那么大,摸上去软软的,像西红柿,她给孩子的班主任打电话咨询此事。"班主任了解情况后回电说确有此事,孩子因为讲话被老师揪头发,到讲台罚站,可能老师劲儿比较大了。"2021年3月7日上午,苑女士发现孩子的半个头都肿了,她带其去医院拍了CT,发现是皮下血肿。回家后,孩子就发低烧,半昏迷,也睡不了觉。2021年3月8日,苑女士孩子住院,苑女士向警方报了案。

2021年4月12日,孩子的伤情鉴定结果出来,显示构成轻伤二级。

事发后,涉事老师和学校也都承认老师的行为,孩子入院后,医疗费也是老师个人付的。2021年4月26日,涉事老师再次找到苑女士,想要以经济赔偿的方式解决,并出具了一份协议书,称愿意赔偿50万元,但前提是她必须答应三个条件。苑女士提供的电子版协议书显示,涉事老师常某提出,等到确认其不受到刑事处罚时,再完成支付。在上述协议签订后,苑女士不得再因该事向常某及相关人员、单位主张任何权利,包括不得在媒体上进行宣传,已宣传内容及时撤回等。同时,孩子之后再出现任何问题均与常某无关。除此之外,协议还提到,如果苑女士一方出具了刑事谅解书,但司法机关仍然追究常某刑事责任,那么苑女士一方需退还全部赔偿款项,并称如果苑女士违反上述协议,有权要求苑女士一方进行双倍赔偿。2021年5月1日,平顶山公安局卫东分局出具鉴定意见通知书。警方刑拘嫌疑人常某。2021年5月6日,平顶山市公安局卫东分局发布警情通报,对平顶山市卫东区新华路小学发生的教师惩戒学生一事做出通报。

针对平顶山市卫东区新华路小学发生的教师惩戒学生一事,卫东区委、区政府高度重视,专门召开区委常委会、区长办公会,专题听取事件情况,迅速成立处置工作领导小组,对该事件处置进行安排部署,要求教育部门全力做好学生的身体康复、心理疏导、复课复学以及家长的安抚工作。同时,区纪委监委成立调查组,进驻卫东区教体局和涉事学校,对有关问题开展调查处理。目前,公安机关已经对涉事教师常某实施刑事拘留,案件正在依法办理。同时,卫东区针对该事件进行举一反三,立即在全区教育系统开展师德师风专项整治,强化全体教师师德师风教育,严格落实《中小学教育惩戒规则》,保护学生合法权益,促进学生健康成长、全面发展。

教育部于2018年11月印发并实施的《新时代高校教师职业行为十项准则》《新时代中小学教师职业行为十项准则》《新时代幼儿园教师职业行为十项准则》及《教育部关于高校教师师德失范行为处理的指导意见》《中小学教师违反职业道德行为处理办法(2018年修订)》《幼儿园教师违反职业道德行为处理办法》等系列文件。十条准则并不能涵盖教师职业行为的所有方面,只是针对主要问题、突出问题进行规范。杜绝案例中的此次问题发生,还要教师加强法律法规学习、增强法治意识、提升职业道德水平。

本章小结

《新时代中小学教师职业行为十项准则》《中小学教师违反职业道德行为处理办法》于2018年11月8日印发并正式实施。《准则》根据中小学教师队伍的特点,提出十条针对性的要求,其主要内容包括:坚定政治方向、自觉爱国守法、传播优秀文化、潜心教书育人、关心爱护学生、加强安全防范、坚持言行雅正、秉持公平诚信、坚守廉洁自律、规范从教行为。《中小学教师违反职业道德行为处理办法》共十三条,对实施目的与适用对象、处理的种类和期限、处理适用行为、处理原则与权限等方面作出了规定。

思考题

1. 国家已经出台了《中小学教师职业道德规范》,为何还要制定并实施《新时代中小学教师职业行为十项准则》,它与《中小学教师职业道德规范》有何关系?
2. "坚定政治方向"作为新时代教师职业行为准则的第一条,其重要意义何在?
3. 结合实际,谈谈教师应如何传递正能量?
4. 为什么在《新时代中小学教师职业行为十项准则》中要求教师"不得在教育教学活动中遇突发事件、面临危险时,不顾学生安危,擅离职守,自行逃离"。请给出"不能自行逃离"的理由。

第五章 中小学教师职业道德的培育与修养

学习目标

1. 了解当前中小学教师存在的师德问题;认识当前教育活动中师德问题产生的原因。
2. 掌握师德培育和修养的原则和方法,养成自我反思的习惯。
3. 深刻感悟教师职业的意义,产生自觉提升自身师德水平的动机和愿望。

内容框架

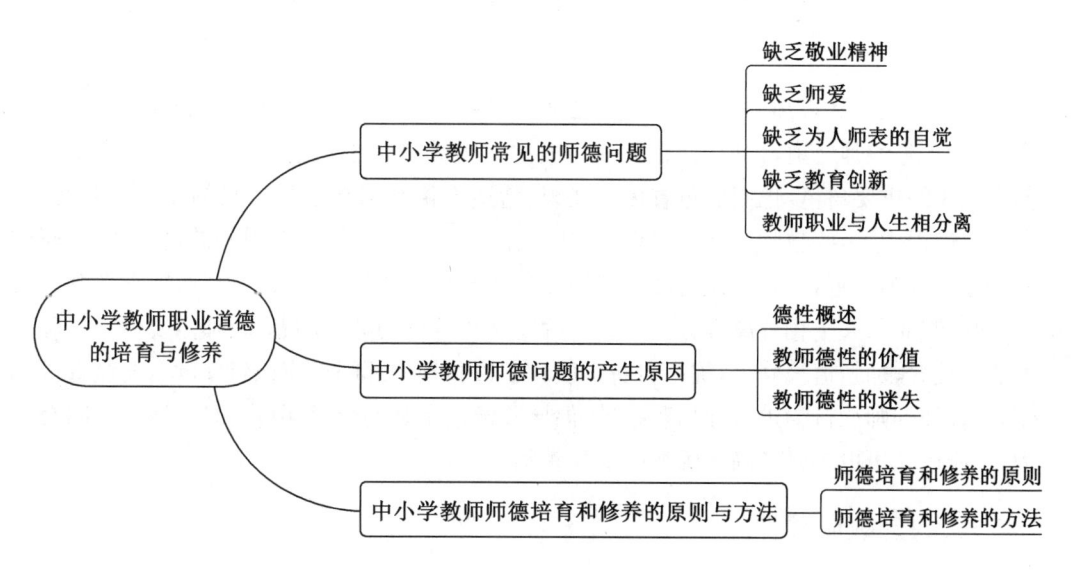

中小学教师职业道德的培育与修养
- 中小学教师常见的师德问题
  - 缺乏敬业精神
  - 缺乏师爱
  - 缺乏为人师表的自觉
  - 缺乏教育创新
  - 教师职业与人生相分离
- 中小学教师师德问题的产生原因
  - 德性概述
  - 教师德性的价值
  - 教师德性的迷失
- 中小学教师师德培育和修养的原则与方法
  - 师德培育和修养的原则
  - 师德培育和修养的方法

案例导入

一项关于中小学师德师风建设的调查[①]

2023年9月《中国德育》发表了中国教育科学研究院教师发展研究所研究员高慧斌课题组的一项调查。该课题组对北京市5个行政区的27所中小学进行问卷调查,发现师德师风建设的制度机制基本建立,学生和家长对师德行为表现总体较为认可,但教师在保护学生、公平公正对待学生、传播正能量和潜心育人师德行为表现方面仍存在问题;学校的师德宣传没有明显让教师感知到榜样在身边、可学可做,师德考核给教师带来一定困扰;师德师风建设整体水平校际差距明显。

除了上述调查中反映的北京地区中小学教师师德师风建设存在的问题,其他地区中小学教师师德师风建设中还存在哪些问题或不足?该如何进一步加强师德师风建设?

第一节 中小学教师常见的师德问题

教育的关键是教师。对于教育,兴之抑或亡之,在于教师,根本问题是教师精神,是全人教养,是教师之道,是根性,是灵魂。教师之道尤其需要锻炼。[②] 中小学教师是培养下一代的重要角色,他们肩负着传授知识、塑造人格和引导学生成长的责任。然而,在实践过程中,一些教师可能会出现一些师德问题。这些问题涉及教师的道德修养、职业操守和行为规范,外显于缺乏敬业精神、缺乏师爱、缺乏为人师表的自觉、缺乏教育创新、教师职业与人生相分离等方面。如何解决这些常见的师德问题,教师需要树立正确的职业观念,加强道德修养,提高自身素质。学校和相关部门也应该建立健全的监督机制,对教师的师德行为进行评估和指导,倡导并营造良好的教育环境。只有通过共同努力,才能培养出更多具备高尚师德的优秀教师。

一、缺乏敬业精神

中小学教师作为教育行业的从业者,应该具备高度的敬业精神。然而,现实中存在一些教师缺乏敬业精神的问题。

[①] 高慧斌.中小学师德师风建设存在的问题与解决路径——以北京市为例[J].中国德育,2023(18):33-39.

[②] [日]小原国芳.小原国芳教育论著选:下卷[M].北京:人民教育出版社,1993:46-47.

（1）缺乏备课和教学准备：少数教师在备课方面投入不足，草率应付或直接使用旧教案，没有及时更新知识和教学方法。他们只是机械地按照教材上的内容进行教学，缺少创新和个性化的教学设计。

（2）教学质量不过关：缺乏敬业精神的教师对学生的学习进展不关心，敷衍塞责地教学，忽视了学生的差异性和需求。他们没有针对学生的具体情况制定个性化的教学计划，也不积极帮助学生解决学习困难。

（3）专业知识和教育理念陈旧：教育领域发展迅速，新知识、新技术层出不穷。缺乏敬业精神的教师没有持续学习的意识，不关注教育前沿的变化和新的教学理念。他们可能停滞不前，仍然使用传统的教学方法。

（4）缺少对学生全面发展的关注：教育不仅仅是传授知识，还应该注重培养学生的综合素质和个人发展。缺乏敬业精神的教师只注重知识的灌输，而忽视了学生的品德、思想、情感和创新能力的培养。

（5）缺乏与家长的有效沟通合作：教育是家庭和学校共同育人的过程，教师需要与家长保持良好的沟通和合作关系。缺乏敬业精神的教师对家长的反馈和意见不屑一顾，不积极回应家长关切，甚至存在与家长产生冲突的情况。

（6）缺乏职业道德和职业操守：教师作为社会的楷模和学生的榜样，应该具备高尚的职业道德。然而，个别教师在工作中存在迟到早退、缺勤、私自离校等不当行为，严重影响教师形象和学生的学习态度。

案例链接

教师将"收礼记录"发家长群[①]

2023年9月23日，江苏盐城某小学二年级教师将收礼账本误发到微信群里。一位据说是教师的群成员在发语文作业的同时，将一张笔记本内页的照片发到了群里，照片中可以看到手写的15个名字，每个名字后面都附有金额，其中一条还写着"＋蛋糕卡"，疑似"收礼账本"。收礼账本上共写有15人名字，收礼金额在500到1000元不等，总共近万元。

涉事教师被给予撤销教师资格、调离原工作单位的处分。免去其所在学校校长、政教处主任相应职务，进行政务立案。

[①] 观察者网. 江苏盐城一小学老师将收礼账本误发家长群？当地教育局回应[EB/OL]. https://www.toutiao.com/article/7146493427406864911/? log_from=0bcbdbcaeef58_1664182817507, 2022-09-23(有缩减).

二、缺乏师爱

师爱,即教师对学生的关心和爱护,是一种最纯洁、最无私的爱,曾有人把它誉为"开启心扉的钥匙""点燃智慧的火花",它是师生心灵的通道。师爱,是一种奉献,是一份责任。一些教师对学生缺乏关心和关注。他们只把课堂上的知识传授作为目标,忽视了学生的个体差异和需求。他们不去了解学生的背景、兴趣和家庭状况,也不主动与学生交流,导致学生感到被忽视和孤立。一些教师缺乏尊重和理解。他们对学生的个性化需求和特长缺乏理解,片面评价和批评学生,给予过多的指责和惩罚,使学生产生自卑和挫折感。他们没有耐心倾听学生的意见和困惑,不给予学生应有的尊重,使学生感到不被重视。一些教师对学生的言语和表达不够关注,缺乏耐心倾听和理解学生的需求。他们没有提供积极的反馈和指导,不能及时解答学生的疑问,使学生无法得到支持和帮助。一些教师缺乏发现和挖掘学生潜能的能力,他们只关注学生的学业成绩,而忽视了学生的全面发展。他们没有发现和培养学生的潜能和特长,缺乏激发学生学习动力和创造力的能力。这种局限性影响了学生的成长和自信心的建立。有些教师缺乏与家长的沟通和合作意识,对家长的意见和反馈不予重视。他们与家长的关系紧张或冷漠,缺乏与家长合作解决学生问题的意愿和能力。

案例链接

教师对比家长收入公然歧视学生[①]

2021年2月,天津某中学教师攀比家长收入歧视学生的音频在网上引起热议。当日,该女老师在上课时注意到一位不认真听课的同学,引发其大怒。在短短几十秒的音频中,这位女老师言辞激烈,不断强调关于家长收入和素质对比的语言,歧视态度明显。

老师说往届学生家长不是高官就是富商,家长极为有素质,但这届学生都是平民百姓,干什么的都有,所以孩子不懂事、没素质。激动之处,该老师质问学生"你爸妈一个月挣多少钱,别怪我瞧不起你!××的妈妈一年挣的钱都比你妈五十年挣的多,你们素质能一样吗?"言语中的歧视穷人,推崇高官富商之意相当明显。

除了歧视父母收入,该老师还抨击学生和家长没层次,"你们就是没见过有钱人,没见过高层次的人是吧?看看×××,人家一天也不说话,而你们都是没家教的",甚至直接说脏话谩骂学生。

[①] 环球网."最美教师"?师德,不能失德![EB/OL]. https://baijiahao.baidu.com/s?id=16928895947718064643&wfr=spider&for=pc,2021-02-28.

三、缺乏为人师表的自觉

著名教育家叶圣陶曾说过:"教育工作者的全部工作就是为人师表。"教师的言行时刻都在潜移默化地影响着学生的言行,这就要求教师必须规范自己的言行举止,要以自己的"言"为学生之师,"行"为学生之范,言传身教,动之以情,晓之以理,导之以行。然而,一些教师在言行上缺乏榜样力量,他们没有自律和自我约束,言行举止不规范,甚至存在不良习惯或不端行为。这种缺乏榜样力量的表现会对学生产生负面影响,无法引领学生树立正确的价值观和道德观。一些教师在教育教学过程中缺乏诚信和责任感。他们存在偷懒敷衍的情况,不认真备课、教学不尽职尽责。这些行为都与为人师表的精神背道而驰。一些教师在处理师生关系时缺乏公正。他们对待学生存在偏见和歧视,不公平地对待不同学生群体。他们可能更加偏袒某些学生,让学生感到不公正和失望。这种片面的态度会影响学生的发展和信任。一些教师忽视了自身的职业形象和修养。他们缺乏专业精神,不注重个人形象和仪容仪表。他们没有要求自己进行持续的专业发展和学习,导致自身知识和能力的滞后。这种态度会给学生传递出一种敷衍和不重视教育的信号。一些教师存在争功夺利的心态,不愿意与他人分享教育资源和经验。他们不愿意与同事进行合作交流,缺乏互相支持和促进的意愿。这种单打独斗的态度无法形成团队合作的优势,也影响到教育质量的提升。

案例链接

教师因成绩体罚学生[①]

2019年3月29日,安徽宿州某实验学校发生了一起教师暴力体罚学生事件。学校一名常务副校长说,事情起因是该班级英语老师给学生设定英语考试成绩目标,分数不达标学生就会受到惩罚。据多名学生和家长反映,英语老师强迫孩子设立过高的目标成绩,少一分会被英语老师用扫帚棒打十下。此外,据知情者透露,当时班里有一名达到目标的男同学看到老师体罚学生,想去向校长举报,被班里的纪律委员发现后上报了班主任,这名男同学被班主任在教室里用手和书抽打嘴巴和脸颊,导致脸部发紫、肿胀。

当地区教体局研究决定,责令该学校对涉事教师予以辞退,对学校相关负责人予以严肃处理;责令该学校限期改正,并予以警告;责令该学校妥善处理好善后工作;区教体局组织心理教师对学生进行心理辅导。

---

① 中国新闻网. 安徽宿州一学校老师暴力体罚学生被教体局责令辞退[EB/OL]. https://baijiahao.baidu.com/s?id=16296817985095 86280&wfr=spider&for=pc,2019-04-02.

四、缺乏教育创新

在知识经济时代,创新决定着一个国家的综合实力和竞争力。创新是一个民族进步的灵魂,是国家兴旺发达的不竭动力,没有创新的民族难以屹立世界之林。创新型教育离不开教师的教育创新。但是,在当前的教育教学活动中,一些教师对传统教学模式依赖过重,缺乏尝试和探索新的教学方法和工具。他们沿袭传统的讲授方式和课本知识点的灌输,忽视了培养学生的创造力、批判思维和解决问题的能力。这种固守传统的态度限制了教学效果的提升和学生的全面发展。一些教师在教学设计上缺乏创新思维。他们只是简单地照搬教材或其他教师的教案,缺乏个性化和多样化的教学策略。他们没有根据学生的特点和需求进行差异化教学,未能激发学生的学习兴趣和动力。这种缺乏创新思维的做法使得教学内容单一、呆板,难以引起学生的积极参与和思考。一些教师对新技术应用和信息化教育的认识不足,缺乏利用现代科技手段进行教学创新的能力。他们对电子教学、在线学习等新兴教育方式存在抵触情绪,不愿意尝试和探索。这种技术闭塞的态度使得他们无法利用现代科技手段提供更丰富多样的教学资源和互动机会,限制了教学的创新和发展。

教育系统中一些政策和管理机制对教师教育创新的支持不足。缺乏鼓励教师创新的激励机制和评价体系,使得教师在教育创新方面缺乏积极性和动力。一些教师可能因为担心失败或风险而不敢尝试新的教学方法,缺乏创新意识和勇气。

案例链接

学术不端岂能为师?[①]

2020年,教育部官网公开曝光广东省深圳市龙岗区如意小学教师胡某某学术不端问题。2015年以来,胡某某多次抄袭他人作品用于自己出版书籍、发布微信公众号推文以及主编教材等,并获得多项荣誉称号。胡某某的行为违反了《新时代中小学教师职业行为十项准则》第八项规定。根据《事业单位工作人员处分暂行规定》《中小学教师违反职业道德行为处理办法(2018年修订)》等相关规定,撤销胡某某副校长职务、调离教学岗位,撤销其所获荣誉称号。

[①] 教育部.违反中小学教师职业行为十项准则典型案例[EB/OL].http://www.moe.gov.cn/jyb_xwfb/moe_2082/2021/2021_zl37/jiaoyujingshi/202105/t20210511_530820.html,2021-05-11.

五、教师职业与人生相分离

教育的过程是一个使教师和学生的生命世界共同变得丰富和完善的过程,教师在把自己的生命经验、感悟、体验毫无保留地贡献给学生的时候,自身的教育智慧也在不断地得到成长。然而,中小学教师的工作强度较大,常常需要超过正常工作时间的加班和备课,这使得他们很难有足够的时间和精力去照顾自己的家庭、朋友和个人兴趣爱好。因此,他们的工作成为他们生活的主要部分,让他们很难实现工作和生活之间的平衡。教育系统中存在着繁琐的行政和管理流程,这使得教师不得不花费大量的时间和精力来处理各种文书工作和行政手续。这些额外的工作负担导致教师的工作压力增加,时间被挤占,无法投入更多的精力和时间去追求自己的人生目标和发展。一些教师受到来自家长、学生和社会舆论的压力。他们需要应对家长的期望和要求,同时要关注学生的学业和心理健康问题。社会舆论和评价的压力也常常让教师感到焦虑和不安。这些外界的压力和期望使得教师难以真正放松心情,专注于自己的个人生活和追求。一些教师难以感受到教育工作的快乐,把工作与生活分离开,把职业与人生分离开来。

总之,缺乏敬业精神、师爱、为人师表精神、教育创新,以及教师职业与人生的分离,是当前中小学教育教学活动中存在的主要师德问题。师德不良的问题不仅影响着广大学生的健康全面发展,也极大地影响着教师自身的完善与发展,阻碍了教师的职业幸福。因此,这些师德问题,是当前需要迫切解决的问题。

第二节　中小学教师师德问题的产生原因

古代社会,儒家传统伦理价值观念植根人心,被人们视为做人的根本;当今社会,我们拥有大批专门从事道德教育研究的队伍,反而遭遇信仰缺失、精神萎靡、道德滑坡,国内有学者把这种悖论叫作"道德教育的李约瑟难题"。[①] 古代社会,教育的主要内容就是道德教育,教育的根本指向就是品德高尚的"君子""圣人",也只有具备这种品德的人才有资格为师。当代社会,伴随着古代封建社会三纲五常等道德价值体系的消解,功利论和义务论等多元价值理论逐渐被人们接受,道德教育由于与社会经济发展的直接关联性不大,而被逐渐推到了边缘地位。"无德而富"现象的滋长蔓延,导致人们更加关注教育的工具性价值,教育的指向偏向于培养适应社会经济发展的工具人。在道德教育指向偏离的过程中,道德教育的实现路径也出现了错位。古代教育直接指向人本身,所以道德教育贯穿整个教育过程。当代社会更加关注人的实用性,重视培养出来的人才能否符合社会经济发展的需要,导致道德教育的实现途径逐渐呈现出知识化、工具化和技术化的态势。

---

① 王仕杰.需要德育论[M].武汉:湖北人民出版社,2010:90.

在中外历史的教育长河中,涌现出了许许多多的师德高尚的教育家,如孔子、陶行知、蔡元培、叶圣陶、苏格拉底、裴斯泰洛齐、卢梭、苏霍姆林斯基……他们之所以师德高尚,不是因为外在的规范,而是因为内在的德性。在当前的教育教学活动中,教师的师德存在着缺乏敬业精神、缺乏师爱、缺乏为人师表精神、缺乏教育创新、教师职业与人生分离等一系列问题,归根结底,乃教师的德性的迷失所致。

一、德性概述

关于人的德性,中国和西方国家都十分重视,都进行了深入的研究。中西方德性的起源与发展比较如表5-1所示:

表5-1 中西方德性的起源与发展比较

	起源	重新思考的基点	判断标准	指向
西方的"德性"	以亲属关系和家庭结构为核心的角色认同	人有共同功能吗?	理性	灵魂的德性
儒家传统的"德"	血缘认同的宗教观念（图腾崇拜）	人之所以异于禽兽者几希?	仁	怵惕恻隐之仁心

通过对中西方德性的起源与发展比较可以看出,中西方对德性的诠释都实现了由外向内的转向,只是西方德性最终落在了内在灵魂上,儒家传统的德性最终落在了道德本心处——怵惕恻隐之仁心。[1] 不少学者对教师德性的表现进行了研究,其中,有代表性的观点是麦金泰尔的观点。麦金泰尔认为,"德性是一种获得性人类品质,这种德性的拥有和践行,使我们能够获得实践的内在利益,缺乏这种德性,就无从获得这些利益"。[2] 教师德性是"教师在教育教学过程中不断修养而形成的一种获得性的内在精神品质,既是教师人格特质化的品德,也是教师教育实践性凝聚而成的品质,是一种习惯于欲求正当之物并选择正当行为去获取的个人品质"。[3]

德性是对于个人品质和道德价值的总体描述,它关注一个人的道德行为、品德特征以及与他人和社会的互动方式。德性涉及一个人的思想、情感和行为,以及他们对自我和他人的评价和处理方式。德性包括道德准则和行为规范。这些准则和规范是关于什么是正确的、善良的和公正的行为的共同认同。它们形成了社会道德的基础,通过规范人们的行为来维护社会秩序和个人尊严。德性涉及个人品德的发展和培养,包括诸如诚实、正直、宽容、谦虚、勇气、慈善等品德特质。个人的品德特征决定了他们在面对挑战和困难时的反应,以及他们对待他人的态度和行为。德性强调道德决策和行为的自主性和自我约束。一个有德性的人具备自我反省和自我控制的能力,能够在面对诱惑

---

[1] 金保华,金肖梅.论中西师德思想之殊异及现实启示[J].教学与管理,2007(7):68.
[2] [美]麦金太尔.德性之后[M].龚群,戴扬毅,译.北京:中国社会科学出版社,1995:241.
[3] 陶志琼.关于教师德性的研究[J].华东师范大学学报(教育科学版),1999(1):38.

或压力时做出正确的决策,遵守道德准则,以及为自己的行为负责。总之,德性是一个综合性的概念,它涵盖了个人品德、道德行为、情感管理、人际关系、社会责任、自我约束和追求卓越等方面。德性的培养和发展对于个人的成长、社会的稳定和进步都具有重要意义。

二、教师德性的价值

教师德性的价值不仅体现在个人层面,也涉及教育系统的发展和社会的进步,主要涵盖了利己价值和利他价值两个方面。

(一)利己价值

(1)专业发展:教师德性强调持续学习和专业发展,不仅为了提升自身的教育水平和能力,还有助于实现个人职业发展和成就感。

(2)职业道德:教师德性要求教师具备高尚的道德品质,诸如诚实、正直、勤奋和责任感,以及对教学工作的高度敬业精神。这些价值观有助于塑造教师形象,建立良好的专业声誉。

(3)自我管理:教师德性重视自我反省和自我提升,培养自律和自我约束的能力。这有助于教师在工作中更好地管理时间、情绪和行为,提高工作效率和心理健康。

(4)职业满足感:通过遵循教师德性,教师能够获得工作上的满足感和成就感,同时也能够保持职业动力和热情,提高工作稳定性和职业满意度。

(二)利他价值

(1)学生发展:教师德性强调关注学生全面发展和个体差异,激发学生的学习兴趣和潜能,并提供积极的支持和指导,以帮助他们实现自我成长和成功。

(2)高尚情操:教师德性要求教师具备善良、宽容和同理心,关心学生的身心健康和幸福感。教师通过关怀、理解和鼓励,营造积极的学习环境和人际关系。

(3)服务社会:教师德性强调教师对社会的责任和贡献。教师通过培养具有良好品德和公民意识的学生,促进社会和谐与进步,为社会提供优秀的人才和公共价值。

(4)教育公平:教师德性追求教育公平,致力于减少教育资源和机会的不平等。教师通过公正评价、个性化教育和包容性实践,为每个学生提供公平的学习条件和机遇。

三、教师德性的迷失

教师德性的迷失是指教师在教育实践中失去了应有的道德规范和职业操守,表现出一些不良的行为和态度,主要表现在遗失危机、陷入制度文化的困境、教师生命意识的缺乏及教师德性意识的消极懈怠等方面。

(一)教师德性的遗失危机

教师德性的遗失危机是指教师在职业行为和道德规范方面出现严重问题,导致教育领域出现一系列不良现象。教师德性的遗失使得教育质量大幅下降。追求功利、过度关注分数和应试教育,忽视学生个体差异和全面发展,导致学生对知识的掌握变得肤浅,缺乏创造力和批判思维能力。教师德性的遗失使得师生关系日益紧张。教师可能对学生冷漠、苛刻或者以权谋私,缺乏真诚关怀和支持。这种关系的紧张会导致学生对教师失去信任,抑制他们的表达和探索欲望,影响他们的学习积极性和个人发展。教师德性的遗失导致教育不公平现象进一步加剧。教师可能对学生存在偏袒和歧视,根据个人喜好或其他因素不公平对待学生。这使得学生成绩和机会的分配受到影响,扭曲了教育的公正性和公平性。教师德性的遗失使得道德风险在教育领域愈发突出。教师可能涉及贪污腐败、性侵犯、虐待学生等违法和违反职业道德的行为。这些行为不仅给学生身心造成伤害,也严重损害了教育系统的声誉和社会的信任。教师德性的遗失导致教育价值观混乱。教师可能忽视传播正确的价值观和社会伦理的重要性,缺乏为学生培养正确人生观和社会责任感的努力。这使得学生缺乏正确的人生导向,对社会的认同感和责任感减弱。

(二)教师德性的发展困境

教师德性的发展困境是指在当前社会背景下,教师德性发展面临的一系列难题和挑战。随着社会的不断变化和进步,人们的价值观念也日趋多元化。教师在进行德育工作时,面临着如何处理不同学生家庭背景、文化背景和价值观的问题。教师需要找到平衡点,既尊重多样性,又传递公共价值观和核心道德原则。当前教育系统普遍存在以考试成绩为导向的评价体系,这使得教师在追求学生优秀成绩的同时,可能忽视了德育和个性发展等方面。教师因为对考核评价的依赖,容易产生应试教育倾向,给德育工作带来一定压力,影响德性的培养。教师作为一种高度职业化的工作,常常承受着巨大的时间压力和工作负荷。这使得教师在繁重的教学任务下,难以抽出足够的时间和精力来进行德育工作,导致教师德性发展的困境。教师在与学生家长、同事等的交往中可能存在某些矛盾或冲突,例如家长对某些教育观念的抵触、提出一些不合理要求,同事之间的竞争和利益冲突等等。这些因素对教师德性的培养提出了挑战。薪酬不公、职业声誉受损等问题使得一些人对教师职业产生犹豫和怀疑情绪,这也给教师的德性发展带来了困境。

(三)教师生命意识的缺乏

教师生命意识的缺乏是指教师在工作中缺乏对自身生命的重视和关注。教师常常将学生的需求放在首位,而忽视了自己的需求。他们可能过度投入工作,牺牲了自己的个人时间、爱好和健康。这种过度倾注可能导致身心俱疲,缺乏对自身生命的呵护与关注。教师往往处于忙碌的教学环境中,没有足够的时间和空间来进行内省和反思。他们可能没有意识到自己的情绪状态、自身的成长需求以及职业发展方向等重要问题,缺乏对自己生命轨迹的审视。教师面临着高强度的工作压力,却常常忽略了保持身心健康的重要性。他们可能不注意饮食、休息和锻炼身体,容易出现亚健康状态或患上职业倦怠综合征,对自身的生命质量产生负面影响。教师热衷于为学生的成长和发展付出努力,却容易忽略了自己的个人成长。他们可能缺乏主动学习和进修的意愿,停滞在专业能力和知识水平上,缺乏对自我提升的追求。教师常常需要面对繁重的教学任务和额外的工作要求,导致工作与生活之间的平衡困难。他们可能长时间加班,无法有效地分配时间来照顾家庭、培养兴趣爱好和享受生活。这种失衡将影响教师的幸福感和生命质量。

(四)教师德性的消极懈怠

教师德性的消极懈怠是指教师在职业道德和行为上表现出不负责任、缺乏热情和投入度的态度。消极懈怠的教师可能缺乏对职业操守的认识和尊重,对教学工作缺乏责任感。他们可能不遵守纪律,迟到早退、随意请假或者逃避教学任务,对学生和家长不负责任。消极懈怠的教师可能对自己的教学方法和教育理念不加反思和改进,导致教学效果不佳。他们可能缺乏创新意识,教学内容固定陈旧,无法引起学生的兴趣和积极参与,影响了学生的学习效果。消极懈怠的教师可能没有对学生的个别差异进行充分的关注和处理。他们可能采用一刀切的教学方式,忽略了学生的特殊需求和潜力,导致学生的学习困难无法得到有效的帮助和支持。消极懈怠的教师常常表现出对工作的抱怨和负面情绪。他们可能经常抱怨工作压力大、薪酬低、环境差等问题,缺乏积极的态度和解决问题的意愿。这种消极情绪会传递给学生,影响课堂氛围和学习氛围。

第三节 中小学教师师德培育和修养的原则与方法

苏联教育家苏霍姆林斯基说过:"教育者崇高的道德品质是教育获得成功的最重要的前提。"教师只有以自己的纯洁灵魂、高尚品格去影响学生的心灵,才能培养出具有优良道德品质的新一代。因此,教师是否具备高尚的师德,将直接关系到教育工作的成败,每位教师都应该不断提高自身的师德修养水平。教师师德修养的提升需要遵循科学的原则与方法。

一、师德培育和修养的原则

(一)坚持知和行的统一

"知",知识,懂得知识;"行",实践。懂得知识并用它去指导实践,是为"知行"。"知",为实践提供方向保证;"行",使"知"得到检验,彰显"知"的价值。无"知"而行,终将失败,而且会败得很惨;有"知"不行,徒有知识。教师要做到知行统一,就是要把学习道德理论、提高道德认识同自己的行动统一起来,使理论与实践相结合。教师只有不断地学习道德理论,不断激发出道德情感,才能增强自身的道德意志和信念,并在教育教学活动中,积极实践,为形成良好的道德品质打下基础。

(二)坚持动机和效果的统一

所谓动机,就是趋向一定目的的主动意向和愿望。动机和效果是人的行为互为存在、互为转化的两个要素。动机是人的行为的思想动力,离开动机,就不会有行为的发生,也就谈不上什么效果。效果反映一定动机,动机本身就包含着对一定效果的追求并指导行为达到一定的效果。动机体现在效果之中,并通过效果去检验。动机作为主观的东西,只有转化为效果才能实现其作用,否则动机就成了毫无意义的空想或假想,效果又是不断产生新的动机的基础。教师在进行职业道德修养时,应正确处理教育过程的各种关系,坚持动机与效果的统一。

(三) 坚持自律和他律相结合

所谓自律,是指自我控制,是教师依靠发自内心的信念对自己教育行为的选择性调节。所谓他律,就是指凭借外部奖惩以及各种制度规范等手段,对教师行为进行的调节和控制。自律和他律的关系,实质上是内因和外因的关系。内因起决定性作用,它是师德养成的内在基础;他律是外因,是纠正不道德行为的有效手段。教师职业道德养成既要用外在因素进行约束,又不能忽视主观能动性,做到自律和他律相结合。教师要经常反思自己的行为,检点自己的作风,坚持对的,改正错的,使自己的思想和行为符合教师职业道德的标准和要求。

(四) 坚持个人和社会相结合

师德的内涵并不是一成不变的。随着社会的发展,人们对教师的期望也在变化,对师德的要求也在不断地丰富,所以教师师德的培育和修养,要与社会的需求相适应,教师职业道德修养离不开社会舆论的评价和监督。所以,在教师职业道德养成过程中,要把个人与社会结合起来,把自我价值与社会价值结合起来。

(五) 坚持继承和创新相结合

教师职业道德作为社会道德的一个组成部分,同属于社会意识形态,具有历史继承性。但是师德不是一成不变的,它是随着社会经济关系的发展变化而不断发展变化的。在师德养成的过程中,创新和继承必须同行,必须在当代社会主义经济政治的基础上,在新的教育实践中借鉴传统的优秀师德,重建新的更高的社会主义师德。

二、师德培育和修养的方法

(一) 师德培育的方法

在当前的开放社会和信息时代里,教育的封闭性日益被打破,社会大环境、学校小环境对教师师德产生影响的渠道日益增多,强度也日益加大。因此,为了教师师德的发展,需要不断优化整个师德的人文环境。

1. 净化社会风气,营造尊师重教的氛围

目前,我国正处在社会转型的关键时期,出现了一些极端个人主义、拜金主义、享乐主义等不良社会风气,面对多元文化、多元价值观念并存的新挑战,需要我们不断地净化社会风气,在全社会营造一个良好的尊师重教氛围。这样才能够增强教师的自我悦纳,强化对自身职业的认同感,激发教师的职业热情和责任意识。

第一,组织丰富多彩的、具有广泛性和吸引力的群众性自我教育活动。这类活动有利于形成一种大家共同学师德、议师德、交流师德经验、争做师德模范的浓厚气氛,有利于造成一种弘扬师德光荣、违背师德可耻的正确舆论。

第二,加强道德宣传,营造尊师重教的社会氛围。教育行政部门和学校要把师德宣传作为工作的重点。坚持正确的舆论导向和宣传,使全社会广泛了解教师工作的特殊性和重要性。加大推广和宣传先进典型的力度,通过组织形式多样、丰富多彩的宣传活动,深入报道、宣传优秀教师和其先进事迹,充分展示当代教师的精神,弘扬高尚师德及主旋律,不断传播正能量。针对师德建设中的热难点问题,及时响应和指导。充分利用教师节等重大节日、纪念日的机会,在各种媒体、报纸、电台、电视台联合网络上集中宣传优秀教师的先进事迹,努力创造一个尊师重教的浓厚社会氛围。

第三,创造一个有利于教师师德发展的媒体环境。在当前的媒介文化中,教师职业道德形象遭受不公正的对待,这对教师师德的发展带来严重不良影响。为了解决这一问题,就要提高媒体自身的专业素质和道德,为教师道德发展提供一个健康的舆论空间和价值取向。教师道德的健康发展,需要有一个客观的、真实的、具有人文关怀的公共空间。社会公共空间的形成,往往取决于媒体的宣传和指导,要建立一个专业的新闻监督机制,完善教师道德发展的外部环境。媒体报道关于教师的问题,必须严格遵守"事实"的原则,任何夸张、失真的新闻报道,不仅会恶化教师的生活环境,也会影响教师的教学态度、教学活动的正常开展和教师的公众形象。因此,媒体在对教师师德产生的问题的报道中,既需要媒体能够道德自律,也需要从外部建立必要的监督机制,以防止如片面追求眼球经济,职业判断的缺乏等各种原因而对教师的师德问题做出不真实的报道。

2. 创设学校环境文化,陶冶教师的道德情怀

学校环境文化由学校物质环境和精神环境所构成。学校环境文化包括静态的物质环境文化和动态的人文环境文化。静态的物质环境文化是以静态的物质形态方式存在的景观文化,是隐藏在学校物质表象中的精神内核,是通过校园的物质层面呈现出的文化和教育要素。具体地说,它是包括校舍建筑、场地设备、花草树木等各方面设施综合而成的文化的要素,是看得见、摸得到的显性文化,是学校物质文明建设的成果。动态的人文环境文化是学校长期积淀而形成的非景观文化,是学校教育理想、精神风貌、个性特色和社会魅力的集中体现。具体地说,它是包括学校的教风学风、文化氛围、人际关系等所蕴含的文化内质,是看不见、但感受得到的隐性文化,是学校精神文明建设的成果。

学校环境文化作为一种无形的力量,潜移默化地对学校成员产生深远持久的影响。一个充满着关怀、信任和富有人情味的校园,会对教师的心理行为产生积极而深远的影响,有利于充分调动教师的积极性、主动性和创造性,从而促进教师师德的健康成长。

第一,要加强学校物质文化建设。在学校环境的布置上精心构思,充分发挥良好环

境的育人功能,使学校的"一砖一瓦会说话,一草一木皆有情"。比如说在学校教学楼、图书馆等墙面上悬挂名人画像、名人名言或是书法绘画作品,从而创设师德发展的良好精神环境。

第二,要积极加强学校精神文化建设。精神文化是一种深层次的观念文化,它是指在一定价值目标支配下形成的对客观事物的看法、思想和观念体系,如世界观、人生观、价值观等。学校精神文化建设是校园文化建设的重要内容,也是校园文化的最高层次,体现着校园文化的方向和实质。

第三,要开展道德榜样教育。榜样的作用是巨大的,社会上、学校里都会涌现出教学孜孜不倦、乐于奉献的好老师,也有富有教育精神和创新精神的师德楷模。首先,学校对师德楷模开展宣传学习活动,把他们作为教师学习的榜样,形成正向激励,引导教师不断锤炼自己的道德意志。其次,开展校内教师榜样学习。对学生心目中的好教师活动在全校范围内进行宣传,同时给予一定的奖励。在评选过程中以爱岗敬业、关爱学生、为人师表等方面为标准,既能加强学生同教师之间的联系,还可以通过这种方式强化教师不断完善的进取心。

3. **建章立制严格管理,约束教师的不良师德**

加强教师师德建设,除了需要教师自身努力之外,还必须在建立健全师德师风的长效机制上下功夫,规范管理以求实效。由于各种历史因素和现实因素,中小学教师师资队伍参差不齐,有部分教师的综合素养偏低,师德水平还有待大幅提高。因此,仅仅依靠教师的自我约束、主动提升是不够的,还必须建立起相关的制度、机制,以规范教师的行为,引导教师的师德发展。学校要组织教师学习有关师德师风建设的要求,例如《中小学教师职业道德规范》《新时代公民道德建设实施纲要》《新时代中小学教师教育行为十项准则》等内容,在广大教师中树立正确的教育理念,提高思想道德觉悟水平,增强师德师风建设活动的自觉性。同时,还要鼓励教师展开业务进修、学历进修和自主学习活动,在提高教师业务理论与传统文化素养的基础上,逐步培养教师含蓄守静、乐观向上的人格,促进他们自觉加强修养,由他主学习变为自主进步。建章立制严格管理,主要包括建立教师职业道德教育制度、建立健全教师职业道德考核制度、建立健全教师职业道德监督机制。

第一,建立教师职业道德教育制度。在教师培训中有针对性地对教师进行职业道德教育,把思想政治教育和职业道德教育课程列为必修内容放在首要位置。教师职业道德教育要与教育改革和教育科研相结合,从内容、形式、方法上不断创新,要利用现代化教学设施和教学手段,努力提高针对性和实效性,克服形式主义,提高教育效果。

第二,建立健全教师职业道德考核制度。年度考核以及实施各种奖励前的考核,要把教师职业道德表现作为重要内容进行重点考核,实行师德一票否决制。

第三,建立健全教师职业道德监督机制。学校设立师德师风建设的监督信箱和监督电话,并向全体师生和社会公布,专门接受学生、学生家长和社会有关方面对教师职业道德情况的反馈,发现问题及时处理。学校为每位教师建立师德建设档案,记录教师接受职业道德教育和表彰、奖惩以及社会反映情况,作为教师师德评判的重要依据。

(二) 师德修养的方法

教师良好的道德不是先天固有的,而是在科学理论的指导下,经过长期的社会实践进行锻炼,并不断自我完善的结果。

师德修养的主要方法有:

1. 勤奋学习

学习是人类生存和发展的必要条件。一个人,无论生活还是工作,都离不开学习。教师是教书育人的人,教师只有先学好才能教好,学是教的基础,所以学习对教师来说尤其重要。

学习,不仅指学习知识,还包括学习技能、经验,也包括教师修养本身。我们所说的教师学习应包括以下几方面内容:

第一,要学习马克思主义、毛泽东思想和中国特色社会主义理论。马克思主义、毛泽东思想和中国特色社会主义理论是指导我们思想的理论基础,是建设我国社会主义的指南,也是指导教师修养的锐利武器。不掌握这些理论,就不可能科学地认识社会,认识人与人之间的关系。学习这些理论,对于提高师德水平具有重要的指导意义。教师要充分发挥自己的知识优势、思维优势和能力优势以及资源优势,在原有的基础上,学好马克思主义、毛泽东思想和中国特色社会主义理论,掌握好基本原理,着重从马克思主义的形成和发展来全面了解马克思主义的基本立场、观点和方法,掌握原理的内容和时代意义,以此来指导自己的师德修养和道德实践。我们要真正成为一个忠诚于社会主义事业的教育者,担负起培养和造就千百万社会主义事业接班人的任务,就必须努力自觉学习马克思主义、毛泽东思想和中国特色社会主义理论,以其立场、观点、方法去认识世界,改造世界,去认识教育规律,运用教育规律去认识教师修养的社会本质,并指导自己进行修养实践。这样才能体现教师修养的时代特征,保证不偏离社会主义方向。

第二,要学习师德修养理论。没有理论指导的修养是盲目的修养,盲目的修养既缺乏自觉性,也不可能持久和达到高级的程度。所以,我们要重视学习师德修养的基本理论,掌握教师职业道德的原则、规范和要求,探索师德修养的理论、方法和有效途径。人类在长期社会实践中,积累了丰富的师德修养理论,在学习时,要"去其糟粕""取其精华""古为今用""洋为中用",要批判性地继承和发展师德修养理论,自觉地与各种腐朽落后的旧思想、旧观念、旧道德作斗争,不断提高社会主义师德修养水平。

第三,要学习专业知识和教育理论,尽可能多地学一些有利于提高师德修养水平的自然科学知识、社会科学知识和思维科学知识。因为知识本身不仅是一种修养内容,而且还能塑造人的性格。一个缺乏知识的人,必然缺乏见识和才能,必然不可能达到全面的、较高的修养水平。

第四,要学习法律法规,增强法律意识。教师自觉学习法律法规、增强法律意识,有利于维护学生利益、促进学生健康成长,从而进一步提升教师的师德修养。学习法律将提高教师对学生权利的认识和研究,以确保每一个老师知道学生的合法权益不受侵害,以减少侵权行为的发生。

第五,向具有高尚师德的优秀教师学习。师德修养水平的提高需要向书本学习,更需要向历史和现实生活中一切伟大的教育家和优秀教师学习,特别是需要注意学习身边的典型和榜样。具有高尚品德的教师的优秀事迹虽然平凡但具有震撼人心的力量,这些优秀事迹都是道德理论的具体化。他们的事迹鲜明生动,具有感染力,他们的思想可见可观,是学习的榜样,他们的身上集中体现了教师的优秀品格和献身精神。教育战线涌现出的大批优秀教育工作者,集中体现了人民教师的光荣传统和教师修养的精髓,是人民教师学习的典范。向他们学习,以此激励自己、勉励自己,不断完善自己。另外,教师之间也要相互学习。在同一个学校,教师之间要相互学习、互相借鉴,强化团队合作意识,择其善者而从之,择其不善者而改之;在不同学校,教师们要通过互联网、校际协作互动、资源共享,这对于教师更好地开展工作和更快地提高师德修养是大有裨益的。

第六,要善于从师。孔子说:"三人行,必有我师焉。"大凡事业上有所成就的人都很重视择师而行,虚心好学。作为人类灵魂工程师,要求有较全面的、较高的素质,更有必要广泛地向一切有专长的人学习。人民,是创造世界历史的真正动力。人民群众中蕴藏着丰富的师德修养内容,人民教师要善于向人民学习,不仅向专家学习,工人、农民、知识分子、一切在社会主义建设中有专长的人,都可拜其为师。

第七,教师还应该真诚地向自己的教育对象——学生学习。当今社会处在知识爆炸时代,科技文化高速发展,新知识层出不穷,信息来源十分广泛,求知欲强、思想活跃、思维敏捷的青少年学生总能从各种渠道较早较快地获得新的信息和知识,其中不少学生的知识面比教师更宽泛,思维能力比教师更敏捷。而教师一般只注重所教学科知识的学习和更新,对非所教学科很少涉足,知识遗忘、老化比较严重。教师向学生学习,这不仅是贯彻正面教育原则和积极性原则的需要,也是以学生为镜子,对照自己的言行,进行自我调控的需要。这就是教学相长的道理。

2. 认真实践

实践是师德修养理论产生的源泉。教师的知识、才能只有通过实践,特别是教育教学实践才能形成和发展。实践是师德修养的根本目的。教师学习修养理论,并努力提高自己的修养水平,其目的不是为了别的,根本上是为了指导自己更好地投入教育教学实践,如果离开这一根本目的,提高修养水平又有什么价值呢?实践也是检验师德修养水平的重要标准。教师修养的内容和要求是否符合时代精神,修养水平是否适应教育教学工作需要,只有通过教育教学实践去接受检验。一个教师在教育教学实践中取得的成果越大,说明这个教师的修养水平越高,反之则越低。离开了教育教学实践,师德修养便失去了客观的评价标准,这样的"修养"又有什么意义呢?实践还是提高教师修养水平的最直接的动力。教师在教育实践中,一方面教育学生,塑造学生灵魂,另一方面又在改造自己。在实践过程中,教师原有的修养水平与教育教学工作需要不相适应时,就需要进一步提高修养水平,去达到新的适应。但适应总是相对的、暂时的,不适应则是绝对的，教师必须通过不断加强修养，才能使自己的修养水平不断适应教育教学工作新的需要，这种适应—不适应—适应，以至往复无穷，构成了事物内部的矛盾运动，是推动教师提高修养水平的根本动力。而适应—不适应—适应的反复过程始终是实践的过程，实践是提高教师修养水平的最直接动力。因此，教师应做到：

第一，积极投身教育实践。教师通过各种方式和各种途径获得的理论知识和师德规范要求，只有通过自身的实践活动转化为自觉的行为，才能完成修养的全过程。教师的教育实践活动是教师几乎每天都在进行的最基本的实践活动，是最方便、最能体现自身职业特点、最具有针对性的道德实践活动。例如，教师在教育实践活动中能否做到为人师表，能否关怀学生，能否处理好师生关系、同事关系等等，都可以在教育实践中躬行。只有通过教育实践，教师才能将所学的理论应用于自己的实践，也只有在自己的教育实践活动中，才能发现个人师德品质的某些不足，并努力在实践中克服和纠正，使自己更加趋于完善。教师对自身职业的真情实感只有在亲身实践中才能产生，因而更加可贵，更加带有一份沉甸甸的分量。南宋诗人陆游说过："纸上得来终觉浅，绝知此事要躬行。"这句诗用于师德修养也是相当贴切的。所以，教师要加强自身的师德修养，就必须注重在教育教学实践中去积累情感体验。

第二，积极投身生活实践。社会生活的实践比教育实践具有更广阔的空间，只有通过在丰富多彩的社会生活实践中养成、检验、提升师德，才能提高师德水平，完善师德形象。教师不仅要成为师德的实践者，而且要成为人类社会精神文明的化身，在传播精神文明的实践中，不断提高师德水平。

3. 自我完善

师德修养是教师本人素质的全面提高，主要依靠自我锻炼、自我陶冶、自我教育，逐步自我完善。外界的督促、检查、帮助不能代替教师个人的主观努力，离开了教师的自我教育、自我完善，外界的督促、帮助也就失去作用，就不会有良好的教师修养。

教师的自我完善，实质上就是努力实现个人的全面发展，即使社会赋予教师的各种潜能素质获得充分的发展。教师实现自我完善，须从以下几个方面抓起：

第一，要有为社会主义教育事业奉献一切和自强不息的精神，不断强化自己的教师意识。这是推动教师自我完善的最高级的持久的原动力。人民教师只有对自己职业的社会作用有了深刻的理解，才能产生为之献身的精神，只有时时刻刻想到自己所担负的重任和为实现这一重任所必须具备的素质要求，才会产生实现自我完善的强大动力。

第二，要有"自知之明"。正确地认识自我，是自我修养的起点。要做到有"自知之明"，就要以党的教育方针政策、教师的职责、教师的道德行为规范、优秀教师的修养为镜子，对照、评价自己的言行，主动寻找差距；就要重视教育教学效果的信息反馈，以自己在教育教学实践中所产生的效果作为自我评价、自我调节的客观依据，从成功中总结经验，从失败中吸取教训。总之，从教育教学信息（包括来自学生的反映）中，找出努力的方向。要做到自知之明，还要善于听取意见，不讳疾忌医，常言道"忠言逆耳"，"兼听则明"，要特别重视听取反面意见。

第三,要树立终身学习理念。教师要以活到老,学到老的精神,积极参加继续教育,学习、学习、再学习。在知识"大爆炸"的今天,教师的终身学习不仅能够提高自身的师德修养,而且也是培养国家栋梁之才的需要。时代在变,人也在变,只有坚持终身学习的理念来应对形势多变的社会,才是教师的立身之本和发展之源。

第四,要不断自我激励,磨炼修养毅力。常用的激励方法有:① 目标激励。教师确立自己在教育教学工作中的奋斗目标和师德修养目标,既为教师指明了前进的方向,又成为不断推动和鼓舞教师向更高目标前进的巨大力量。这种通过确立奋斗目标来激励自己的方法,叫作目标激励法。② 成果激励。人的动机得到实现,需要得到满足,就会产生新的需要。教师在教育教学工作中加强修养所取得的成绩必然会转化为宝贵的精神动力,激励教师去争取更大的进步。③ 反思激励。教师在自我修养中往往会因遇到困难和阻力而遭受挫折或失败。这时,教师应采取的不是颓丧、消沉、悲观、失望的消极态度,而应通过认真总结、吸取教训来激励、鼓舞士气,这就是反思激励。④ 对比激励。教师要善于向他人学习,在与他人的对比中找出自己的不足和差距,进而进行积极的思想斗争,推动自我修养。

第五,要做到"慎独"。所谓"慎独",意思是说,当独自一人无人监督时,总是非常小心谨慎地不做任何不道德的事。这种"慎独"的修养方法,靠的就是自我教育。教师是"人师",离开"慎独"就无法言行一致、表里如一、为人师表。教师如果在无人监督、独自工作、有做坏事的可能时,也不去做坏事,在做了好事时,也不企盼赞扬和自我炫耀,那么他的修养就进入了较高的境界。"慎独"是教师修养的高水平境界,教师应当逐步达到这样的境界。注重"慎独",必须抓好"隐""微""恒"三字。"隐",即从隐处着眼,在自己思想深处去寻找最隐蔽的角落里的不良思想动机,与之斗争;"微",即从微处着手,防微杜渐,不放过一个错点,切莫"因恶小而为之,因善小而不为";"恒",即持之以恒,在"恒"字上着力,做到生命不息,修养不止。

第六,要做到"内省"。孔子曾说"吾日三省吾身",一个人道德能力的培养很大程度上取决于个人的自我醒悟能力。师德的具体要求是由时代特征所决定的,也是由大众的心理预期所期待的,因此其具有很大的时代性和变动性,但是有些道德行为规则是自古就没有太大变化的。外界的约束是一种他律,而他律只能通过影响教师个人起作用,所以可想而知效果会打折扣甚至是起反作用。而道德自律就不一样了,道德自律可以通过教师的内心起作用,形成行动的潜意识或主观性。因此可以这样说,师德建设得以实现的很大因素取决于师德内化问题,即外在的道德规范转变为个人的思想行动准则。把师德内化为个人的自觉能动性不能仅仅只靠外界的强制和刺激,最终还是要内化到个人的行动和内心上去。

第七,要确立合宜的发展目标和修养重点。教师道德发展要经历一个习得师德规范、养成内在品性、形成德行能力的从他律到自律的过程。[①] 习得师德规范阶段也即行

---

① 沈又红.论师德修养与教师幸福[D].湖南师范大学,2005:32.

为服从和习惯养成的阶段,师德以外在规范的形式呈现,这一阶段主要是道德认知的过程;养成内在品性阶段也即心理认同和规范内化阶段,师德以内在品性的形式呈现,这一阶段包括师德认识深化、师德情感培养和师德意志锻炼三个过程;形成德行能力阶段也即把内在品性和道德律令转化为自觉的道德行为的阶段,师德以德行的形式存在,这一阶段主要是道德践行的过程。可见,师德发展要经历规范、品性、德行三个层次。教师在师德修养中,要遵循师德发展的阶段性和层次性,明确每一个阶段师德修养重点和师德发展目标,适时调节修养方法。在规范习得阶段,主要应通过加强学习、明辨道理,获取扎实的师德理论知识,理解和把握师德的规范;在品性养成阶段,主要应加强比较和反省,遵循从德性到师性的发展序列,把师德要求与教师个体的价值追求联结起来,致力于把师德规范内化为主体内在的生命素质;在师德践行阶段,主要应加强情境锻炼,尤其要抓住道德行为中的关键性事件,在困境中锤炼,在冲突中检验,在内心斗争中形成具有稳定性的德行能力。遵循阶段性和层次性,主要是为了更好地自主把握自身修德的过程,做到心中有数,而绝非死抠顺序、按部就班。

第八,要有创新精神。创新是一个民族进步的灵魂,是国家兴旺发达的不竭动力。学生的创新精神与能力的培养必须依靠具有创新精神的教师,这种教师除了具备一般优秀教师的基本特征外,还必须具备健全的"创新"人格和较强的教育创新能力。教师的创新主要包括:思想观念的创新、教学方式的创新、教学内容的创新。一是思想观念的创新。教师一方面要立足自身教育生活经验的积累,不断反思总结、提升;另一方面,要积极接纳外在的优秀教育理念,保持个人教育思想空间的源头活水,在个人教育经验与外在教育知识的不断交流碰撞之中,获得个人鲜活的教育理念的生长、生成。二是教学方式的创新。教师在教育教学活动中,要依据学科的性质、学生的特点、教师自身的优势,尝试新的教学方式。三是教学内容的创新。在教育内容上要把最新的科学研究成果和科学概念及时地融入教学,帮助学生建立一个发展的而不是孤立静止的物质世界的概念,引导他们去探索新的知识,培养他们的创新精神。

第九,要自觉加强心理健康教育,努力克服职业倦怠。一个教师良好的心理素质能够让他以一种轻松、愉悦、积极健康的心态从事教育教学工作,健康的心理素质是提高教师师德水平的重要条件。当前,教师的职业压力已经成为一个全球性的普遍问题。为了保证自身师德水平的健康发展,教师应当积极地调整心态,缓解压力。首先,教师要认识到压力在职业生活中的普遍性和客观性。当认识到现实生活中的竞争、压力是无法避免和彻底消除的以后,教师对于生活中已经出现或将要出现的种种压力就会具有一定的心理准备。当认识到压力的客观性之后,教师就会"临危不乱",在对压力进行细致分析的基础上增强对生活压力的控制感。同时,任何事情都具有两面性,教师还应关注压力的积极方面,把压力看成挑战而不是威胁,将压力转化为动力。这样,才能避免不良的心理体验,达到维护心理健康的目的。其次,教师应当学会调节,合理解压。当遇到打击、挫折或不顺心的事情,要及时调节自己的一些消极情绪,通过情感转移、体育锻炼、合理安排工作、休息与娱乐时间等方式来释放压力。最后,教师还应建立和保持良好的人际关系。教师要善于与人相处,以创造一个健康的人际氛围,降低职场压力,改善心理健康水平。

第十,要提升职业幸福感。幸福是内心的体验和感受,要想获得幸福,就要用心去感受。从教师职业中获得生命的充实、和谐、完满的生命状态。孔子毕生诲人不倦,似痴似狂,成就了"万世师表";孟子以"得天下英才而教育之"为人生幸事,被尊为"亚圣";于漪、魏书生等当代名师,无不表现出对教育的热爱,无不以教育为乐、以教育为福。以教育为乐的教师,才会不断挖掘教育生活的内在魅力,不断引发教育生活的诗意,把教育中的所有人引向对诗意人生的超越之途,引向幸福的人生,实现职业与人生的高度统一。

总之,师德修养的方法尽管林林总总,但勤奋学习、认真实践、自我完善乃是提高教师职业道德水准的关键。

本章小结

当前广大中小学教师师德表现是好的,但还有个别少数教师存在着缺乏敬业精神、缺乏师爱、缺少为人师表精神、教育创新以及教师职业与人生的分离等问题,究其原因乃教师的德性迷失所致。教师德性的回归,是解决当前师德问题的关键,是提升师德水平的根本。

教师师德培育和修养,需要遵循知和行的统一、动机和效果的统一、自律和他律相结合、个人和社会相结合、继承和创新相结合等原则。师德的培育可从净化社会风气,营造尊师重教的氛围;创设学校环境文化,陶冶教师的道德情怀;建章立制严格管理,约束教师的不良师德等方面入手;而师德修养则可通过勤奋学习、认真实践、自我完善等方法来实现。

思考题

1. 你认为教师出现"职业与人生分离"问题的原因是什么?应如何解决?
2. 当前,社会主义市场经济的转型与发展对教师职业道德产生了什么影响?
3. 结合实际,谈谈加强教师职业道德建设的必要性?
4. 结合实际,谈谈教师应从哪些方面入手提升自身的师德修养水平?

下 篇
教育法律法规

第六章 教育法律法规概述

学习目标

1. 了解我国教育法制历程和教育法制体系；理解教育法律法规与教育政策、教育道德之间的关系；掌握教育法律关系、教育法律责任、教育法律救济等教育法律基本知识。

2. 学会运用教育法律基本知识分析教育实践案例，学会运用合法渠道维护教师自身和教育对象的合法权益。

3. 关注我国教育法制建设进程，坚定尊法、守法、用法的信心和决心；坚定唯物历史观，形成更强烈的主体责任意识、程序意识、证据意识。

内容框架

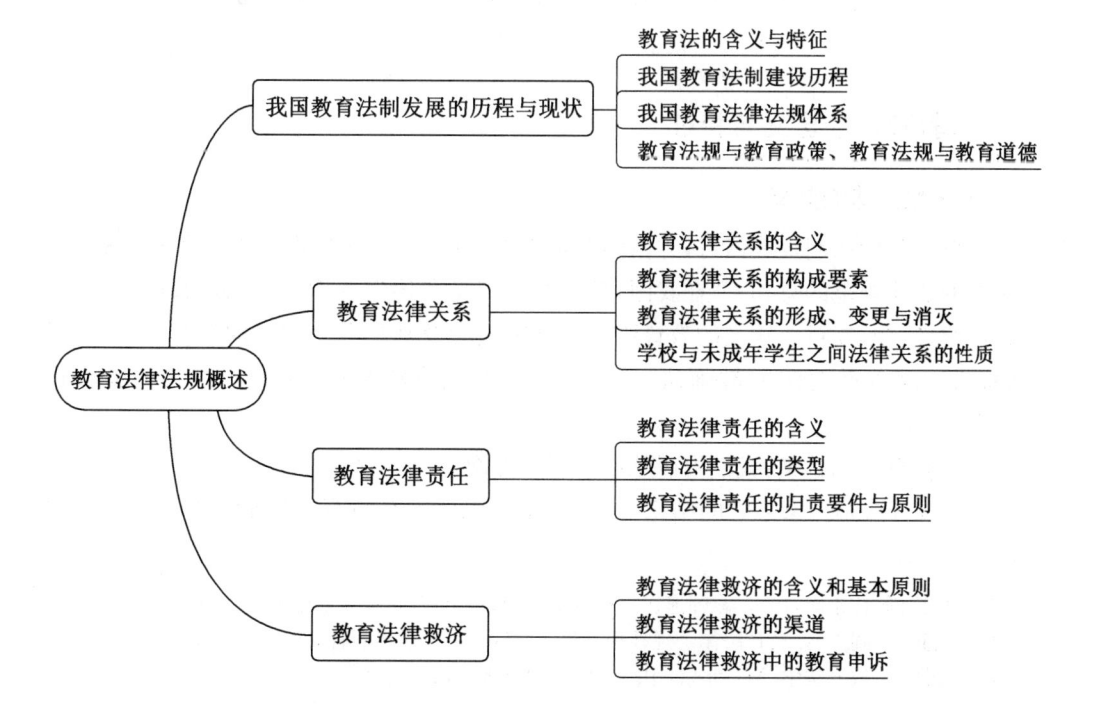

教育法律法规概述
- 我国教育法制发展的历程与现状
  - 教育法的含义与特征
  - 我国教育法制建设历程
  - 我国教育法律法规体系
  - 教育法规与教育政策、教育法规与教育道德
- 教育法律关系
  - 教育法律关系的含义
  - 教育法律关系的构成要素
  - 教育法律关系的形成、变更与消灭
  - 学校与未成年学生之间法律关系的性质
- 教育法律责任
  - 教育法律责任的含义
  - 教育法律责任的类型
  - 教育法律责任的归责要件与原则
- 教育法律救济
  - 教育法律救济的含义和基本原则
  - 教育法律救济的渠道
  - 教育法律救济中的教育申诉

案例导入

如此管教学生,该负何责?

程某是浙江某县的一名五年级小学生,性格内向,学习很好。他十分喜欢文学作品,甚至到了痴迷的程度。一次上数学课,他正专心致志地读小说,被老师叫起来回答问题。由于回答不上来,老师把他拽到讲台前,打了他两个耳光,又让坐在前排的两名男同学接着打他的耳光,之后把他逐出教室。此后又连续三天,上数学课时老师让他在黑板前罚站。在以后的近一个月时间里,家长和班主任老师发现程某神情大变,目光涣散,反应迟钝,不爱讲话,常常盯着一个地方发呆……后经医院诊断,他患了心因性精神病,不得已,只好退学。

在数学老师无力支付全部医药费的情况下,程某的家长找到了学校。他们认为学校对此负有责任。可校长却说此事与学校无关。后经媒体曝光,学校才不得不对程某进行了相关的赔偿。①

该案例中所涉及的教育法律关系主体有哪些?教育法律关系客体是什么?当事人违反了什么法律?其应当承担什么责任?

第一节 我国教育法制发展的历程与现状

一、教育法的含义与特征

(一) 教育法的含义

教育法是国家制定或认可,并由国家强制力保证其实施的,调整教育活动中各种社会关系的法律规范的总和。"在我国,教育法有广义和狭义的理解,广义的教育法包括教育法律、法规、规章。狭义的教育法是指全国人大及其常委会通过的教育法律,包括《教育法》《义务教育法》《教师法》等。最狭义的教育法专指《中华人民共和国教育法》。"②

对于教育法的含义,我们可以从以下三个方面进行理解③:

(1) 教育法是国家意志的结果,由国家制定或认可是教育法的形成方式。教育法

---

① 杜德栎,任永泽,庄可. 教师道德与教育法规[M]. 北京:北京大学出版社,2016:139.
② 黄正平,阎玉珍. 教育法律法规教程[M]. 南京:南京大学出版社,2011:34.
③ 杨颖秀. 教育法学[M]. 北京:中国人民大学出版社,2014:24 - 25.

是国家意志的结果,这表明任何个人都无权制定或认可教育法。制定教育法要由国家机关依据法定的权限和程序来完成,形成教育方面的具有法律效力的规范性文件。认可教育法要由国家机关通过一定的形式来完成,通过认可,赋予某些已经存在的教育方面的习惯、判例等以法的效力,成为教育法的一部分。在我国,制定教育法是我国教育法的主要形式。

(2) 教育法由国家强制力保证其实施。强制性是包括教育法在内的所有法律的本质特征。教育法的强制性表现为教育法的实施有特定的国家机关做保证。一旦形成教育法,教育法所调整的法律关系主体就应当依法行使相应的权利,履行相应的义务。对违反教育法的行为,法律授权的国家机关有权依据法律规定作出一定的处理。

(3) 教育法是调整教育活动中各种法律性社会关系的行为准则。在教育活动中会发生许多社会关系,它们可以在教育者之间、教育者与受教育者之间、受教育者之间、教育者与社会之间、受教育者与社会之间表现出来。但这些社会关系,并不是在所有的情况下都由教育法调整,只有当教育活动中的某些社会关系需要以法规范的时候,才成为教育法所调整的范畴,教育法才为这些社会关系的调整确定行为规范。

(二) 教育法的特征

教育法的特征是指教育法与其他社会现象、社会规范相比具有的特殊性。

(1) 教育法是调整教育活动中人的行为的社会规范。调整教育活动的规范既有技术性的,也有社会性的。技术性的规范调整的是人与自然之间的关系。社会性的规范调整的是人与人之间的社会关系。教育法是一种社会规范,它调整的是人与人之间的社会关系。作为调整人的行为的社会规范,它以公共权力为后盾,以强制性为根本特性,以维护和形成基本的社会秩序为目的,这是其他社会规范所不具有的特殊性。

(2) 教育法是具有普遍性的社会规范。法的普遍性表现在三个方面:一是指在国家权力所及的范围内,法具有普遍的约束力。在其约束下,如果违反了法则就被视为危害了公共利益。二是指法律面前人人平等。无论谁违反了法律,都应受到法律的制裁。三是指法的内容具有与人类普遍要求相一致的趋向。因为法所调整的是人与人之间的社会关系,它要受到一定的社会发展规律的制约。因而,法所反映的内容必然要与人的普遍要求相适应,否则就会受到法律的惩罚。教育法是法律体系中的一部分,也是具有普遍性的社会规范。

(3) 教育法是由国家强制力保证其实施的社会规范。不同的社会规范都有保证其实施的社会方式,但其实施的范围、程度、性质是不同的。例如,对不道德的行为可能通过舆论进行谴责,通过信念进行纠正等,而对违法的行为则要通过军队、警察、监狱等暴力手段进行强制处理。所以,法是具有外在强制性的社会规范。同样,教育法也需要通过强制手段保证其实施。

二、我国教育法制建设历程

我国的教育立法经历了从无到有、从零星到系统的过程,改革开放以后教育立法过程呈现出加快发展的趋势。目前,我国教育已经初步形成了有中国特色的社会主义教育法律法规体系,使教育的重大问题和教育工作的重要方面都有了法律依据。

(一) 新中国成立—改革开放以前

1949年12月,新中国成立不久,中央人民政府教育部召开了第一次全国教育工作会议,为新中国的教育建设规定了明确的发展方向。新中国成立初期先后颁布了《关于学制改革的决定》等法律法规,对新中国成立初期教育事业的变革与发展起到了十分重要的作用,产生了强烈且深远的影响。1956年3月,中共中央、国务院作出了《关于扫除文盲的决定》,这是新中国成立初期国家教育法规建设的一件大事,它是中国几千年来第一次向文盲"宣战",充分体现了社会主义国家教育的"全民性"特征。

20世纪60年代初期,国家对教育事业进行了调整,为使教育事业重新步入平稳发展的轨道,国家制定了三部教育法规,即《教育部直属高等学校暂行工作条例(草案)》(简称高教十六条)、《全日制中学暂行工作条例(草案)》(简称中学五十条)、《全日制小学暂行工作条例(草案)》(简称小学四十条)。这三大《条例》是新中国成立以来对高校、中小学工作作出的系统而科学的规范,它对稳定各级各类学校的教学秩序,规范各级各类学校的办学行为以及提高各级各类学校的教育质量均产生了良好的影响和作用。

"文化大革命"期间,在极"左"错误思潮的主宰和影响下,教育工作呈现出混乱状态,教育法制建设陷于停顿。

(二) 改革开放后—至今

"文化大革命"结束,特别是1978年党的十一届三中全会确立"改革开放"基本方针后,我国的教育事业进入了新的历史时期,教育法制建设和教育立法重新受到了重视,开始了新的起步并不断向前推进。1980年2月,由第五届全国人大常委会第十三次会议通过并于1981年1月1日正式实施的《学位条例》,是新中国成立以来第一部由我国最高权力机构制定的专项教育法律。1986年4月12日,第六届全国人大第四次会议通过的《中华人民共和国义务教育法》,以基本法律的形式规定国家实施九年义务教育,这是根据宪法和我国国情,为发展基础教育、保证义务教育的有效实施而制定的重要法律。1993年10月,第八届全国人大常委会第四次会议通过的《中华人民共和国教师法》,是为保障我国教师合法权益、建设素质优良的教师队伍、促进社会主义教育事业发展而制定的重要法律。1995年3月18日,第八届全国人大第三次会议通过了我国教育的根本大法——《中华人民共和国教育法》。它的制定、颁布和实施,对于以法律的形式规范和促进我国各级各类教育事业的发展具有特别重要的意义,同时也为进一步制定我国各种专项教育法律法规提供了法律依据。1996年5月、1998年8月相继颁布了《中华人民共和国职业教育法》和《中华人民共和国高等教育法》。

进入21世纪后,我国教育事业被进一步置于优先发展的战略地位。2002年12月,第九届全国人大常委会第三十一次会议通过了《中华人民共和国民办教育促进法》,

该法界定了民办教育的性质,确立了民办教育的地位和民办教育主要法律主体、权利与义务关系等。2006年6月,第十届全国人大常委会第二十次会议通过了《义务教育法(修正案)》,对1986年颁布实施的义务教育法进行了修订。修订后的《义务教育法》进一步强调了义务教育的国家保障性,界定了义务教育的各类责任主体及其相应的法律责任。2015年4月24日,第十二届全国人民代表大会常务委员会第十四次会议通过了《关于修改〈中华人民共和国义务教育法〉等五部法律的决定》,对《义务教育法》中教科书价格管理的规定进行修改。2015年8月,第十二届全国人大常委会第十六次会议初次审议了《教育法律一揽子修正案(草案)》,并向社会公开征求意见。2018年12月29日,第十三届全国人民代表大会常务委员会第七次会议《关于修改〈中华人民共和国产品质量法〉等五部法律的决定》第二次修正,其中包括《中华人民共和国义务教育法》;关于修改《中华人民共和国劳动法》等七部法律的决定,其中包括对《中华人民共和国民办教育促进法》作出修改。

2019年,教育部发布的《教育部关于2019年法治政府建设工作情况的报告》指出,加快教育立法进程,推动修订教育法,认真做好教师法、职业教育法、学位条例修订和学前教育法起草工作,持续开展家庭教育法、国家通用语言文字法的起草或修订研究。2021年4月29日,第十三届全国人民代表大会常务委员会第二十八次会议通过,决定对《中华人民共和国教育法》作第三次修正。2021年10月23日,国家主席习近平签署中华人民共和国主席令(第九十八号),公布《中华人民共和国家庭教育促进法》。2021年11月29日,教育部发布公告,就《中华人民共和国教师法(修订草案)(征求意见稿)》面向社会公开征求意见。2022年1月1日,《中华人民共和国家庭教育促进法》正式实施。2023年6月2日,国务院常务会议讨论并原则通过《中华人民共和国学前教育法(草案)》,决定将草案提请全国人大常委会审议。2024年11月8日,十四届全国人大常委会第十二次会议表决,通过《中华人民共和国学前教育法》,自2025年6月1日起施行。

可见,我国教育立法的步伐不断加快,这也是实现全面依法治教的必然要求。

➤ 扫描目录页二维码,阅读了解"新中国成立之前的教育立法"。

三、我国教育法律法规体系

(一) 教育法的渊源

法的渊源是指法的表现形式。由于法的来源不同,如制定机关不同、外部形式不同,因而法的表现、效力范围等也不同。教育法的法律渊源就是指根据法律效力的来源不同而形成的各种形式的教育法。在我国,它主要包括以下八类:

1. 宪法

在我国的法律渊源中,宪法是国家的根本大法,规定了国家的根本制度和根本任务,具有最高的法律地位和效力,是制定一切法律、法规的依据。它是由全国人民代表大会制定、通过和修改,是规定国家根本的政治、经济和社会制度,公民的基本权利和义务,国家机关的组织机构和活动原则等国家和社会生活中最基本、最重要问题的法律。

2. 法律

在我国,法律是由全国人民代表大会及其常务委员会制定和修改的,内容涉及国家和社会生活中的基本问题,是具有仅次于宪法效力的规范性文件。法律可以分成基本法律和非基本法律。基本法律是由全国人民代表大会制定和修改,规定或调整国家和社会生活中在某一个方面具有根本性和全面性关系的法律,包括关于刑事、民事、国家机构和其他方面的基本法律。非基本法律是由全国人民代表大会常务委员会制定和修改的,规定和调整除基本法律以外的,关于国家和社会生活某一方面具体问题的法律。

3. 行政法规

行政法规是由国务院依法制定和修改的规范性法律文件,其法律效力仅次于法律。

4. 地方性法规

这是指省(自治区、直辖市)以及省(自治区)人民政府所在地的市和经国务院批准的较大市的人民代表大会及其常务委员会根据本行政区域的具体情况和实际需要,依据法律规定的权限发布的规范性文件;设区的市的人民代表大会及其常务委员会根据本市的具体情况和实际需要,在不与宪法、法律、行政法规和本省、自治区的地方性法规相抵触的前提下,对城乡建设与管理、环境保护、历史文化保护等方面的事项而制定的规范性文件。地方性法规的效力次于行政法规。

5. 行政规章

行政规章包括部门规章和政府规章两类。部门规章是由国务院所属各部、各委员会在权限内制定的规范性法律文件,其效力次于行政法规。政府规章是由省、自治区、直辖市以及省、自治区人民政府所在地的市和经国务院批准的较大市的人民政府为保证法律、法规的遵守和执行,依法制定和发布的规范性文件,其效力次于地方性法规。

6. 民族自治地区的自治条例和单行条例

这些是由民族自治地方,包括自治区、自治县的人民代表大会制定或批准的规范性法律文件。自治区的自治条例和单行条例报全国人大常委会批准后生效;自治州、自治县的自治条例和单行条例,报省或者自治区人大常务委员会批准生效。

7. 特别行政区的法

这是由特别行政区的国家机关在宪法和法律赋予的职权范围内制定或认可,并由国家强制力保证实施的,在特别行政区内具有普遍约束力的规范性文件的总和,是根据我国"一国两制"基本方针和宪法规定而制定的。

8. 国际条约和国际惯例

我国同外国缔结的双边、多边条约和其他具有条约、协定性质的文件是我国法的渊源之一。国际条约中没有明确规定的,可以适用国际惯例。

(二) 我国教育法规的体系结构

教育法规作为有关教育的规范性文件,它可以表现为教育法律、教育行政法规、教育章程等等。此后所述"教育法规"即教育法律法规之简称。我国的教育法规体系是在以宪法指导下的以教育基本法为母法,与其所派生的一系列单行教育法及其他各层次规范性文件所构成的。

1. 我国教育法规的纵向结构

除宪法对我国教育做了最根本的规范之外,按我国教育法律法规不同的适用范围和效力等级,可将其从纵向上分为以下几个层级:

一是对整个教育全局起宏观调控作用的教育基本法,即《中华人民共和国教育法》(以下简称《教育法》)。《教育法》是依据宪法制定的调整教育内部、外部相互关系的基本法律准则,可将其称为"教育的宪法"或"教育的母法"。《教育法》规定了我国教育的基本方针、基本任务、基本制度以及教育活动中各主体的权利和义务等,也是制定其他教育法律法规的基本依据。

二是与《教育法》相配套的单行教育法以及有与教育相关条款的其他法律。教育单行法是根据宪法和《教育法》确立的原则制定的,用于调整某类教育或教育的某一具体部门的教育法律。我国先后制定了教育单行法《中华人民共和国义务教育法》《中华人民共和国教师法》《中华人民共和国职业教育法》《中华人民共和国高等教育法》等。一些相关法律,如《中华人民共和国未成年人保护法》《中华人民共和国预防未成年人犯罪法》《中华人民共和国残疾人保障法》等中的有关教育的相关条款也属于教育法律的范畴。

三是与教育法律和其他法律相配套的,由国家最高行政机关(国务院)发布的教育行政法规,如《学校体育工作条例》《学校卫生工作条例》。

四是地方性教育法规。它是由省、自治区、直辖市和较大的市等特定的具有地方法规立法权的地方人大及其常务委员会制定的,不与宪法、教育法律和教育行政法规相冲突的地方性法规,如 2020 年 4 月 29 日,广东省十三届人大常委会第二十次会议表决通过《广东省学校安全条例》。

五是教育部门规章。部门规章是指国务院所属各部委根据法律和行政法规,在本部门权限内单独或与其他部委联合发布的命令、指示等规范性文件。部门规章的效力虽然低于法律和行政法规,但在全国通行有效。如 2020 年 9 月 23 日教育部审议通过,2021 年 3 月 1 日起施行的《中小学教育惩戒规则(试行)》。

六是地方政府规章。它是由省、自治区、直辖市和较大的市等特定的具有地方法规立法权的地方人民政府在本辖区范围内发布的有关调整教育行为的规范性文件。如 2021 年 7 月 1 日广东省人民政府审议,2021 年 10 月 1 日起施行的《广东省教育教学成果奖励办法》。

上述六个层级在总体上呈现出一种由高到低、按序排列的态势。

2. 我国教育法规的横向结构

人们对教育内部和外部各种教育关系构成要素的认识不同，对教育法律法规的横向结构的划分也会不同。需要注意的是，有时一种教育法规的内容作用于几个领域，教育法规横向构成的分类出现交叉重复的现象很难避免。

从目前来看，可将我国教育法规按横向结构表现形式分为以下六类：

(1) 教育基本法；
(2) 规范相关部门教育行政管理权限和运作方式的教育行政组织法；
(3) 规范各类学校办学行为的学校教育法；
(4) 规范教师、学生行为的教职学员法；
(5) 规范实施教育经费保障的教育经费投入法；
(6) 规范教育设施条件的教育设施法。

上述第三类"学校教育法"，又可细分为基础教育法律、职业教育法律、高等教育法律、成人教育法律（或称社会教育法律）、特殊教育法律等。

我国教育法规的体系结构的形成，是一个较长过程，只有在动态发展中逐步加以整合，方可使之日臻完善。

四、教育法规与教育政策、教育法规与教育道德

（一）教育法规与教育政策

教育政策是政策的一个分支，是政党和国家为完成一定历史时期的任务所确定的关于教育工作的策略、方针和行动准则。[①] 党和国家的教育政策对教育事业的运行与发展具有强烈的现实针对性，起着普遍的指导作用。

中国共产党作为执政党，在发展我国的教育事业方面作出了许多重大决定，并且根据形势和任务的变化与时俱进地作出相应的调整。比如：党的二十大报告中首次将"实施科教兴国战略，强化现代化建设人才支撑"作为一个单独部分，明确指出"教育、科技、人才是全面建设社会主义现代化国家的基础性、战略性支撑。必须坚持科技是第一生产力、人才是第一资源、创新是第一动力，深入实施科教兴国战略、人才强国战略、创新驱动发展战略，开辟发展新领域新赛道，不断塑造发展新动能新优势"，对"坚持教育优先发展、科技自立自强、人才引领驱动，加快建设教育强国、科技强国、人才强国"进行整体谋划，并将"建成教育强国、科技强国、人才强国"纳入2035年我国发展的总体目标。

有些决定会由党中央和国务院一起制定、发布。比如：2020年3月20日，中共中央 国务院颁发《关于全面加强新时代大中小学劳动教育的意见》，为构建德智体美劳全面培养的教育体系，加强新时代大中小学劳动教育提出意见。为深入贯彻落实党的二十大精神，加快推进国家基本公共服务均等化，构建优质均衡的基本公共教育服务体

---

① 李晓燕.教育法学[M].北京：高等教育出版社，2001：64.

系,2023年6月13日,中共中央办公厅、国务院办公厅印发《关于构建优质均衡的基本公共教育服务体系的意见》。

1. 教育政策与教育法规的联系[①]

第一,教育法规往往是把行之有效的教育政策规范化,教育政策是制定教育法规的依据。在教育政策法定化过程中,要修改、提炼,废弃一些不符合客观规律的、不符合现实和发展需要的内容。虽然教育政策和教育法规一样,都是根据客观规律要求制定的,但教育政策只是力求符合社会发展规律的客观要求,而教育法规是合理正确地利用了客观规律,并把这种规律法定化、制度化。

第二,教育政策是指导教育以一定目的进行的原则,教育法规是将教育政策具体化。由于教育政策是党和国家在一定时期内教育工作的方针、原则和路线,不可能很具体。而教育法规则是组织、管理教育的重要工具,具体规定人们在教育活动中应该做什么,不能做什么,以及违反规定的法律后果,用以调整错综复杂的教育法律关系。

第三,教育政策和教育法规都是社会主义上层建筑的两个重要组成部分,都体现了国家的意志,都是为了实现国家教育管理职能,维护人民群众利益。

2. 教育政策和教育法规的区别

第一,教育法规和教育政策产生的条件不同。任何政党或集团组织无论执政与否,都可制定教育政策去指导自己的教育事业,完成一定的教育任务。教育法律、法规必须是建立了自己政权的统治阶级才能制定。

第二,教育政策和教育法规制定权的归属不同。教育政策是由党的领导机关和政府制定的,教育法律是由国家最高权力机关制定的,教育行政法规、规章等是由国务院及其部门、地方人大或政府制定的。

第三,表现形式不同。教育政策通常是党的领导机关和政府以有关教育方面的决议、决定、纲领、通知以及其他文件形式出现的。既有公开发表的文件,又有秘密传达的内部文件。而教育法规是国家或行政机关以法律、法规等规范性文件形式表现的,必须公开颁布。

3. 教育政策与教育法规的辩证关系

教育政策与教育法规不可相互替代,二者在制定的组织和程序、实施的方式、表现的形式、调整的范围和社会功能、稳定性和灵活性程度等方面,有着迥然的区别。但是,教育政策与教育法规在教育基础、体现的意志、根本任务和思想理论基础等方面,又具有一致性。二者之间存在着密切联系,由此产生了辩证的关系。

(1) 教育政策对教育立法的作用

首先,教育政策对教育立法有指导作用。一方面,党和国家对教育事务实行政治领

---

① 田俊欣. 教育政策与教育法律法规关系辨析[J]. 中国成人教育,2008(6):32-33(有修删).

导的主要方式在于制定教育政策,这也是党的教育主张经过法定程序变为国家意志的过程。在这个过程中,如果离开了党的教育政策,所产生的教育法律就难以成为党的教育主张的正确反映。另一方面,制定党的政策,包括教育政策,必须以马克思列宁主义、毛泽东思想、邓小平理论、"三个代表"重要思想、科学发展观、习近平新时代中国特色社会主义思想为指导,正确反映中国社会教育发展的客观要求。由此看来,教育立法只有以党和国家的教育政策为指导,体现党和国家政策的精神和内容,才有助于使教育法律法规正确反映社会发展的客观需求,才有助于使教育法律法规更充分地体现各族人民的意志和利益,才有助于使教育法律法规真正具有时代特色和中国特色。

其次,教育政策对教育法规的实施有指导作用。一方面,要在党和国家的教育政策指导下做好教育立法工作,加快教育立法步伐;在贯彻实施教育法律、法规过程中,必须坚持以党的教育政策为指导,紧紧地把握住法律法规的基本精神,正确地执法和监督法律的实施。另一方面,教育法律具有一定的稳定性,一旦颁布实施,非经法定程序不得随意修改。但是,事物总是发展的,随着客观形势的变化,尤其是发生新旧体制转变后,原有的法律要文就会在不同程度上与新体制不相适应。在这种情况下,必须依靠现行政策,才能使法律得以正确执行。

(2)教育法规对教育政策的作用

首先,教育法规对教育政策的制定有必要的制约和指引作用。我国宪法规定,党领导国家的活动,应在宪法和法律范围内进行。制定教育政策时必须讲究一个"合法性",政策的外延不能无限扩张,而是应当有一个"度"。只要我们正确理解和掌握法律的原则和基本精神,就能把握住这个"度"。

其次,教育法规对教育政策的实施有积极的促进作用和保障作用。一是教育立法是在党和国家的教育政策指导下进行的,教育法律法规理所当然地体现了教育政策的精神和内容。在教育工作的实践中,只要我们严肃而又正确地执行教育法律法规,就会促进教育政策的实施。二是教育法律往往是在总结经过实践检验证明是正确的教育政策后而制定的,这些政策由于经受了实践检验和时间考验而变得更加成熟和完善。三是教育法律、法规以自身特有的法律表现形式而有别于一般教育政策,因而它是明确的、普遍的社会规范。可见,教育政策的实施离不开教育法律、法规的有力保障。

教育政策和教育法规应当是一种相辅相成、缺一不可的关系,任何一个国家的教育法律法规都带有一定的原则性,它不可能把社会中的每一种情况都规定得十分详细,还需要把抽象的教育政策具体化。教育法律法规总有一定的稳定性,不可能朝令夕改,而教育政策则可以较好地发挥其灵活性。因此,即使在一个教育法很完善的社会,教育政策仍然有很大的活动空间。

(二)教育法规与教育道德

由于教育活动受教育规律和儿童身心发展特征的制约,教育法规对教育关系的调整具有局限性,必须受到教育道德的调节。教育法规与教育道德之间既有联系,又有区别。

1. 教育法规与教育道德之共性表现[1]

（1）教育法规与教育道德以共同的现实物质生活条件为基础。教育法规与教育道德都是产生于共同现实经济基础之上的上层建筑领域事物，都要反映一定历史条件下社会公共生活秩序的要求，都具有社会历史性。同时，教育法规和教育道德都要受到一定社会政治思想、观念以及教育价值观的影响，会随着经济基础的变化而变化。

（2）在同一社会中，教育法规与占社会主导地位的教育道德具有共同的作用方向，反映的利益关系一致。法律和道德不仅具有社会历史性，同时还具有阶级性。法律和道德都是为了维护一定的利益关系而产生的。在一定社会形态中，占统治地位的阶级总是要维护自己的根本利益，并且根据这一目的要求，建立一定的社会秩序，运用法律和道德作为手段加以维护。虽然一个国家或者一种社会形态内的法律只可能有一种，道德却可以有多种，不同阶级有不同的道德准则要求，但统治阶级所倡导的道德总是与其法律的性质相一致的，教育道德与教育法律法规也不例外。

（3）教育法规与教育道德具有共同作用。教育法规与教育道德的作用具有共同性，它们都是对社会关系（包括教育关系）起调整作用，对人的行为（包括教育行为）起规范作用，并对一定的利益关系的形成和发展起阻碍或促进作用。通常所说的教育法规和教育道德就是指教育法律行为规则和教育道德规则的总和，它们分别通过明确什么是可以做的或应该做的，什么是不可以做的或不应该做的，来对各种教育主体以及各种社会主体的有关教育行为起到规范、约束作用。

2. 教育法规与教育道德的区别表现

（1）两者内容的确定性及其产生过程不同。教育法规大多由较为明确、具体的教育行为规则所构成，而教育道德的行为规则则较为原则、抽象。这是由法律和道德本身的特性所决定的。从形式上看，法律行为规则通常由国家采取一定程序加以制定或者认可，有具体的时间、空间以及对人的效力范围；对于在一定国家组织形态内的全体社会成员，具有普遍的约束力和强制性。从内容上看，法律所确定的权利和义务通常是对事实上权利和义务的认可，即对一定历史条件下人们的正当的行为自由和相应纪律的确认。如果不这样，法律就可能变成一纸空文，没有任何意义。

而在一定社会中起主导作用的道德虽然也是统治阶级意志的反映，但其产生是通过形成一定的社会舆论、社会风尚的方式进行的。其表现形态与法律被提升为国家意志的形式不同，主要通过媒体信息、思想论著以及文艺作品对善恶、荣辱、公私等的道德评价来体现的，它以约定俗成的方式由社会予以认可，表现为一般社会意识。道德规范对人们的行为要求具有社会理想成分，一般是一种原则性要求，这使得道德规范的内容往往比较原则和抽象，不像法律要求那样准确和确定。另外，法律规范的制定通常是有意识的自觉行为，需要在一定立法思想的指导下，经过特定的程序加以立、改、废；而道

---

[1] 李晓燕.教育法学[M].北京:高等教育出版社,2001:54-58(有删减).

德规范的形成,往往具有自发的性质。

(2)两者调整对象的范围有所不同。法律规范着重要求的是人们外部行为的协调、合理、合法,着眼于人们的行为及其后果,不离开人们的行为去过问动机、目的。法律上对人的奖励或处罚都是针对人的行为及其后果来进行的;而道德规范对人的要求不仅仅是行为,甚至主要不是行为,而是行为动机本身是否善良、高尚等。因此,道德规范所调整的范围比法律规范所调整的范围更为广泛。有些社会关系是没有必要、也不可能采用法律规范进行调整的。

(3)两者调整方式和要承担的责任不同。违反教育法律法规的行为要受到一定的法律制裁。这种制裁主要是在国家暴力机器的强制下,承担一定的法律后果,使其行为得到改正,并对其行为所造成的损害后果采取一定物质上或精神上的补救措施。这种补救在量上要与其损害的后果相应,因此法律责任的承担是有限的。违反教育道德的行为主要受良心、社会舆论的谴责。其行为能否得到改正,或者行为所造成的损害后果能否得到补救,主要靠行为主体良心的觉醒程度和对社会舆论压力的承受能力。因而,这种惩罚对于被惩罚者来说,是难以从量上控制的。

(4)两者作用的性质及其实现的制约机制不同。道德以义务为本位,法律则讲究权利与义务的统一。道德规范更多引导人们追求利他主义和奉献精神的理想人格;而法律则保障个人正当、合法的权益,强调每个人在合法权益上的平等性以及维护自身合法权益而负有尊重他人权益的义务,旨在要求人们以公正、正义的原则来处理人与人之间的关系。因此,从性质上看,教育法规的约束具有强制性质,违法与不违法之间的界限一般比较明确;而教育道德的约束具有导向性,其约束力要通过个体自觉遵守来实现。从实现机制上看,教育法规作用的实现主要依靠外在的强制力量,这种强制力量是以国家暴力机关为代表,形成一定的威慑力量,从而制约行为主体的行为方式和内容。而教育道德的实现,主要靠主体内在的信念力量,也就是讲良心、讲是非观念等,这种信念一旦确立,会产生强大的精神力量。

3. 教育法规与教育道德之间的相互联系

(1)两者相互交叉并可以相互转化。由于道德是比法律更为广泛、更为基础的事物,法定权利可能来源于某些道德原则,这使得教育法规与教育道德尽管有不同的调整范围,但也有相互重叠的地方。即有些教育行为既要采用教育法律法规来调整,也要采用教育道德规范来调整。事实上,即使是两者分别调整的特定范围,在一定历史条件下也可能相互转化,即在新的历史条件下,原来属于道德规范调整的范围可能需要采取法律规范加以调整,而原来属于法律规范调整的范围,法律则可能不再过问,而采取道德规范加以调整。

(2)两者在现实社会生活中相互作用。一方面,道德价值判断对制定教育法律法规起指导作用,法律是道德价值判断实现的保障。一定的法律规范体系总是在一定的道德价值判断的指导下制定的,评价法律规范是否合理,或好或坏的标准往往也是道德标准。符合一定道德价值判断的行为规则一旦转化为法律规范,又成为保证这一道德价值判断实现的手段。另一方面,教育法律规范和教育道德规范在调整教育关系、规范有关教育行为过程中有互补作用。因为单纯的道德规范或单纯的教育法律规范对现实利益关系的调整都存在不足。

教育法规和教育道德规范之间具有各自不可相互替代的社会职能,两者都是规范教育活动、调整教育关系不可缺少的手段,所以必须同时加强两者的建设,使两者在教育生活中相辅相成、共同发挥作用。

第二节 教育法律关系

一、教育法律关系的含义

人与人结成的社会关系是多种多样的,比如经济关系、政治关系、道德关系、家庭关系、职业关系等,这些关系并不能都成为法律关系。法律关系是指"在法律规范调整社会关系的过程中所形成的人们之间的权利和义务关系"。教育法律关系就是教育法律规范在调整人们有关教育活动的行为过程中形成的权利和义务关系。

在教育活动中,教育主体之间也可以结成各种关系,如教师与学生、学校与社会等主体之间的关系。要使一定的教育社会关系成为一定的教育法律关系,就必须经过一定的教育法律规范的调整,使其在主体之间形成一定的法律上的权利与义务关系。假如没有教育法律规范的存在,他们之间的关系就仅仅只是一种普通的社会关系。可见,教育法律规范的存在是教育法律关系形成的前提条件之一。

二、教育法律关系的构成要素

教育法律关系由教育法律关系的主体、客体和内容三个要素构成。

(一)教育法律关系的主体

教育法律关系主体是指教育法律关系的参加者,即在教育法律关系中享有权利或承担义务的人或组织。"人"指的是自然人;而组织要作为教育法律关系主体通常须具备法人资格。教育法律关系主体的种类繁多,有国家、教育行政机关及其工作人员、学校及其他教育机构、教职员工、学生及其家长、用人单位、其他国家机关、企业事业单位、社会团体组织,还有外国人和无国籍人。

要成为教育法律关系的主体需要具备享有权利和承担义务的资格,即要具备权利能力和行为能力。

权利能力是教育法律关系主体参加任何教育法律关系都必须具备的前提条件。自然人的权利能力分为一般权利能力和特殊权利能力两种。一般权利能力是所有公民普遍享受,始于出生,终于死亡。《中华人民共和国民法典》第十三条规定:"自然人从出生时起到死亡时为止,具有民事权利能力,依法享受民事权利,承担民事义务。"[1]而特殊权利能力须以一定的法律事实出现为条件才能享有,如参加选举的权利能力须以达到法定年龄为条件。法人的权利能力始于法人依法成立,终于法人被解散或撤销。《中华人民共和国民法典》第五十九条规定:"法人的民事权利能力和民事行为能力,从法人成立时产生,到法人终止时消灭。"[2]法人权利能力的内容、范围以及法人的类型都与法人成立的目的直接相关。

行为能力是指法律所确认的,能够通过自己的行为参加法律关系确认的,行使一定权利和履行一定义务的资格。行为能力不是作出一定行为的能力,而是作出取得权利、行使权利和承担义务的能力。我国《民法典》中根据自然人的年龄、智力状态等因素,把其民事行为能力分为完全民事行为能力、限制民事行为能力和无民事行为能力三类。

资料拓展

民法典中关于自然人的民事行为能力的规定[3]

第十七条 十八周岁以上的自然人为成年人。不满十八周岁的自然人为未成年人。

第十八条 成年人为完全民事行为能力人,可以独立实施民事法律行为。

十六周岁以上的未成年人,以自己的劳动收入为主要生活来源的,视为完全民事行为能力人。

第十九条 八周岁以上的未成年人为限制民事行为能力人,实施民事法律行为由其法定代理人代理或者经其法定代理人同意、追认;但是,可以独立实施纯获利益的民事法律行为或者与其年龄、智力相适应的民事法律行为。

第二十条 不满八周岁的未成年人为无民事行为能力人,由其法定代理人代理实施民事法律行为。

第二十一条 不能辨认自己行为的成年人为无民事行为能力人,由其法定代理人代理实施民事法律行为。

八周岁以上的未成年人不能辨认自己行为的,适用前款规定。

第二十二条 不能完全辨认自己行为的成年人为限制民事行为能力人,实施民事法律行为由其法定代理人代理或者经其法定代理人同意、追认;但是,可以独立实施纯获利益的民事法律行为或者与其智力、精神健康状况相适应的民事法律行为。

第二十三条 无民事行为能力人、限制民事行为能力人的监护人是其法定代理人。

---

① 中华人民共和国民法典[M].北京:中国法制出版社,2020:12.
② 中华人民共和国民法典[M].北京:中国法制出版社,2020:26.
③ 中华人民共和国民法典[M].北京:中国法制出版社,2020:13-14.

第二十四条 不能辨认或者不能完全辨认自己行为的成年人,其利害关系人或者有关组织,可以向人民法院申请认定该成年人为无民事行为能力人或者限制民事行为能力人。

被人民法院认定为无民事行为能力人或者限制民事行为能力人的,经本人、利害关系人或者有关组织申请,人民法院可以根据其智力、精神健康恢复的状况,认定该成年人恢复为限制民事行为能力人或者完全民事行为能力人。

(二) 教育法律关系的客体

教育法律关系客体是指教育法律关系主体的权利和义务所指向的对象,是将教育法律关系主体之间的权利与义务联系在一起的中介。没有教育法律关系的客体作为中介,权利和义务就失去了目标,就不可能形成教育法律关系。因此,客体是构成任何教育法律关系必须具备的一个要素。

教育法律关系客体具体包括三种:一是一定主体的教育活动,即各种有关的教育行为;二是一切用于举办教育事业的物质,包括各种物资、财产、设施、场所、资金等等;三是精神产品,包括教育者或者受教育者的知识产权、学术著作、发明创造等。[1]

案例链接

我国首例教案官司[2]

2002 年,重庆市南岸区四公里小学的高丽娅老师一纸诉状递交到了法院,要求学校归还自己的 44 本教案。高丽娅老师每学期均按学校安排编写和上交教案,先后交给学校教案本 48 册,而学校仅归还了其中 4 册,其余 44 册教案的教案本作为废品私自处理。高丽娅老师首先以"对教案的所有权"为诉求。但是,从法院一审、二审和终审判决,到经检察机关抗诉后启动重审程序,在这宗全国首例"教案"官司中,她 4 次败诉。随后,心有不服的高丽娅老师改变诉由,以主张"教案著作权"为由,第五次走进了法院,誓要讨回"公道"。

2005 年 12 月,重庆市第一中级人民法院最终认定,四公里小学私自处分教师教案原稿的行为侵犯了高丽娅的著作权,并赔偿原告高丽娅经济损失 5 000 元。

---

[1] 李晓燕.教育法学[M].北京:高等教育出版社,2001:95.
[2] 高丽娅与重庆市南岸区四公里小学校著作权纠纷一案重庆市第一中级人民法院民事判决书(2005)渝一中民初字第 603 号[EB/OL]. http://www.law-lib.com/cpws/cpws_view.asp?id=200401144933,2005-12-09(有删减).

(三) 教育法律关系的内容

权利和义务构成教育法律关系的内容。教育法律关系中,权利和义务是统一的,不可分割的。实际上,在教育法律关系中,主体权利的实现依赖于义务主体对其义务的履行。义务主体如果不承担教育法上的义务,权利主体的权利就成为一句空话。权利和义务的统一性还表现为法律关系主体不能只强调自身的权利而忽视对义务的履行,也不能仅强调履行义务而忽视权利的行使。在法制社会,从来没有人只享受权利而不承担义务,也没有人只承担义务而不享受权利的。

资料拓展

"权利"与"权力"的区别[①]

1. 两者的含义不同。权利是宪法和法律赋予公民享有的某种权益,这种权益表现为两个方面:一方面权利享有者有权自己作出一定的行为;另一方面权利享有者有权要求他人作出一定行为或抑制一定行为。权力的含义有两层,一层是政治上的强制力量,如国家权力就是国家的强制力量,如立法权、行政权、司法权等;另一层是职责范围内的支配和指挥权,它同一定的职务相联系,即有了一定的职务就有了相应的某种权力。

2. 两者的性质、对应关系和所代表的利益不同。权利是一个法律概念,是与义务相对应的。权力是一个政治概念,是与责任相对应的。同时,两者所代表的利益不同。权利通常与公民个人利益相联系,代表个人利益,如公民依法享有继承权。权力通常与国家集体利益相联系,代表国家集体的利益。

3. 两者的主体、强制性和所有者范围不同。权利的主体一般是公民、法人或其他社会组织,权力的主体则只能是被授予权力的国家机关及其特定人员。权力的强制性是直接的,权利的强制性则以权力为中介,是间接的。同时,两者所有人的范围不同。作为法律意义上的权利是每个公民都享有的法律权力和利益,享有者范围广。作为政治意义上的权力,同一定职务相联系,其享有者范围相对缩小。

4. 两者行使的选择性和非选择性不同。权利虽是法律规定或保护其享有者从事一定行为的资格,但并不意味着法律要求享有者必须从事该行为,其权利可以放弃或转让。而权力不仅是享有者在职权范围内从事一定行为的资格,而且意味着享有者必须从事该行为。权力既不能转让也不能放弃,否则就是渎职或失职。

教育法律关系中所要求的权利和义务,在很多情况下表现为主体同一性。如个人受教育权利与义务的同一,教师行使教育教学权和履行教育义务的同一,国家举办教育事业的权利和责任的同一等等。这不仅仅是因为教育权利和义务之间存在同一性,还

---

① 叶苑松."权利"与"权力"辨析[J].思想政治教学,2011(3):40(有删减).

由于教育作为一种培养人的活动,把个人发展与国家发展联系起来,这样发展教育事业,使每个社会成员接受一定程度的教育,不仅符合个人利益,也符合国家利益。个人发展与社会发展之间相互促进,这种统一性是教育法律关系中教育权利和义务存在同一性的基础。

三、教育法律关系的形成、变更与消灭

教育法律关系是根据教育法律规范对教育关系的调整而产生的权利、义务关系。没有相应的教育法律规范,就没有教育法律关系的产生、变更和消灭,但教育法律规范本身不会产生教育法律关系,只有当一定的法律事实出现以后,才会引起教育法律关系的产生、变更与消灭。因此,教育法律关系的形成、变更与消灭不是随意的,必须符合两个方面的条件:"第一方面的条件是抽象的,即教育法律规范的存在,这是教育法律关系形成、变更与消灭的前提和依据。第二方面的条件是具体的,即教育法律事实存在,它是教育法律规范中假定部分所规定的各种情况,一旦这种情况出现,教育法律关系中有关权利和义务的规定以及有关行为法律后果的规定就发挥作用,从而使一定的教育法律关系产生、变更或消灭。"①

教育法律规范是指由国家机关制定或认可并以国家强制力保证其实施的关于教育方面的行为规则。它通常包括三个部分:① 假定(条件)。假定是指教育法律规范中,适用该规范的条件和情况的部分,即该法律规范要求或禁止的行为,应当在什么条件和情况下以及对什么人可以适用。② 处理(规则或命令)。处理是指教育法律规范本身的要求,它指明人们的行为方式和标准、权利和义务,也就是要规定应当做什么、允许做什么、禁止做什么等。③ 制裁。制裁是指违反教育法律规范所应承担的法律后果。

教育法律事实是由教育法律加以规定的,能够引起法律后果的事实,可表现为事件或行为。它与普通意义上的事实有重要区别:① 教育法律事实是一种规范性事实,它是教育法律法规的产物,法律事实的产生必须符合法律规范的要求。② 教育法律事实是一种能用证据证明的事实。③ 教育法律事实是一种具有法律意义的事实,它必定会产生一定的法律后果,导致一定法律权利和义务的产生、变更或消灭。

四、学校与未成年学生之间法律关系的性质

当父母把未成年的孩子送到学校以后,孩子在学校学习生活的这段时间里,父母无法时刻保护孩子,那孩子的健康、安全等问题由谁来负责呢?

---

① 杨颖秀.教育法学[M].北京:中国人民大学出版社,2014:58.

> **案例链接**
>
> **寄宿生患肝癌离世父母告学校　法院判学校赔 10 万**[①]
>
> 　　出生时就患有"小三阳"的学生阿华(化名)初中在广东省中山联翔学校寄宿就读,后因肝癌晚期去世,其父母将学校告上法庭,认为学校没有尽到管理义务,未定期给阿华进行体检,才导致了阿华因病去世。后该案经过一审和二审,法院认定学校未对阿华尽到相应的注意义务,为此承担 30% 的责任。
>
> 　　该案已审理终结。

　　学校与未成年学生之间究竟是一种什么性质的关系?过去较长的一段时间里,有一种观点认为学校与未成年学生之间是一种监护与被监护关系。理由是未成年人因认知能力等限制,需要监护人对其进行教育、照顾、管理和保护。家长把未成年子女送到学校,就等于把对未成年子女的监护权转移给了学校。随着我国法治建设不断完善,认为"学校对未成年学生不承担监护责任,而是承担教育、管理和保护的责任"的观点被更多的人所认同。认同的理由是:第一,学校对学生负有监护责任之说没有法律依据。我国现有的法律,无论是《民法典》,还是《教育法》《义务教育法》《未成年人保护法》等,都没有认定学校是学生的监护人,也从来没有说学校对学生所负的是监护责任。第二,学校无权履行法律规定的各项监护职责。法律中规定的监护人职责范围,除保护学生人身安全的责任之外,其他内容都不在学校法律职责范围,如学校无权管理学生财产,也很少有机会代理学生实施民事法律行为。第三,学校监护需要昂贵的成本,就目前我国的国力是做不到这一点的。第四,家长对未成年子女的监护在一对一的情况下尚且有意外发生,学校以少量的教师对众多好动的学生,客观上不具备监护能力。

　　监护人把未成年人送到学校并不发生监护职责的转移(寄宿制学校的情况可能有所不同),法定监护人的变更须由法院通过审理而裁定。"学校、幼儿园与学生之间是一种教育与被教育的关系,包括教育行政法律关系和教育民事法律关系(主要体现为教育合同关系)。义务教育学校与未成年学生之间主要是教育行政法律关系,幼儿园、民办学校与未成年学生之间主要是一种教育合同关系。"[②]

---

　　① 广州日报.寄宿生患肝癌离世父母告学校　法院判学校赔 10 万[EB/OL]. https://www.chinanews.com.cn/gn/2015/12-29/7692769.shtml,2015-12-29.
　　② 卫建国.教育法规与教师道德[M].北京:北京师范大学出版社,2012:8.

第三节 教育法律责任

近年来,新的教育法律法规被制定、颁布,教育法制建设取得了可喜成绩的同时,违反教育法律法规的行为也时有发生。究其原因,与执法不严、违法者没有受到应有的惩罚、没有严格追究违反教育法律法规的责任有一定关系。

一、教育法律责任的含义

法律责任有广义和狭义两种解释,广义上具有两方面含义,一是指根据法律规定,人们应当履行的义务,如赡养父母、抚养子女等,是具有强制性的责任;二是指行为人实施了违法行为而必须承担的法律后果。狭义上所讲的法律责任仅指后一种。人们通常也是从狭义上理解和使用法律责任这一概念的。所以,本节所讲的教育法律责任是狭义的,是指由行为人违反教育法律法规的行为所引起的,应当由其依法承担的惩罚性的法律后果。

法律责任具有不同于其他社会责任的特征:首先,它具有法律规定性。法律责任必须以具体的法律规定为前提,即法律责任是由国家运用法律形式事先予以明确规定的、要求必须实施的法律行为模式。承担法律责任的具体情形,以及法律责任的性质、范围、大小、期限等,都必须由法律明确规定。一般来说,法无具体规定不担责。法律没有明确规定的,行为人一般不承担法律责任。其次,它具有国家强制性。法律责任的追究和实现均以国家强制力做保障,它具有普遍的约束力,是维护社会正常秩序的有力手段。这里包含两层意思,一是依靠国家强制性追究违法者的法律责任,使其受到约束、承担责任,甚至是受到处罚;一是法律责任的追究必须由国家专门机关进行,其他组织和个人无权追究行为的法律责任。再次,它具有归责的特定性。法律责任由违法的法律关系主体所承担。

二、教育法律责任的类型

法律责任的类型是指承担法律责任方式的类别。按违法的性质和危害程度的不同,教育法律责任可分为:行政法律责任、民事法律责任、刑事法律责任、违宪法律责任。

(一) 行政法律责任

行政法律责任简称行政责任,是指违反了行政法律规范而应当依法承担的行政法律后果。行政法律责任的特点有:

(1) 行政法律责任是基于行政法律关系而发生的,即在行政管理中,由行政主体一方违反行政法律义务或相对人违法所引起的。行政主体与公民、法人或其他组织在民事法律关系或其他关系中违法而引起的责任不是行政法律责任。比如某行政机关与某商业公司因为办公用品的买卖而产生的经济纠纷,并不属于行政法律的范畴,而是属于商事法律的范畴,其产生的法律责任属于民事法律责任而不是行政法律责任。

（2）行政法律责任追究机关及追究程序具有多样性。承担行政法律责任的主体具有多元性,由此决定了作出行政制裁措施的机关及程序具有多样性,这也是行政法律责任与民事法律责任和刑事法律责任的不同之处。民事法律责任和刑事法律责任的追究机关都具有单一性,即只能由国家的司法机关来追究,而行政法律责任的追究机关既可以是国家的权力机关、司法机关,也可以是国家的行政机关。与民事法律责任和刑事法律责任的追究程序相比,行政法律责任的追究程序一般采用行政复议程序、行政申诉程序。在有些情况下,行政复议程序是司法程序的必经程序,如果没有经过行政复议程序,司法机关不会受理行政相对人提出的诉讼请求。

（二）民事法律责任

民事法律责任简称民事责任,是指违反了民事法律规范而应当依法承担的民事法律后果。

民事法律责任的特点有:

（1）民事法律责任是民事主体违反民事法律的后果。民事法律责任是基于民事违法行为而产生的,具体包括违反合同的民事法律责任(违约责任)和侵权的民事法律责任(侵权责任)两类。

（2）民事法律责任可以在允许的范围内自愿和解。强制性是一切法律责任共有的特性,民事法律责任也不例外。但应该注意的是,在一定条件下,民事法律责任不一定要求国家相关的有权机关的干预,可以不经过诉讼程序,而直接由当事人在国家和政策允许的范围内自愿和解,协商解决。

（3）民事法律责任主要是财产责任。在民事活动中,违法民事义务往往与财产损害有关,这就决定了民事法律责任主要是具有经济内容的财产责任。但这些财产责任的承担并不影响某些非财产责任的承担,比如赔礼道歉、消除影响、恢复名誉等。

案例链接

学生在校值日摔伤　学校被判赔 17 万[①]

小段现年 15 周岁,是山东平原某学校的一名学生。2020 年 7 月 14 日上完晚自习后,学校的老师将小段、小赵、小张、小刘留下打扫卫生。在打扫卫生接近尾声时,小段去了趟卫生间,老师和小赵、小张、小刘在没有确认小段离开的情况下,把灯熄灭,将小段反锁在教学楼内。在空无一人的教学楼内,小段感到非常恐惧,于是便

---

① 澎湃新闻.学生在校值日摔伤 学校被判赔 17 万[EB/OL]. https://www.thepaper.cn/newsDetail_forward_11513841,2021-03-01.

想方设法地离开教室,顺着没有防护措施的窗户爬到楼外,然后顺着教学楼的柱子往下爬,不小心从高处坠落摔伤住院。经多次协商无果,小段将学校、小赵、小张、小刘等告上法院,请求判令学校、小赵、小张、小刘和某保险公司赔偿医疗费、伤残赔偿金、后续治疗费等合计495 090.89元。

平原法院审理认为,本案中小段和小赵、小张、小刘按照学校安排的值日打扫卫生,其间小段去卫生间,回来后发现老师和同学都离开了教室,自己一人落单,在慌乱中忘记了教学楼里的多部公共电话,即没有发现教学楼安全出口,也没有大声呼救或者等待老师巡查,便顺着没有防护措施的窗户爬到楼外,然后顺着教学楼的柱子往下爬。小段系限制民事行为能力人,在没有确定安全的情况下顺楼爬下,应当对遇到的危险具有预判力,但自己对潜在的危险估计不足,致使从高处坠落摔伤。对此,小段应承担主要责任。

本案中,由于老师在没有随即询问和清点同学们是否都已经离开教室回宿舍的情况下离开,没有尽到监督、安全保障义务,应当对小段的损害后果承担相应的责任。最终,平原法院依法判决学校承担40%责任。对于小赵、小张、小刘因系履行老师安排班级事务,履行公共事务,不应承担责任。

(三) 刑事法律责任

刑事法律责任简称刑事责任,是指违反了刑事法律规范而应当依法承担的刑事法律后果。刑事法律责任的特点有:

(1) 承担刑事法律责任的根据是严重的违法行为。一般来说,只有当违法行为人实施了《中华人民共和国刑法》所禁止的行为,也就是实施了犯罪行为才能受到刑事制裁。

(2) 刑事法律责任是最严重的法律责任。从责任形式上不仅包括管制、拘役、有期徒刑、无期徒刑等主刑和剥夺政治权利、没收财产等附加刑,而且包括剥夺犯罪人生命权利的死刑。

(3) 刑事法律责任具有法定性,即法无明文规定不为罪,法无明文规定不受罚。一方面,犯什么罪,承担何种刑事责任,应当依法确定,即有法可依。另一方面,根据犯罪人的自身悔过程度,可以对其加刑或减刑,以加重或减轻刑事法律责任的程度,但这些变更也应是有法可依的。

> **案例链接**
>
> **替考案中"枪手"被判刑**①
>
> 　　2019年高考期间,在校大学生何某豪在网上发布"助攻考试"广告,来自广东、山东、贵州等地的12名考生向其缴纳报名费。何某豪在网上联系大学生聂某武、彭某林,3人分工协作,何某豪负责联系传递试题及解题答案,聂某武负责解题,彭某林负责整理试题,在高考期间为12名考生实施作弊。同年6月8日,警方将3人抓获。
>
> 　　刑法明确规定,在法律规定的国家考试中,"组织作弊的""出售、使用无线作弊器材的""向考生提供试题、答案的"均属于违法行为。《最高人民法院、最高人民检察院关于办理组织考试作弊等刑事案件适用法律若干问题解释》中也规定,对在高考、研考等国家教育考试中组织作弊的,将直接认定为"情节严重"行为,处3年以上7年以下有期徒刑并处罚金。
>
> 　　最终,何某豪、聂某武、彭某林3人因犯组织考试作弊罪,分别被判处2年至3年6个月不等有期徒刑。

(四) 违宪法律责任

违宪法律责任简称违宪责任,是指因违反宪法而应当依法承担的法律后果。违宪主要有两种情况:一是有关国家机关制定的某一法律、法规或规章与宪法的规定相抵触;二是国家机关、社会组织或公民的某种活动与宪法的规定相抵触。由于宪法具有最高的法律地位和效力,因此,违反宪法的法律、法规、规章和活动都是无效的。我国监督宪法的实施和认定违宪责任的机关是全国人民代表大会常务委员会。

对违法行为责任的追究主要包括上述四种形式,但这四种形式有时不是单独使用的。对于同一个违法行为,有时需要同时追究多种形式的法律责任。

三、教育法律责任的归责要件与原则

(一) 教育法律责任的归责要件

教育法律法规设定了法律责任,但根据什么来确定教育法律责任主体呢?这就是教育法律关系责任主体的归责要件问题。教育法律关系主体只有具备教育法律责任的

---

① 法治日报. 教育部公安部中央网信办发布高考违法典型案例[EB/OL]. http://www.legaldaily.com.cn/judicial/content/2022-06/07/content_8729516.html,2022-06-07.

归责要件,才被确认为教育法律责任主体,承担相应法律后果。

根据违法行为的一般特点,可以把法律责任的构成要件概括为责任主体、违法行为、主观过错、损害事实和因果关系五个方面。

1. 责任主体

法律责任需要一定的主体来承担。法律责任构成要件中的主体是指具有法定责任能力的自然人、法人或其他社会组织。并不是行为人实施了违法行为就要承担法律责任,就自然人来说,只有到了法定年龄,具有理解、辨认和控制自己行为能力的人,才能成为责任承担的主体。没有达到法定年龄或不能理解、辨认和控制自己行为的精神病患者,即使其行为造成了对社会的危害,也不能承担法律责任。对他们行为造成的损害,由其监护人承担相应的责任。同样,依法成立的法人和社会组织,其承担法律责任的能力,自成立时开始。

2. 违法行为

有行为才有责任,纯粹的思想不会导致法律责任。引起法律责任的行为是违法行为,主要表现为行为人或是侵害了法定权利,或是不履行法定义务。因此,这里所说的违法行为是广义的,包括直接侵害行为和间接侵害行为。直接侵害行为是指直接侵害法定权利或不履行法定义务,直接给社会造成一定危害的行为;间接侵害行为是指虽未侵害受害人的法定权利或未直接对受害人不履行法定义务,但由于行为人未能对直接侵害法定权利者或不履行法定义务者尽到义务,从而导致或促使直接侵害发生的行为。

违法行为与法律责任的关系存在着两种情况,一是违法行为是法律责任产生的前提,没有违法行为就没有法律责任,这是两者关系的一般情形或多数情形;二是法律责任的承担不以违法的构成为条件,而是以法律规定为条件,这是两者关系的特殊情形。

3. 主观过错

构成法律责任要件的主观过错,是指行为主体的主观故意或者主观过失。故意是指行为人明知自己行为的不良后果,却希望或放任其发生。过失是指行为人应当预见到自己的行为可能发生不良后果而没有预见,或者已经预见而轻信不会发生或自信可以避免。应当预见或能够预见而没有预见,称为疏忽;已经预见而轻信可以避免,称为懈怠。过错在不同法律关系中的重要程度是不同的。在民事法律中一般较少区分故意与过失,而刑事法律则对故意或过失有严格的区分。过错是构成刑事犯罪的必要条件,但在民事法律责任中,有些情况下并不以行为人是否有过错为前提。

4. 损害事实

所谓损害事实,指行为人的违法行为对受害方构成客观存在的确定的损害后果。有损害事实包括对人身的、财产的、精神的或者三者兼有的。损害必须具有确定性。它意味着损害事实是一个确定的事实,而不是臆想的、虚构的、尚未发生的现象。损害事实是法律责任的必要条件,任何人只有因他人的行为受到损害的情况下才能请求法律上的补救,也只有在行为致他人损害时,才有可能承担法律责任。

5. 因果关系

因果关系是指违法行为与损害事实二者之间存有必然的联系，即某一损害事实是由行为人的某一行为引起的，二者存在着直接的因果关系。因此，要确定法律责任，必须在认定行为人违法责任之前，首先确认行为与危害或损害结果之间的因果联系，确认意志、思想等主观方面因素与外部行为之间的因果联系，还应当区分这种因果联系是必然的还是偶然的，直接的还是间接的。直接因果关系中的联系称为直接原因，间接因果关系中的联系称为间接原因。作为损害直接原因的行为要承担责任，而作为间接原因的行为只有在法律有规定的情况下才承担法律责任。

(二) 教育法律责任的归责原则

归责原则是判断行为人是否应当承担法律责任的规则。一般来说，法律责任的归责原则主要有以下几个：

1. 过错责任原则

过错责任原则是归责原则的一般原则，也是最重要的原则，是指法律关系主体（即行为人）由于存在过错而应承担责任的法律规则。它以过错作为归责的最终构成要件，行为人是否有过错是最核心的问题，无过错即无责任。

2. 过错推定原则

过错推定责任原则是指受害人能够证明所受损害是加害人的行为或物件造成的，即推定加害人存在过错并应当承担责任的法律规则。加害人不能通过简单地证明自己没有过错而免责，从此意义上说，过错推定责任中的"过错推定"是不容否定的推定。加害人只有证明存在法律明确规定的抗辩事由，才能证明自己没有过错并免责。

3. 公平责任原则

公平责任原则是指当事人双方在造成损害发生的方面均没有过错，但是根据公平原则，综合考虑当事人的财产状况、支付能力等因素，确定一方对另一方的损失给予适当的补偿。

4. 无过错责任原则

无过错责任原则是指行为人的行为或与行为人相关的事件对他人造成损失，行为人即使没有过错，也应承担相应的责任。如《民法典》第一千一百六十六条的规定："行为人造成他人民事权益损害，不论行为人有无过错，法律规定应当承担侵权责任的，依照其规定。"这种归责原则下，只要行为人的行为造成了损害，无论其是否存在主观过错，都要承担法律责任，这是一种绝对责任。在我国，立法对一些特殊行业采用了这一归责原则。如《民法典》第一千二百三十六条规定"从事高度危险作业造成他人损害的，应当承担侵权责任。"

第四节 教育法律救济

一、教育法律救济的含义和基本原则

(一)教育法律救济的含义

法律救济是通过法定的程序和途径裁决社会生活中的纠纷,使权益受到损害的主体得到法律上的补救。教育法律救济是指通过合法程序裁决教育活动中的纠纷时对受损害者的权益依法给予补救的法律保护制度。

(二)法律救济的基本原则

1. 事后救济原则

只有侵害教育权利的不法行为发生之后,受害的当事人才能寻求相应的法律救济,一般不存在事前或事中救济。

一般说来,当人们的权益受到侵害后,刑事诉讼可以惩罚犯罪分子,使受害者所希望的社会正义得以伸张;民事诉讼可以为受害者提供一定的补偿措施,使受害者的权利在一定程度上得以恢复;行政诉讼则可以及时地修复被侵害行为破坏的社会秩序,既可用行政处罚措施惩罚侵害行为者,也可以通过行政赔偿等,使受到国家机关及其工作人员违法行为侵害的受害者得到财产的补偿。上述这些法律救济渠道都是事后救济。

2. 主管职权专属原则

本原则的基本含义是指权利救济要求只能向特定的机关提起,即只有特定的机关才有分配社会正义的权力,如刑事诉讼一般由公安机关侦查、检察机关提起公诉、人民法院审判;民事诉讼和行政诉讼只能向人民法院提起;而行政复议、行政申诉也只能向特定的行政复议机关或行政申诉机关提起。

3. 正当程序原则

本原则是指特定的权力机关在履行分配社会正义的过程中,必须遵循法律规定的程序,这就是通常说的"程序合法"。现代法治的基本内容之一就是程序公正,这种公正的程序不仅仅是为了保证行为结果的公正,更主要的是,它要向广大的社会公众宣示过程的公正,从而体现执法和司法的公正。所以,法律救济的过程也必须强调合法、公正的程序。没有正当的程序,就无法保证法律救济的公正。

二、教育法律救济的渠道

法律救济的渠道分为:行政渠道、司法渠道、仲裁渠道和调解渠道。

1. 行政渠道

行政渠道,即行政救济。我国有行政申诉、行政复议、行政赔偿制度。《教育法》《教

师法》都规定了受教育者申诉和教师申诉两种行政救济方式。

2. 司法渠道

司法渠道,即诉讼渠道。凡符合民事诉讼法、刑事诉讼法、行政诉讼法受案范围的都可以通过诉讼渠道得到司法解决。

3. 仲裁渠道

仲裁是根据纠纷双方的意愿,由仲裁机构以第三者的身份,对当事人双方发生的争议,依据事实作出判断,在权利义务上作出裁决的活动。与教育法律法规相关的仲裁制度主要是劳动人事争议仲裁制度,比如:教师认为学校侵害其劳动权益(如扣发工资、解除聘用关系等),可以依法向劳动人事争议仲裁机构提出仲裁申请,由劳动人事仲裁机构作出裁决。

4. 调解渠道

调解是双方或多方当事人发生纠纷后,由人民法院、行政机关、群众调解组织,从中排解疏导,说服当事人相互谅解,在民主协商的基础上解决纠纷的活动。随着教育法制的日趋完善,根据《教育法》和《教师法》的基本精神,我国正在逐步建立教育仲裁制度和校内调解制度。

三、教育法律救济中的教育申诉

根据我国现行的有关法律、法规的规定,教育法律救济的途径主要包括教育申诉、教育行政复议、教育行政诉讼以及教育行政赔偿。教育申诉制度主要包括教师申诉制度和学生申诉制度。

(一) 教师申诉制度

1. 教师申诉制度的含义和特征

教师申诉制度,即教师在其合法权益受到侵害时,依照法律、法规的规定,向主管的行政机关申诉理由、请求处理的制度。相对于其他形式的申诉制度,教师申诉制度具有专门性、法定性和非诉讼性的特点。

(1) 教师申诉制度是一项专门性的权利救济制度。它在宪法赋予公民享有申诉权利的基础上,将教师这一特定专业人员的申诉权利具体化。

(2) 教师申诉制度是法定的申诉制度。《教师法》中明确规定了教师申诉的程序和期限,同时规定学校及其他教育机构、有关部门对上级行政机关作出的处理决定,负有执行的义务,否则,即应承担相应的法律责任。

(3) 教师申诉制度是非诉讼意义上的行政申诉制度。它是由行政机关依法对教师的申诉,根据法定行政职权和程序作出行政处理的制度。其行政处理决定具有行政法上的效力。

2. 教师申诉制度的范围

《教师法》对教师可以对学校或其他教育机构及教育行政机关提出申诉的范围规定

得比较宽泛,主要有:

(1)教师认为学校或其他教育机构侵犯其《教师法》规定的合法权益的,可以提出申诉。这里的合法权益,包括《教师法》规定的教师在职务聘任、科研、工作条件、民主管理、培训进修、考核奖惩、工资福利待遇、退休等各方面的合法权益。只要教师认为学校或其他教育机构侵害了其合法权益,就可以提出申诉。

(2)教师对学校或其他教育机构作出的处理决定不服的,可以提出申诉。学校或其他教育机构的处理决定,可能侵害了教师的合法权益,也可能没有侵害教师的合法权益。但如果教师对处理不服,就可以提出申诉。

(3)教师认为当地人民政府的有关部门侵犯其《教师法》规定的合法权益的,可以提出申诉。

3. 受理教师申诉的机关

受理教师申诉的机关,因被申诉主体的不同而有所区别。教师如果是对学校或其他教育机构提出申诉,受理申诉的机关为主管的教育部门;如果是对当地人民政府的有关行政部门提出申诉,受理申诉的机关可以是同级人民政府或者上一级人民政府对口的行政主管部门。这里需要注意的是,提出申诉不要向行政机关的个人提出,而应向行政机关提出。

4. 教师申诉制度的主要环节和程序

教师申诉制度由申诉的提出、受理和处理三个环节组成,并依次进行。

教师提出申诉,应当以书面形式提出。申诉书应写清楚申诉人的姓名、性别、年龄、住址等身份信息;被申诉人的名称、地址、法定代表人的姓名、性别、职务等信息;写明申诉要求,主要写明申诉人对被申诉人因侵犯其合法权益或对某个具体行为的实施,要求受理机关重新处理或撤销决定的具体要求;申诉理由和事实经过,要求写明被申诉人侵害申诉人合法权益的事实经过和处理决定的事实与法律政策依据,并陈述理由。同时,提交申诉书时还应附交有关的物证、书证或复印件等。

有关行政部门接到申诉书后,应对申诉人的资格和申诉的条件进行审查,分别针对不同情况,做出如下处理:① 对于符合申诉条件的,应予以受理;② 对于不符合申诉条件的,可以答复申诉人不予受理;③ 对于申诉书未说清申诉理由和要求的,要求重新提交申诉书。

行政机关对受理的申诉案件,应当进行全面的调查核实。根据不同情况,分别作出如下处理决定:① 学校或其他教育机构的管理行为符合法定权限和程序,适用法律法规正确,维持原处理结果;② 管理行为存在程序上的不足,要求其加以补正;③ 被申诉人不履行法律、法规和规章规定的职责的,要求其限期改正;④ 管理行为部分适用法律法错误,变更原处理结果或不适用的部分;⑤ 管理行为依据的内部规章与法律法规相抵触的,撤销原处理决定。对教师提出的申诉,主管教育行政部门应当在收到申诉书的次日起30天内进行处理。

教师对申诉处理结果不服的,如果符合法律的规定,可依法向法院起诉。

案例链接

某教师不满学校岗位调整,脱岗两年,工资却照领不误[①]

丁某2014年应聘至某市某中学,签订了期限为2014年9月1日至2019年8月31日的《事业单位聘用合同书》,岗位性质为专业技术岗,自此成为该校编制内教师。2016年末开始,因该校改革调整、招生计划减少,造成任课教师超编。2017年7月,经学校行政会议决定,将丁某调整至教务处任教务员。丁某因不同意岗位调整,在与学校协商无果后,自2017年7月至2019年6月间未到校工作。其间,学校仍按月向丁某发放工资。2019年6月,学校向丁某送达《聘用合同到期不再续签的通知》,因丁某未到校工作近两年,决定不再续签合同。2019年7月,丁某向某区教育委员会提出申诉,称该中学违反规定,安排其在家待岗,不与其签订聘用合同,侵犯了自身的合法权益,要求责令学校继续与其签订聘用合同。某区教育委员会经审查,告知丁某应通过人事争议仲裁解决。经仲裁,丁某诉求未得到支持。

本案中,丁某因不满学校对其作出的岗位调整,长达两年未到校工作、未参加学校教育教学活动。此种情况下,学校依然向丁某发放工资的行为,突破了规章制度的边界,也是对其他教师的不公。学校既要关心关爱教师,也要依法依规进行管理。教师既要依法行使权利,也要遵守学校的规章制度。本案中,丁某反映的合同续签问题,应通过人事争议仲裁解决,学校不与其签订岗位协议书、待岗问题可以通过教师申诉来处理。

(二)学生申诉制度

1. 学生申诉制度的含义和特征

学生申诉制度,是指学生在其合法权益受到侵害时,依照《教育法》及其他法律的规定,向主管的行政机关申诉理由,请求处理的制度。学生申诉制度具有如下特征:

(1) 学生申诉制度是《教育法》保护学生权益的法定制度。学生认为学校、学校工作人员、教师侵犯其合法权益时,均可向学生申诉机构提起申诉。任何阻碍、压制乃至剥夺学生申诉权利的行为,均构成违法行为,应承担相应的法律责任。

(2) 学生申诉制度是维护学生这一特定主体的权利救济制度。学生申诉制度的本

[①] 王艳霞.学校管理要把握好尺度与温度[EB/OL]. http://www.jyb.cn/rmtzgjyb/202204/t20220413_688616.html,2022-04-13.

质在于补救学生受损害的合法权益。由于学生特定的身份和地位,决定了其合法权益受到侵害时,本人既不能采取拒绝的方式来补救自己,也无权采取强制手段制止或纠正侵犯行为,因此,《教育法》赋予受教育者申诉的权利,是维护学生这一特定主体合法权益的法律救济保障。

2. 学生申诉制度的范围

《教育法》对受教育者申诉范围的规定比较宽。这对维护学生在学校中的合法权益十分有利。学生申诉的范围主要有：

(1) 学生对学校给予的处分不服的,包括学籍管理、考试、校规等方面,都有权申诉。

(2) 学生对学校侵犯其合法财产权利的可以提出申诉。如学校违反规定乱收费的,违法设定因迟到、打架、不交作业进行的"罚款",不应该交的"实验费""补课费"等等。

(3) 学生对学校侵犯其人身权可以提起申诉。例如,学生对学校在校纪管理中处理不当,而侵害了其人身健康权、名誉权的。

(4) 学生对教师侵犯其合法财产权利可以提出申诉。如,教师强迫其购买与教学无关的物品。

(5) 学生对教师侵犯其人身权利可以提出申诉。如,学生对教师私拆、扣压信件而导致其身心伤害的,污辱、体罚学生的,放学后长时间留校限制学生人身自由的,非法搜查学生书包的。

(6) 学生对学校或教师侵犯其知识产权可以提出申诉。例如,教师剽窃学生的著作权、发现权、发明权或其他科技成果权,学校强行将学生的知识产权收归学校等。

3. 学生申诉的程序

学生申诉要遵循一定的程序。一般步骤为:提出申诉;等待主管机关的受理审查;听取对申诉的处理结果。

学生可以口头或书面提出申诉。若提出书面申诉,申诉书撰写要求与教师申诉书内容相同,在此不再赘述。主管机关接到学生的申诉后,可以依具体情况经审查后作出不同的处理。对于属于自己主管的,予以受理;对于不属自己主管的,告知学生向其他部门申诉或驳回申诉;对于虽属本部门主管,但不符合申诉条件的,告知学生不能申诉;对于未说明申诉理由和要求的,可要求其再次说明或重新提交申诉书。

4. 对申诉的处理

主管机关受理申诉后,应该对事件进行调查核实,根据实际情况作出正确处理:① 如果学校、教师或其他教育机构的行为或决定符合法定权限或程序,适用法律法规规定正确,事实清楚,可以维持原来的处分决定和结果;② 如果处分或决定违反相关的法律法规规定,侵害申诉人合法权益,可以撤销原处理决定或责令被申诉人限期改正;③ 具体处分决定或具体行为决定的一部分适用法律、法规或规章错误,或事实不清的,可责令退回原机关重新处理或部分撤销原决定;④ 处理或决定所依据的规章制度或校纪校规与法律、法规及其他规范性文件相抵触时,可撤销原处理决定;⑤ 如果学校、教师确有侵犯学生人身权、财产权的应当责令学校、教师予以赔礼道歉或赔偿损失。

学生对申诉处理结果不服的,如果符合法律的规定,可依法向法院起诉。

本章小结

广义上的教育法是由国家制定或认可,并由国家强制力保证实施的,调整教育活动中各种社会关系的规范的总和;狭义的教育法是专指我国教育基本法——《中华人民共和国教育法》。教育法的渊源,包括宪法、法律、行政法规、地方性法规、自治条例和单行条例、规章。随着我国教育法律法规的不断发展,形成了纵向、横向交错的体系;与教育政策、教育道德共同对我国教育事业发展产生作用,在实践中要处理好几者之间的关系。

教育法律关系是教育法律规范在调整人们有关教育活动的行为过程中形成的权利和义务关系,由教育法律关系的主体、客体和内容三个要素构成。教育法律关系处于不断变化之中,表现为教育法律关系的形成、变更、消灭的过程。教育法律责任是指由行为人违反教育法律法规的行为所引起的,应当由其依法承担的惩罚性的法律后果,分为行政法律责任、民事法律责任、刑事法律责任和违宪责任;其归责要件包括责任主体、违法行为、主观过错、损害事实和因果关系五个方面;归责原则有过错责任原则、过错推定原则、公平责任原则、无过错原则。教育法律救济是指通过法定的程序和途径裁决教育生活中的纠纷,使权益受到损害的主体得到教育法律上补救的一种法律制度,其救济渠道包括行政渠道、司法渠道、仲裁和调解渠道。教育申诉制度中教师申诉制度和学生申诉制度对于维护教师和学生的合法权益有着重要的作用。

思考题

1. 谈谈近年来你关注到我国教育法制体系建设有哪些新变化?
2. 完善学生申诉制度将产生什么样的现实意义?
3. 教师申诉与学生申诉存在怎样的区别?

第七章　教育基本法律与专门法律的解读

学习目标

1. 了解《中华人民共和国教育法》《中华人民共和国义务教育法》《中华人民共和国教师法》《中华人民共和国家庭教育促进法》的基本内容和要求；明确违反其中相关规定应承担的责任。

2. 将法律要求融入教育教学具体实践中，提升依法执教能力，提高指导家庭教育开展的能力。

3. 形成尊法、学法、知法、守法、用法的意识，形成正确的教育教学观和家校社协同育人观。

内容框架

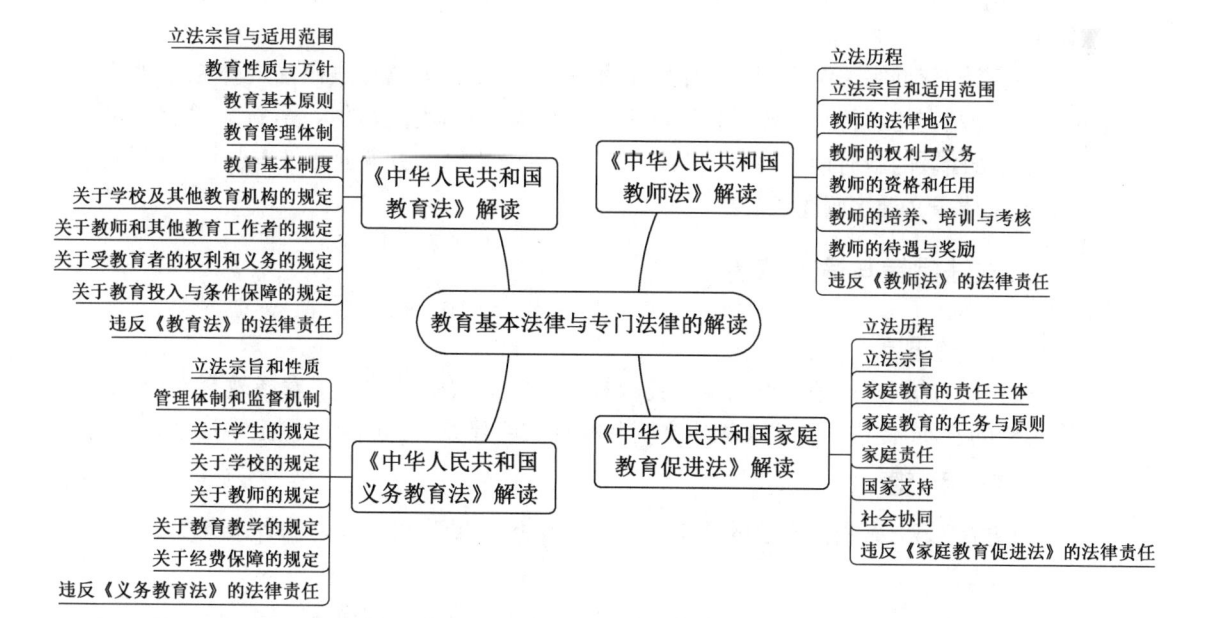

教育基本法律与专门法律的解读

- 《中华人民共和国教育法》解读
  - 立法宗旨与适用范围
  - 教育性质与方针
  - 教育基本原则
  - 教育管理体制
  - 教育基本制度
  - 关于学校及其他教育机构的规定
  - 关于教师和其他教育工作者的规定
  - 关于受教育者的权利和义务的规定
  - 关于教育投入与条件保障的规定
  - 违反《教育法》的法律责任

- 《中华人民共和国教师法》解读
  - 立法历程
  - 立法宗旨和适用范围
  - 教师的法律地位
  - 教师的权利与义务
  - 教师的资格和任用
  - 教师的培养、培训与考核
  - 教师的待遇与奖励
  - 违反《教师法》的法律责任

- 《中华人民共和国义务教育法》解读
  - 立法宗旨和性质
  - 管理体制和监督机制
  - 关于学生的规定
  - 关于学校的规定
  - 关于教师的规定
  - 关于教育教学的规定
  - 关于经费保障的规定
  - 违反《义务教育法》的法律责任

- 《中华人民共和国家庭教育促进法》解读
  - 立法历程
  - 立法宗旨
  - 家庭教育的责任主体
  - 家庭教育的任务与原则
  - 家庭责任
  - 国家支持
  - 社会协同
  - 违反《家庭教育促进法》的法律责任

案例导入

大学生寒暑假期办补习班合法吗?

每年的寒暑假,许多大学生为了减轻家庭负担,瞅准商机,公开招生办补习班。2023年7月,河北沧州肃宁县教育局通报了这样一起案例:7月5日,有群众反映梁村镇某处违规组织学科类培训,教育部门接举报后立即会同当地镇政府前往现场开展调查处理。经查,该机构系8名大学生租用临时场地开展学科类违规培训,共招了7个班,150名学生,每生收取费用600元。[1]

该机构8名大学生办班违反了什么规定,应承担什么责任?

第一节 《中华人民共和国教育法》解读

《中华人民共和国教育法》(以下简称《教育法》),于1995年3月18日由第八届全国人民代表大会第三次会议通过,1995年9月1日起施行。2009年8月27日,《教育法》经第十一届全国人民代表大会常务委员会第十次会议第一次修正;2015年12月27日,《教育法》经第十二届全国人民代表大会常务委员会第十八次会议第二次修正;2021年4月29日,《教育法》经第十三届全国人民代表大会常务委员会第二十八次会议第三次修正。

《教育法》依据宪法制定,是我国教育的基本法,在我国教育法律法规体系中处于"母法"地位。它的颁行是我国教育法制进程中具有里程碑意义的大事,标志着我国进入全面依法治教的新时期。《教育法》共有十章,涉及教育的方方面面。本节将根据《教育法》的法律条文循序阐述该法。

一、立法宗旨与适用范围

(一) 立法宗旨

《教育法》总则第一条明确揭示了我国教育法的立法宗旨:"为了发展教育事业,提高全民族的素质,促进社会主义物质文明和精神文明建设,根据宪法,制定本法。"

(二) 适用范围

《教育法》第二条指出本法的适用范围:"在中华人民共和国境内的各级各类教育,

---

[1] 大皖新闻. 8名大学生办暑期班被举报,教育局:属违规,停课退费[EB/OL]. https://export.shobserver.com/baijiahao/html/634609.html,2023-07-20.

适用本法。"这里的"各级各类教育"指的是国家教育制度内的各级各类教育。具体来说,"各级教育"包括学前教育、初等教育、中等教育和高等教育;"各类教育"包括根据不同教育分类标准划分的不同类别的教育。

考虑到军事学校和宗教学校教育的特殊性,《教育法》第八十四条规定:"军事学校教育由中央军事委员会根据本法的原则规定。宗教学校教育由国务院另行规定。"

二、教育性质与方针

(一)教育的性质

教育的性质关系到教育的指导思想、办学方向等问题。我国《教育法》第三条规定了我国的教育性质:"国家坚持中国共产党的领导,坚持以马克思列宁主义、毛泽东思想、邓小平理论、'三个代表'重要思想、科学发展观、习近平新时代中国特色社会主义思想为指导,遵循宪法确定的基本原则,发展社会主义的教育事业。"此条文确立了我国教育事业的社会主义性质,明确了我国的教育是社会主义的教育,必须坚持教育的社会主义方向。

(二)教育方针

教育方针是一个国家或政党在一定历史阶段提出的有关教育工作的总方向和总指针,是确定教育事业发展方向,指导整个教育事业发展的战略原则和行动纲领。①《教育法》第五条对我国的教育方针做了法律性的表述:"教育必须为社会主义现代化建设服务、为人民服务,必须与生产劳动和社会实践相结合,培养德智体美劳全面发展的社会主义建设者和接班人。"教育方针进一步规定了我国教育的社会主义性质、规定了我国的教育目的是培养德智体美劳全面发展的社会主义建设者和接班人、规定了实现教育目的的途径是必须与生产劳动和社会实践相结合。

三、教育基本原则

教育的基本原则是发展我国教育事业所必须遵守的基本要求和准则。根据《教育法》的规定,我国教育的基本原则可以概括为以下几个方面:

(一)重视思想道德教育的原则

《教育法》第六条规定:"教育应当坚持立德树人,对受教育者加强社会主义核心价值观教育,增强受教育者的社会责任感、创新精神和实践能力。国家在受教育者中进行爱国主义、集体主义、中国特色社会主义的教育,进行理想、道德、纪律、法治、国防和民族团结的教育。"

(二)继承和弘扬优秀文化成果的原则

《教育法》第七条规定了继承和弘扬优秀文化成果的原则:"教育应当继承和弘扬中

---

① 石佩臣,王少湘,柳海民.教育学基础理论[M].北京:教育科学出版社,2018:229-231.

华优秀传统文化、革命文化、社会主义先进文化,吸收人类文明发展的一切优秀成果。"

(三) 教育公益性原则

《教育法》第八条第一款规定:"教育活动必须符合国家和社会公共利益。"第二十六条第四款规定:"以财政性经费、捐赠资产举办或者参与举办的学校及其他教育机构不得设立为营利性组织。"

(四) 教育与宗教相分离原则

《教育法》第八条第二款规定:"国家实行教育与宗教相分离。任何组织和个人不得利用宗教进行妨碍国家教育制度的活动。"

(五) 公民受教育机会平等原则

《教育法》第九条规定公民有受教育机会平等原则:"中华人民共和国公民有受教育的权利和义务。公民不分民族、种族、性别、职业、财产状况、宗教信仰等,依法享有平等的受教育机会。"关于教育公平,具体有以下三层意思:

1. 教育起点平等

教育起点公平是指所有公民在教育起点上受到同等对待,主要包括受教育权利平等和受教育机会均等。国家从基本法律和教育制度上保障每个公民拥有平等的学习机会。

2. 教育过程平等

教育过程公平强调整个教育过程中教育制度或安排要平等地对待每一个社会成员,以消除外部的经济和社会障碍对社会成员学业上的影响,主要包括教育对待和公共教育资源享有公平。[1]

3. 教育结果平等

教育结果公平是指每个学生在接受义务教育之后都能达到一个最基本的标准,获得与其智力水平相符合的学识水平、能力发展水平、道德修养程度,使其个性与潜能获得充分发展,从而为获得更高学业上的成功或其他方面的发展提供一个平台。[2]

(六) 帮助特殊地区和保护弱势群体原则

《教育法》第十条规定:"国家根据各少数民族的特点和需要,帮助各少数民族地区发展教育事业。国家扶持边远贫困地区发展教育事业。国家扶持和发展残疾人教育事业。"

(七) 建立和完善终身教育体系原则

《教育法》第十一条规定:"国家适应社会主义市场经济发展和社会进步的需要,推

---

[1] 李朝军. 教育公平的概念分析及相关思考[J]. 兰州教育学院学报,2013,29(12):77-78.
[2] 吴昊,孙克竞,杨秉翰. 教育公平内涵之辨析[J]. 湖南师范大学教育科学学报,2007(6):97-100.

进教育改革,推动各级各类教育协调发展、衔接融通,完善现代国民教育体系,健全终身教育体系,提高教育现代化水平。国家采取措施促进教育公平,推动教育均衡发展。国家支持、鼓励和组织教育科学研究,推广教育科学研究成果,促进教育质量提高。"

> **知识拓展**
>
> **终身教育思想**
>
> 最早提出终身教育思想并全面论述其思想的,是法国的著名成人教育家保罗·朗格朗。1965年,他在联合国教科文组织召开的成人教育会议上首次专门以"终身教育"为题作了报告,主张教育应当"是在人类存在的所有部门进行的,教育应当贯穿于人的一生,成为一生不可缺少的活动。"1970年,他的代表作《终身教育引论》出版,该书从终身教育产生的时代背景、基本主张等方面对终身教育作了系统论述,受到广泛欢迎,并随之被众多国家译成多种文字而广为流传。[①]

(八)推广普通话原则

《教育法》第十二条规定:"国家通用语言文字为学校及其他教育机构的基本教育教学语言文字,学校及其他教育机构应当使用国家通用语言文字进行教育教学。民族自治地方以少数民族学生为主的学校及其他教育机构,从实际出发,使用国家通用语言文字和本民族或者当地民族通用的语言文字实施双语教育。国家采取措施,为少数民族学生为主的学校及其他教育机构实施双语教育提供条件和支持。"

(九)奖励激励原则

《教育法》第十三条规定:"国家对发展教育事业做出突出贡献的组织和个人,给予奖励。"提倡和鼓励各级政府、社会团体、企事业单位和个人建立教师奖励制度。对有突出贡献的组织和个人给予奖励。

四、教育管理体制

(一)教育行政体制

1. 国务院和地方各级政府的职责

《教育法》第十四条明确规定:"国务院和地方各级人民政府根据分级管理、分工负责的原则,领导和管理教育工作。中等及中等以下教育在国务院领导下,由地方人民政府管理。高等教育由国务院和省、自治区、直辖市人民政府管理。"这是我国现行的教育行政分级管理的基本体制,明确了国务院和地方各级人民政府对教育工作具有义不容

---

① 魏志耕.终身教育新论[M].长沙:湖南人民出版社,2006:4-5.

辞的法律责任。

2. 国务院教育行政部门的职责

《教育法》第十五条规定:"国务院教育行政部门主管全国教育工作,统筹规划、协调管理全国的教育事业。"具体来说,国务院教育行政部门的主要职责是依据宪法和法律,制定教育部门规章,确定教育预算,掌握教育的大政方针,领导和管理全国的教育工作。

3. 县级以上地方各级政府教育行政部门的职责

《教育法》第十五条规定:"县级以上地方各级人民政府教育行政部门主管本行政区域内的教育工作。县级以上各级人民政府其他有关部门在各自的职责范围内,负责有关的教育工作。"

(二) 学校内部管理体制

《教育法》第三十一条规定:"学校及其他教育机构的举办者按照国家有关规定,确定其所举办的学校或者其他教育机构的管理体制。学校及其他教育机构的校长或者主要行政负责人必须由具有中华人民共和国国籍、在中国境内定居、并具备国家规定任职条件的公民担任,其任免按照国家有关规定办理。学校的教学及其他行政管理,由校长负责。学校及其他教育机构应当按照国家有关规定,通过以教师为主体的教职工代表大会等组织形式,保障教职工参与民主管理和监督。"

五、教育基本制度

教育制度是指一个国家各级各类实施教育的机构体系及其组织运行的规则。它包括相互联系的两个基本方面:一是各级各类教育机构与组织,二是教育机构与组织赖以存在和运行的规则,如各种相关的教育法律、规则条例等。①《教育法》第二章对我国教育的基本制度做了明确的规定。

(一) 学校教育制度

学校教育制度简称学制,是指一个国家各级各类学校的系统及其管理规则,它规定着各级各类学校的性质、任务、入学条件、修业年限以及它们之间的关系。②

《教育法》第十七条规定我国现行学校教育制度:"国家实行学前教育、初等教育、中等教育、高等教育的学校教育制度。国家建立科学的学制系统。学制系统内的学校和其他教育机构的设置、教育形式、修业年限、招生对象、培养目标等,由国务院或者由国务院授权教育行政部门规定。"

(二) 义务教育制度

义务教育是国家根据法律法规对适龄儿童和少年实施的一定年限的、强制的、普及

---

① 王道俊,郭文安. 教育学[M]. 北京:人民教育出版社,2009:110.
② 王道俊,郭文安. 教育学[M]. 北京:人民教育出版社,2009:114.

的、免费的学校教育,是国家、社会、学校、家庭必须予以保证的国民教育。

《教育法》第十九条规定:"国家实行九年制义务教育制度。各级人民政府采取各种措施保障适龄儿童、少年就学。适龄儿童、少年的父母或者其他监护人以及有关社会组织和个人有义务使适龄儿童、少年接受并完成规定年限的义务教育。"

(三)职业教育和继续教育制度

职业教育是教给学生从事某种职业或职业发展所需的职业道德、科学文化与专业知识等综合素质而实施的教育活动。我国职业教育包括职业学校教育、职业培训和职前培训。

继续教育是指已经脱离正规教育、已参加工作和负有成人责任的人所接受的各种各样的教育。它是学校教育的继续、补充和延伸,是社会化终身教育体系的重要组成部分。

《教育法》第二十条规定:"国家实行职业教育制度和继续教育制度。各级人民政府、有关行政部门和行业组织以及企业事业组织应当采取措施,发展并保障公民接受职业学校教育或者各种形式的职业培训。国家鼓励发展多种形式的继续教育,使公民接受适当形式的政治、经济、文化、科学、技术、业务等方面的教育,促进不同类型学习成果的互认和衔接,推动全民终身学习。"

(四)国家教育考试制度

《教育法》第二十一条规定:"国家实行国家教育考试制度。国家教育考试由国务院教育行政部门确定种类,并由国家批准的实施教育考试的机构承办。"

国家教育考试制度是国家教育管理制度的重要组成部分。国家教育考试是指由国家批准实施教育考试的机构根据一定的考试目的,按照国务院教育行政部门所确定的考试内容、考试原则、考试程序,对受教育者的知识和能力进行的测定、评价,是检验受教育者是否达到国家规定的教育标准的重要手段。

(五)学业证书制度和学位制度

《教育法》第二十二条规定:"国家实行学业证书制度。经国家批准设立或者认可的学校及其他教育机构按照国家有关规定,颁发学历证书或者其他学业证书。"第二十三条规定:"国家实行学位制度。学位授予单位依法对达到一定学术水平或者专业技术水平的人员授予相应的学位,颁发学位证书。"

学业证书是指学校及其他教育机构颁发的,证明学生完成学业情况的凭证。它是用人单位衡量持有者知识水平的依据。

学位制度是国家或高等学校以学术水平为衡量标准,通过授予一定称号来表明专门人才知识能力等级的制度。学位是评价学术水平的一种尺度。

(六)教育督导制度和评估制度

《教育法》第二十五条规定:"国家实行教育督导制度和学校及其他教育机构教育评估制度。"

教育督导制度是县以上各级人民政府授权给所属的教育部门,对下级人民政府及其教育部门的教育工作进行监督、指导的制度。通过该项制度,可以保证国家的教育方针、政策和法律、法规得以很好地贯彻执行。

教育评估制度是依据一定的教育目标和标准,对学校的办学水平、教育质量等方面进行评价和估量,以保证办学基本质量的一项制度。

六、关于学校及其他教育机构的规定

学校及其他教育机构是指经国家主管机关批准设立或依法登记注册设立的教育教学活动的社会组织。它是有计划、有组织、有系统地进行教育教学活动的重要场所,既包括学制系统内、以实施学历性教育为主的机构,又包括各种实施非学历性教育的机构。《教育法》对学校及其他教育机构的设立条件、权利、义务等做了明确规定。

(一)学校及其他教育机构的设立条件

《教育法》第二十七条规定:"设立学校及其他教育机构,必须具备下列基本条件:有组织机构和章程;有合格的教师;有符合规定标准的教学场所及设施、设备等;有必备的办学资金和稳定的经费来源。"

(二)学校及其他教育机构的权利

根据《教育法》第二十九条规定,学校及其他教育机构可以行使下列权利:

1. 按照章程自主管理

按照章程自主管理的权利是学校法人地位的重要体现,也是落实学校法律地位的重要保障。按照章程自主管理具体包括:自主制定章程权、自主管理学校权。

2. 组织实施教育教学活动

教育教学活动是学校及其他教育机构最基本、最主要的活动,也是最主要的中心工作。学校及其他教育机构根据自己的办学宗旨和任务,依据国家主管部门有关教育计划、课程、专业设置等规定,有权决定和实施自己的教学计划,决定选用何种教材,决定具体的课时和教学进度等。

3. 招收学生或者其他受教育者

招生权是学校及其他教育机构的一项基本权利,有助于学校自主办学。招生权包括三个方面:制定招生办法权、决定招生人数权、决定录取与否权。

4. 对受教育者进行学籍管理,实施奖励或者处分

学校及其他教育机构对学生进行学籍管理和实施奖励或处分,是学校及其他教育机构的一项基本权利,有助于实现对学生的教育管理职能、维护教学秩序、促进办学质量的提高。学校的学籍管理权分三个方面:学籍管理权、学生奖励权、学生处分权。

5. 对受教育者颁发相应的学业证书

学校及其他教育机构根据受教育者完成学业的情况按照学业证书管理规定,有权

对经考核成绩合格的受教育者,按照其类别颁发毕业证书、结业证书或肄业证书。学校及其他教育机构的证书办法权分两方面:颁发证书权和拒发证书权。

6. 聘任教师及其他职工,实施奖励或者处分

学校及其他教育机构根据国家有关教师和其他教职工管理的法律法规,有权从本校的办学条件、能力和实际编制情况出发,自主决定聘任、解聘教师和其他教职工;有权对成绩优异者给予表彰或奖励,对不胜任者或玩忽职守者,进行批判或处分。

7. 管理、使用本单位的设施和经费

学校及其他教育机构对其占有的场地、教室、宿舍、教学设备、设施等和办学经费以及其他有关财产享有管理权和使用权。

8. 拒绝任何组织和个人对教育教学活动的非法干涉

这一权利对于维护和保障学校及其他教育机构的教育教学秩序是不可或缺的。学校及其他教育机构的拒绝干涉权分两个部分:拒绝非法干涉权、提起申诉诉讼权。

9. 法律、法规规定的其他权利

这是法律赋予学校及其他教育机构的其他权利。根据本条规定,学校及其他教育机构除了享有上述八项基本权利外,还享有现行的其他法律、法规中规定的有关学校及其他教育机构的权利,以及还可享有以后颁布的法律、法规中有关学校及其他教育机构的权利。

(三)学校及其他教育机构的义务

根据《教育法》第三十条规定:"学校及其他教育机构应当履行下列义务:① 遵守法律、法规;② 贯彻国家的教育方针,执行国家教育教学标准,保证教育教学质量;③ 维护受教育者、教师及其他职工的合法权益;④ 以适当方式为受教育者及其监护人了解受教育者的学业成绩及其他有关情况提供便利;⑤ 遵照国家有关规定收取费用并公开收费项目;⑥ 依法接受监督。"

(四)学校及其他教育机构的管理体制

《教育法》第三十一条规定:"学校及其他教育机构的举办者按照国家有关规定,确定其所举办的学校或者其他教育机构的管理体制。学校及其他教育机构的校长或者主要行政负责人必须由具有中华人民共和国国籍、在中国境内定居、并具备国家规定任职条件的公民担任,其任免按照国家有关规定办理。学校的教学及其他行政管理,由校长负责。学校及其他教育机构应当按照国家有关规定,通过以教师为主体的教职工代表大会等组织形式,保障教职工参与民主管理和监督。"

(五)学校及其他教育机构的法人资格

《教育法》第三十二条规定:"学校及其他教育机构具备法人条件的,自批准设立或者登记注册之日起取得法人资格。学校及其他教育机构在民事活动中依法享有民事权利,承担民事责任。学校及其他教育机构中的国有资产属于国家所有。学校及其他教

育机构兴办的校办产业独立承担民事责任。"

七、关于教师和其他教育工作者的规定

（一）对教师的规定

《教育法》第三十三条规定："教师享有法律规定的权利,履行法律规定的义务,忠诚于人民的教育事业。"

《教育法》第三十四条规定："国家保护教师的合法权益,改善教师的工作条件和生活条件,提高教师的社会地位。教师的工资报酬、福利待遇,依照法律、法规的规定办理。"

《教育法》第三十五条规定："国家实行教师资格、职务、聘任制度,通过考核、奖励、培养和培训,提高教师素质,加强教师队伍建设。"

（二）对其他教育工作者的规定

《教育法》第三十六条规定："学校及其他教育机构中的管理人员,实行教育职员制度。学校及其他教育机构中的教学辅助人员和其他专业技术人员,实行专业技术职务聘任制度。"

在《中华人民共和国教师法》中,对教师的权利、义务等相关方面作了更加明确的规定,届时再系统介绍。

八、关于受教育者的权利和义务的规定

（一）受教育者的权利

《教育法》第四十三条规定受教育者享有下列权利："① 参加教育教学计划安排的各种活动,使用教育教学设施、设备、图书资料；② 按照国家有关规定获得奖学金、贷学金、助学金；③ 在学业成绩和品行上获得公正评价,完成规定的学业后获得相应的学业证书、学位证书；④ 对学校给予的处分不服向有关部门提出申诉,对学校、教师侵犯其人身权、财产权等合法权益,提出申诉或者依法提起诉讼；⑤ 法律、法规规定的其他权利。"

案例链接

为争生源扣发毕业证是侵权行为[①]

据7月3日《齐鲁晚报》报道,虽然已经毕业两个多月了,但是曹县三中的2 000多名高三学生却仍然没有拿到自己的毕业证,给他们就业或到其他学校就学带来了

---

① 李见新.为争生源扣发毕业证是侵权行为[EB/OL]. http://news. sohu. com/2004/07/04/24/news220842483. shtml,2004-07-04.

很大不便。而究其原因却是学校怕自己的学生到别的学校复读而使得自己的生源流失,如果扣押了毕业证,学生就没办法到别的学校报名复读了。

很明显,学校的做法是不妥的,无故扣押学生的毕业证属于侵权行为。

(二)受教育者的义务

《教育法》第四十四条规定受教育者履行下列义务:"① 遵守法律、法规;② 遵守学生行为规范,尊敬师长,养成良好的思想品德和行为习惯;③ 努力学习,完成规定的学习任务;④ 遵守所在学校或者其他教育机构的管理制度。"

九、关于教育投入与条件保障的规定

教育事业是一个国家经济和社会发展的重要组成部分,要保证其正常运行,需要社会投入一定的人力、物力和财力。为了确保教育经费按时、足额投入,《教育法》以法律的形式对教育投入与条件保障做出了规定。

(一)"一主多辅"的投入体制

《教育法》第五十四条规定:"国家建立以财政拨款为主、其他多种渠道筹措教育经费为辅的体制,逐步增加对教育的投入,保证国家举办的学校教育经费的稳定来源。企业事业组织、社会团体及其他社会组织和个人依法举办的学校及其他教育机构,办学经费由举办者负责筹措,各级人民政府可以给予适当支持。"

(二)"两提高三增长"准则

《教育法》第五十五条规定:"国家财政性教育经费支出占国民生产总值的比例应当随着国民经济的发展和财政收入的增长逐步提高。具体比例和实施步骤由国务院规定。全国各级财政支出总额中教育经费所占比例应当随着国民经济的发展逐步提高。"

《教育法》第五十六条规定:"各级人民政府的教育经费支出,按照事权和财权相统一的原则,在财政预算中单独列项。各级人民政府教育财政拨款的增长应当高于财政经常性收入的增长,并使按在校学生人数平均的教育费用逐步增长,保证教师工资和学生人均公用经费逐步增长。"

(三)多渠道筹措经费

《教育法》第五十九条规定:"国家采取优惠措施,鼓励和扶持学校在不影响正常教育教学的前提下开展勤工俭学和社会服务,兴办校办产业。"

《教育法》第六十条规定:"国家鼓励境内、境外社会组织和个人捐资助学。"

《教育法》第六十二条规定:"国家鼓励运用金融、信贷手段,支持教育事业的发展。"

除上述规定的多渠道筹措经费外,《教育法》第五十七条规定:"国务院及县级以上地方各级人民政府应当设立教育专项资金,重点扶持边远贫困地区、少数民族地区实施义务教育。"第五十八条规定:"税务机关依法足额征收教育费附加,由教育行政部门统筹管理,主要用于实施义务教育。省、自治区、直辖市人民政府根据国务院的有关规定,可以决定开征用于教育的地方附加费,专款专用。"对边远贫困地区、少数民族地区、农村地区的义务教育经费不足提出了解决方案。

十、违反《教育法》的法律责任

(一) 违反教育经费规定的法律责任

《教育法》第七十一条规定:"违反国家有关规定,不按照预算核拨教育经费的,由同级人民政府限期核拨;情节严重的,对直接负责的主管人员和其他直接责任人员,依法给予处分。违反国家财政制度、财务制度,挪用、克扣教育经费的,由上级机关责令限期归还被挪用、克扣的经费,并对直接负责的主管人员和其他直接责任人员,依法给予处分;构成犯罪的,依法追究刑事责任。"

(二) 扰乱学校教育教学秩序与侵占学校财产的法律责任

《教育法》第七十二条规定:"结伙斗殴、寻衅滋事,扰乱学校及其他教育机构教育教学秩序或者破坏校舍、场地及其他财产的,由公安机关给予治安管理处罚;构成犯罪的,依法追究刑事责任。侵占学校及其他教育机构的校舍、场地及其他财产的,依法承担民事责任。"

案例链接

聚众扰乱影响学校教学,9名被告获刑[①]

9月19日上午,济南市历城区人民法院宣判了一起聚众扰乱社会秩序案,该案的被告人均为学生家长,案件的起因源于孩子的上学问题。

据了解,殷陈小学因新校舍尚未建好,学生一直在济钢体育馆看台下借读,学习环境较差,为了解决学生就读问题,济南市历城区教育局依职权决定,于2016年10月31日将510名殷陈小学学生,临时迁至校舍条件较好、并有空余的济南市历城区凤鸣小学。

以刘某某为首的凤鸣小学学生家长不满教育局及学校的决定,以担心自己孩子的学习环境会受到影响为由,刘某某等人利用多种形式煽动学生家长抵制殷陈小学学生搬迁入学。

2016年10月31日早上,石某某等人在校门口聚集,采用打横幅、堵门等方式

[①] 济南市教育局. 聚众扰乱影响学校教学,9名被告获刑[EB/OL]. https://m.sohu.com/a/193569853_387140/? pvid=000115_3w_a,2017-09-21.

多次阻止殷陈小学学生到校上课,并组织家长将课桌椅搬出学校。导致凤鸣小学175名学生未能按时到校上课,殷陈小学学生未能如期在凤鸣小学入学,学校教学秩序受到严重影响。2016年11月,9名被告人相继被公安机关抓获、传唤。

(三)违反校舍与设施安全的法律责任

《教育法》第七十三条规定:"明知校舍或者教育教学设施有危险,而不采取措施,造成人员伤亡或者重大财产损失的,对直接负责的主管人员和其他直接责任人员,依法追究刑事责任。"

《刑法》第一百三十八条规定了"教育设施重大安全事故罪",该条规定:"明知校舍或者教育教学设施有危险,而不采取措施或者不及时报告,致使发生重大伤亡事故的,对直接责任人员,处三年以下有期徒刑或者拘役;后果特别严重的,处三年以上七年以下有期徒刑。"

案例链接

副校长不作为导致发生教育设施重大安全事故[①]

黄某某是某县第六中学的副校长,负责校园安全监管工作。为改善学生的体育运动环境,教育局决定为全县中学操场增设足球门架。而第六中学操场打算铺设塑胶跑道,要求先不固定球门。

当地第六小学与第六中学共用一个操场,操场的设施所有权及管理权均属于第六中学。第六小学校长池某某发现足球门架未固定,担心发生安全事故,告知黄某某。黄某某让第六中学安全部门主任王某用条石压住足球门架底部。不久后,第六小学学生在操场上进行拔河比赛,未固定的足球门架突然被拽倒,砸中多名学生,导致三名学生重伤、多人轻伤。

黄某某知道自己难辞其咎,向检察机关主动投案。法院判决,黄某某明知教育教学设施有危险,而不采取措施,致使发生重大事故,作为直接责任人员,其行为构成教育设施重大安全事故。鉴于黄某某系自首,且已经得到伤者家属谅解,黄某某被免予刑事处罚。

[①] 中央纪委国家监委网站.案说101个罪名——教育设施重大安全事故罪[EB/OL]. http://www.scjc.gov.cn/scjc/zhyw01/2023/2/24/863bd9f678184eeb9360252ed5d77fa3.shtml,2023-02-24.

（四）违反国家规定向学校和学生收取费用的法律责任

《教育法》第七十四条规定："违反国家有关规定，向学校或者其他教育机构收取费用的，由政府责令退还所收费用；对直接负责的主管人员和其他直接责任人员，依法给予处分。"

《教育法》第七十八条规定："学校及其他教育机构违反国家有关规定向受教育者收取费用的，由教育行政部门或者其他有关行政部门责令退还所收费用；对直接负责的主管人员和其他直接责任人员，依法给予处分。"

（五）违反国家规定举办学校或其他教育机构的法律责任

《教育法》第七十五条规定："违反国家有关规定，举办学校或者其他教育机构的，由教育行政部门或者其他有关行政部门予以撤销；有违法所得的，没收违法所得；对直接负责的主管人员和其他直接责任人员，依法给予处分。"

（六）违反招生和入学规定的法律责任

《教育法》第七十六条规定："学校或者其他教育机构违反国家有关规定招收学生的，由教育行政部门或者其他有关行政部门责令退回招收的学生，退还所收费用；对学校、其他教育机构给予警告，可以处违法所得五倍以下罚款；情节严重的，责令停止相关招生资格一年以上三年以下，直至撤销招生资格、吊销办学许可证；对直接负责的主管人员和其他直接责任人员，依法给予处分；构成犯罪的，依法追究刑事责任。"

《教育法》第七十七条规定："在招收学生工作中滥用职权、玩忽职守、徇私舞弊的，由教育行政部门或者其他有关行政部门责令退回招收的不符合入学条件的人员；对直接负责的主管人员和其他直接责任人员，依法给予处分；构成犯罪的，依法追究刑事责任。"

"盗用、冒用他人身份，顶替他人取得的入学资格的，由教育行政部门或者其他有关行政部门责令撤销入学资格，并责令停止参加相关国家教育考试二年以上五年以下；已经取得学位证书、学历证书或者其他学业证书的，由颁发机构撤销相关证书；已经成为公职人员的，依法给予开除处分；构成违反治安管理行为的，由公安机关依法给予治安管理处罚；构成犯罪的，依法追究刑事责任。"

"与他人串通，允许他人冒用本人身份，顶替本人取得的入学资格的，由教育行政部门或者其他有关行政部门责令停止参加相关国家教育考试一年以上三年以下；有违法所得的，没收违法所得；已经成为公职人员的，依法给予处分；构成违反治安管理行为的，由公安机关依法给予治安管理处罚；构成犯罪的，依法追究刑事责任。"

"组织、指使盗用或者冒用他人身份，顶替他人取得的入学资格的，有违法所得的，没收违法所得；属于公职人员的，依法给予处分；构成违反治安管理行为的，由公安机关依法给予治安管理处罚；构成犯罪的，依法追究刑事责任。"

"入学资格被顶替权利受到侵害的，可以请求恢复其入学资格。"

（七）考试作弊的法律责任

《教育法》第七十九条规定："考生在国家教育考试中有下列行为之一的，由组织考试的教育考试机构工作人员在考试现场采取必要措施予以制止并终止其继续参加考试；组织考试的教育考试机构可以取消其相关考试资格或者考试成绩；情节严重的，由教育行政部门责令停止参加相关国家教育考试一年以上三年以下；构成违反治安管理行为的，由公安机关依法给予治安管理处罚；构成犯罪的，依法追究刑事责任：① 非法获取考试试题或者答案的；② 携带或者使用考试作弊器材、资料的；③ 抄袭他人答案的；④ 让他人代替自己参加考试的；⑤ 其他以不正当手段获得考试成绩的作弊行为。"

《教育法》第八十条规定："任何组织或者个人在国家教育考试中有下列行为之一，有违法所得的，由公安机关没收违法所得，并处违法所得一倍以上五倍以下罚款；情节严重的，处五日以上十五日以下拘留；构成犯罪的，依法追究刑事责任；属于国家机关工作人员的，还应当依法给予处分：① 组织作弊的；② 通过提供考试作弊器材等方式为作弊提供帮助或者便利的；③ 代替他人参加考试的；④ 在考试结束前泄露、传播考试试题或者答案的；⑤ 其他扰乱考试秩序的行为。"

《教育法》第八十一条规定："举办国家教育考试，教育行政部门、教育考试机构疏于管理，造成考场秩序混乱、作弊情况严重的，对直接负责的主管人员和其他直接责任人员，依法给予处分；构成犯罪的，依法追究刑事责任。"

案例链接

我国首例国家考试舞弊案[①]

2015年12月26日是2016年全国硕士研究生考试的第一天，在英语开考前的一个半小时，一份英语考题和答案在QQ群、微信群中流传。事后经核对，竟与考试题目一致。

此前，湖北警方一直在对疑似考试舞弊的线索进行排查。通过侦查，12月26日上午11时许，专案人员在一所大学附近的酒店中，将正在通过无线电设备发送答案的王某某当场抓获。随后，又顺藤摸瓜，将犯罪嫌疑人李某某、王某等人抓获。

考研疑似"泄题"引起考生普遍不满，他们纷纷向教育、公安部门举报。在公安部督办下，湖北省公安厅组成专案组，并通过深挖相关信息，找出了试题泄密源头。打掉李某某、王某等5个考试舞弊团伙，抓获犯罪嫌疑人21人，刑事拘留17人，收缴作弊器材36套、云发射器3台。

---

① 梁建强，沈洋，沈汝发. 作弊入刑后我国首例国家考试舞弊案追踪：为何如此猖狂？[EB/OL]. http://www.xinhuanet.com/politics/2016-06/06/c_1118999749.htm，2016-06-06.

据潜江市公安局网监支队侦查大队大队长熊陶虎介绍,罗某某买通了试卷印刷点的一名内部人员,许诺考后给予百万元现金报酬。2015年12月,试卷印好后,这名人员用相机偷拍了试卷,将相机的TF卡绑在类似于弹弓一样的弹射器上,弹到印刷点外,等候在印刷点外的罗某某收到后,将试卷照片交给李某某。

李某某等随后赴河南洛阳,请某高校老师刘某某帮忙组织人员解答试题。全部试题做完后,他们又在试题中加入30%左右非考试题目,形成最终对外宣传的"押题"版本。

2016年1月,在公安部统一指挥下,罗某某等人被抓获。至此,这一大规模、有组织的考试舞弊案件成功告破。

(八)违法颁发证书的法律责任

《教育法》第八十二条规定:"学校或者其他教育机构违反本法规定,颁发学位证书、学历证书或者其他学业证书的,由教育行政部门或者其他有关行政部门宣布证书无效,责令收回或者予以没收;有违法所得的,没收违法所得;情节严重的,责令停止相关招生资格一年以上三年以下,直至撤销招生资格、颁发证书资格;对直接负责的主管人员和其他直接责任人员,依法给予处分。"

"前款规定以外的任何组织或者个人制造、销售、颁发假冒学位证书、学历证书或者其他学业证书,构成违反治安管理行为的,由公安机关依法给予治安管理处罚;构成犯罪的,依法追究刑事责任。"

"以作弊、剽窃、抄袭等欺诈行为或者其他不正当手段获得学位证书、学历证书或者其他学业证书的,由颁发机构撤销相关证书。购买、使用假冒学位证书、学历证书或者其他学业证书,构成违反治安管理行为的,由公安机关依法给予治安管理处罚。"

第二节 《中华人民共和国义务教育法》解读

《中华人民共和国义务教育法》(以下简称《义务教育法》),于1986年4月12日第六届全国人民代表大会第四次会议通过,并于1986年7月1日起施行。2006年6月29日第十届全国人民代表大会常务委员会第二十二次会议修订;2015年4月24日第十二届全国人民代表大会常务委员会第十四次会议修正;2018年12月29日第十三届全国人民代表大会常务委员会第七次会议修正。该法的颁布、实施有力推动了我国基础教育的普及和全民素质的提高,对我国整个教育的发展具有奠基性意义和深远的历史作用。

《义务教育法》是教育单行法,也是新中国成立以来颁布的第一部关于基础教育方面的法律。该法共有八章,除了总则、附则外,第二章至第四章分别对义务教育的主体——学生、学校、教师的行为做了规范,第五章对义务教育的教育教学活动做了规范,第六章对义务教育的经费保障做了规范。第七章对违反《义务教育法》的法律责任做了规范。本节将根据《义务教育法》的法律条文循序阐述该法。

一、立法宗旨和性质

(一)《义务教育法》的立法宗旨

《义务教育法》第一条明确规定了我国义务教育法的立法宗旨:"为了保障适龄儿童、少年接受义务教育的权利,保证义务教育的实施,提高全民族素质,根据宪法和教育法,制定本法。"

《义务教育法》第三条明确规定了我国义务教育发展的指导方针:"义务教育必须贯彻国家的教育方针,实施素质教育,提高教育质量,使适龄儿童、少年在品德、智力、体质等方面全面发展,为培养有理想、有道德、有文化、有纪律的社会主义建设者和接班人奠定基础。"

(二)《义务教育法》的性质

义务教育是国家统一实施的所有适龄儿童、少年必须接受的教育,是国家必须予以保障的公益性事业。作为一项教育制度和法律制度,义务教育具有其他教育制度不同的属性,就其性质而言,它具有公益性、统一性和义务性。

1. 公益性

《义务教育法》第二条规定:"义务教育是国家统一实施的所有适龄儿童、少年必须接受的教育,是国家必须予以保障的公益性事业。实施义务教育,不收学费、杂费。国家建立义务教育经费保障机制,保证义务教育制度实施。"公益性和免费性是联系在一起的,所谓公益性,就是明确规定"实施义务教育,不收学费、杂费"。对农村而言,从2006年开始全部免除学杂费;对城市而言,从2008年秋季学期开始,在全国范围内全部免除城市义务教育阶段学杂费。

2. 统一性

在《义务教育法》中,从始至终强调要在全国范围内实行统一的义务教育,这个统一包括要制定统一的义务教育阶段教科书设置标准、课程教学标准、经费标准、建设标准、学生公用经费标准等。同时,统一性和均衡性是联系在一起的,《义务教育法》第六条规定:"国务院和县级以上地方人民政府应当合理配置教育资源,促进义务教育均衡发展,改善薄弱学校的办学条件,并采取措施,保障农村地区、民族地区实施义务教育,保障家庭经济困难的和残疾的适龄儿童、少年接受义务教育。国家组织和鼓励经济发达地区支援经济欠发达地区实施义务教育。"促进义务教育在全国范围内均衡发展。

3. 义务性

《义务教育法》第五条规定:"各级人民政府及其有关部门应当履行本法规定的各项

职责,保障适龄儿童、少年接受义务教育的权利。适龄儿童、少年的父母或者其他法定监护人应当依法保证其按时入学接受并完成义务教育。依法实施义务教育的学校应当按照规定标准完成教育教学任务,保证教育教学质量。社会组织和个人应当为适龄儿童、少年接受义务教育创造良好的环境。"义务性和强制性是联系在一起的,让适龄儿童、少年接受义务教育是学校、家长和社会的义务。谁违反这个义务,谁就要受到法律的规范。

二、管理体制和监督机制

(一) 管理体制

《义务教育法》第七条规定:"义务教育实行国务院领导,省、自治区、直辖市人民政府统筹规划实施,县级人民政府为主管理的体制。县级以上人民政府教育行政部门具体负责义务教育实施工作;县级以上人民政府其他有关部门在各自的职责范围内负责义务教育实施工作。"

(二) 监督机制

《义务教育法》第八条规定:"人民政府教育督导机构对义务教育工作执行法律法规情况、教育教学质量以及义务教育均衡发展状况等进行督导,督导报告向社会公布。"

《义务教育法》第九条规定:"任何社会组织或者个人有权对违反本法的行为向有关国家机关提出检举或者控告。发生违反本法的重大事件,妨碍义务教育实施,造成重大社会影响的,负有领导责任的人民政府或者人民政府教育行政部门负责人应当引咎辞职。"

三、关于学生的规定

(一) 入学年龄

《义务教育法》第十一条规定:"凡年满六周岁的儿童,其父母或者其他法定监护人应当送其入学接受并完成义务教育;条件不具备的地区的儿童,可以推迟到七周岁。适龄儿童、少年因身体状况需要延缓入学或者休学的,其父母或者其他法定监护人应当提出申请,由当地乡镇人民政府或者县级人民政府教育行政部门批准。"

(二) 入学方式

《义务教育法》第十二条规定:"适龄儿童、少年免试入学。地方各级人民政府应当保障适龄儿童、少年在户籍所在地学校就近入学。父母或者其他法定监护人在非户籍所在地工作或者居住的适龄儿童、少年,在其父母或者其他法定监护人工作或者居住地接受义务教育的,当地人民政府应当为其提供平等接受义务教育的条件。具体办法由省、自治区、直辖市规定。县级人民政府教育行政部门对本行政区域内的军人子女接受义务教育予以保障。"

(三)入学保障

《义务教育法》第十三条规定:"县级人民政府教育行政部门和乡镇人民政府组织和督促适龄儿童、少年入学,帮助解决适龄儿童、少年接受义务教育的困难,采取措施防止适龄儿童、少年辍学。居民委员会和村民委员会协助政府做好工作,督促适龄儿童、少年入学。"

(四)特殊规定

《义务教育法》还对企业招聘童工、文艺体育组织招收适龄儿童少年训练、自行实施义务教育等情况,做了一些特殊规定。

《义务教育法》第十四条规定:"禁止用人单位招用应当接受义务教育的适龄儿童、少年。根据国家有关规定经批准招收适龄儿童、少年进行文艺、体育等专业训练的社会组织,应当保证所招收的适龄儿童、少年接受义务教育;自行实施义务教育的,应当经县级人民政府教育行政部门批准。"

四、关于学校的规定

(一)学校的规划建设

《义务教育法》第十五条规定:"县级以上地方人民政府根据本行政区域内居住的适龄儿童、少年的数量和分布状况等因素,按照国家有关规定,制定、调整学校设置规划。新建居民区需要设置学校的,应当与居民区的建设同步进行。"

《义务教育法》第十六条规定:"学校建设,应当符合国家规定的办学标准,适应教育教学需要;应当符合国家规定的选址要求和建设标准,确保学生和教职工安全。"

《义务教育法》第十七条规定:"县级人民政府根据需要设置寄宿制学校,保障居住分散的适龄儿童、少年入学接受义务教育。"

《义务教育法》第十八条规定:"国务院教育行政部门和省、自治区、直辖市人民政府根据需要,在经济发达地区设置接收少数民族适龄儿童、少年的学校(班)。"

(二)特殊教育学校

《义务教育法》第十九条规定:"县级以上地方人民政府根据需要设置相应的实施特殊教育的学校(班),对视力残疾、听力语言残疾和智力残疾的适龄儿童、少年实施义务教育。特殊教育学校(班)应当具备适应残疾儿童、少年学习、康复、生活特点的场所和设施。普通学校应当接收具有接受普通教育能力的残疾适龄儿童、少年随班就读,并为其学习、康复提供帮助。"

《义务教育法》第二十条规定:"县级以上地方人民政府根据需要,为具有预防未成年人犯罪法规定的严重不良行为的适龄少年设置专门的学校实施义务教育。"

(三)均衡发展要求

《义务教育法》第二十二条规定:"县级以上人民政府及其教育行政部门应当促进学

校均衡发展,缩小学校之间办学条件的差距,不得将学校分为重点学校和非重点学校。学校不得分设重点班和非重点班。县级以上人民政府及其教育行政部门不得以任何名义改变或者变相改变公办学校的性质。"

(四) 安全管理要求

《义务教育法》第二十三条规定:"各级人民政府及其有关部门依法维护学校周边秩序,保护学生、教师、学校的合法权益,为学校提供安全保障。"

《义务教育法》第二十四条规定:"学校应当建立、健全安全制度和应急机制,对学生进行安全教育,加强管理,及时消除隐患,预防发生事故。县级以上地方人民政府定期对学校校舍安全进行检查;对需要维修、改造的,及时予以维修、改造。学校不得聘用曾经因故意犯罪被依法剥夺政治权利或者其他不适合从事义务教育工作的人担任工作人员。"

(五) 不得违法谋利

《义务教育法》第二十五条规定:"学校不得违反国家规定收取费用,不得以向学生推销或者变相推销商品、服务等方式谋取利益。"

(六) 不得开除学生

《义务教育法》第二十七条规定:"对违反学校管理制度的学生,学校应当予以批评教育,不得开除。"

五、关于教师的规定

(一) 教师的权利与义务

《义务教育法》第二十八条规定:"教师享有法律规定的权利,履行法律规定的义务,应当为人师表,忠诚于人民的教育事业。全社会应当尊重教师。"有关教师的权利与义务等更具体的规范在《中华人民共和国教师法》中有更详细的介绍。

(二) 教师行为要求

《义务教育法》第二十九条规定:"教师在教育教学中应当平等对待学生,关注学生的个体差异,因材施教,促进学生的充分发展。教师应当尊重学生的人格,不得歧视学生,不得对学生实施体罚、变相体罚或者其他侮辱人格尊严的行为,不得侵犯学生合法权益。"

(三) 教师资格及职称制度

《义务教育法》第三十条规定:"教师应当取得国家规定的教师资格。国家建立统一的义务教育教师职务制度。教师职务分为初级职务、中级职务和高级职务。"

(四) 教师待遇

《义务教育法》第三十一条规定:"各级人民政府保障教师工资福利和社会保险待遇,改善教师工作和生活条件;完善农村教师工资经费保障机制。教师的平均工资水平应当不低于当地公务员的平均工资水平。特殊教育教师享有特殊岗位补助津贴。在民族地区和边远贫困地区工作的教师享有艰苦贫困地区补助津贴。"

（五）师资的培养和培训

《义务教育法》第三十二条规定："县级以上人民政府应当加强教师培养工作,采取措施发展教师教育。县级人民政府教育行政部门应当均衡配置本行政区域内学校师资力量,组织校长、教师的培训和流动,加强对薄弱学校的建设。"

（六）支教工作

《义务教育法》第三十三条规定："国务院和地方各级人民政府鼓励和支持城市学校教师和高等学校毕业生到农村地区、民族地区从事义务教育工作。国家鼓励高等学校毕业生以志愿者的方式到农村地区、民族地区缺乏教师的学校任教。县级人民政府教育行政部门依法认定其教师资格,其任教时间计入工龄。"

六、关于教育教学的规定

（一）基本要求

《义务教育法》第三十四条规定："教育教学工作应当符合教育规律和学生身心发展特点,面向全体学生,教书育人,将德育、智育、体育、美育等有机统一在教育教学活动中,注重培养学生独立思考能力、创新能力和实践能力,促进学生全面发展。"

《义务教育法》第三十五条规定："国务院教育行政部门根据适龄儿童、少年身心发展的状况和实际情况,确定教学制度、教育教学内容和课程设置,改革考试制度,并改进高级中等学校招生办法,推进实施素质教育。学校和教师按照确定的教育教学内容和课程设置开展教育教学活动,保证达到国家规定的基本质量要求。国家鼓励学校和教师采用启发式教育等教育教学方法,提高教育教学质量。"

（二）德育要求

《义务教育法》第三十六条规定："学校应当把德育放在首位,寓德育于教育教学之中,开展与学生年龄相适应的社会实践活动,形成学校、家庭、社会相互配合的思想道德教育体系,促进学生养成良好的思想品德和行为习惯。"

（三）课外活动要求

《义务教育法》第三十七条规定："学校应当保证学生的课外活动时间,组织开展文化娱乐等课外活动。社会公共文化体育设施应当为学校开展课外活动提供便利。"

（四）教科书要求

《义务教育法》第三十八条规定："教科书根据国家教育方针和课程标准编写,内容力求精简,精选必备的基础知识、基本技能,经济实用,保证质量。国家机关工作人员和教科书审查人员,不得参与或者变相参与教科书的编写工作。"

《义务教育法》第三十九条规定："国家实行教科书审定制度。教科书的审定办法由国务院教育行政部门规定。未经审定的教科书,不得出版、选用。"

《义务教育法》第四十条规定:"教科书价格由省、自治区、直辖市人民政府价格行政部门会同同级出版主管部门按照微利原则确定。"

《义务教育法》第四十一条规定:"国家鼓励教科书循环使用。"

七、关于经费保障的规定

(一)经费的行政保障

《义务教育法》第四十二条规定:"国家将义务教育全面纳入财政保障范围,义务教育经费由国务院和地方各级人民政府依照本法规定予以保障。国务院和地方各级人民政府将义务教育经费纳入财政预算,按照教职工编制标准、工资标准和学校建设标准、学生人均公用经费标准等,及时足额拨付义务教育经费,确保学校的正常运转和校舍安全,确保教职工工资按照规定发放。国务院和地方各级人民政府用于实施义务教育财政拨款的增长比例应当高于财政经常性收入的增长比例,保证按照在校学生人数平均的义务教育费用逐步增长,保证教职工工资和学生人均公用经费逐步增长。"

(二)经费标准的制定

《义务教育法》第四十三条规定:"学校的学生人均公用经费基本标准由国务院财政部门会同教育行政部门制定,并根据经济和社会发展状况适时调整。制定、调整学生人均公用经费基本标准,应当满足教育教学基本需要。省、自治区、直辖市人民政府可以根据本行政区域的实际情况,制定不低于国家标准的学校学生人均公用经费标准。特殊教育学校(班)学生人均公用经费标准应当高于普通学校学生人均公用经费标准。"

(三)经费的投入体制

《义务教育法》第四十四条规定:"义务教育经费投入实行国务院和地方各级人民政府根据职责共同负担,省、自治区、直辖市人民政府负责统筹落实的体制。农村义务教育所需经费,由各级人民政府根据国务院的规定分项目、按比例分担。各级人民政府对家庭经济困难的适龄儿童、少年免费提供教科书并补助寄宿生生活费。义务教育经费保障的具体办法由国务院规定。"

(四)经费在预算中单列

《义务教育法》第四十五条规定:"地方各级人民政府在财政预算中将义务教育经费单列。县级人民政府编制预算,除向农村地区学校和薄弱学校倾斜外,应当均衡安排义务教育经费。"

(五)经费使用的管理

《义务教育法》第四十九条规定:"义务教育经费严格按照预算规定用于义务教育;任何组织和个人不得侵占、挪用义务教育经费,不得向学校非法收取或者摊派费用。"

(六)经费使用的监督

《义务教育法》第五十条规定:"县级以上人民政府建立健全义务教育经费的审计监

督和统计公告制度。"

八、违反《义务教育法》的法律责任

违反《义务教育法》相关规定的主体范围较广,主要包括政府及教育行政部门、学校或教师、适龄儿童、少年的父母或其他法定监护人等。以下从不同主体违反《义务教育法》规定的角度,阐述相应的法律责任。

(一)政府及教育行政部门的违法行为及法律责任

《义务教育法》第五十一条规定:"国务院有关部门和地方各级人民政府违反本法第六章的规定,未履行对义务教育经费保障职责的,由国务院或者上级地方人民政府责令限期改正;情节严重的,对直接负责的主管人员和其他直接责任人员依法给予行政处分。"

《义务教育法》第五十二条规定:"县级以上地方人民政府有下列情形之一的,由上级人民政府责令限期改正;情节严重的,对直接负责的主管人员和其他直接责任人员依法给予行政处分:① 未按照国家有关规定制定、调整学校的设置规划的;② 学校建设不符合国家规定的办学标准、选址要求和建设标准的;③ 未定期对学校校舍安全进行检查,并及时维修、改造的;④ 未依照本法规定均衡安排义务教育经费的。"

《义务教育法》第五十三条规定:"县级以上人民政府或者其教育行政部门有下列情形之一的,由上级人民政府或者其教育行政部门责令限期改正、通报批评;情节严重的,对直接负责的主管人员和其他直接责任人员依法给予行政处分:① 将学校分为重点学校和非重点学校的;② 改变或者变相改变公办学校性质的。县级人民政府教育行政部门或者乡镇人民政府未采取措施组织适龄儿童、少年入学或者防止辍学的,依照前款规定追究法律责任。"

《义务教育法》第五十四条规定:"有下列情形之一的,由上级人民政府或者上级人民政府教育行政部门、财政部门、价格行政部门和审计机关根据职责分工责令限期改正;情节严重的,对直接负责的主管人员和其他直接责任人员依法给予处分:① 侵占、挪用义务教育经费的;② 向学校非法收取或者摊派费用的。"

(二)学校或教师的违法行为及法律责任

《义务教育法》第五十五条规定:"学校或者教师在义务教育工作中违反教育法、教师法规定的,依照教育法、教师法的有关规定处罚。"

《义务教育法》第五十六条规定:"学校违反国家规定收取费用的,由县级人民政府教育行政部门责令退还所收费用;对直接负责的主管人员和其他直接责任人员依法给予处分。学校以向学生推销或者变相推销商品、服务等方式谋取利益的,由县级人民政府教育行政部门给予通报批评;有违法所得的,没收违法所得;对直接负责的主管人员和其他直接责任人员依法给予处分。国家机关工作人员和教科书审查人员参与或者变相参与教科书编写的,由县级以上人民政府或者其教育行政部门根据职责权限责令限期改正,依法给予行政处分;有违法所得的,没收违法所得。"

案例链接

2022年6起学校违规收费典型问题查处情况被通报[①]

严肃查处教育乱收费行为,提升教育收费治理能力。日前,全国治理教育乱收费部际联席会议办公室印发《关于违规收费典型问题查处情况的通报》,对6起教育乱收费典型问题进行通报,并提出工作要求。

《通报》指出,山西、河南、安徽、浙江、广东和陕西省教育行政部门会同有关部门对有关学校违规收费问题进行了核实处理。例如:山西省太原市部分学校变相强制学生购买平板电脑违规收费。太原市21所学校以教育信息化为名采取与教学管理行为挂钩等方式变相强制学生购买平板电脑及课程资源,共涉及5207名学生。学校违反了"不得强制或暗示学生及家长购买指定的教辅软件或资料"的规定。目前,相关学校已清退违规收费2608.99万元;太原市有关部门对33名责任人予以党纪政纪等处分。

《义务教育法》第五十七条规定:"学校有下列情形之一的,由县级人民政府教育行政部门责令限期改正;情节严重的,对直接负责的主管人员和其他直接责任人员依法给予处分:① 拒绝接收具有接受普通教育能力的残疾适龄儿童、少年随班就读的;② 分设重点班和非重点班的;③ 违反本法规定开除学生的;④ 选用未经审定的教科书的。"

(三)父母或其他法定监护人的违法行为及法律责任

《义务教育法》第五十八条规定:"适龄儿童、少年的父母或者其他法定监护人无正当理由未依照本法规定送适龄儿童、少年入学接受义务教育的,由当地乡镇人民政府或者县级人民政府教育行政部门给予批评教育,责令限期改正。"

案例链接

政府起诉! 家长不履行义务教育责任必将付出法律代价[②]

"民告官"多见,"官告民"可是稀罕事。在四川凉山州美姑县,因不送女儿上学,

[①] 北京日报.2022年6起学校违规收费典型问题查处情况被通报[EB/OL]. https://baijiahao.baidu.com/s?id=1753538519167149727&wfr=spider&for=pc,2022-12-29.

[②] 澎湃新闻.因不送女儿上学,四川凉山州一家长被乡政府起诉[EB/OL]. https://m.thepaper.cn/newsDetail_forward_21889440?commTag=true,2023-02-11.

一家长被乡政府起诉。2023年2月8日,四川凉山州美姑县人民法院巡回审判法庭依法来到美姑县井叶特西乡人民政府,公开审理这起监护人不履行送子女入学接受义务教育案件。在案件中,被告人的女儿现年15岁,属于九年义务教育阶段适龄儿童、少年,本来应该接受义务教育,却从2022年9月1日起辍学至今。尽管乡政府人员反复上门劝说,其始终不愿意返校继续读书。对于这种情况,乡政府起诉被告人,要求其在规定时间内送被监护人到校并完成义务教育。

监护人必须明白,让孩子上学接受义务教育,不是可以任由家长"自由选择"的事,完不成这个义务,就要面临法律的惩罚。未成年人辍学也不是家庭的"私事",而是关乎国家教育事业发展的严肃命题。个别监护人强迫孩子辍学,或不配合学校和政府的复学要求,不仅是在耽误自家孩子的前程,也是在挑战法律的权威。

(四)其他社会组织与个人的违法行为及法律责任

《义务教育法》第五十九条规定:"有下列情形之一的,依照有关法律、行政法规的规定予以处罚:① 胁迫或者诱骗应当接受义务教育的适龄儿童、少年失学、辍学的;② 非法招用应当接受义务教育的适龄儿童、少年的;③ 出版未经依法审定的教科书的。"

第三节 《中华人民共和国教师法》解读

教师,承担着为党育人、为国育才、立德树人,培养德智体美劳全面发展的社会主义建设者和接班人、提高民族素质的崇高使命,是立教之本、兴教之源,也是推动教育改革创新、办好人民满意教育的关键所在。《中华人民共和国教师法》(以下简称《教师法》)以法律形式确立了教师的专业属性,并对教师权利与义务、资格和准入、聘任和考核、培养和培训、待遇和保障、奖惩和申诉、法律责任等方面做出了相应规定,以确保教师专业化的发展。

一、立法历程

《教师法》于1993年10月31日第八届全国人民代表大会常务委员会第四次会议通过,自1994年1月1日起施行。根据2009年8月27日第十一届全国人民代表大会常务委员会第十次会议《关于修改部分法律的决定》进行了修正。为完善教师法律制度,满足新时代教师队伍改革发展的需求,在深入调研基础上,2021年11月,教育部在其网站公布《中华人民共和国教师法(修订草案)(征求意见稿)》,面向社会公开征求意见。

二、立法宗旨和适用范围

（一）立法宗旨

《教师法》以教师作为立法对象，把国家尊师重教的方针上升成为法律，体现了全国人民的共同愿望和意志。总则第一条对其立法宗旨做了明确规定："为了保障教师的合法权益，建设具有良好思想品德修养和业务素质的教师队伍，促进社会主义教育事业的发展，制定本法。"从教师队伍发展角度而言，《教师法》以法律的形式确认了教师的专业属性，明确了教师的基本权利，规定了教师应享有的待遇和社会地位，规定了侵害教师合法权利应当承担的法律责任，这对于有效保护教师的合法权益提供了法律依据。

同时，《教师法》明确规定了教师资格制度，对教师的准入、聘用、培养、考核等方面做出规定，为提高教师队伍素质提供了具体指导。

从教育事业发展的角度而言，《教师法》要求加强教师队伍的规范化管理、确保教师队伍整体素质不断优化和提高，从法律角度保障了社会主义教育事业的发展。教育、科技、人才是全面建设社会主义现代化国家的基础性、战略性支撑，坚持教育优先发展，办好人民满意的教育，需要具有良好思想道德素质和业务素质的教师队伍。

（二）适用范围

《教师法》第二条规定了《教师法》的适用范围："本法适用于在各级各类学校和其他教育机构中专门从事教育教学工作的教师。"其中，各级各类学校是指，实施学前教育、普通初等教育、普通中等教育、职业教育、普通高等教育以及特殊教育、成人教育的学校。其他教育机构是指少年宫以及地方教研室、电化教育机构等。

三、教师的法律地位

《教师法》第三条规定："教师是履行教育教学职责的专业人员，承担教书育人，培养社会主义事业建设者和接班人、提高民族素质的使命。教师应当忠诚于人民的教育事业。"这明确了教师的专业身份、职业特征和主要工作任务。

《教师法》以法律形式将教师节作为法定节日予以明确，第六条规定："每年九月十日为教师节。"在第四条第二款规定："全社会都应当尊重教师。"尊重教师、关心教师，维护教师队伍形象，是全社会的共同责任。

资料拓展

《教师法（修订草案）》公开征求意见

2021年11月，教育部在其网站公布《中华人民共和国教师法(修订草案)(征求意见稿)》，其中提出：公办中小学教师是国家公职人员，依据规范公职人员的相关法律规定,享有相应权利,履行相应义务。①

2018年1月,《中共中央 国务院关于全面深化新时代教师队伍建设改革的意见》中提出:明确教师的特别重要地位。突显教师职业的公共属性,强化教师承担的国家使命和公共教育服务的职责,确立公办中小学教师作为国家公职人员特殊的法律地位,明确中小学教师的权利和义务,强化保障和管理。各级党委和政府要切实负起中小学教师保障责任,提升教师的政治地位、社会地位、职业地位,吸引和稳定优秀人才从教。公办中小学教师要切实履行作为国家公职人员的义务,强化国家责任、政治责任、社会责任和教育责任②。

四、教师的权利与义务

教师的权利与义务是基于教师所从事的职业性质而规定的,《教师法》第二章明确规定了教师的权利与义务,并且规定教育行政部门、学校等机构应当为教师行使权利、履行义务提供条件。

(一) 教师的权利

《教师法》第七条规定,教师享有下列权利:

(1) 进行教育教学活动,开展教育教学改革和实验。这是教师的教育教学权利,是教师履行教育教学职责必须具备的基本权利。它分为三个方面:一是教育教学活动权,是指教师有权依据课程标准、培养目标、课程方案组织开展教育教学活动;二是开展教育教学改革的权利,教师依据课程标准、课程计划,结合不同的教育对象和教育实际,对教育教学的组织形式、方式方法等进行改革创新的权利;三是开展教育教学实验的权利。

(2) 从事科学研究、学术交流,参加专业的学术团体,在学术活动中充分发表意见。这是教师的科学研究权,是教师作为专业人员所享有的一项基本权利。教师在完成教育教学任务的同时,有权进行科学研究、撰写学术论文或者著书立说,依法成立或参加学术性团体,并在学术活动中充分表达个人观点、参加讨论等。

(3) 指导学生的学习和发展,评定学生的品行和学业成绩。这是教师管理学生的权利。教育要落实立德树人根本任务,培养德智体美劳全面发展的社会主义事业建设者和接班人。教师不仅要教授给学生知识和能力,养成良好的体魄,更要培养学生良好的道德品质和审美情操,引导学生的个性和能力得到充分发展。教师有权根据学生的

---

① 教育部. 教育部关于《中华人民共和国教师法(修订草案)(征求意见稿)》公开征求意见的公告[EB/OL]. http://www.moe.gov.cn/jyb_xxgk/s5743/s5744/A02/202111/t20211129_583188.html,2021-11-29.

② 教育部. 中共中央 国务院关于全面深化新时代教师队伍建设改革的意见[EB/OL]. http://www.moe.gov.cn/jyb_xwfb/moe_1946/fj_2018/201801/t20180131_326148.html,2018-01-31.

身心发展特点因材施教,对学生的思想状况、学习情况、劳动状况等方面给予客观、公正的评价。这是教师完成教育教学工作必然涉及的一项基本权利。

(4) 按时获取工资报酬,享受国家规定的福利待遇以及寒暑假期的带薪休假。按时获取工资报酬,是教师的基本物质保障权利,也是宪法赋予公民的劳动权利和劳动者休息权利的现实表现,包括教师有权要求所在学校及其主管部门根据国家法律和教师聘用合同,按时足额支付工资报酬,并享有国家规定的医疗、住房、退休等各种福利待遇和优惠,以及寒暑假的带薪休假等权利。

案例链接

贵州大方县拖欠教师工资补贴被追责

2020年9月,国办督查室派员赴贵州省毕节市大方县进行了明察暗访,发现大方县自2015年起即拖欠教师工资补贴,截至2020年8月20日,共计拖欠教师绩效工资、生活补贴、五险一金等费用47 961万元,挪用上级拨付的教育专项经费34 194万元。同时发现,大方县假借推进供销合作社改革名义,发起成立融资平台公司违规吸纳资金,变相强制教师存款入股,截留困难学生生活补贴。[①]

国办督查室发布情况通报后,贵州省立即开展整改和查处工作,决定对大方县政府县长作停职检查处理,对该县分管财政工作和分管教育工作的两名副县长作免职处理,并确保大方县拖欠的教师绩效工资及各类津贴补贴、欠缴教师的"五险一金"于9月10日前补缴到位。贵州省委、省政府认为,大方县拖欠教师工资补贴挤占挪用教育经费等问题,严重侵害了师生合法权益,性质严重、影响恶劣,必须以最坚决的态度从严从速从实狠抓整改和查处工作,确保通报指出的问题尽快整改到位,并严肃追责问责。[②]

(5) 对学校教育教学、管理工作和教育行政部门的工作提出意见和建议,通过教职工代表大会或者其他形式,参与学校的民主管理。这是教师的民主管理权利,有效地行使此项权利,能够增强教师的责任意识和主体意识,增强教师参与学校各项教育教学、管理活动的主动性和积极性,加强对学校和教育行政部门的监督。教师有权通过教职

[①] 中国政府网. 关于贵州省毕节市大方县拖欠教师工资补贴挤占挪用教育经费等问题的督查情况通报[EB/OL]. https://www.gov.cn/hudong/ducha/2020-09/04/content_5540680.htm,2020-09-04.

[②] 新华社. 贵州整改查出大方县拖欠教师工资补贴等问题县长停职、两名副县长免职[EB/OL]. https://www.gov.cn/xinwen/2020-09/06/content_5541095.htm,2020-09-06.

工代表大会、工会等形式或者其他形式,参与学校的民主管理,对学校发展与改革等方面的问题提出建议。同时,教师应引导学生培养民主与法制意识,促进我国社会主义法制建设。

(6) 参加进修或者其他方式的培训。这是教师的培训进修权利。在终身教育时代,教师享有继续教育的权利,这是教师个人专业发展的需要,也是新时代环境下教育教学的要求。主要包括教师有权参加进修和接受其他多种形式的培训,不断更新教育理念,调整知识结构,提高自己的思想素质和业务水平。同时,教育行政部门和学校及其他教育机构应当采取多种形式,为教师参加培训进修创造条件和机会。

(二) 教师的义务

教师的义务是指教师依照《教师法》的规定所必须履行的责任,表现为教师必须做出一定的行为或者不得不做出一定的行为。《教师法》第八条规定了教师应当履行下列义务:

(1) 遵守宪法、法律和职业道德,为人师表。这是法律要求教师应尽的基本义务,也是教师加强自我意识行为规范的要求。教师的工作对象是处于发展中的学生,教师的言行举止对学生的思想意识、行为态度等方面起着重要影响,这就要求教师更应当以身作则、为人师表,模范地遵守宪法和法律,培养学生的民主意识和法制观念,引导其成为遵纪守法的公民。

(2) 贯彻国家的教育方针,遵守规章制度,执行学校的教学计划,履行教师聘约,完成教育教学工作任务。教学工作是教师的本职工作。教师在教育教学活动中,必须贯彻国家的教育方针,遵守教育行政部门、学校及其他教育机构制定的教育教学管理的各项规章制度,完成职责范围内的教育教学任务,保证教育教学质量。

(3) 对学生进行宪法所确定的基本原则的教育和爱国主义、民族团结的教育,法制教育以及思想品德、文化、科学技术教育,组织、带领学生开展有益的社会活动。教师要教书,更要育人。教师在教育教学活动中有义务培养学生的爱国主义思想、法制意识,形成良好的思想品德和人生观世界观。教师应自觉地结合自己的业务特点,将德育工作落实到教育教学的全过程中。

(4) 关心、爱护全体学生,尊重学生人格,促进学生在品德、智力、体质等方面全面发展。关心、爱护学生是教师的天职和美德,教师应当一视同仁地对待每一名学生,尊重每一个学生的人格尊严,帮助其形成健康完善的人格,不歧视学生,更不侮辱、体罚学生,对学生严慈相济,使其在思想品德、学业、人格上都健康成长。

案例链接

老师，你会给学生贴标签吗？[1]

过去，总会听到有些教师批评学生的时候使用诸如"你怎么这么蠢""你死脑筋啊""你就是个破坏之王""你就是个土匪"等标签式的评语。

甚至，一些学校还有层出不穷侮辱学生的"创新"之举。比如江西某学校的"不听话押金"，该校班主任收取的学生费用中，有一项名为"不听话押金"，如果学生在校违反纪律，押金将会被逐一扣罚。比如深圳某学校的"蓝印章"，该校有教师在表现不好的学生脸上盖章以表示批评。比如西安某学校出现的"绿领巾"，据了解，学习不好的学生才戴绿领巾……

一个人被别人下了某种结论，往往就会像商品被贴上某种标签一样。标签会有定性导向作用，对一个人的个性思维与自我认同产生一定的影响。"积极"的标签也许会使学生产生励志情怀、美好心情，能够鼓励他们积极乐观地生活和学习；"消极"的标签可能会使学生心灵晦暗、焦虑不安，使他们受到心灵的创伤，留下消极的心理阴影。这种"标签效应"在我们的工作中屡见不鲜。

(5) 制止有害于学生的行为或者其他侵犯学生合法权益的行为，批评和抵制有害于学生健康成长的现象。保护学生权益和身心健康成长，是全社会的共同责任，更是教师义不容辞的义务。教师应当在学校工作和平时教育教学活动中，对侵犯学生合法权益的行为予以制止，也应对社会上出现的有害学生身心健康的不良现象进行批评和抵制。

案例链接

汤其雪做退而不休的护学人[2]

16年，他坚持在106国道醴陵段护学，不论严冬酷暑还是风吹日晒，汤其雪像一台不知疲倦的发动机，年复一年、日复一日地工作在200米长的国道上。因为他

---

[1] 黄红亮. 老师，你会给学生贴标签吗[EB/OL]. http://www.jyb.cn/rmtzgjsb/201901/t20190123_212660.html,2019-01-23.

[2] 中国教师报. 一个"奇迹"的背后[EB/OL]. http://chinateacher.jyb.cn/zgjsb/html/2022-11/16/content_616477.htm?div=-1,2022-11-16.

的努力,这段曾经出过惨烈车祸的路段,16年来学生无一例安全事故。每天清晨5点多,汤其雪早早起床,匆匆洗漱后便赶往学校门口。挺着笔直的身子,吹着响亮的哨声,摆着通过"自悟"学来的交通手势,汤其雪熟练地拦下行进中的车辆,引导家长和学生快速过马路;待一波行人通过,他举起右手向司机行礼,摆出一个放行的手势。这一忙就是两个多小时,到了下午放学时,一站又是两小时。16年来,汤其雪大约每年站岗不少于340天,即使节假日也不休息。如果细细算来,他已经在这条街道站了两万多个小时,"护学"这两个字已经融入他的血液。

这些年,汤其雪用敬业、奉献诠释了一名人民教师的初心和使命,他甘于做学生成长路上的守望者,用朴实的行动绘就了最深沉的师德底色,让我们看到了教师身上闪耀的人性光芒。

(6) 不断提高思想政治觉悟和教育教学业务水平。教师是专业人员,教育教学工作是一项专业性较强的工作。随着时代的发展、科技的进步,知识更新的速度不断加快,获取知识的速度也在加快。教师要胜任工作,就必须不断学习,加强自身的综合素质,提高思想水平和业务能力。

(三) 保障教师完成教育教学任务中相关机构的职责

为保证教师完成教育教学任务,《教师法》第九条规定,各级人民政府、教育行政部门、有关部门、学校和其他教育机构应当履行下列职责:

(1) 提供符合国家安全标准的教育教学设施和设备。
(2) 提供必需的图书、资料及其他教育教学用品。
(3) 对教师在教育教学、科学研究中的创造性工作给以鼓励和帮助。
(4) 支持教师制止有害于学生的行为或者其他侵犯学生合法权益的行为。

五、教师的资格和任用

教师资格和任用制度是教师管理制度的重要内容,《教师法》第三章对教师的资格条件、认定办法、职务制度、聘任制度等几个方面做了规定。

(一) 获取教师资格的条件

《教师法》第十条规定,国家实行教师资格制度。取得教师资格的基本条件包括:"中国公民凡遵守宪法和法律,热爱教育事业,具有良好的思想品德,具备本法规定的学历或者经国家教师资格考试合格,有教育教学能力,经认定合格的,可以取得教师资格。"

知识拓展

我国职业资格制度的发展

我国的职业资格制度是从20世纪90年代初发展起来的,1994年《劳动法》首次提出"国家实行职业资格证书制度"。1999年中共中央 国务院《关于深化教育改革全面推进素质教育的决定》明确要求实行学业证书、职业资格证书并重的制度。从2014年起,国务院开始对职业资格进行清理,至2016年12月,国务院先后分七批取消了434项职业资格。经过多次调整,2021年人社部推出的最新版《国家职业资格目录》显示:列入目录的国家职业资格共139项。在这项职业资格清单中,排在第一位的就是教师资格。

《教师法》第十一条规定了取得不同学段教师资格应当具备的相应学历,并且规定:"不具备本法规定的教师资格学历的公民,申请获取教师资格,必须通过国家教师资格考试。国家教师资格考试制度由国务院规定。"

2013年8月,《教育部关于印发〈中小学教师资格考试暂行办法〉〈中小学教师资格定期注册暂行办法〉的通知》发布,其中规定:

参加教师资格考试是教师职业准入的前提条件。教师资格考试实行全国统一考试,包括笔试和面试两部分。笔试主要考查申请人从事教师职业所应具备的教育理念、职业道德、法律法规知识、科学文化素养、阅读理解、语言表达、逻辑推理和信息处理等基本能力;教育教学、学生指导和班级管理的基本知识;拟任教学科领域的基本知识,教学设计实施评价的知识和方法,运用所学知识分析和解决教育教学实际问题的能力。面试主要考查申请人的职业认知、心理素质、仪表仪态、言语表达、思维品质等教师基本素养和教学设计、教学实施、教学评价等教学基本技能。

实施国家教师资格考试制度,使教师职业准入更加严格,保障了教师队伍质量。

资料拓展

"提高获取教师资格学历条件"的征求意见[①]

2021年11月,教育部在其网站公布《中华人民共和国教师法(修订草案)(征求意见稿)》,其中对取得教师资格应当具备的相应学历学位提出了要求:(一)取得幼儿园

---

① 教育部.教育部关于《中华人民共和国教师法(修订草案)(征求意见稿)》公开征求意见的公告[EB/OL]. http://www.moe.gov.cn/jyb_xxgk/s5743/s5744/A02/202111/t20211129_583188.html,2021-11-29.

教师资格,应当具备高等学校学前教育专业专科或者其他相关专业专科毕业及其以上学历;(二)取得中小学教师资格,应当具备高等学校师范专业本科或者其他相关专业本科毕业及其以上学历,并获得相应学位;(三)取得普通高等学校教师资格,应当具备硕士研究生毕业及其以上学历,并获得相应学位;(四)取得职业学校专业课教师资格,应当具备高等学校本科毕业及其以上学历,有相应的专业技术技能或者实践工作经验;有特殊技能者,可放宽至专科毕业学历;(五)取得特殊教育教师资格,应当按照特殊教育的学段,分别具备特殊教育师范类专业专科、本科毕业及其以上学历,并获得相应学位;或者其他相关专业本科毕业及其以上学历,并获得相应学位。

2022年6月,教育部召开"教育这十年""1+1"系列发布会第五场,介绍党的十八大以来义务教育改革发展成效。关于教师队伍素质,十年来(2012年—2021年)有了显著提高。"十年来,义务教育专任教师总数由909万增至1 057万,增加了148万人,本科以上学历教师占比由47.6%提高至77.7%,总体上满足了教育教学基本需要。"[①]

(二)教师资格的认定与任用

《教师法》第十三条规定:"中小学教师资格由县级以上地方人民政府教育行政部门认定。中等专业学校、技工学校的教师资格由县级以上地方人民政府教育行政部门组织有关主管部门认定。普通高等学校的教师资格由国务院或者省、自治区、直辖市教育行政部门或者由其委托的学校认定。具备本法规定的学历或者经国家教师资格考试合格的公民,要求有关部门认定其教师资格的,有关部门应当依照本法规定的条件予以认定。取得教师资格的人员首次任教时,应当有试用期。"

《教师法》第十四条规定:"受到剥夺政治权利或者故意犯罪受到有期徒刑以上刑事处罚的,不能取得教师资格;已经取得教师资格的,丧失教师资格。"

《教师法》第十五条规定:"各级师范学校毕业生,应当按照国家有关规定从事教育教学工作。国家鼓励非师范高等学校毕业生到中小学或者职业学校任教。"

(三)教师职务制度和教师聘任制度

《教师法》第十六条规定:"国家实行教师职务制度,具体办法由国务院规定。"教师职务制度是国家对教师岗位设置、各级岗位任职条件和取得该岗位职务的程序等方面的规定的总称。1986年5月,原中央职称改革工作领导小组转发原国家教委制定的《小学教师职务试行条例》和《中学教师职务试行条例》,建立了我国的中小学教师职务制度。2015年8月,人力资源社会保障部、教育部制定了《关于深化中小学教师职称制度改革的指导意见》,在全国范围全面推开中小学教师职称制度改革,建立了统一的中小学教师职务制度。

[①] 教育部.教育这十年"1+1"系列发布会[EB/OL]. http://www.moe.gov.cn/fbh/live/2022/54598/,2022-06-21.

《教师法》第十七条规定："学校和其他教育机构应当逐步实行教师聘任制。教师的聘任应当遵循双方地位平等的原则,由学校和教师签订聘任合同,明确规定双方的权利、义务和责任。实施教师聘任制的步骤、办法由国务院教育行政部门规定。"

六、教师的培养、培训与考核

(一)教师的培养与培训

为了保证教师的培养、培训工作正常而有效地运行发展,《教师法》专门对教师培养、培训做出了规定。

第十八条　各级人民政府和有关部门应当办好师范教育,并采取措施,鼓励优秀青年进入各级师范学校学习。各级教师进修学校承担培训中小学教师的任务。非师范学校应当承担培养和培训中小学教师的任务。各级师范学校学生享受专业奖学金。

第十九条　各级人民政府教育行政部门、学校主管部门和学校应当制定教师培训规划,对教师进行多种形式的思想政治、业务培训。

第二十条　国家机关、企业事业单位和其他社会组织应当为教师的社会调查和社会实践提供方便,给予协助。

第二十一条　各级人民政府应当采取措施,为少数民族地区和边远贫困地区培养、培训教师。

教师的培养和培训并不仅仅是师范学校的任务,其他进修学校、非师范学校也应当承当起相应任务。培养合格的人民教师,是政府机关、企事业单位、其他社会组织以及学校共同的责任。

资料链接

"定向师范生"唱响乡村教育大舞台[①]

2023年9月7日,湖南省通道侗族自治县独坡镇上岩村小学,六位"00"后"定向师范毕业生"教师正用他们独特的教学方式为山里娃筑梦。近年来,该县把农村免费师范生定向培养作为补齐乡村师资短板的重要举措,让一批又一批年轻教师走向基层、扎根乡村,点亮无数山里娃的人生梦想。据了解,今年秋季开学,该县又有63名"00"后"定向师范毕业生"新教师回到农村学校任教。

---

① 李尚引."定向师范生"唱响乡村教育大舞台[EB/OL]. http://www.jyb.cn/rmtzcg/xwy/tpxw/202309/t20230908_2111090170.html,2023-09-08.

（二）教师的考核

通过考核，能促使教师不断端正教育思想，调动教师的积极性和创造性，增强教师队伍建设管理的规范化。《教师法》第二十二条至第二十四条对教师的考核做出了规定。

第二十二条　学校或者其他教育机构应当对教师的政治思想、业务水平、工作态度和工作成绩进行考核。教育行政部门对教师的考核工作进行指导、监督。

第二十三条　考核应当客观、公正、准确，充分听取教师本人、其他教师以及学生的意见。

第二十四条　教师考核结果是受聘任教、晋升工资、实施奖惩的依据。

七、教师的待遇与奖励

（一）教师的待遇

《教师法》第六章从工资、住房、医疗保健、养老保险等方面对教师的待遇做出了具体规定。

第二十五条　教师的平均工资水平应当不低于或者高于国家公务员的平均工资水平，并逐步提高。建立正常晋级增薪制度，具体办法由国务院规定。

第二十六条　中小学教师和职业学校教师享受教龄津贴和其他津贴，具体办法由国务院教育行政部门会同有关部门制定。

第二十七条　地方各级人民政府对教师以及具有中专以上学历的毕业生到少数民族地区和边远贫困地区从事教育教学工作的，应当予以补贴。

第二十八条　地方各级人民政府和国务院有关部门，对城市教师住房的建设、租赁、出售实行优先、优惠。县、乡两级人民政府应当为农村中小学教师解决住房提供方便。

第二十九条　教师的医疗同当地国家公务员享受同等的待遇；定期对教师进行身体健康检查，并因地制宜安排教师进行休养。医疗机构应当对当地教师的医疗提供方便。

第三十条　教师退休或者退职后，享受国家规定的退休或者退职待遇。县级以上地方人民政府可以适当提高长期从事教育教学工作的中小学退休教师的退休金比例。

第三十一条　各级人民政府应当采取措施，改善国家补助、集体支付工资的中小学教师的待遇，逐步做到在工资收入上与国家支付工资的教师同工同酬，具体办法由地方各级人民政府根据本地区的实际情况规定。

第三十二条　社会力量所办学校的教师的待遇，由举办者自行确定并予以保障。

（二）教师的奖励

教师的奖励是按照教师的工作成绩、对教育事业的贡献大小而给予的一定精神奖励和物质奖励。这是加强教师队伍建设的重要方面，有很强的现实意义，有利于鼓励广大教师积极上进,提高教师队伍的综合素质和奉献教育事业的决心。《教师法》第三十三条和第三十四条对教师的奖励做出了规定。

第三十三条　教师在教育教学、培养人才、科学研究、教学改革、学校建设、社会服务、勤工俭学等方面成绩优异的,由所在学校予以表彰、奖励。国务院和地方各级人民政府及其有关部门对有突出贡献的教师,应当予以表彰、奖励。对有重大贡献的教师,依照国家有关规定授予荣誉称号。

第三十四条　国家支持和鼓励社会组织或者个人向依法成立的奖励教师的基金组织捐助资金,对教师进行奖励。

八、违反《教师法》的法律责任

为了保证教师权利和义务的落实,《教师法》第八章对有关违法行为的法律责任做出了规定。

1. 侮辱、殴打教师的法律责任

《教师法》第三十五条:"侮辱、殴打教师的,根据不同情况,分别给予行政处分或者行政处罚;造成损害的,责令赔偿损失;情节严重,构成犯罪的,依法追究刑事责任。"

案例链接

"家长殴打教师"事件[①]

2018年6月29日上午,安徽省淮北市一小学发生"家长殴打教师"事件。据悉,当天上午10时左右,该校五(5)班一位学生家长带着亲属九人在校长允许的情况下,到会议室商谈该生上学情况。商谈期间,该生突然闯进会议室,谎称自己被打。该生家长情绪激动,冲出会议室,闯进其孩子教室,对全体学生进行恐吓。该学生母亲和姨到办公室找到五(5)班班主任,对其殴打,导致其受伤送医。事件发生时,该校班子成员无人拨打110报警电话和120急救电话,一键报警系统也没有启动报警。

7月2日上午,淮北市相山区发布通报称:公安机关对殴打老师的学生的母亲和姨作出行政拘留15日的处罚。该学生的父亲被停职,由淮北市纪监委对其立案调查。该校校长被免职。

---

① 王磊,王海涵. 该校校长被免职,学生家长被市纪监委立案调查[EB/OL]. http://news.cyol.com/yuanchuang/2018-07-02/content_17347055.htm,2018-07-02.

2. 打击报复教师的法律责任

《教师法》第三十六条:"对依法提出申诉、控告、检举的教师进行打击报复的,由其所在单位或者上级机关责令改正;情节严重的,可以根据具体情况给予行政处分。国家工作人员对教师打击报复构成犯罪的,依照刑法有关规定追究刑事责任。"

3. 处分或者解聘教师的情形

《教师法》第三十七条:"教师有下列情形之一的,由所在学校、其他教育机构或者教育行政部门给予行政处分或者解聘:(一) 故意不完成教育教学任务给教育教学工作造成损失的;(二) 体罚学生,经教育不改的;(三) 品行不良、侮辱学生,影响恶劣的。教师有前款第(二)项、第(三)项所列情形之一,情节严重,构成犯罪的,依法追究刑事责任。"

4. 拖欠教师工资或侵犯教师其他合法权益的法律责任

《教师法》第三十八条:"地方人民政府对违反本法规定,拖欠教师工资或者侵犯教师其他合法权益的,应当责令其限期改正。违反国家财政制度、财务制度,挪用国家财政用于教育的经费,严重妨碍教育教学工作,拖欠教师工资,损害教师合法权益的,由上级机关责令限期归还被挪用的经费,并对直接责任人员给予行政处分;情节严重,构成犯罪的,依法追究刑事责任。"

九、教师的法律救济

《教师法》第三十九条规定:"教师对学校或者其他教育机构侵犯其合法权益的,或者对学校或者其他教育机构作出的处理不服的,可以向教育行政部门提出申诉,教育行政部门应当在接到申诉的三十日内,作出处理。教师认为当地人民政府有关行政部门侵犯其根据本法规定享有的权利的,可以向同级人民政府或者上一级人民政府有关部门提出申诉,同级人民政府或者上一级人民政府有关部门应当作出处理。"

第四节 《中华人民共和国家庭教育促进法》解读

"一家仁,一国兴仁;一家让,一国兴让。"办好家庭教育,给未成年人讲好"人生第一课",帮助扣好人生第一粒扣子,关乎未成年人的健康成长,也关乎国家和民族的未来。《中华人民共和国家庭教育促进法》(以下简称《家庭教育促进法》)的出台,将传统"家事"上升为重要"国事",确立了家庭教育工作中各方的责任、领导体制、家庭教育的内容与方法、罚则等,明晰了父母或者其他监护人在家庭教育中的首要责任,提出了社会协调促进的有效机制,家庭教育从此走进了法治体系。

一、立法历程

2016年5月,首个家庭教育地方性法规《重庆市家庭教育促进条例》正式通过,随着地方性家庭教育规定条例的先后颁布,家庭教育逐步向社会公共领域过渡。《家庭教育法(草案)》2021年1月提请全国人大常委会会议审议,8月,第十三届全国人大常委会第三十次会议审议家庭教育法草案二审稿,将法律名称修改为《家庭教育促进法》,2021年10月23日,第十三届全国人大常委会第三十一次会议通过《家庭教育促进法》,确定于2022年1月1日起实施。

二、立法宗旨

《家庭教育促进法》总则第一条对其立法宗旨做了规定:"为了发扬中华民族重视家庭教育的优良传统,引导全社会注重家庭、家教、家风,增进家庭幸福与社会和谐,培养德智体美劳全面发展的社会主义建设者和接班人,制定本法。"

《家庭教育促进法》的受益主体是未成年人群体。每个未成年人都有自己独立的人格和发展需要,应该被赋予与成人平等的地位和尊严,但因为他们暂时还没有独立判断的能力且社会经验较欠缺,常依赖于成人。国家从法律高度规定义务责任主体,避免未成年人权益受到侵害,使未成年人权益最大化,确保他们能够健康成长。

家庭教育的基本原理是教育私权利与公权利的认识和平衡问题。基于血缘关系,家庭教育具有强烈的私人属性,但家庭教育具有社会功能,与公共利益关系密切。《家庭教育促进法》将父母或者其他监护人作为未成年人家庭教育的第一责任人,同时明确政府、学校、社会的责任,共同"促进"家庭教育的开展。

三、家庭教育的责任主体

《家庭教育促进法》第二条明确了家庭教育是指父母或者其他监护人为促进未成年人全面健康成长,对其实施的道德品质、身体素质、生活技能、文化修养、行为习惯等方面的培育、引导和影响。《家庭教育促进法》第四条规定:"未成年人的父母或者其他监护人负责实施家庭教育。国家和社会为家庭教育提供指导、支持和服务。国家工作人员应当带头树立良好家风,履行家庭教育责任。"

法律明确规定了家庭教育的实施主体是父母或者其他监护人,确认了父母的家庭教育权利。父母是对子女最为关心爱护的主体,也更加了解子女的行为习惯和心理倾向,清楚其成长需要和发展欲望,这是开展子女教育的重要基础。同时,作为日常生活中与子女最为亲密的人,父母的思想品德、文化修养、生活态度、身体素质、行为习惯等都在潜移默化中影响子女性格与才能的养成,并且可能影响终生,是开展学校教育、社会教育等其他教育形式的前提和基础。

《家庭教育促进法》第六条至第九条对各级政府、机关单位在促进家庭教育工作中的应尽职责进行了规定。在第十条至第十二条中鼓励和支持企事业单位、社会组织、高校以及个人依法开展家庭教育服务活动,并依法给予相关优惠或者奖励。第十三条规定了每年5月15日国际家庭日所在周为全国家庭教育宣传周。

构建家庭教育指导服务体系和家校协同育人机制是教育改革发展的一项重要任

务。《家庭教育促进法》规定了家庭教育的管理体制和运行机制,有助于家庭教育资源的合理配置,提高家庭教育的供给质量,提升家庭教育指导服务的效果,满足更多家庭开展子女教育的需要。

资料拓展

教子故事中的家法与国法[①]

北宋名臣韩亿治家严厉,声名远播,当时士林中流传这样一则韩亿训子的逸事。

韩忠宪教子严肃不可犯。知亳州日,第二子舍人自西京倅调告省觐,坐中忽云:"二郎,吾闻西京有疑狱奏谳者,其详云何?"舍人思之未得,已呵之,再问,未能对。遂推案,持梃,大诟曰:"汝食朝廷厚禄,事无巨细,皆当究心,大辟奏案尚不能记,则细务不举可知矣。"必欲挞之,众宾力解方已。诸子股栗,累日不能释。

韩亿的教子故事不仅反映出中国古代官僚士大夫的教育理念,也形象地折射出家法与国法之间声息相通的深层次关系。

四、家庭教育的任务与原则

《家庭教育促进法》第三条指出了家庭教育的任务和目的:"家庭教育以立德树人为根本任务,培育和践行社会主义核心价值观,弘扬中华民族优秀传统文化、革命文化、社会主义先进文化,促进未成年人健康成长。"

家庭教育作为教育的一种形式,以立德树人为根本任务。育人的重点在于品德修养的提升,这要求父母或者其他监护人身体力行,引导和培养未成年人形成正确的价值观和人生观,也要求全社会共同行动起来,为未成年人的健康成长提供良好的、积极的外部环境。

《家庭教育促进法》第五条对开展家庭教育必须遵循的原则和要求进行了规定:

(1) 尊重未成年人身心发展规律和个体差异;

(2) 尊重未成年人人格尊严,保护未成年人隐私权和个人信息,保障未成年人合法权益;

(3) 遵循家庭教育特点,贯彻科学的家庭教育理念和方法;

(4) 家庭教育、学校教育、社会教育紧密结合、协调一致;

(5) 结合实际情况采取灵活多样的措施。

[①] 赵进华,赵子凡. 教子故事中的家法与国法[EB/OL]. https://www.chinacourt.org/article/detail/2023/08/id/7456150.shtml,2023-08-04.

案例链接

"双减"后,"慢养"改变生活①

宣宣今年5岁,在南县实验幼儿园教育集团上中班。"双减"政策发布后,作为家长的小陈思想和口袋都"轻快"了不少,生活中的焦虑也逐渐下降。小陈同事家的孩子果果,从一两岁起,就被采取坚定的"铁血鸡娃"政策。有一次小陈带孩子到他家玩,上中班的果果一直在妈妈的督促下做100以内的加减法,做完数学题就开始学英语。在超市看书时,同事也会很自豪地说果果已经认了2 000多字了,相比之下,小陈家还不到4岁的娃,则蹲在地上看蚂蚁,挖蚯蚓,玩玩具。低头看了看自家孩子,小陈的心情多少有些复杂。

于是小陈开始带娃自学识字、阅读,周末的安排也以英语兴趣班为主。"老师感冒了,本周的课暂停一次。"在收到孩子英语培训机构老师的消息时,小陈有些纳闷。当时,"双减"政策的宣传铺天盖地而来,小陈预感培训机构可能受到冲击。果然,收到消息后三天,传出了英语培训机构关停的消息。

"双减"靠谱吗?互相攀比的"焦虑怪圈"能刹住车?

"双减"政策的发布,无疑是一道惊雷,劈倒了各类如火如荼的校外培训机构,幼儿园的社团倒是如雨后春笋般冒了出来。绘画、舞蹈、跆拳道、篮球、地花鼓、小主持、合唱,"社团菜品"日渐丰富。

现在,日常聚会中"谁家的孩子才几岁就会什么"的讨论变少了,更多的是讨论孩子学什么运动,周末去哪里玩?

这个暑假,小陈家的小伙子即将升入大班,小陈开始考虑幼小衔接问题,考虑再三,最后还是作罢。从1岁多开始,小陈常常带小伙子一起看绘本、读书、听故事,现在快6岁的他已经可以自主阅读,甚至可以通过手机视频给远在重庆的表弟讲故事。放暑假孩子看书很快,原来书架上的绘本看完了。小陈又买又借,把他的精神食粮备得足足的。放假的第一个周六,他们母子俩就去书店待了半天,回家后就直接"躺平"了。周日,他们就在乡下外婆家,插秧、择菜、喂鸡,劳动实践一样也没落下。"慢养"后,性格开朗、能说会道成了"双减"后娃被贴上的标签。

时代和经济的飞速发展、社会竞争压力的增大,让孩子"不能输在起跑线上"的想法等成年人的认知导致了家长陷入教育焦虑中,要求孩子提早进入学习状态,却往往无法达到应有的效果。家庭教育中,父母应了解孩子的年龄特点,发现孩子的突出能力,从孩子自身的实际情况出发,循序渐进地、有重点地对孩子进行引导。

---

① 阳锡叶. "双减"后,"慢养"改变生活[EB/OL]. http://www.jyb.cn/rmtzcg/xwy/wzxw/202208/t20220801_703087.html,2022-08-01.

五、家庭责任

家庭是开展家庭教育的主要载体,父母或者其他监护人是开展家庭教育的主体,法律规定是父母或其他监护人履行家庭教育义务的保障和支撑,有助于加强他们对家庭教育的重视,更多地关心关注未成年人的健康成长。《家庭教育促进法》第二章对家庭教育的主体责任人、内容、方式方法等方面做出了规定。

1. 家庭不同成员的责任范围

《家庭教育促进法》对父母或者其他监护人、其他家庭成员的家庭教育主体责任进行了划分。

第十四条规定:"父母或者其他监护人应当树立家庭是第一个课堂、家长是第一任老师的责任意识,承担对未成年人实施家庭教育的主体责任,用正确思想、方法和行为教育未成年人养成良好思想、品行和习惯。共同生活的具有完全民事行为能力的其他家庭成员应当协助和配合未成年人的父母或者其他监护人实施家庭教育。"

第二十条规定:"未成年人的父母分居或者离异的,应当相互配合履行家庭教育责任,任何一方不得拒绝或者怠于履行;除法律另有规定外,不得阻碍另一方实施家庭教育。"

第二十一条规定:"未成年人的父母或者其他监护人依法委托他人代为照护未成年人的,应当与被委托人、未成年人保持联系,定期了解未成年人学习、生活情况和心理状况,与被委托人共同履行家庭教育责任。"

父母或者其他监护人应当承担起对未成年人进行家庭教育的主体责任,其他家庭成员应当协助和配合,以此达成"人人参与家庭教育、时时开展家庭教育、事事体现家庭教育"的共识,全家人协同力量,通过对未成年人的学习习惯、生活习惯、劳动习惯等方面进行培养,使其具备基本的生活能力和社会适应能力,形成良好的品质。这不仅是未成年人的成长要求,也是增进家庭成员关系、实现家庭功能的重要途径。

案例链接

不想管孩子,可能会被追究法律责任[①]

2008年,原告李某与被告卢某相识,同年结婚登记并育有一子。2018年,卢某外出打工,从此未归,孩子由李某一人抚养。后二人多次因琐事电话争吵,夫妻感情

[①] 武鸣区人民法院.家庭教育宣传周 | 不想管孩子?孩子犯罪被判刑?5个月以来,武鸣区法院"未"爱发"令"32 份〈总第 871 期〉[EB/OL]. https://www.163.com/dy/article/H7E5M4370514JN5C.html,2022-05-15.

逐渐淡漠。李某遂诉请离婚并要求直接抚养孩子。"我之前怎么都联系不上他,今年过年他也没有回来。"李某向法官表达着对丈夫的失望与不满,提起孩子更是心疼得眼泛泪光,"自从他外出打工,就对孩子不闻不问。孩子今年13岁了,每次他问起爸爸,我都不知道怎么回答。"

2022年2月17日,该起离婚纠纷案件开庭审理并以调解方式结案,南宁市武鸣区人民法院首份《家庭教育责任告知书》随之正式发出。其中明确:家庭是孩子成长的第一环境,家长是孩子的第一任老师,父母双方应尽最大可能互相配合,共同参与家庭教育,给予孩子亲情关爱和陪伴,帮助孩子养成良好的思想、品行和习惯。

发出《家庭教育责任告知书》后,为避免父母离婚对正处于青春期的孩子造成心理伤害,法官当庭调解时,还就家庭教育的重要性、父母如何履行家庭教育职责、不履行抚养教育义务的法律后果等方面对双方进行教育,并引导双方签订《家庭教育责任承诺书》。

2. 家庭教育开展的方式

《家庭教育促进法》对父母或者其他监护人进行家庭教育的途径和方式给予了指引。

第十五条规定:"未成年人的父母或者其他监护人及其他家庭成员应当注重家庭建设,培育积极健康的家庭文化,树立和传承优良家风,弘扬中华民族家庭美德,共同构建文明、和睦的家庭关系,为未成年人健康成长营造良好的家庭环境。"

第十七条规定:未成年人的父母或者其他监护人实施家庭教育,应当关注未成年人的生理、心理、智力发展状况,尊重其参与相关家庭事务和发表意见的权利,合理运用以下方式方法:

(1) 亲自养育,加强亲子陪伴;
(2) 共同参与,发挥父母双方的作用;
(3) 相机而教,寓教于日常生活之中;
(4) 潜移默化,言传与身教相结合;
(5) 严慈相济,关心爱护与严格要求并重;
(6) 尊重差异,根据年龄和个性特点进行科学引导;
(7) 平等交流,予以尊重、理解和鼓励;
(8) 相互促进,父母与子女共同成长;
(9) 其他有益于未成年人全面发展、健康成长的方式方法。

"怎么教"是开展教育活动前要考虑的问题。基于亲子关系的特殊性,家庭教育的开展,主要围绕"生活化"和"互相尊重"的实际情况和要求,在家庭空间内、家庭成员之间有意或者无意地进行,要求家长尽到"参与之责""管教职责"。积极的家庭文化、和睦的家庭关系、亲近的长幼共处、平等的沟通交流,是一个家庭最宝贵的精神财富,也是家庭成员幸福生活的"第一组密码"。

3. 家庭教育的内容

《家庭教育促进法》将家庭教育"教什么"的内容作为重点来阐述,其第十六条提出,未成年人的父母或者其他监护人应当针对不同年龄段未成年人的身心发展特点,以下列内容为指引,开展家庭教育:

(1) 教育未成年人爱党、爱国、爱人民、爱集体、爱社会主义,树立维护国家统一的观念,铸牢中华民族共同体意识,培养家国情怀;

(2) 教育未成年人崇德向善、尊老爱幼、热爱家庭、勤俭节约、团结互助、诚信友爱、遵纪守法,培养其良好社会公德、家庭美德、个人品德意识和法治意识;

(3) 帮助未成年人树立正确的成才观,引导其培养广泛兴趣爱好、健康审美追求和良好学习习惯,增强科学探索精神、创新意识和能力;

(4) 保证未成年人营养均衡、科学运动、睡眠充足、身心愉悦,引导其养成良好生活习惯和行为习惯,促进其身心健康发展;

(5) 关注未成年人心理健康,教导其珍爱生命,对其进行交通出行、健康上网和防欺凌、防溺水、防诈骗、防拐卖、防性侵等方面的安全知识教育,帮助其掌握安全知识和技能,增强其自我保护的意识和能力;

(6) 帮助未成年人树立正确的劳动观念,参加力所能及的劳动,提高生活自理能力和独立生活能力,养成吃苦耐劳的优秀品格和热爱劳动的良好习惯。

家庭教育的内容涉及很多方面,但最重要的是品德教育,是"如何做人"的教育,是引导和培养未成年人做一个有家国情怀、品德良好、身心健康、积极向上的人的教育。

➤ **扫描目录页二维码,阅读了解"父母应该扮演什么样的角色"。**

4. 对监护人教育能力的要求

随着时代的进步与发展、家庭结构的变化,父母或者其他监护人承担的教育责任越来越重,与其具有的家庭教育能力存在一定差距,比如"养而不教"或者"教而不当"的现象时有发生。《家庭教育促进法》对家长的教育能力提出了要求。

第十八条规定:"未成年人的父母或者其他监护人应当树立正确的家庭教育理念,自觉学习家庭教育知识,在孕期和未成年人进入婴幼儿照护服务机构、幼儿园、中小学校等重要时段进行有针对性的学习,掌握科学的家庭教育方法,提高家庭教育的能力。"

越来越多的家长意识到家庭教育的无可替代,开始对子女教育投入更多的时间和精力,但这并不意味着就可以有效开展家庭教育。对教育方向的理解、教育职责的明晰、教育内容的把握、教育方法的选择都影响家庭教育的效果。因此,作为家长,应主动作为,参加有针对性的学习培训,掌握正确的育儿理念和科学的教育方法,努力提升自身能力,实现和子女的共同成长。

第十九条要求:"未成年人的父母或者其他监护人应当与中小学校、幼儿园、婴幼儿照护服务机构、社区密切配合,积极参加其提供的公益性家庭教育指导和实践活动,共同促进未成年人健康成长。"

参加学校、社区等组织的活动,也是家长进行自我教育的一种方式,一方面可以提高家长的教育能力,另一方面也可以了解未成年人在学校等场所的表现,配合学校教育和社会教育,共同促进未成年人的健康成长。

第二十二条提出:"未成年人的父母或者其他监护人应当合理安排未成年人学习、休息、娱乐和体育锻炼的时间,避免加重未成年人学习负担,预防未成年人沉迷网络。"

第二十三条提出:"未成年人的父母或者其他监护人不得因性别、身体状况、智力等歧视未成年人,不得实施家庭暴力,不得胁迫、引诱、教唆、纵容、利用未成年人从事违反法律法规和社会公德的活动。"

资料链接

大部分家长希望能提高自身家庭教育的能力[①]

有69.7%的家庭显示出亲子关系的紧张与不足;76.3%的家长认为迫切需要接受科学的培训与指导,以提高家庭教育的能力,遗憾的是,这样的需求无从获得相应支持。2019年12月,一份由共青团陕西省委课题组联手陕西省儿童心理学会出炉的"青少年家庭教育调查报告",引起了当地家长的广泛关注和共鸣。报告指出:青少年家庭教育服务体系薄弱,成为家庭矛盾增加的主要原因。

调查显示:学龄前阶段,孩子的生活自理、意志品质、幼小衔接等是家长关心的主要问题。进入小学,学习问题引发家长的大范围焦虑——孩子缺少学习目标和计划、学习没有自信、写作业不认真等成为家长关注的焦点问题。除学校作业外,68%的小学生仍需完成家长布置的额外学习任务,且67%的家长认为,"只要孩子学习好,其他都不是问题",91%的家长了解孩子学习情况的主要方式是看考试成绩。到了中学,尤其是高中,因学习成绩产生的焦虑情绪在家长中明显下降,焦点集中在亲子沟通、互动、相处方面,约50%的中学生不再或极少与父母沟通,父母打骂孩子的数量明显提高。45%的孩子表示,当自己问一些问题时,家长不会乐于回答;48%的孩子表示,不觉得和父母在一起相处是快乐时光;73%的孩子认为父母在自己心中的形象最接近保姆或教官;88%的家长坦言,与孩子交流的最大困难是不知道和孩子沟通的最佳方式。

六、国家支持

《家庭教育促进法》实施后,国家既要担起管理之责,减少家长缺位或者是滥用权利

[①] 孙海华.陕西:76.3%家长迫切希望提高家庭教育能力[EB/OL]. http://zqb.cyol.com/html/2019-12/25/nw.D110000zgqnb_20191225_5-01.htm,2019-12-25.

的现象,更要给予家庭教育清晰的指导,帮助父母或者其他监护人提升教育能力,化解教育焦虑。

1. 颁布家庭教育指导文件

《家庭教育促进法》第二十四条指出:"国务院应当组织有关部门制定、修订并及时颁布全国家庭教育指导大纲。省级人民政府或者有条件的设区的市级人民政府应当组织有关部门编写或者采用适合当地实际的家庭教育指导读本,制定相应的家庭教育指导服务工作规范和评估规范。"

以政府文件的形式牢牢把握正确的教育方向,确保家庭教育指导具有时效性和科学性,促进家庭教育指导服务工作更加规范有序。

2. 建立健全指导服务体系

《家庭教育促进法》第二十五条至第三十七条,对建立健全家庭教育指导服务体系进行了详细要求。省级以上人民政府应当组织有关部门统筹建设家庭教育信息化共享服务平台,开设公益性网上家长学校和网络课程,提供线上家庭教育指导服务。县级以上地方人民政府应当加强监督管理,畅通学校家庭沟通渠道,推进学校教育和家庭教育相互配合,要组织建立家庭教育指导服务专业队伍,通过多种途径和方式确定家庭教育指导机构。设区的市、县、乡级人民政府应当结合当地实际采取措施,为留守未成年人和困境未成年人的父母或者其他监护人实施家庭教育创造条件。婚姻登记机构、收养登记机构、儿童福利机构、未成年人救助保护机构、人民法院、妇女联合会等单位在开展工作时,应充分考虑未成年人的需要,保护未成年人权益,提供家庭教育指导。国家允许社会各界人士或组织依法设立非营利性质的家庭教育服务机构,并予以相应的扶持。

▶ **扫描目录页二维码,查看案例"帮教与督促监护相结合帮助罪错未成年人回归正途"。**

3. 加强监管和提供帮扶

《家庭教育促进法》第二十六条规定:"县级以上地方人民政府应当加强监督管理,减轻义务教育阶段学生作业负担和校外培训负担,畅通学校家庭沟通渠道,推进学校教育和家庭教育相互配合。"这是对"双减"政策的有力支撑,加大对"双减"政策落实情况的监督力度,让孩子从繁重的学业中得以解脱,帮助他们健康成长。

《家庭教育促进法》第二十九条及第三十条,还提出了对特殊情况家庭提供有效的帮扶。对于父母或者其他监护人履行家庭教育责任存在一定困难的家庭,家庭教育指导机构应当根据具体情况,与相关部门协作配合,提供有针对性的服务。设区的市、县、乡级人民政府应当结合当地实际采取措施,对留守未成年人和困境未成年人家庭建档立卡,提供生活帮扶、创业就业支持等关爱服务,为留守未成年人和困境未成年人的父母或者其他监护人实施家庭教育创造条件。

七、社会协同

未成年人的成长和教育不仅仅是家庭和学校的职责,更是整个社会需要共同努力的事业。《家庭教育促进法》第四章共十条对社区、学校及其他公共服务机构在家庭教育指导服务中的应尽职责进行了阐述。

1. 积极构建家庭教育指导服务体系

《家庭教育促进法》第三十八条规定:"居民委员会、村民委员会可以依托城乡社区公共服务设施,设立社区家长学校等家庭教育指导服务站点,配合家庭教育指导机构组织面向居民、村民的家庭教育知识宣传,为未成年人的父母或者其他监护人提供家庭教育指导服务。"

2. 做好家校共育

《家庭教育促进法》第三十九条至第四十三条要求学校主动承担起家庭教育指导责任,将家庭教育指导服务纳入工作计划,把学校教育和家庭教育紧密结合起来,共同努力提高教育效果。

中小学校、幼儿园应当积极培训教师,强化家庭教育指导服务专业队伍;定期组织公益性家庭教育指导服务和实践活动,传授家庭教育理念、知识和方法,促进家庭和学校共同教育;发现未成年学生严重违反校纪校规的,应当及时制止、管教,告知其父母或其他监护人并提供有针对性的家庭教育指导服务。

3. 构建全方位育人网络

公共文化服务机构和爱国主义教育基地每年应当定期开展公益性家庭教育宣传与指导服务和实践活动,开发家庭教育类公共文化服务产品。

医疗保健机构、婴幼儿照护服务机构和早期教育服务机构等应当为未成年人的父母或其他监护人提供科学养育指导等服务。

广播、电视、报刊、互联网等新闻媒体应当宣传正确的家庭教育知识,传播科学的教育理念和方法,营造良好社会氛围。

案例链接

刷短视频满口网言网语　不想学习想当网红[①]

"给我点点关注,带你们解锁更多姿势不迷路。"

[①] 法治日报. 短视频成孩子们暑假沉迷"新选择"[EB/OL]. http://www.legaldaily.com.cn/government/content/2022-08/04/content_8763594.html,2022-08-04.

"叫我大哥,以后我在学校罩着你。"

"不是同一个时间,但是同一个'撒硕',来干了奥利给。来我考你们个问题,知道奥利给是什么吗,就是屎!"

这并非户外主播在拍段子,而是近日在北京市朝阳区的一家餐馆内见到的一幕:主角不是成年人,而是3个六七岁的孩子。其中一个孩子的家长就坐在孩子对面若无其事地玩着手机,似乎对这种事已经见怪不怪。面对询问,她告诉记者,平时偶尔给孩子玩下手机,暑期玩的时间多一些,孩子主要就是玩益智类游戏和看看短视频,从短视频中学到了一些网络热梗,"感觉没啥大问题,孩子还小,就是图个好玩,而且身边不少孩子也这样"。

"你看那些网红,他们没读过什么书,各个受人喜爱,挣的钱是大学毕业生的几十几百倍,我现在学着他们拍视频做直播,将来肯定要比读书强得多。"来自安徽省宿州市的中学生陈辰告诉记者,他说自己不少同学也是这么想的。

近年来蓬勃发展的短视频行业,每个用户都有发表内容的权利,超出了传统生产模式和监管的范围,快速切换的界面,不断出现的亮点,又非常符合注意力法则,还能依靠大数据,按照用户偏好推送相应的内容,这样的优势,对自我约束能力欠缺和暂时不能完全辨别是非的青少年而言,更容易吸引更多时间,也更容易受到传播内容的影响,甚至形成扭曲的价值观和人生观。防止孩子沉迷其中,需要家庭和社会一起努力。从家庭教育的角度,该如何来防止孩子沉迷于短视频中呢?一是要给予孩子充分的陪伴,多进行亲子活动,让孩子充分体验到生活的丰富,转移孩子注意力的同时培养孩子更多有益身心发展的兴趣爱好。二是家长要对孩子开展网络安全教育,教给孩子最基本的信息辨别能力,挑选有益于个体成长的网络信息内容进行观看。三是家长要以身作则。

八、违反《家庭教育促进法》的法律责任

《家庭教育促进法》第四十八条至第五十四条对相关责任主体未履行或未正确履行相应职责的行为和法律责任做出了规定。

第四十八条 未成年人住所地的居民委员会、村民委员会、妇女联合会,未成年人的父母或者其他监护人所在单位,以及中小学校、幼儿园等有关密切接触未成年人的单位,发现父母或者其他监护人拒绝、怠于履行家庭教育责任,或者非法阻碍其他监护人实施家庭教育的,应当予以批评教育、劝诫制止,必要时督促其接受家庭教育指导。未成年人的父母或者其他监护人依法委托他人代为照护未成年人,有关单位发现被委托人不依法履行家庭教育责任的,适用前款规定。

第四十九条 公安机关、人民检察院、人民法院在办理案件过程中,发现未成年人存在严重不良行为或者实施犯罪行为,或者未成年人的父母或者其他监护人不正确实施家庭教育侵害未成年人合法权益的,根据情况对父母或者其他监护人予以训诫,并可

以责令其接受家庭教育指导。

第五十条　负有家庭教育工作职责的政府部门、机构有下列情形之一的,由其上级机关或者主管单位责令限期改正;情节严重的,对直接负责的主管人员和其他直接责任人员依法予以处分:① 不履行家庭教育工作职责;② 截留、挤占、挪用或者虚报、冒领家庭教育工作经费;③ 其他滥用职权、玩忽职守或者徇私舞弊的情形。

第五十一条　家庭教育指导机构、中小学校、幼儿园、婴幼儿照护服务机构、早期教育服务机构违反本法规定,不履行或者不正确履行家庭教育指导服务职责的,由主管部门责令限期改正;情节严重的,对直接负责的主管人员和其他直接责任人员依法予以处分。

第五十二条　家庭教育服务机构有下列情形之一的,由主管部门责令限期改正;拒不改正或者情节严重的,由主管部门责令停业整顿、吊销营业执照或者撤销登记:① 未依法办理设立手续;② 从事超出许可业务范围的行为或作虚假、引人误解宣传,产生不良后果;③ 侵犯未成年人及其父母或者其他监护人合法权益。

第五十三条　未成年人的父母或者其他监护人在家庭教育过程中对未成年人实施家庭暴力的,依照《中华人民共和国未成年人保护法》《中华人民共和国反家庭暴力法》等法律的规定追究法律责任。

第五十四条　违反本法规定,构成违反治安管理行为的,由公安机关依法予以治安管理处罚;构成犯罪的,依法追究刑事责任。

本章小结

《教育法》作为教育母法,是制定子法的依据,因此,《教育法》对涉及教育的性质、方针、基本原则等方面做了明确规定。此外,《教育法》还对学校及其他教育机构、教师和其他教育工作者、受教育者、教育投入与条件保障、教育对外交流与合作等方面做了规定,对我国全面进入依法治教有重要的意义。

《义务教育法》是保障和实施义务教育的重要法律,是我国教育法律体系的重要组成部分。该法对我国义务教育的主体(学生、学校、教师)的行为、教育教学活动、经费保障等方面做了规范,有力地推动了我国基础教育的普及和全民族素质的提高。

《教师法》首次以法律形式明确了教师的专业属性,对教师的权利与义务进行了明确的规定,对教师的资格制度、职务制度、聘任考核、培养培训、奖励待遇等方面都进行了全面的规定,为教师队伍整体素质的不断优化和提高提供了法律依据。

《家庭教育促进法》规范了家庭教育的主体责任、政府的主导责任和社会的协同责任,并规范和明确了家庭教育的任务、内容、方法、特点和规律,是我国首次就家庭教育进行的专门立法,是大力弘扬中华民族家庭美德的法治体现,为促进未成年人的健康成长和全面发展提供了法治保障。

思考题

1. 结合实际谈谈,为什么把"发展教育事业,提高全民族的素质"作为《中华人民共和国教育法》的立法宗旨?
2. 各级各类政府在实施义务教育中有何责任?
3. 教师的权利与义务之间是什么样的关系?
4. 你认为教师应掌握哪些知识和能力以便于开展家庭教育的指导工作呢?

第八章　教育相关法律的解读

学习目标

1. 了解《中华人民共和国未成年人保护法》《中华人民共和国预防未成年人犯罪法》的基本内容;理解并掌握未成年人依法享有的权利、保护未成年人身心健康成长与合法权益的途径与方法;理解并掌握预防未成年人犯罪的教育要求、未成年人不良行为的内容和干预措施、未成年人严重不良行为的内容及矫治措施等。

2. 会用《中华人民共和国未成年人保护法》《中华人民共和国预防未成年人犯罪法》的法律知识分析和解决未成年学生权利保护、预防未成年人犯罪等教育实际问题。

3. 树立和培养保护未成年人合法权益、保障未成年人身心健康发展的法律意识,提升法律素养。

内容框架

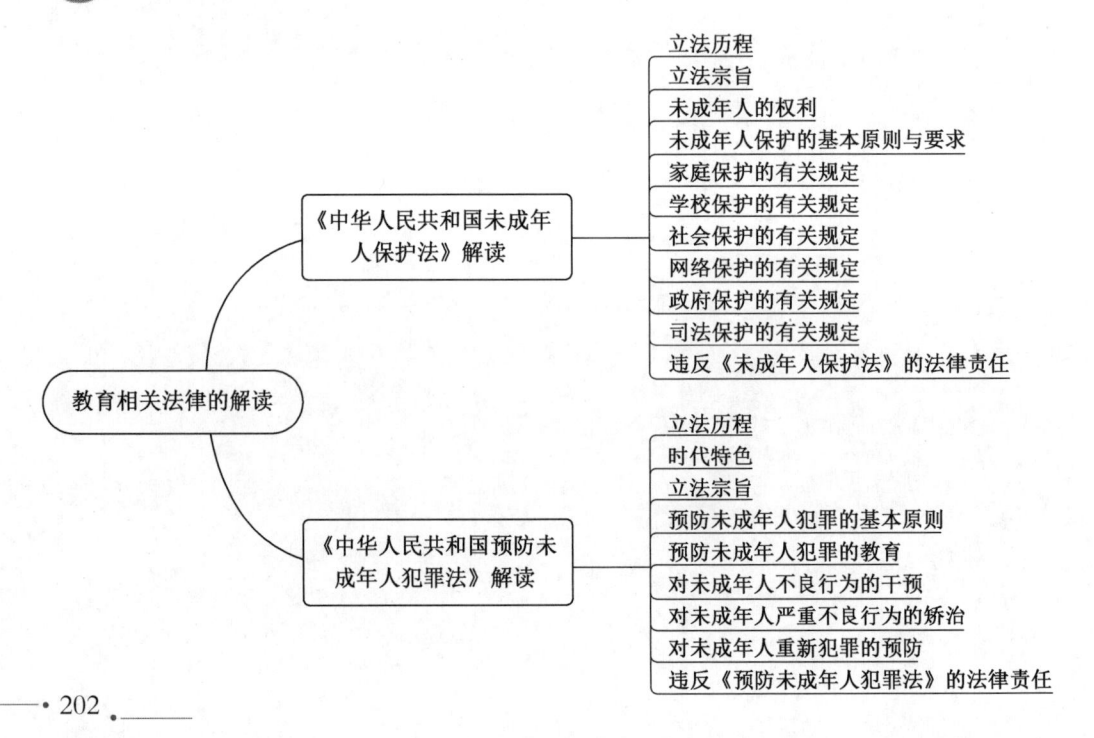

教育相关法律的解读
- 《中华人民共和国未成年人保护法》解读
  - 立法历程
  - 立法宗旨
  - 未成年人的权利
  - 未成年人保护的基本原则与要求
  - 家庭保护的有关规定
  - 学校保护的有关规定
  - 社会保护的有关规定
  - 网络保护的有关规定
  - 政府保护的有关规定
  - 司法保护的有关规定
  - 违反《未成年人保护法》的法律责任
- 《中华人民共和国预防未成年人犯罪法》解读
  - 立法历程
  - 时代特色
  - 立法宗旨
  - 预防未成年人犯罪的基本原则
  - 预防未成年人犯罪的教育
  - 对未成年人不良行为的干预
  - 对未成年人严重不良行为的矫治
  - 对未成年人重新犯罪的预防
  - 违反《预防未成年人犯罪法》的法律责任

案例导入

未成年人实施与其年龄、智力不相符的支付行为无效[①]

14周岁的李某某在父母不知情的情况下,通过某平台先后七次从郑某经营的网店"×游戏"购买374个游戏账号,共计支付36 652元,上述游戏账号内的装备都是皮肤、面具、小花裙子等。李某某父母次日发现后,及时与郑某网店的客服人员联系,表示对李某某购买游戏账号及付款行为不予追认并要求退款,郑某不同意全额退款。

法院经审理认为,李某某案发时未成年,属于限制民事行为能力人,购买游戏账号支付36 652元的行为,显然与其年龄、智力不相适应,李某某的法定代理人亦明确表示对该行为不予追认,故李某某实施的购买行为无效,判决郑某向李某某全额返还购买游戏账号款36 652元。

本案主要涉及未成年人实施与其年龄、智力不相适应的支付行为的效力问题。根据《民法典》的规定,8周岁以上未成年人实施与其年龄、智力不相适应的购买支付行为,在未得到其家长或者其他法定代理人追认的情况下,其购买支付行为无效,经营者应当依法返还价款。家长作为未成年人的监护人,应当加强对孩子的引导、监督,在日常生活中应保管好自己的手机、银行卡密码,防止孩子用来绑定进行大额支付。网络公司应当进一步强化法律意识和社会责任,依法处理因未成年人实施与其年龄、智力不相符的支付行为所引发的纠纷。

保护未成年人是整个社会的责任,你知道哪些具体的个人和组织及机构对未成年人负有保护责任吗?

第一节 《中华人民共和国未成年人保护法》解读

一、立法历程

改革开放以来,随着经济的繁荣发展,我国人口也大幅增长。1990年的第四次人口普查结果显示我国未成年人占到总人口的三成以上。如何更好地保护未成年人健康成长,遏制未成年人犯罪现象成为人们广为关注的话题。随着社会主义民主与法制建设的深入发展,逐步建立未成年人保护法律体系成为中国法制建设的客观要求。1991

[①] 法律图书馆.最高人民法院发布九起未成年人权益司法保护典型案例[EB/OL]. http://m.law-lib.com/law/law_view.asp?id=742772&page=4.

年9月4日第七届全国人民代表大会常务委员会第二十一次会议通过《中华人民共和国未成年人保护法》(后简称《未成年人保护法》),并于1992年1月1日起正式施行。随着社会与经济的进一步发展,未成年人保护方面出现了一些新的问题,鉴于此2006年12月29日第十届全国人民代表大会常务委员会第二十五次会议对《未成年人保护法》进行了第一次修订,这次修订进一步明确了未成年人的权利和保护未成年人的原则,细化了政府及其有关部门的职责,全面充实了家庭、学校、社会和司法四大保护的内容,强化了法律责任。2012年10月26日第十一届全国人民代表大会常务委员会第二十九次会议通过《关于修改〈中华人民共和国未成年人保护法〉的决定》。2020年10月17日第十三届全国人民代表大会常务委员会第二十二次会议第二次修订了《未成年人保护法》。新修订的未成年人保护法,确立了"最有利于未成年人"的保护原则,建立了未成年人保护工作协调机制,构建了具有中国特色的"家庭、学校、社会、网络、政府、司法"未成年人六大保护体系。《未成年人保护法》作为未成年人保护领域的综合性法律,对未成年人享有的权利、未成年人保护的基本原则和未成年人保护的责任主体等做出了明确规定,是我国未成年人保护的主要法律。

二、立法宗旨

《未成年人保护法》第一条明确规定了该法的立法宗旨,即为了保护未成年人身心健康,保障未成年人合法权益,促进未成年人德智体美劳全面发展,培养有理想、有道德、有文化、有纪律的社会主义建设者和接班人,培养担当民族复兴大任的时代新人。

《未成年人保护法》第二条对该法的保护对象"未成年人"做出了解释:"本法所称未成年人是指未满十八周岁的公民。"未成年人是一个非常特殊的群体,一方面,他们的身心发展都还不成熟,并且都处在一个快速发展的阶段,他们对一切事物都有极大的兴趣,同时在很多方面又缺乏合理、准确的判断,容易受到各种不良因素的影响和诱导。另一方面,作为中华人民共和国的公民,未成年人依法享有宪法和其他法律赋予的所有权利,但是受到年龄、心智发展等各种因素的影响,未成年人对自己依法享有的权利缺乏完全的了解,对自己合法权益缺乏深入的理解与掌握,他们的法定权利和权益的保障及维护需要家长、学校等个人或者组织的协助。因此保护未成年人的身心健康发展、保障未成年人的合法权益不受侵害是家庭、学校、社会的共同责任。《未成年人保护法》从未成年人身心发展的规律和特点出发,将保护未成年人身心健康和保障未成年人的合法权益作为立法的首要目标。

未成年人是国家和社会的未来,是民族的希望,培养什么样的人,以什么样的方式培养,关系到立德树人的教育根本目标是否能够实现,关系到中国特色社会主义现代化建设是否后继有人,关系到实现中华民族伟大复兴的中国梦是否能够实现。因此促进未成年人德智体美劳全面发展,培养有理想、有道德、有文化、有纪律的社会主义建设者和接班人,培养担当民族复兴大任的时代新人是《未成年人保护法》的最终目标。

三、未成年人的权利

《未成年人保护法》第三条规定国家保障未成年人的生存权、发展权、受保护权、参与权等权利。未成年人依法平等地享有各项权利,不因本人及其父母或者其他监护人的民族、种族、性别、户籍、职业、宗教信仰、教育程度、家庭状况、身心健康状况等受到歧视。

生存权、发展权、受保护权、参与权是未成年人依法享有的基本权利,在此基础上未成年人还广泛地享有生命权、人格尊严权、隐私权、财产权、受教育权等《民法典》规定的合法权利。

知识拓展

《民法典》规定的公民(自然人)权利

第一百零九条 自然人的人身自由、人格尊严受法律保护。

第一百一十条 自然人享有生命权、身体权、健康权、姓名权、肖像权、名誉权、荣誉权、隐私权、婚姻自主权等权利。

第一百一十一条 自然人的个人信息受法律保护。任何组织或者个人需要获取他人个人信息的,应当依法取得并确保信息安全,不得非法收集、使用、加工、传输他人个人信息,不得非法买卖、提供或者公开他人个人信息。

第一百一十二条 自然人因婚姻家庭关系等产生的人身权利受法律保护。

第一百一十三条 民事主体的财产权利受法律平等保护。

第一百一十四条 民事主体依法享有物权。

第一百一十五条 物包括不动产和动产。法律规定权利作为物权客体的,依照其规定。

第一百二十三条 民事主体依法享有知识产权。

第一百二十四条 自然人依法享有继承权。

【想一想】《教育法》《义务教育法》中规定了学生依法享有哪些权利?

四、未成年人保护的基本原则与要求

(一)基本原则

未成年人由于其身心发展的特殊性,在保护其身心健康发展和合法权益时需要遵循特殊的保护原则。《未成年人保护法》第四条规定保护未成年人,应当坚持最有利于未成年人的原则。处理涉及未成年人事项,应当符合下列要求:

(1)给予未成年人特殊、优先保护;

(2) 尊重未成年人人格尊严；
(3) 保护未成年人隐私权和个人信息；
(4) 适应未成年人身心健康发展的规律和特点；
(5) 听取未成年人的意见；
(6) 保护与教育相结合。

(二) 未成年人保护的要求

1. 对未成年人教育的要求

对未成年人进行德智体美劳全面的教育，使未成年人成长为全面发展的、拥有健全人格的社会主义接班人是《未成年人保护法》的重要立法目的。在对未成年人的教育主体、教育内容、教育目标方面，《未成年人保护法》第五条规定国家、社会、学校和家庭应当对未成年人进行理想教育、道德教育、科学教育、文化教育、法治教育、国家安全教育、健康教育、劳动教育，加强爱国主义、集体主义和中国特色社会主义的教育，培养爱祖国、爱人民、爱劳动、爱科学、爱社会主义的公德，抵制资本主义、封建主义和其他腐朽思想的侵蚀，引导未成年人树立和践行社会主义核心价值观。

案例链接

未成年人姓名变更维权案[1]

2011年10月，被告向某云与原告向某杉（未成年人）之母郑某离婚，约定原告由母亲郑某抚养。原告跟随郑某生活后，郑某将其姓名变更为"郑某文"，原告一直使用"郑某文"生活、学习，以"郑某文"之名参加数学、美术、拉丁舞等国内、国际比赛，并多次获奖。2018年12月，被告向某云向派出所申请将原告姓名变更回"向某杉"。在原告姓名变更回"向某杉"后，其学习、生活、参赛均产生一定困扰。原告及其母亲郑某与被告向某云协商未果，原告诉至法院，请求判令被告配合原告将姓名变更为"郑某文"。审理中，原告到庭明确表示，其愿意使用"郑某文"这一姓名继续生活。

重庆市合川区人民法院经审理认为，姓名是自然人参与社会生活的人格标志，依照《民法典》第一千零一十二条的规定，自然人有权依法决定、使用、变更或者许可他人使用自己的姓名，但不得违反公序良俗。父母离婚后涉及未成年人利益的纠纷处理，应坚持以未成年人利益最大化为原则。本案中，原告多年来持续使用"郑某

---

[1] 最高人民法院.更未成年子女姓名应遵循自愿和有利成长原则——未成年人姓名变更维权案[EB/OL]. https://www.chinacourt.org/article/detail/2022/04/id/6626161.shtml,2022-04-11.

文"这一姓名,该姓名既已为亲友、老师、同学所熟知,也已成为其人格的标志,是其生活、学习的重要组成部分。原告作为年满12周岁的未成年人,已经能够理解该姓名的文字含义及人格象征意义,结合其多次参加国际、国内赛事的获奖经历以及自身真实意愿,继续使用该姓名,有利于原告的身心健康和成长。遂依照相关法律规定,判决被告配合原告将户籍登记姓名变更回"郑某文"。

本案系适用《民法典》保护未成年人合法姓名变更权的典型案例。实务中,因夫妻离异后一方变更未成年人姓名而频频引发纠纷。本案审理法院坚持以未成年人利益最大化为原则,将《民法典》人格权编最新规定与《中华人民共和国未成年人保护法》有机结合,充分听取具有一定判断能力和合理认知的未成年人的意愿,尊重公民姓名选择的自主权,最大限度地保护了未成年人的人格利益,收到了良好的社会效果。

2. 未成年人保护的基本要求

《未成年人保护法》第六至第十四条规定了国家、政府、各相关行政部门和社会组织及机构对未成年人实施保护的职责和要求。

3. 未成年人保护的具体要求

《未成年人保护法》第二章至第七章分别从家庭保护、学校保护、社会保护、网络保护、政府保护和司法保护六个方面对未成年人保护提出了具体的要求。

五、家庭保护的有关规定

(一)监护人应履行的法定职责

1. 学习家庭教育知识的职责

家庭是人生的第一所学校,家长是孩子的第一任老师。家庭教育,发于童蒙,启于稚幼,对个人的成长有着深远的影响,也是国家发展、民族进步、社会和谐的重要基点。主动学习家庭教育知识,科学养育子女,营造良好的亲子关系是每一个父母的法定职责。《未成年人保护法》规定未成年人的父母或者其他监护人应当学习家庭教育知识,接受家庭教育指导,创造良好、和睦、文明的家庭环境。共同生活的其他成年家庭成员应当协助未成年人的父母或者其他监护人抚养、教育和保护未成年人。

2. 监护人的具体监护职责

(1) 为未成年人提供生活、健康、安全等方面的保障;

(2) 关注未成年人的生理、心理状况和情感需求;

(3) 教育和引导未成年人遵纪守法、勤俭节约,养成良好的思想品德和行为习惯;

(4) 对未成年人进行安全教育,提高未成年人的自我保护意识和能力;

(5) 尊重未成年人受教育的权利,保障适龄未成年人依法接受并完成义务教育;

(6) 保障未成年人休息、娱乐和体育锻炼的时间,引导未成年人进行有益身心健康的活动;

(7) 妥善管理和保护未成年人的财产;

(8) 依法代理未成年人实施民事法律行为;

(9) 预防和制止未成年人的不良行为和违法犯罪行为,并进行合理管教;

(10) 其他应当履行的监护职责。

➢ 扫描目录页二维码,了解"谁是未成年人的法定监护人"。

(二) 监护人不得出现的行为

关心、爱护未成年人,促进未成年人身心健康发展,保障未成年人权益是监护人应尽的义务。但是现实生活中,未成年子女得不到父母或其他监护人悉心抚育和培养的情况仍然比较突出,未成年人遭受父母或其他监护人暴力对待的案件也时有发生。为切实保障未成年人身心健康发展,《未成年人保护法》第十七条规定了未成年人的父母或者其他监护人不得实施的行为:

(1) 虐待、遗弃、非法送养未成年人或者对未成年人实施家庭暴力;

(2) 放任、教唆或者利用未成年人实施违法犯罪行为;

(3) 放任、唆使未成年人参与邪教、迷信活动或者接受恐怖主义、分裂主义、极端主义等侵害;

(4) 放任、唆使未成年人吸烟(含电子烟,下同)、饮酒、赌博、流浪乞讨或者欺凌他人;

(5) 放任或者迫使应当接受义务教育的未成年人失学、辍学;

(6) 放任未成年人沉迷网络,接触危害或者可能影响其身心健康的图书、报刊、电影、广播电视节目、音像制品、电子出版物和网络信息等;

(7) 放任未成年人进入营业性娱乐场所、酒吧、互联网上网服务营业场所等不适宜未成年人活动的场所;

(8) 允许或者迫使未成年人从事国家规定以外的劳动;

(9) 允许、迫使未成年人结婚或者为未成年人订立婚约;

(10) 违法处分、侵吞未成年人的财产或者利用未成年人牟取不正当利益;

(11) 其他侵犯未成年人身心健康、财产权益或者不依法履行未成年人保护义务的行为。

(三) 监护人应承担的法定义务

《未成年人保护法》第二章"家庭保护"第十八条至第二十一条规定了未成年人监护人对未成年人提供安全保护、听取未成年人意见、制止对未成年人不法侵害、不得使未成年人处于无人看护状态等方面的义务;第二十二条至第二十四条对外出务工的监护人以及离婚的监护人的相关监护义务进行了规定。

六、学校保护的有关规定

学校是从事教育活动的主要场所,是未成年人成长、发展的重要社会场所,因此学校也是未成年人保护的主要主体之一。《未成年人保护法》第三章"学校保护"就未成年人在幼儿园、中小学校及其他教育机构生活、学习时依法享有的权益,幼儿园、中小学校及其他教育机构在教育教学过程中应该对未成年人采取的保护措施和不得出现的行为做出了具体规定。

(一) 保护未成年人的受教育权

受教育权是未成年人最重要的权利之一,《民法典》《教育法》《义务教育法》以及《未成年人保护法》等法律都规定国家、政府、学校和监护人要切实保障未成年人的受教育权。

《未成年人保护法》规定学校应当保障未成年学生受教育的权利,不得违反国家规定开除、变相开除未成年学生。学校应当对尚未完成义务教育的辍学未成年学生进行登记并劝返复学;劝返无效的,应当及时向教育行政部门书面报告。学校应当关心、爱护未成年学生,不得因家庭、身体、心理、学习能力等情况歧视学生。对家庭困难、身心有障碍的学生,应当提供关爱;对行为异常、学习有困难的学生,应当耐心帮助。学校应当配合政府有关部门建立留守未成年学生、困境未成年学生的信息档案,开展关爱帮扶工作。

(二) 保障未成年人全面发展

保障未成年人身心健康发展和德智体美劳全面发展是《未成年人保护法》的立法宗旨。《未成年人保护法》规定学校应当根据未成年学生身心发展特点,进行社会生活指导、心理健康辅导、青春期教育和生命教育。学校应当组织未成年学生参加与其年龄相适应的日常生活劳动、生产劳动和服务性劳动,帮助未成年学生掌握必要的劳动知识和技能,养成良好的劳动习惯。学校、幼儿园应当开展勤俭节约、反对浪费、珍惜粮食、文明饮食等宣传教育活动,帮助未成年人树立浪费可耻、节约为荣的意识,养成文明健康、绿色环保的生活习惯。学校应当与未成年学生的父母或者其他监护人互相配合,合理安排未成年学生的学习时间,保障其休息、娱乐和体育锻炼的时间。学校不得占用国家法定节假日、休息日及寒暑假期,组织义务教育阶段的未成年学生集体补课,加重其学习负担;幼儿园、校外培训机构不得对学龄前未成年人进行小学课程教育。

(三) 保障未成年人的人身安全与身体健康

生命安全与身体健康是人类生存、发展的基本需求和永恒追求。生命权、身体权和健康权是每一位公民的合法权利。《未成年人保护法》"学校保护"这一章就如何保障未成年人在校园生活中的生命安全、身体健康问题规定学校、幼儿园应当提供必要的卫生保健条件，协助卫生健康部门做好在校、在园未成年人的卫生保健工作。同时学校、幼儿园应当建立安全管理制度，对未成年人进行安全教育，完善安保设施、配备安保人员，保障未成年人在校、在园期间的人身和财产安全。

《未成年人保护法》对校园环境安全、教学场所、教学设施安全方面也提出了细致的要求。学校、幼儿园不得在危及未成年人人身安全、身心健康的校舍和其他设施、场所中进行教育教学活动；学校、幼儿园安排未成年人参加文化娱乐、社会实践等集体活动，应当保护未成年人的身心健康，防止发生人身伤害事故；使用校车的学校、幼儿园应当建立健全校车安全管理制度，配备安全管理人员，定期对校车进行安全检查，对校车驾驶人进行安全教育，并向未成年人讲解校车安全乘坐知识，培养未成年人校车安全事故应急处理技能。

针对突发事件和意外伤害事故，《未成年人保护法》规定学校、幼儿园应当根据需要，制定应对自然灾害、事故灾难、公共卫生事件等突发事件和意外伤害的预案，配备相应设施并定期进行必要的演练；未成年人在校内、园内或者本校、本园组织的校外、园外活动中发生人身伤害事故的，学校、幼儿园应当立即救护，妥善处理，及时通知未成年人的父母或者其他监护人，并向有关部门报告。

在保障未成年人正常休息、娱乐时间方面，《未成年人保护法》规定学校、幼儿园不得安排未成年人参加商业性活动，不得向未成年人及其父母或者其他监护人推销或者要求其购买指定的商品和服务；学校、幼儿园不得与校外培训机构合作为未成年人提供有偿课程辅导。

（四）建立学生欺凌防控机制

近年来我国深入开展中小学生欺凌行为治理工作，取得了积极的成效。但校园欺凌事件仍时有发生，严重损害了学生身心健康，也引发了社会广泛关注。为进一步防范和遏制中小学生欺凌事件发生，切实保护中小学生身心健康，努力打造安全、阳光校园，新修订的《未成年人保护法》"学校保护"这一章专门增加了相关规定，为校园欺凌防控机制的建立与实施提供了法律层面的保障。

《未成年人保护法》规定在发生学生欺凌行为时，学校应当立即制止，通知实施欺凌和被欺凌未成年学生的父母或者其他监护人参与欺凌行为的认定和处理；对相关未成年学生及时给予心理辅导、教育和引导；对相关未成年学生的父母或者其他监护人给予必要的家庭教育指导；对实施欺凌的未成年学生，学校应当根据欺凌行为的性质和程度，依法加强管教；对严重的欺凌行为，学校不得隐瞒，应当及时向公安机关、教育行政部门报告，并配合相关部门依法处理。

（五）预防学校性侵害、性骚扰

校园性侵害、性骚扰严重危害未成年人的身心健康发展，对未成年人影响深远，近年来已经成了国家、社会普遍关注的严重社会问题。针对这一问题，《未成年人保护法》新增了预防学校性侵害、性骚扰的规定，为各级政府、教育行政部门和学校建立和完善相应的防治工作机制提供了法律保障。

《未成年人保护法》规定学校、幼儿园应当建立预防性侵害、性骚扰未成年人工作制度。对性侵害、性骚扰未成年人等违法犯罪行为,学校、幼儿园不得隐瞒,应当及时向公安机关、教育行政部门报告,并配合相关部门依法处理;学校、幼儿园应当对未成年人开展适合其年龄的性教育,提高未成年人防范性侵害、性骚扰的自我保护意识和能力;对遭受性侵害、性骚扰的未成年人,学校、幼儿园应当及时采取相关的保护措施。

七、社会保护的有关规定

未成年人的健康成长需要家庭、学校、社会三方面共同努力,为其身心健康成长保驾护航。《未成年人保护法》第四章"社会保护"对各社会机构与组织、个人与团体如何切实保障未成年人合法权益、保护未成年人身心与思想健康、保障未成年人人身安全、保护未成年人隐私等问题做出了具体规定。

(一)未成年人依法享有的免费或优惠权益

《未成年人保护法》规定爱国主义教育基地、图书馆、青少年宫、儿童活动中心、儿童之家应当对未成年人免费开放;博物馆、纪念馆、科技馆、展览馆、美术馆、文化馆、社区公益性互联网上网服务场所以及影剧院、体育场馆、动物园、植物园、公园等场所,应当按照有关规定对未成年人免费或者优惠开放。国家鼓励爱国主义教育基地、博物馆、科技馆、美术馆等公共场馆开设未成年人专场,为未成年人提供有针对性的服务。国家鼓励国家机关、企业事业单位、部队等开发自身教育资源,设立未成年人开放日,为未成年人主题教育、社会实践、职业体验等提供支持。国家鼓励科研机构和科技类社会组织对未成年人开展科学普及活动。

城市公共交通以及公路、铁路、水路、航空客运等应当按照有关规定对未成年人实施免费或者优惠票价。国家鼓励大型公共场所、公共交通工具、旅游景区景点等设置母婴室、婴儿护理台以及方便幼儿使用的坐便器、洗手台等卫生设施,为未成年人提供便利。

(二)社会媒体对未成年人的保护

社会媒体为未成年人提供了广阔的知识与信息空间,是未成年人认识世界、了解世界的重要途径。《未成年人保护法》规定国家鼓励创作、出版、制作和传播有利于未成年人健康成长的图书、报刊、电影、广播电视节目、舞台艺术作品、音像制品、电子出版物和网络信息等。

社会媒体中夹杂着各种不良信息,很容易影响未成年人的思想和道德,导致未成年人是非观念模糊,道德意识下降,身心健康受到侵害。对此,《未成年人保护法》规定新闻媒体应当加强未成年人保护方面的宣传,对侵犯未成年人合法权益的行为进行舆论监督;新闻媒体采访报道涉及未成年人事件应当客观、审慎和适度,不得侵犯未成年人的名誉、隐私和其他合法权益。禁止任何组织和个人制作、复制、出版、发布、传播含有宣扬淫秽、色情、暴力、邪教、迷信、赌博、引诱自杀、恐怖主义、分裂主义、极端主义等危害未成年人身心健康内容的图书、报刊、电影、广播电视节目、舞台艺术作品、音像制品、电子出版物和网络信息等。任何组织或者个人出版、发布、传播的图书、报刊、电影、广播电视节目、舞台艺术作品、音像制品、电子出版物或者网络信息,包含可能影响未成年人身心健康内容的,应当以显著方式作出提示;禁止任何组织和个人制作、复制、发布、传播或者持有有关未成年人的淫秽色情物品和网络信息。任何组织或者个人不得刊登、播放、张贴或者散发含有危害未成年人身心健康内容的广告;不得在学校、幼儿园播放、张贴或者散发商业广告;不得利用校服、教材等发布或者变相发布商业广告。

(三) 未成年人人身安全与健康保护

保护未成年人身心健康成长是《未成年人保护法》的立法宗旨,人身安全与健康是未成年人保护的首要目标。《未成年人保护法》规定禁止拐卖、绑架、虐待、非法收养未成年人,禁止对未成年人实施性侵害、性骚扰;禁止胁迫、引诱、教唆未成年人参加黑社会性质组织或者从事违法犯罪活动;禁止胁迫、诱骗、利用未成年人乞讨。生产、销售用于未成年人的食品、药品、玩具、用具和游戏游艺设备、游乐设施等,应当符合国家或者行业标准,不得危害未成年人的人身安全和身心健康;上述产品的生产者应当在显著位置标明注意事项,未标明注意事项的不得销售。未成年人集中活动的公共场所应当符合国家或者行业安全标准,并采取相应安全保护措施;对可能存在安全风险的设施,应当定期进行维护,在显著位置设置安全警示标志并标明适龄范围和注意事项;必要时应当安排专门人员看管。大型的商场、超市、医院、图书馆、博物馆、科技馆、游乐场、车站、码头、机场、旅游景区景点等场所运营单位应当设置搜寻走失未成年人的安全警报系统;场所运营单位接到求助后,应当立即启动安全警报系统,组织人员进行搜寻并向公安机关报告;公共场所发生突发事件时,应当优先救护未成年人。旅馆、宾馆、酒店等住宿经营者接待未成年人入住,或者接待未成年人和成年人共同入住时,应当询问父母或者其他监护人的联系方式、入住人员的身份关系等有关情况;发现有违法犯罪嫌疑的,应当立即向公安机关报告,并及时联系未成年人的父母或者其他监护人。

(四) 未成年人心理和思想健康保护

在保护未成年人心理和思想健康方面,《未成年人保护法》规定学校、幼儿园周边不得设置营业性娱乐场所、酒吧、互联网上网服务营业场所等不适宜未成年人活动的场所;营业性歌舞娱乐场所、酒吧、互联网上网服务营业场所等不适宜未成年人活动场所的经营者,不得允许未成年人进入;游艺娱乐场所设置的电子游戏设备,除国家法定节假日外,不得向未成年人提供。经营者应当在显著位置设置未成年人禁入、限入标志;对难以判明是否是未成年人的,应当要求其出示身份证件。学校、幼儿园周边不得设置烟、酒、彩票销售网点;禁止向未成年人销售烟、酒、彩票或者兑付彩票奖金;烟、酒和彩票经营者应当在显著位置设置不向未成年人销售烟、酒或者彩票的标志;对难以判明是否是未成年人的,应当要求其出示身份证件;任何人不得在学校、幼儿园和其他未成年人集中活动的公共场所吸烟、饮酒。禁止向未成年人提供、销售管制刀具或者其他可能致人严重伤害的器具等物品;经营者难以判明购买者是否是未成年人的,应当要求其出示身份证件。

案例链接

餐厅死亡赔偿案[①]

胡小某系胡某某、王某某之子,其与蒋某某、陈某都是某中学学生,均为限制民事行为能力人。某日,胡小某、陈某来到某餐厅为蒋某某庆祝生日,胡小某提议要喝酒庆祝,三人喝了一些啤酒。饭后,胡小某提议去湖边玩耍,在湖边泡脚戏水的过程中,胡小某不慎后仰溺水死亡。事故发生后,胡某某、王某某将某餐厅诉至法院,请求赔偿胡小某的死亡赔偿金、丧葬费等部分损失。法院经审理认为,《未成年人保护法》规定,禁止向未成年人销售烟、酒。本案中某某餐厅的售酒行为违反了《未成年人保护法》的相关规定。由于酒精对于人的精神具有麻痹作用,饮酒后会导致实施危险行为的危险系数增加,某餐厅的售酒行为,与胡小某的死亡结果之间具有因果关系,应承担相应侵权损害赔偿责任。综上,法院判决某某餐厅承担一定比例的损害赔偿责任。

未成年人身心发育尚不成熟,烟酒会严重影响未成年人的健康成长。《未成年人保护法》明确规定,禁止经营者向未成年人出售烟酒。烟酒经营者应当在显著位置设置不向未成年人销售烟酒的标志;对难以判明是否是未成年人的,应当要求其出示身份证件。本案中的餐厅经营者向未成年人售酒的行为,不仅有违法律规定,还引发了未成年人溺水死亡的严重后果。法院依法认定该餐厅承担一定比例的损害赔偿责任,对于引导烟酒商家进一步强化社会责任,增强法律意识,让未成年人远离烟酒伤害,为未成年人的成长营造安全健康的环境具有重要意义。

在用人单位招录员工方面,《未成年人保护法》规定任何组织或者个人不得招用未满十六周岁未成年人,国家另有规定的除外;营业性娱乐场所、酒吧、互联网上网服务营业场所等不适宜未成年人活动的场所不得招用已满十六周岁的未成年人;招用已满十六周岁未成年人的单位和个人应当执行国家在工种、劳动时间、劳动强度和保护措施等方面的规定,不得安排其从事过重、有毒、有害等危害未成年人身心健康的劳动或者危险作业。任何组织或者个人不得组织未成年人进行危害其身心健康的表演等活动;经

[①] 法律图书馆. 最高人民法院发布九起未成年人权益司法保护典型案例[EB/OL]. http://m.law-lib.com/law/law_view.asp?id=742772&page=4.

未成年人的父母或者其他监护人同意,未成年人参与演出、节目制作等活动,活动组织方应当根据国家有关规定,保障未成年人合法权益。

为保障未成年人合法权益,落实对未成年人的特殊、优先保护,国家对密切接触未成年人行业的从业人员采取特殊管理,预防利用职业便利侵害未成年人的违法犯罪行为。《未成年人保护法》规定密切接触未成年人的单位招聘工作人员时,应当向公安机关、人民检察院查询应聘者是否具有性侵害、虐待、拐卖、暴力伤害等违法犯罪记录;发现其具有前述行为记录的,不得录用。密切接触未成年人的单位应当每年定期对工作人员是否具有上述违法犯罪记录进行查询。通过查询或者其他方式发现其工作人员具有上述行为的,应当及时解聘。

➢ 扫描目录页二维码,阅读"最高人民法院、最高人民检察院、教育部《关于落实从业禁止制度的意见》(节选)"。

(五)未成年人隐私与通讯保护

隐私权是《民法典》明确规定的公民基本权利之一,然而未成年人在家庭生活和校园生活等社会生活中的隐私权常常得不到有效保障。《未成年人保护法》规定任何组织或者个人不得隐匿、毁弃、非法删除未成年人的信件、日记、电子邮件或者其他网络通讯内容。

除下列情形外,任何组织或者个人不得开拆、查阅未成年人的信件、日记、电子邮件或者其他网络通讯内容:

(1)无民事行为能力未成年人的父母或者其他监护人代未成年人开拆、查阅;
(2)因国家安全或者追查刑事犯罪依法进行检查;
(3)紧急情况下为了保护未成年人本人的人身安全。

八、网络保护的有关规定

在互联网时代,人们的生活、工作、学习都与网络息息相关,2020年修订的《未成年人保护法》专门增设了"网络保护"章节,第一次以法律的形式明确国家保护未成年人依法使用网络的权利,并就如何保障和引导未成年人安全、合理使用网络的相关问题做出了明确规定。《未成年人保护法》"网络保护"这一章为净化未成年人网络环境,保障未成年人网络空间安全,保护未成年人合法网络权益,构建网络环境保护长效机制奠定了法律基础。

(一)基本保护要求

《未成年人保护法》对国家、社会、学校、家庭各方面相互合作,增强未成年人自身网络素养和安全、合理使用网络的能力给出了指导性意见。

在保障未成年人安全、合理使用网络方面,《未成年人保护法》规定国家、社会、学校和家庭应当加强未成年人网络素养宣传教育,培养和提高未成年人的网络素养,增强未成年人科学、文明、安全、合理使用网络的意识和能力,保障未成年人在网络空间的合法权益;国家鼓励和支持有利于未成年人健康成长的网络内容的创作与传播,鼓励和支持专门以未成年人为服务对象、适合未成年人身心健康特点的网络技术、产品、服务的研发、生产和使用;网信部门及其他有关部门应当加强对未成年人网络保护工作的监督检查,依法惩处利用网络从事危害未成年人身心健康的活动,为未成年人提供安全、健康的网络环境。

在保障未成年人身心健康成长方面,《未成年人保护法》规定网信部门会同公安、文化和旅游、新闻出版、电影、广播电视等部门根据保护不同年龄阶段未成年人的需要,确定可能影响未成年人身心健康网络信息的种类、范围和判断标准;新闻出版、教育、卫生健康、文化和旅游、网信等部门应当定期开展预防未成年人沉迷网络的宣传教育,监督网络产品和服务提供者履行预防未成年人沉迷网络的义务,指导家庭、学校、社会组织互相配合,采取科学、合理的方式对未成年人沉迷网络进行预防和干预;任何组织或者个人不得以侵害未成年人身心健康的方式对未成年人沉迷网络进行干预;学校、社区、图书馆、文化馆、青少年宫等场所为未成年人提供的互联网上网服务设施,应当安装未成年人网络保护软件或者采取其他安全保护技术措施;智能终端产品的制造者、销售者应当在产品上安装未成年人网络保护软件,或者以显著方式告知用户未成年人网络保护软件的安装渠道和方法。

(二)学校与家庭保护责任

学校与家庭作为未成年人生活、学习的主要场所,对引导未成年人安全、合理使用网络有着不可推卸的责任,为此《未成年人保护法》通过相关规定对学校与家庭提出了具体要求。

《未成年人保护法》规定学校应当合理使用网络开展教学活动,未经学校允许,未成年学生不得将手机等智能终端产品带入课堂,带入学校的应当统一管理;学校发现未成年学生沉迷网络的,应当及时告知其父母或者其他监护人,共同对未成年学生进行教育和引导,帮助其恢复正常的学习生活。未成年人的父母或者其他监护人应当提高网络素养,规范自身使用网络的行为,加强对未成年人使用网络行为的引导和监督;未成年人的父母或者其他监护人应当通过在智能终端产品上安装未成年人网络保护软件、选择适合未成年人的服务模式和管理功能等方式,避免未成年人接触危害或者可能影响其身心健康的网络信息,合理安排未成年人使用网络的时间,有效预防未成年人沉迷网络。

(三)提供网络服务的相关主体的保护责任

《未成年人保护法》规定信息处理者通过网络处理未成年人个人信息的,应当遵循合法、正当和必要的原则;处理不满十四周岁未成年人个人信息的,应当征得未成年人的父母或者其他监护人同意,但法律、行政法规另有规定的除外;未成年人、父母或者其他监护人要求信息处理者更正、删除未成年人个人信息的,信息处理者应当及时采取措施予以更正、删除,但法律、行政法规另有规定的除外。网络服务提供者发现未成年人通过网络发布私密信息的,应当及时提示,并采取必要的保护措施;网络产品和服务提供者不得向未成年人提供诱导其沉迷的产品和服务;网络游戏、网络直播、网络音视频、网络社交等网络服务提供者应当针对未成年人使用其服务设置相应的时间管理、权限管理、消费管理等功能。以未成年人为服务对象的在线教育网络产品和服务,不得插入网络游戏链接,不得推送广告等与教学无关的信息。网络游戏经依法审批后方可运营,国家建立统一的未成年人网络游戏电子身份认证系统;网络游戏服务提供者应当要求未成年人以真实身份信息注册并登录网络游戏;网络游戏服务提供者应当按照国家有关规定和标准,对游戏产品进行分类,作出适龄提示,并采取技术措施,不得让未成年人接触不适宜的游戏或者游戏功能;网络游戏服务提供者不得在每日二十二时至次日八时向未成年人提供网络游戏服务。网络直播服务提供者不得为未满十六周岁的未成年人提供网络直播发布者账号注册服务;为年满十六周岁的未成年人提供网络直播发布者账号注册服务时,应当对其身份信息进行认证,并征得其父母或者其他监护人同意。

(四)未成年人网络身心健康发展保护

《未成年人保护法》规定任何组织或者个人不得通过网络以文字、图片、音视频等形式,对未成年人实施侮辱、诽谤、威胁或者恶意损害形象等网络欺凌行为。遭受网络欺凌的未成年人及其父母或者其他监护人有权通知网络服务提供者采取删除、屏蔽、断开链接等措施;网络服务提供者接到通知后,应当及时采取必要的措施制止网络欺凌行为,防止信息扩散。网络产品和服务提供者应当建立便捷、合理、有效的投诉和举报渠道,公开投诉、举报方式等信息,及时受理并处理涉及未成年人的投诉、举报;任何组织或者个人发现网络产品、服务含有危害未成年人身心健康的信息,有权向网络产品和服务提供者或者网信、公安等部门投诉、举报。网络服务提供者发现用户发布、传播可能影响未成年人身心健康的信息且未作显著提示的,应当作出提示或者通知用户予以提示,未作出提示的,不得传输相关信息;网络服务提供者发现用户发布、传播含有危害未成年人身心健康内容的信息的,应当立即停止传输相关信息,采取删除、屏蔽、断开链接等处置措施,保存有关记录,并向网信、公安等部门报告;网络服务提供者发现用户利用其网络服务对未成年人实施违法犯罪行为的,应当立即停止向该用户提供网络服务,保存有关记录,并向公安机关报告。

九、政府保护的有关规定

政府保护也是《未成年人保护法》2020年修订时加入的新章节,可以理解为国家监护。在未成年人因各种原因得不到有效监护时,政府相关职能部门将对其进行监护和救助。同时在职责范围内,为未成年人的健康成长提供最大的支持。

(一)设立未成年人保护机构

《未成年人保护法》规定县级以上人民政府承担未成年人保护协调机制具体工作的

职能部门应当明确相关内设机构或者专门人员,负责承担未成年人保护工作。乡镇人民政府和街道办事处应当设立未成年人保护工作站或者指定专门人员,及时办理未成年人相关事务;支持、指导居民委员会、村民委员会设立专人专岗,做好未成年人保护工作。

(二) 开展家庭教育指导服务

《未成年人保护法》规定各级人民政府应当将家庭教育指导服务纳入城乡公共服务体系,开展家庭教育知识宣传,鼓励和支持有关人民团体、企业事业单位、社会组织开展家庭教育指导服务。

(三) 保障未成年人受教育权

《未成年人保护法》规定各级人民政府应当保障未成年人受教育的权利,并采取措施保障留守未成年人、困境未成年人、残疾未成年人接受义务教育。对尚未完成义务教育的辍学未成年学生,教育行政部门应当责令父母或者其他监护人将其送入学校接受义务教育。各级人民政府应当保障具有接受普通教育能力、能适应校园生活的残疾未成年人就近在普通学校、幼儿园接受教育;保障不具有接受普通教育能力的残疾未成年人在特殊教育学校、幼儿园接受学前教育、义务教育和职业教育。各级人民政府应当保障特殊教育学校、幼儿园的办学、办园条件,鼓励和支持社会力量举办特殊教育学校、幼儿园。

(四) 保障校园安全

《未成年人保护法》规定地方人民政府及其有关部门应当保障校园安全,监督、指导学校、幼儿园等单位落实校园安全责任,建立突发事件的报告、处置和协调机制;公安机关和其他有关部门应当依法维护校园周边的治安和交通秩序,设置监控设备和交通安全设施,预防和制止侵害未成年人的违法犯罪行为。

(五) 保障未成年人身体与心理健康

《未成年人保护法》规定地方人民政府应当建立和改善适合未成年人的活动场所和设施,支持公益性未成年人活动场所和设施的建设和运行,鼓励社会力量兴办适合未成年人的活动场所和设施,并加强管理。地方人民政府应当采取措施,鼓励和支持学校在国家法定节假日、休息日及寒暑假期将文化体育设施对未成年人免费或者优惠开放。地方人民政府应当采取措施,防止任何组织或者个人侵占、破坏学校、幼儿园、婴幼儿照护服务机构等未成年人活动场所的场地、房屋和设施。各级人民政府及其有关部门应当对未成年人进行卫生保健和营养指导,提供卫生保健服务。卫生健康部门应当依法对未成年人的疫苗预防接种进行规范,防治未成年人常见病、多发病,加强传染病防治和监督管理,做好伤害预防和干预,指导和监督学校、幼儿园、婴幼儿照护服务机构开展卫生保健工作。教育行政部门应当加强未成年人的心理健康教育,建立未成年人心理问题的早期发现和及时干预机制。卫生健康部门应当做好未成年人心理治疗、心理危机干预以及精神障碍早期识别和诊断治疗等工作。各级人民政府及其有关部门对困境未成年人实施分类保障,采取措施满足其生活、教育、安全、医疗康复、住房等方面的基本需要。

(六) 提供未成年人特殊监护

《未成年人保护法》规定具有下列情形之一的,民政部门应当依法对未成年人进行临时监护:

(1) 未成年人流浪乞讨或者身份不明,暂时查找不到父母或者其他监护人;
(2) 监护人下落不明且无其他人可以担任监护人;
(3) 监护人因自身客观原因或者因发生自然灾害、事故灾难、公共卫生事件等突发事件不能履行监护职责,导致未成年人监护缺失;
(4) 监护人拒绝或者怠于履行监护职责,导致未成年人处于无人照料的状态;
(5) 监护人教唆、利用未成年人实施违法犯罪行为,未成年人需要被带离安置;
(6) 未成年人遭受监护人严重伤害或者面临人身安全威胁,需要被紧急安置;
(7) 法律规定的其他情形。

对临时监护的未成年人,民政部门可以采取委托亲属抚养、家庭寄养等方式进行安置,也可以交由未成年人救助保护机构或者儿童福利机构进行收留、抚养。临时监护期间,经民政部门评估,监护人重新具备履行监护职责条件的,民政部门可以将未成年人送回监护人抚养。

具有下列情形之一的,民政部门应当依法对未成年人进行长期监护:

(1) 查找不到未成年人的父母或者其他监护人;
(2) 监护人死亡或者被宣告死亡且无其他人可以担任监护人;
(3) 监护人丧失监护能力且无其他人可以担任监护人;
(4) 人民法院判决撤销监护人资格并指定由民政部门担任监护人;
(5) 法律规定的其他情形。

《未成年人保护法》规定民政部门进行收养评估后,可以依法将其长期监护的未成年人交由符合条件的申请人收养。收养关系成立后,民政部门与未成年人的监护关系终止。民政部门承担临时监护或者长期监护职责的,财政、教育、卫生健康、公安等部门应当根据各自职责予以配合;县级以上人民政府及其民政部门应当根据需要设立未成年人救助保护机构、儿童福利机构,负责收留、抚养由民政部门监护的未成年人。

(七) 其他相关保护

《未成年人保护法》规定县级以上人民政府应当开通全国统一的未成年人保护热线,及时受理、转介侵犯未成年人合法权益的投诉、举报;鼓励和支持人民团体、企业事业单位、社会组织参与建设未成年人保护服务平台、服务热线、服务站点,提供未成年人保护方面的咨询、帮助。国家建立性侵害、虐待、拐卖、暴力伤害等违法犯罪人员信息查询系统,向密切接触未成年人的单位提供免费查询服务。地方人民政府应当培育、引导和规范有关社会组织、社会工作者参与未成年人保护工作,开展家庭教育指导服务,为未成年人的心理辅导、康复救助、监护及收养评估等提供专业服务。

十、司法保护的有关规定

司法保护,就是公安机关、人民检察院、人民法院和司法行政部门依法履职,保障未成年人的合法权益。例如在司法案件中注意保护未成年人的隐私,支持社会组织、社工等参与未成年人案件中的社会调查、教育矫治等;审理涉及未成年人的案件,从有利于未成年人健康成长的角度出发,推行社会调查、社会观护、心理疏导、司法救助、诉讼教育引导等制度,依法给予未成年人特殊、优先保护;加强未成年人法律援助,积极开展司法救助,及时帮扶司法过程中陷入困境的未成年人,充分体现司法的人文关怀。

(一)基本要求与基本原则

《未成年人保护法》规定公安机关、人民检察院、人民法院和司法行政部门应当依法履行职责,保障未成年人合法权益。公安机关、人民检察院、人民法院和司法行政部门应当确定专门机构或者指定专门人员,负责办理涉及未成年人案件。办理涉及未成年人案件的人员应当经过专门培训,熟悉未成年人身心特点。专门机构或者专门人员中,应当有女性工作人员。公安机关、人民检察院、人民法院和司法行政部门应当对上述机构和人员实行与未成年人保护工作相适应的评价考核标准。公安机关、人民检察院、人民法院和司法行政部门办理涉及未成年人案件,应当考虑未成年人身心特点和健康成长的需要,使用未成年人能够理解的语言和表达方式,听取未成年人的意见。公安机关、人民检察院、人民法院、司法行政部门以及其他组织和个人不得披露有关案件中未成年人的姓名、影像、住所、就读学校以及其他可能识别出其身份的信息,但查找失踪、被拐卖未成年人等情形除外。

对需要法律援助或者司法救助的未成年人,法律援助机构或者公安机关、人民检察院、人民法院和司法行政部门应当给予帮助,依法为其提供法律援助或者司法救助。法律援助机构应当指派熟悉未成年人身心特点的律师为未成年人提供法律援助服务。法律援助机构和律师协会应当对办理未成年人法律援助案件的律师进行指导和培训。

(二)审理涉及未成年人权益案件的保护规定

《未成年人保护法》规定未成年人合法权益受到侵犯,相关组织和个人未代为提起诉讼的,人民检察院可以督促、支持其提起诉讼;涉及公共利益的,人民检察院有权提起公益诉讼。

人民法院审理继承案件,应当依法保护未成年人的继承权和受遗赠权。人民法院审理离婚案件,涉及未成年子女抚养问题的,应当尊重已满八周岁未成年子女的真实意愿,根据双方具体情况,按照最有利于未成年子女的原则依法处理。未成年人的父母或者其他监护人不依法履行监护职责或者严重侵犯被监护的未成年人合法权益的,人民法院可以根据有关人员或者单位的申请,依法作出人身安全保护令或者撤销监护人资格。被撤销监护人资格的父母或者其他监护人应当依法继续负担抚养费用。人民法院审理离婚、抚养、收养、监护、探望等案件涉及未成年人的,可以自行或者委托社会组织对未成年人的相关情况进行社会调查。公安机关、人民检察院、人民法院讯问未成年犯罪嫌疑人、被告人,询问未成年被害人、证人,应当依法通知其法定代理人或者其成年亲属、所在学校的代表等合适成年人到场,并采取适当方式,在适当场所进行,保障未成年人的名誉权、隐私权和其他合法权益。人民法院开庭审理涉及未成年人案件,未成年被害人、证人一般不出庭作证;必须出庭的,应当采取保护其隐私的技术手段和心理干预等保护措施。公安机关、人民检察院、人民法院应当与其他有关政府部门、人民团体、社会组织互相配合,对遭受性侵害或者暴力伤害的未成年被害人及其家庭实施必要的心理干预、经济救助、法律援助、转学安置等保护措施。公安机关、人民检察院、人民法院办理未成年人遭受性侵害或者暴力伤害案件,在询问未成年被害人、证人时,应当采取同步录音录像等措施,尽量一次完成;未成年被害人、证人是女性的,应当由女性工作人员进行。

(三)审理涉及未成年人犯罪案件的保护规定

《未成年人保护法》规定对违法犯罪的未成年人,实行教育、感化、挽救的方针,坚持教育为主、惩罚为辅的原则。对违法犯罪的未成年人依法处罚后,在升学、就业等方面不得歧视。

十一、违反《未成年人保护法》的法律责任

(一)监护人违反《未成年人保护法》的法律责任

未成年人的父母或者其他监护人不依法履行监护职责或者侵犯未成年人合法权益的,由其居住地的居民委员会、村民委员会予以劝诫、制止;情节严重的,居民委员会、村民委员会应当及时向公安机关报告。

公安机关接到报告或者公安机关、人民检察院、人民法院在办理案件过程中发现未成年人的父母或者其他监护人存在上述情形的,应当予以训诫,并可以责令其接受家庭教育指导。

(二)学校及其工作人员违反《未成年人保护法》的法律责任

学校、幼儿园、婴幼儿照护服务等机构及其教职员工违反《未成年人保护法》第二十七条、第二十八条、第三十九条规定的,由公安、教育、卫生健康、市场监督管理等部门按照职责分工责令改正;拒不改正或者情节严重的,对直接负责的主管人员和其他直接责任人员依法给予处分。

(三)其他社会组织、机构与个人违反《未成年人保护法》的法律责任

违反《未成年人保护法》第四十四条、第四十五条、第四十七条规定,未给予未成年

人免费或者优惠待遇的,由市场监督管理、文化和旅游、交通运输等部门按照职责分工责令限期改正,给予警告;拒不改正的,处一万元以上十万元以下罚款。违反第五十条、第五十一条规定的,由新闻出版、广播电视、电影、网信等部门按照职责分工责令限期改正,给予警告,没收违法所得,可以并处十万元以下罚款;拒不改正或者情节严重的,责令暂停相关业务、停产停业或者吊销营业执照、吊销相关许可证,违法所得一百万元以上的,并处违法所得一倍以上十倍以下的罚款,没有违法所得或者违法所得不足一百万元的,并处十万元以上一百万元以下罚款。

场所运营单位违反《未成年人保护法》第五十六条第二款规定、住宿经营者违反第五十七条规定的,由市场监督管理、应急管理、公安等部门按照职责分工责令限期改正,给予警告;拒不改正或者造成严重后果的,责令停业整顿或者吊销营业执照、吊销相关许可证,并处一万元以上十万元以下罚款。

相关经营者违反《未成年人保护法》第五十八条、第五十九条第一款、第六十条规定的,由文化和旅游、市场监督管理、烟草专卖、公安等部门按照职责分工责令限期改正,给予警告,没收违法所得,可以并处五万元以下罚款;拒不改正或者情节严重的,责令停业整顿或者吊销营业执照、吊销相关许可证,可以并处五万元以上五十万元以下罚款。

违反本《未成年人保护法》第五十九条第二款规定,在学校、幼儿园和其他未成年人集中活动的公共场所吸烟、饮酒的,由卫生健康、教育、市场监督管理等部门按照职责分工责令改正,给予警告,可以并处五百元以下罚款;场所管理者未及时制止的,由卫生健康、教育、市场监督管理等部门按照职责分工给予警告,并处一万元以下罚款。

违反《未成年人保护法》第六十一条规定的,由文化和旅游、人力资源和社会保障、市场监督管理等部门按照职责分工责令限期改正,给予警告,没收违法所得,可以并处十万元以下罚款;拒不改正或者情节严重的,责令停产停业或者吊销营业执照、吊销相关许可证,并处十万元以上一百万元以下罚款。

密切接触未成年人的单位违反《未成年人保护法》第六十二条规定,未履行查询义务,或者招用、继续聘用具有相关违法犯罪记录人员的,由教育、人力资源和社会保障、市场监督管理等部门按照职责分工责令限期改正,给予警告,并处五万元以下罚款;拒不改正或者造成严重后果的,责令停业整顿或者吊销营业执照、吊销相关许可证,并处五万元以上五十万元以下罚款,对直接负责的主管人员和其他直接责任人员依法给予处分。

信息处理者违反《未成年人保护法》第七十二条规定,或者网络产品和服务提供者违反本法第七十三条、第七十四条、第七十五条、第七十六条、第七十七条、第八十条规定的,由公安、网信、电信、新闻出版、广播电视、文化和旅游等有关部门按照职责分工责令改正,给予警告,没收违法所得,违法所得一百万元以上的,并处违法所得一倍以上十倍以下罚款,没有违法所得或者违法所得不足一百万元的,并处十万元以上一百万元以下罚款,对直接负责的主管人员和其他责任人员处一万元以上十万元以下罚款;拒不改正或者情节严重的,并可以责令暂停相关业务、停业整顿、关闭网站、吊销营业执照或者吊销相关许可证。

国家机关工作人员玩忽职守、滥用职权、徇私舞弊,损害未成年人合法权益的,依法给予处分。违反《未成年人保护法》规定,侵犯未成年人合法权益,造成人身、财产或者其他损害的,依法承担民事责任;构成违反治安管理行为的,依法给予治安管理处罚;构成犯罪的,依法追究刑事责任。

第二节 《中华人民共和国预防未成年人犯罪法》解读

一、立法历程

预防未成年人违法犯罪,是促进未成年人健康成长的底线要求,是平安中国建设的一项源头性、基础性工作,关系亿万家庭的幸福安宁、社会的和谐稳定、国家的长治久安。1999年6月28日第九届全国人民代表大会常务委员会第十次会议通过《中华人民共和国预防未成年人犯罪法》(后简称《预防未成年人犯罪法》)。

随着我国经济社会的迅速发展,未成年人违法犯罪出现了一些新情况、新特点,预防未成年人违法犯罪工作遇到了一些新问题、新挑战。2012年10月26日第十一届全国人民代表大会常务委员会第二十九次会议通过《关于修改〈中华人民共和国预防未成年人犯罪法〉的决定》。由于近些年来未成年人犯罪案件,特别是低龄未成年人恶性案件暴露出我国未成年人犯罪预防体系存在明显不足,2020年12月26日第十三届全国人民代表大会常务委员会第二十四次会议对《预防未成年人犯罪法》进行了修订。

二、时代特色

(一)完善了"严重不良行为"的概念

新修订的预防法将未成年人"严重不良行为"更加清晰地明确为未成年人实施的有刑法规定、因不满法定刑事责任年龄不予刑事处罚的行为,以及严重危害社会的9种行为。未成年罪错行为分级更加科学,有利于更加合理地细化相应的预防体系。

(二)完善了对于未成年人罪错行为的保护处分措施

新修订的预防法明确了有罪错行为的未成年人应该承担什么样的法律责任,对他们应该采取什么样的保护与挽救措施,细化了对于未成年人罪错行为的教育与矫治,以尽可能避免"一放了之"和"一罚了之"。专门教育与专门学校的设立与强制招生程序的引入体现了罪错未成年人管教体系的特点。

案例链接

"未成年"并非违法犯罪的"护身符"[①]

2021年7月5日凌晨5时许,16周岁的被告人小哲、小贺因琐事与小宴(化名)在夜市门口发生言语冲突。随后冲突升级,被告人小哲、小贺与小宴等人用拳脚互殴,导致被害人小宴双侧鼻骨及鼻中隔骨折、小哲右侧上颌骨额突骨折。被告人小哲又到夜市拿来一把菜刀,朝被害人小宴等人挥砍,未砍到。后被告人小贺将被告人小哲带离现场。

经公安局物证鉴定室鉴定,小宴双侧鼻骨及鼻中隔骨折的损伤程度为轻伤二级,小哲右侧上颌骨额突骨折的损伤程度为轻微伤。案发后,被告人小哲自行到派出所接受调查,被告人小贺逃往外省务工期间被民警抓获。被告人小哲、小贺的家属分别赔偿被害人小宴22 000元、23 000元,取得被害人小宴的谅解。三元法院经审理认为,被告人小哲、小贺故意伤害他人身体,致人轻伤,其行为已构成故意伤害罪。被告人小哲、小贺是共同犯罪,应对共同参与的犯罪结果负责。被告人小哲、小贺犯罪时已满十六周岁不满十八周岁,依法从轻处罚。被告人小哲犯罪以后自首,依法从轻处罚。被告人小贺到案后坦白,酌情从轻处罚。被告人小哲、小贺已赔偿被害人并取得谅解,酌情从轻处罚。被告人小哲、小贺认罪认罚,依法从宽处理。综合被告人小哲、小贺犯罪情节、悔罪表现、再犯罪的危险等,依法判处被告人小贺拘役四个月;被告人小哲拘役五个月,缓刑六个月,在附条件缓刑考验期内参加志愿服务活动不少于两次。

年龄还小,不是肆意妄为的"护身符"。《中华人民共和国刑法修正案(十一)》对未成年人犯罪呈现低龄化趋势作出了正式回应,将刑事责任最低年龄从14周岁降低至12周岁,填补了未成年人犯罪预防的薄弱点。同时,根据《中华人民共和国预防未成年人犯罪法》,对未达到刑事责任年龄或者最高检未核准追诉的问题少年,也非放任不管,需由监护人加以管教,必要时依法进行专门矫治教育。

未成年人违法犯罪的背后,往往有监护缺失、关爱缺乏、管教不严、保护不力等因素。

[①] 陈奕光,张尚鸣. 三明三元区:"未成年"并非违法犯罪的"护身符"[EB/OL]. https://www.chinacourt.org/article/detail/2023/09/id/7530408.shtml,2023-09-13.

三、立法宗旨

《预防未成年人犯罪法》第一条明确规定:"为了保障未成年人身心健康,培养未成年人良好品行,有效预防未成年人违法犯罪,制定本法。"该规定明确了本法制定的总体性指导原则,并反映了"保障未成年人身心健康,培养未成年人良好品行"与"预防未成年人违法犯罪"之间相互联系、相互促进的关系。

四、预防未成年人犯罪的基本原则

(一)教育与保护相结合的原则

《预防未成年人犯罪法》第二条规定预防未成年人犯罪,立足于教育和保护未成年人相结合,坚持预防为主、提前干预,对未成年人的不良行为和严重不良行为及时进行分级预防、干预和矫治。第三条规定开展预防未成年人犯罪工作,应当尊重未成年人人格尊严,保护未成年人的名誉权、隐私权和个人信息等合法权益。

(二)综合治理原则

《预防未成年人犯罪法》第四条规定预防未成年人犯罪,在各级人民政府组织下,实行综合治理。国家机关、人民团体、社会组织、企业事业单位、居民委员会、村民委员会、学校、家庭等各负其责、相互配合,共同做好预防未成年人犯罪工作,及时消除滋生未成年人违法犯罪行为的各种消极因素,为未成年人身心健康发展创造良好的社会环境。

综合治理的过程中对政府、相关行政部与组织机构要承担的预防职责如下:

1. 各级政府要承担的预防职责

(1)一般工作职责。① 制定预防未成年人犯罪工作规划;② 组织公安、教育、民政、文化和旅游、市场监督管理、网信、卫生健康、新闻出版、电影、广播电视、司法行政等有关部门开展预防未成年人犯罪工作;③ 为预防未成年人犯罪工作提供政策支持和经费保障;④ 对本法的实施情况和工作规划的执行情况进行检查;⑤ 组织开展预防未成年人犯罪宣传教育;⑥ 其他预防未成年人犯罪工作职责。

(2)设立专门学校。专门教育是我国国民教育体系的组成部分,是对有严重不良行为的未成年人进行教育和矫治的重要保护处分措施。专门学校是矫治有严重不良行为未成年人的重要场所。新修订的《预防未成年人犯罪法》对专门学校的适用及程序进行了确认。《预防未成年人犯罪法》第六条规定国家加强专门学校建设,对有严重不良行为的未成年人进行专门教育。省级人民政府应当将专门教育发展和专门学校建设纳入经济社会发展规划。县级以上地方人民政府成立专门教育指导委员会,根据需要合理设置专门学校。专门教育指导委员会由教育、民政、财政、人力资源社会保障、公安、司法行政、人民检察院、人民法院、共产主义青年团、妇女联合会、关心下一代工作委员会、专门学校等单位,以及律师、社会工作者等人员组成,研究确定专门学校教学、管理等相关工作。专门学校建设和专门教育具体办法,由国务院规定。

2. 相关行政部门与组织机构的预防职责

《预防未成年人犯罪法》规定国家相关行政机关和社会组织要充分承担起预防未成年人犯罪的工作。公安机关、人民检察院、人民法院、司法行政部门应当由专门机构或者经过专业培训、熟悉未成年人身心特点的专门人员负责预防未成年人犯罪工作。共产主义青年团、妇女联合会、工会、残疾人联合会、关心下一代工作委员会、青年联合会、学生联合会、少年先锋队以及有关社会组织,应当协助各级人民政府及其有关部门、人民检察院和人民法院做好预防未成年人犯罪工作,为预防未成年人犯罪培育社会力量,提供支持服务。

国家鼓励、支持和指导社会工作服务机构等社会组织参与预防未成年人犯罪相关工作,并加强监督。任何组织或者个人不得教唆、胁迫、引诱未成年人实施不良行为或者严重不良行为,以及为未成年人实施上述行为提供条件。未成年人应当遵守法律法规及社会公共道德规范,树立自尊、自律、自强意识,增强辨别是非和自我保护的能力,自觉抵制各种不良行为以及违法犯罪行为的引诱和侵害。预防未成年人犯罪,应当结合未成年人不同年龄的生理、心理特点,加强青春期教育、心理关爱、心理矫治和预防犯罪对策的研究。

五、预防未成年人犯罪的教育

(一) 监护人的预防犯罪教育责任

父母或者其他监护人是预防未成年人犯罪的第一责任主体,应当依法全面履行监护职责,培养未成年人的良好品行,对未成年人的不良行为及时进行教育、引导和劝诫。

《预防未成年人犯罪法》第十六条规定未成年人的父母或者其他监护人对未成年人的预防犯罪教育负有直接责任,应当依法履行监护职责,树立优良家风,培养未成年人良好品行;发现未成年人心理或者行为异常的,应当及时了解情况并进行教育、引导和劝诫,不得拒绝或者怠于履行监护职责。

(二) 教育行政部门与学校的预防犯罪教育责任

学校是预防未成年人犯罪的主阵地,在开展针对性的预防犯罪教育、法治教育、心理健康教育,建立学生欺凌防控制度、引入驻校社工、家校联系配合、工作效果考核等方面都应当采取具体措施。

《预防未成年人犯罪法》规定教育行政部门、学校应当将预防犯罪教育纳入学校教学计划,指导教职员工结合未成年人的特点,采取多种方式对未成年学生进行有针对性的预防犯罪教育。学校应当聘任从事法治教育的专职或者兼职教师,并可以从司法和执法机关、法学教育和法律服务机构等单位聘请法治副校长、校外法治辅导员。

在保障未成年人心理健康发展,有效预防校园欺凌方面,《预防未成年人犯罪法》规定学校应当配备专职或者兼职的心理健康教育教师,开展心理健康教育。学校可以根据实际情况与专业心理健康机构合作,建立心理健康筛查和早期干预机制,预防和解决学生心理、行为异常问题。学校应当与未成年学生的父母或者其他监护人加强沟通,共同做好未成年学生心理健康教育;发现未成年学生可能患有精神障碍的,应当立即告知其父母或者其他监护人送相关专业机构诊治。教育行政部门应当会同有关部门建立学生欺凌防控制度。学校应当加强日常安全管理,完善学生欺凌发现和处置的工作流程,严格排查并及时消除可能导致学生欺凌行为的各种隐患。教育行政部门鼓励和支持学校聘请社会工作者长期或者定期进驻学校,协助开展道德教育、法治教育、生命教育和心理健康教育,参与预防和处理学生欺凌等行为。

(三)国家相关职能部门与组织机构的法治宣传教育

法制宣传是培养未成年人知法、守法的责任意识和预防违法犯罪意识的重要途径,各级人民政府、学校和相关社会组织与机构应该广泛地对未成年人开展法治教育。《预防未成年人犯罪法》规定各级人民政府及其有关部门、人民检察院、人民法院、共产主义青年团、少年先锋队、妇女联合会、残疾人联合会、关心下一代工作委员会等应当结合实际,组织、举办多种形式的预防未成年人犯罪宣传教育活动。有条件的地方可以建立青少年法治教育基地,对未成年人开展法治教育。居民委员会、村民委员会应当积极开展有针对性的预防未成年人犯罪宣传活动,协助公安机关维护学校周围治安,及时掌握本辖区内未成年人的监护、就学和就业情况,组织、引导社区社会组织参与预防未成年人犯罪工作。青少年宫、儿童活动中心等校外活动场所应当把预防犯罪教育作为一项重要的工作内容,开展多种形式的宣传教育活动。职业培训机构、用人单位在对已满十六周岁准备就业的未成年人进行职业培训时,应当将预防犯罪教育纳入培训内容。

六、对未成年人不良行为的干预

(一)未成年人的不良行为

不良行为的基本特点是未成年人的行为对自身的健康成长产生了危害,但是尚未开始危害他人和社会,如果不予及时和有效的干预可能会引起严重的后果。

未成年人不良行为包括:

(1)吸烟、饮酒;

(2)多次旷课、逃学;

(3)无故夜不归宿、离家出走;

(4)沉迷网络;

(5)与社会上具有不良习性的人交往,组织或者参加实施不良行为的团伙;

(6)进入法律法规规定未成年人不宜进入的场所;

(7)参与赌博、变相赌博,或者参加封建迷信、邪教等活动;

(8)阅览、观看或者收听宣扬淫秽、色情、暴力、恐怖、极端等内容的读物、音像制品或者网络信息等;

(9)其他不利于未成年人身心健康成长的不良行为。

（二）监护人对未成年人不良行为的干预

未成年人的父母或者其他监护人发现未成年人有不良行为的,应当及时制止并加强管教。公安机关、居民委员会、村民委员会发现本辖区内未成年人有不良行为的,应当及时制止,并督促其父母或者其他监护人依法履行监护职责。

（三）学校对未成年人不良行为的干预

学校对有不良行为的未成年学生,应当加强管理教育,不得歧视；对拒不改正或者情节严重的,学校可以根据情况予以处分或者采取以下管理教育措施：

(1) 予以训导；
(2) 要求遵守特定的行为规范；
(3) 要求参加特定的专题教育；
(4) 要求参加校内服务活动；
(5) 要求接受社会工作者或者其他专业人员的心理辅导和行为干预；
(6) 其他适当的管理教育措施。

学校决定对未成年学生采取管理教育措施的,应当及时告知其父母或者其他监护人；未成年学生的父母或者其他监护人应当支持、配合学校进行管理教育。

（四）对未成年人不良行为干预的家、校、社会三方合作规定

未成年学生旷课、逃学的,学校应当及时联系其父母或者其他监护人,了解有关情况；无正当理由的,学校和未成年学生的父母或者其他监护人应当督促其返校学习。未成年人无故夜不归宿、离家出走的,父母或者其他监护人、所在的寄宿制学校应当及时查找,必要时向公安机关报告。收留夜不归宿、离家出走未成年人的,应当及时联系其父母或者其他监护人、所在学校；无法取得联系的,应当及时向公安机关报告。对夜不归宿、离家出走或者流落街头的未成年人,公安机关、公共场所管理机构等发现或者接到报告后,应当及时采取有效保护措施,并通知其父母或者其他监护人、所在的寄宿制学校,必要时应当护送其返回住所、学校；无法与其父母或者其他监护人、学校取得联系的,应当护送未成年人到救助保护机构接受救助。未成年人的父母或者其他监护人、学校发现未成年人组织或者参加实施不良行为的团伙,应当及时制止；发现该团伙有违法犯罪嫌疑的,应当立即向公安机关报告。

七、对未成年人严重不良行为的矫治

（一）未成年人严重不良行为

严重不良行为是指未成年人实施的违反刑法规定,但因不满法定刑事责任年龄不予刑事处罚的行为,以及严重危害社会的其他违法行为。新修订的《预防未成年人犯罪法》根据现行治安管理处罚法和刑法的有关规定,结合未成年人容易和经常发生的严重危害社会的行为,对严重不良行为重新进行了界定和列举,以便于实践中能准确识别并采取有针对性的矫治措施。

未成年人严重不良行为包括：

（1）结伙斗殴，追逐、拦截他人，强拿硬要或者任意损毁、占用公私财物等寻衅滋事行为；

（2）非法携带枪支、弹药或者弩、匕首等国家规定的管制器具；

（3）殴打、辱骂、恐吓，或者故意伤害他人身体；

（4）盗窃、哄抢、抢夺或者故意损毁公私财物；

（5）传播淫秽的读物、音像制品或者信息等；

（6）卖淫、嫖娼，或者进行淫秽表演；

（7）吸食、注射毒品，或者向他人提供毒品；

（8）参与赌博赌资较大；

（9）其他严重危害社会的行为。

（二）公安机关可以采取的矫治教育措施

《预防未成年人犯罪法》规定未成年人的父母或者其他监护人、学校、居民委员会、村民委员会发现有人教唆、胁迫、引诱未成年人实施严重不良行为的，应当立即向公安机关报告。公安机关接到报告或者发现有上述情形的，应当及时依法查处；对人身安全受到威胁的未成年人，应当立即采取有效保护措施。公安机关接到举报或者发现未成年人有严重不良行为的，应当及时制止，依法调查处理，并可以责令其父母或者其他监护人消除或者减轻违法后果，采取措施严加管教。

对有严重不良行为的未成年人，公安机关可以根据具体情况，采取以下矫治教育措施：

（1）予以训诫；

（2）责令赔礼道歉、赔偿损失；

（3）责令具结悔过；

（4）责令定期报告活动情况；

（5）责令遵守特定的行为规范，不得实施特定行为、接触特定人员或者进入特定场所；

（6）责令接受心理辅导、行为矫治；

（7）责令参加社会服务活动；

（8）责令接受社会观护，由社会组织、有关机构在适当场所对未成年人进行教育、监督和管束；

（9）其他适当的矫治教育措施。

未成年人的父母或者其他监护人应当积极配合矫治教育措施的实施，不得妨碍阻挠或者放任不管。

（三）送入专门学校接受专门教育的情形

对有严重不良行为的未成年人，未成年人的父母或者其他监护人、所在学校无力管教或者管教无效的,可以向教育行政部门提出申请,经专门教育指导委员会评估同意后,由教育行政部门决定送入专门学校接受专门教育。

可以决定将未成年人送入专门学校接受专门教育的情形:

(1) 实施严重危害社会的行为,情节恶劣或者造成严重后果;
(2) 多次实施严重危害社会的行为;
(3) 拒不接受或者配合本法第四十一条规定的矫治教育措施;
(4) 法律、行政法规规定的其他情形。

未成年人实施刑法规定的行为、因不满法定刑事责任年龄不予刑事处罚的,经专门教育指导委员会评估同意,教育行政部门会同公安机关可以决定对其进行专门矫治教育。

对于送入专门学校接受专门教育的未成年人,专门学校应当在每个学期适时提请专门教育指导委员会对接受专门教育的未成年学生的情况进行评估。对经评估适合转回普通学校就读的,专门教育指导委员会应当向原决定机关提出书面建议,由原决定机关决定是否将未成年学生转回普通学校就读。原决定机关决定将未成年学生转回普通学校的,其原所在学校不得拒绝接收;因特殊情况,不适宜转回原所在学校的,由教育行政部门安排转学。

八、对未成年人重新犯罪的预防

重新犯罪的预防主要包括三部分内容:一是诉讼中的预防工作,二是刑罚执行中的预防工作,三是刑罚执行完毕后的预防工作。

(一) 司法行政部门办理未成年人刑事案件时的相关规定

《预防未成年人犯罪法》规定公安机关、人民检察院、人民法院办理未成年人刑事案件,应当根据未成年人的生理、心理特点和犯罪的情况,有针对性地进行法治教育。对涉及刑事案件的未成年人进行教育,其法定代理人以外的成年亲属或者教师、辅导员等参与有利于感化、挽救未成年人的,公安机关、人民检察院、人民法院应当邀请其参加有关活动。公安机关、人民检察院、人民法院办理未成年人刑事案件,可以自行或者委托有关社会组织、机构对未成年犯罪嫌疑人或者被告人的成长经历、犯罪原因、监护、教育等情况进行社会调查;根据实际需要并经未成年犯罪嫌疑人、被告人及其法定代理人同意,可以对未成年犯罪嫌疑人、被告人进行心理测评。社会调查和心理测评的报告可以作为办理案件和教育未成年人的参考。

公安机关、人民检察院、人民法院对于无固定住所、无法提供保证人的未成年人适用取保候审的,应当指定合适成年人作为保证人,必要时可以安排取保候审的未成年人接受社会观护。对被拘留、逮捕以及在未成年犯管教所执行刑罚的未成年人,应当与成年人分别关押、管理和教育。对未成年人的社区矫正,应当与成年人分别进行。对有上述情形且没有完成义务教育的未成年人,公安机关、人民检察院、人民法院、司法行政部门应当与教育行政部门相互配合,保证其继续接受义务教育。

(二)对未成年犯管教所、社区矫正机构的相关帮教规定

《预防未成年人犯罪法》规定未成年犯管教所、社区矫正机构应当对未成年犯、未成年社区矫正对象加强法治教育,并根据实际情况对其进行职业教育。社区矫正机构应当告知未成年社区矫正对象安置帮教的有关规定,并配合安置帮教工作部门落实或者解决未成年社区矫正对象的就学、就业等问题。

对刑满释放的未成年人,未成年犯管教所应当提前通知其父母或者其他监护人按时接回,并协助落实安置帮教措施。没有父母或者其他监护人、无法查明其父母或者其他监护人的,未成年犯管教所应当提前通知未成年人原户籍所在地或者居住地的司法行政部门安排人员按时接回,由民政部门或者居民委员会、村民委员会依法对其进行监护。未成年人的父母或者其他监护人和学校、居民委员会、村民委员会对接受社区矫正、刑满释放的未成年人,应当采取有效的帮教措施,协助司法机关以及有关部门做好安置帮教工作。居民委员会、村民委员会可以聘请思想品德优秀,作风正派,热心未成年人工作的离退休人员、志愿者或其他人员协助做好前款规定的安置帮教工作。刑满释放和接受社区矫正的未成年人,在复学、升学、就业等方面依法享有与其他未成年人同等的权利,任何单位和个人不得歧视。

九、违反《预防未成年人犯罪法》的法律责任

(一)监护人违法违反《预防未成年人犯罪法》的法律责任

公安机关、人民检察院、人民法院在办理案件过程中发现实施严重不良行为的未成年人的父母或者其他监护人不依法履行监护职责的,应当予以训诫,并可以责令其接受家庭教育指导。

(二)学校及其教职员工违反《预防未成年人犯罪法》的法律责任

学校及其教职员工违反本法规定,不履行预防未成年人犯罪工作职责,或者虐待、歧视相关未成年人的,由教育行政等部门责令改正,通报批评;情节严重的,对直接负责的主管人员和其他直接责任人员依法给予处分。构成违反治安管理行为的,由公安机关依法予以治安管理处罚。教职员工教唆、胁迫、引诱未成年人实施不良行为或者严重不良行为,以及品行不良、影响恶劣的,教育行政部门、学校应当依法予以解聘或者辞退。

(三)社会组织与机构违反《预防未成年人犯罪法》的法律责任

违反本法规定,在复学、升学、就业等方面歧视相关未成年人的,由所在单位或者教育、人力资源社会保障等部门责令改正;拒不改正的,对直接负责的主管人员或者其他直接责任人员依法给予处分。有关社会组织、机构及其工作人员虐待、歧视接受社会观护的未成年人,或者出具虚假社会调查、心理测评报告的,由民政、司法行政等部门对直接负责的主管人员或者其他直接责任人员依法给予处分,构成违反治安管理行为的,由公安机关予以治安管理处罚。教唆、胁迫、引诱未成年人实施不良行为或者严重不良行

为,构成违反治安管理行为的,由公安机关依法予以治安管理处罚。国家机关及其工作人员在预防未成年人犯罪工作中滥用职权、玩忽职守、徇私舞弊的,对直接负责的主管人员和其他直接责任人员,依法给予处分。违反本法规定,构成犯罪的,依法追究刑事责任。

本章小结

《中华人民共和国未成年人保护法》和《中华人民共和国预防未成年人犯罪法》是我国保护未成年人的两部重要法律。《中华人民共和国未成年人保护法》从家庭、学校、网络、政府、社会、司法等方面明确规定了各自应履行的保护职责;《中华人民共和国预防未成年人犯罪法》强调的是未成年人不良行为、严重不良行为以及犯罪行为的预防,家庭、学校、社会应采取有效措施履行教育、帮助未成年人纠正不良行为、矫治严重不良行为、预防犯罪的责任和义务。

思考题

1. 《未成年人保护法》新增"网络保护"部分,请思考在教育数字化中未成年人个人信息如何进行有效保护?

2. "未经学校允许,未成年学生不得将手机等智能终端产品带入课堂,带入学校的应当统一管理"。据你的了解,各学校对此规定的落实情况如何？在执行中需要注意什么？

3. 近年来,未成年人犯罪低龄化的现象引发社会关注。学校该如何进一步加强预防未成年人犯罪的教育?

第九章　教育部门规章的解读

学习目标

1. 了解《学生伤害事故处理办法》《中小学教育惩戒规则(试行)》《未成年人学校保护规定》的基本内容。
2. 依据相关法律法规知识,分析教育实践中发生的案例,妥善处理在校学生伤害事故,合理实施教育惩戒,落实未成年人学校保护。
3. 养成依法从教意识,保护师生的合法权益,维护校园、社会平安和谐。

内容框架

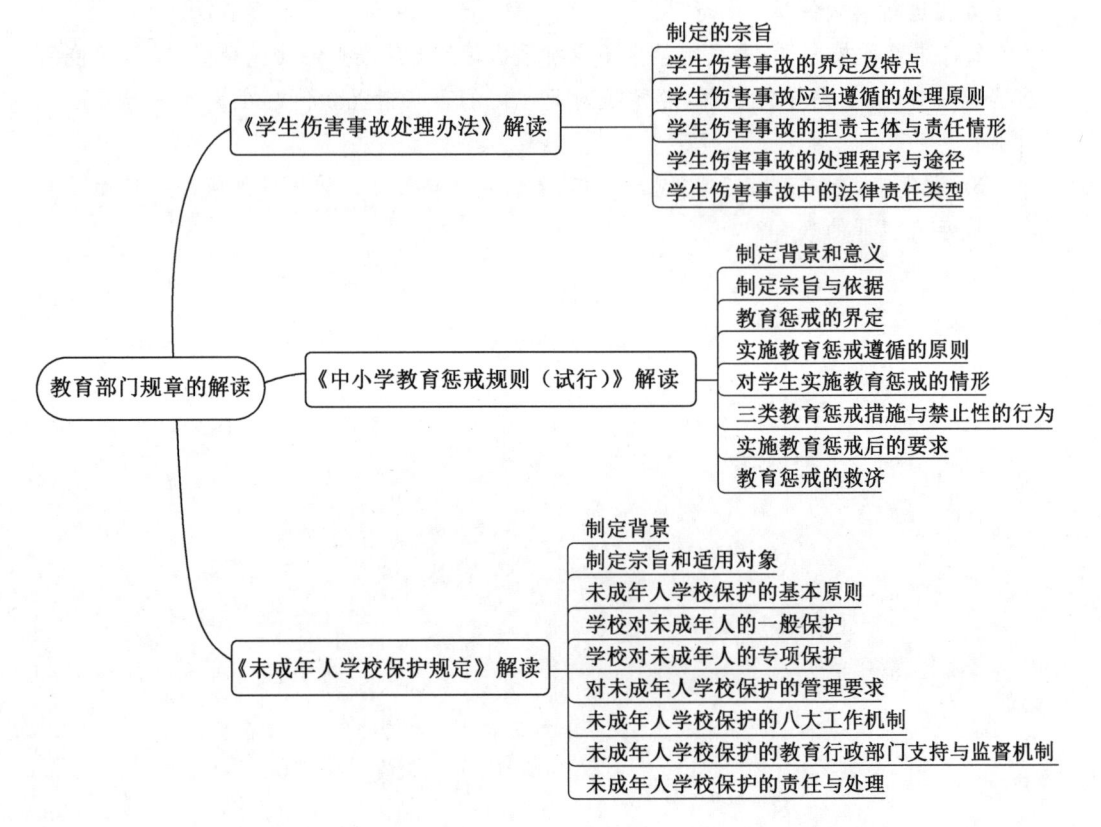

教育部门规章的解读
- 《学生伤害事故处理办法》解读
  - 制定的宗旨
  - 学生伤害事故的界定及特点
  - 学生伤害事故应当遵循的处理原则
  - 学生伤害事故的担责主体与责任情形
  - 学生伤害事故的处理程序与途径
  - 学生伤害事故中的法律责任类型
- 《中小学教育惩戒规则（试行）》解读
  - 制定背景和意义
  - 制定宗旨与依据
  - 教育惩戒的界定
  - 实施教育惩戒遵循的原则
  - 对学生实施教育惩戒的情形
  - 三类教育惩戒措施与禁止性的行为
  - 实施教育惩戒后的要求
  - 教育惩戒的救济
- 《未成年人学校保护规定》解读
  - 制定背景
  - 制定宗旨和适用对象
  - 未成年人学校保护的基本原则
  - 学校对未成年人的一般保护
  - 学校对未成年人的专项保护
  - 对未成年人学校保护的管理要求
  - 未成年人学校保护的八大工作机制
  - 未成年人学校保护的教育行政部门支持与监督机制
  - 未成年人学校保护的责任与处理

> 案例导入

衡阳一学生上课讲小话遭老师打耳光,学校被判赔偿4万元[①]

被告罗某系被告祁东县某中学某班主任,原告段某系该班学生。2017年9月27日下午5时许,原告段某在上课时和其他四名同学讲小话时被班主任罗某发现后,罗某在其办公室训斥、辱骂包括原告在内的五名学生,又让五个学生排队轮流让其扇耳光。原告被打后,右耳边红肿疼痛,无法坚持上学,经鉴定为外伤性神经性耳聋,诉至法院要求被告罗某、祁东县某中学赔偿。在法庭审理中,被告罗某和祁东县某中学均对学生家长表示歉意,但拒绝赔偿。

祁东法院经审理认为,被告罗某作为人民教师,应当本着"耐心、关心、感化"等温和教育方式教育未成年学生、维护课堂纪律,但其采取体罚方式,要求包括原告在内的五名学生排队接受体罚,亵渎了人民教师起码的行为规范,侵害了未成年学生身心健康和合法权益,是严重的违法侵权行为。虽然其在庭审中向原告进行了赔礼道歉,尚不足以弥补其过错。被告罗某系在履职过程中对学生身体造成损害,被告祁东县某中学作为义务教育机构对其教师未尽到教育、管理职责,对原告段某的损害后果依法应承担民事赔偿责任,故判决被告祁东县某中学赔偿原告经济损失共计4万余元。

当学生出现违规违纪行为时,应如何合理地实施教育惩戒?学生在学校发生伤害事故,责任由谁承担?如何避免学生伤害事故的发生?如何落实未成年人学校保护职责,保障未成年人合法权益?

第一节 《学生伤害事故处理办法》解读

《学生伤害事故处理办法》(后简称《办法》)2002年3月26日经教育部部务会议讨论通过,自2002年9月1日起施行。根据2010年12月13日《教育部关于修改和废止部分规章的决定》进行了修正。作为教育部门规章,《学生伤害事故处理办法》明确了学生伤害事故与责任、处理程序、事故损失的赔偿、责任者的处理等事项。

一、制定的宗旨

《学生伤害事故处理办法》第一条规定:"为积极预防、妥善处理在校学生伤害事故,

---

① 周凌如. 衡阳一学生上课讲小话遭老师打耳光学校被判赔偿4万元[EB/OL]. https://hn.rednet.cn/c/2018/07/10/4675284.htm, 2018-07-10.

保护学生、学校的合法权益,根据《中华人民共和国教育法》《中华人民共和国未成年人保护法》和其他相关法律、行政法规及有关规定,制定本办法。"可见,《办法》的立法宗旨有两个:

(1) 积极预防、妥善处理在校学生伤害事故。学生天性活泼好动,但又处于身心发展不成熟的阶段,安全意识、安全防护知识和自我保护能力较差,相互之间的玩闹也有可能造成伤害,使得学生安全事故防不胜防。另外,一些学校存在学生多老师少、管理措施不完善、安全防护措施不完备等情况,也是造成学生伤害事故的重要原因。学校担心出事,为避免担责,减少甚至取消课外活动,不利于学校正常教育教学活动的开展,严重影响社会主义建设者和接班人的培养质量。为了积极预防学生伤害事故,保障学生的合法权益,正常开展教育教学活动,推进素质教育,通过法律法规规范调整学校在保障学生安全方面的义务尤显迫切。

(2) 保护学生、学校的合法权益。近年来,学生在校学习、生活期间的伤害事故时有发生,随着人们法律意识的增强,由此引发的教育纠纷和民事案件也呈上升趋势,是社会关注的热点之一。发生了学生伤害事故,一方面,大部分人会习惯性地觉得孩子是在学校受伤的,学校就必须负责任;另一方面,家长站在自己的角度,也有自己的看法。受伤的孩子家长认为,自己的孩子身心受到伤害,作为施害方要积极主动看望、慰问,更多地给予人文关怀,并且因此产生的误工费、孩子的营养费等,施害方也必须补偿、赔偿;施害方的家长则认为,孩子受伤我们去医院看望过了,也买了慰问品,甚至也包了红包,心意表达了,孩子在学校上学期间有个磕磕碰碰、受个伤很正常,有病看病、受伤治伤,慰问、看望、表示都正常,但是动辄几万、十几万甚至几十万地要赔偿,这不是讹诈吗? 导致许多事故的处理过程及结果令学生监护人及校方均不满意。每个人都是站在自己的立场考虑问题,追求权益,这时,运用法律手段维护各自权益,是最公平、最公正的手段[①]。《办法》的出台,能够更好地保护学生、学校的合法权益,让事故处理更有法可依,有利于学校管理。

二、学生伤害事故的界定及特点

《办法》第二条规定:"在学校实施的教育教学活动或者学校组织的校外活动中,以及在学校负有管理责任的校舍、场地、其他教育教学设施、生活设施内发生的,造成在校学生人身损害后果的事故的处理,适用本办法。"第三十七条规定:"本办法所称学校,是指国家或者社会力量举办的全日制的中小学(含特殊教育学校)、各类中等职业学校、高等学校。"

学生伤害事故具有以下几个特点:

(1) 受伤害的主体特定性。受伤害的主体必须是在校学生。这里的"在校学生"是指国家或者社会力量举办的全日制的中小学(含特殊教育学校)、各类中等职业学校、高

---

① 胡爱民.处理学生意外伤害事故要有法律思维[J].教学与管理,2020(29):20.

等学校中进行全日制就读的受教育者。

（2）损害地点的特定性。伤害事故的发生地必须是在学校实施的教育活动或学校组织的校外活动的场所，以及发生在学校负有管理责任的校舍、场地、其他教育教学设施、生活设施内。

（3）损害时间的特定性。伤害事故必须是在校学习、生活及参加学校组织的校外活动期间所发生。

三、学生伤害事故应当遵循的处理原则

《办法》第三条规定："学生伤害事故应当遵循依法、客观公正、合理适当的原则，及时、妥善地处理。"

（1）依法处理。依法处理是必须遵守的原则，也是使事件得到公正处理，切实维护当事人及各方合法权益的根本保障。我国的《教育法》《教师法》《未成年人保护法》《民法典》等法律法规和最高院有关司法解释，对学生伤害事故中的责任认定和承担、赔偿的标准和方式、处理的流程和方法等都有相应的规定，学校在处理学生伤害事故中完全可以做到有法可依。

（2）公正客观。公正客观原则是指在学生伤害事故的处理过程中要公平、公正、客观、不偏倚，要实事求是地分析和认定造成事故的原因，进行责任的判定，"切不可因学生的素质不同或个人的喜好而影响自身公正的立场。对待受伤学生和肇事学生都要一视同仁，摆事实、讲证据，以理服人。"[1]

（3）合理适当。合理适当主要是指涉及在赔偿问题上，要提示当事人在合理适当范围内提出请求。赔偿的依据是责任认定，损害后果的严重程度与赔偿数额是紧密相连的，如果提出脱离实际的索赔要求，无益于事故的平稳处理，也会增加事故处理的难度。

从众多学生伤害事故案例中我们发现，只要事故发生在学校，无论学校有无责任，多数当事学生家长往往会直接将矛头指向学校，经常会采取一些如挂条幅、堵校车、封校门等极端手段，严重影响学校的正常教学秩序，有时还会利用自媒体做一些不实宣传。迫于舆论压力，为了维护教学秩序和办学声誉，往往会放弃正常的法律途径而寻求和解，即使没有过错，也会给予一定的赔偿或补偿。[2] 所以，在处理学生伤害事故中，遵循依法、客观公正、合理适当的原则十分必要。

---

[1] 刘桂芬.学生意外事件典型案例分析及应对措施——以特殊教育中专学校为例[J].安徽教育科研，2024(3)：121-123.

[2] 夏立新，杨秀凤.高校在学生伤害事故中的法律责任探讨[J].辽宁师专学报（社会科学版），2023(3)：25-28.

四、学生伤害事故的担责主体与责任情形

(一)学校应当依法承担相应责任的事故

《办法》第九条规定:因下列情形之一造成的学生伤害事故,学校应当依法承担相应的责任:

(1) 学校的校舍、场地、其他公共设施,以及学校提供给学生使用的学具、教育教学和生活设施、设备不符合国家规定的标准,或者有明显不安全因素的;

(2) 学校的安全保卫、消防、设施设备管理等安全管理制度有明显疏漏,或者管理混乱,存在重大安全隐患,而未及时采取措施的;

(3) 学校向学生提供的药品、食品、饮用水等不符合国家或者行业的有关标准、要求的;

(4) 学校组织学生参加教育教学活动或者校外活动,未对学生进行相应的安全教育,并未在可预见的范围内采取必要的安全措施的;

(5) 学校知道教师或者其他工作人员患有不适宜担任教育教学工作的疾病,但未采取必要措施的;

(6) 学校违反有关规定,组织或者安排未成年学生从事不宜未成年人参加的劳动、体育运动或者其他活动的;

(7) 学生有特异体质或者特定疾病,不宜参加某种教育教学活动,学校知道或者应当知道,但未予以必要的注意的;

(8) 学生在校期间突发疾病或者受到伤害,学校发现,但未根据实际情况及时采取相应措施,导致不良后果加重的;

(9) 学校教师或者其他工作人员体罚或者变相体罚学生,或者在履行职责过程中违反工作要求、操作规程、职业道德或者其他有关规定的;

(10) 学校教师或者其他工作人员在负有组织、管理未成年学生的职责期间,发现学生行为具有危险性,但未进行必要的管理、告诫或者制止的;

(11) 对未成年学生擅自离校等与学生人身安全直接相关的信息,学校发现或者知道,但未及时告知未成年学生的监护人,导致未成年学生因脱离监护人的保护而发生伤害的;

(12) 学校有未依法履行职责的其他情形的。

以上是由于学校方面存在过错或者过失导致学生伤害事故发生的,学校应当依法承担相应责任。

案例链接

雨天上课途中被绊倒，学校担全责[①]

小花与小水均系C学校二年级学生。课间，小花与小水所在班级在老师带领下前往体育馆上篮球课，因雨天湿滑，小水在行走途中不慎滑倒，将小花绊倒，导致小花牙齿受损。经医院诊断为右上1—2牙体缺损、牙震荡，做树脂充填术及抛光治疗。后小花将小水和C学校诉至法院，要求小水和C学校承担赔偿责任。

被告C学校辩称，其已尽到教育、管理职责，不应承担侵权责任。被告小水辩称，事发当日下雨，地面湿滑，其正常行进过程中不慎滑倒，无意碰倒原告，双方不存在奔跑嬉戏的情况。另监控视频显示已有学生滑倒，老师未维持秩序，也未组织学生排队进入体育馆，侵权责任应由学校C承担。

法院经审理认为，对于无民事行为能力人在校期间的保障，学校C理应尽到注意与保障义务，尤其事发当日属于雨天湿滑环境，理应在走廊通道中加强防滑措施，任课老师亦应高度关注学生行进秩序。现学校所采取的一般措施尚不足以充分保障无民事行为能力人在校期间之人身安全，理应承担赔偿责任。结合庭审查明事实及监控视频，认定两名学生不存在明显过错。最终，法院判决原告相关赔偿责任由被告C承担。

（二）学生或者未成年学生监护人应当依法承担相应责任的事故

《办法》第十条规定：学生或者未成年学生监护人由于过错，有下列情形之一，造成学生伤害事故，应当依法承担相应的责任：

（1）学生违反法律法规的规定，违反社会公共行为准则、学校的规章制度或者纪律，实施按其年龄和认知能力应当知道具有危险或者可能危及他人的行为的；

（2）学生行为具有危险性，学校、教师已经告诫、纠正，但学生不听劝阻、拒不改正的；

（3）学生或者其监护人知道学生有特异体质，或者患有特定疾病，但未告知学校的；

（4）未成年学生的身体状况、行为、情绪等有异常情况，监护人知道或者已被学校告知，但未履行相应监护职责的；

（5）学生或者未成年学生监护人有其他过错的。

[①] 王慧君.学生在学校发生伤害事故，责任谁来担？[EB/OL]. https://www.chinacourt.org/article/detail/2023/06/id/7375987.shtml,2023-06-30.

以上事故发生的直接原因不在学校,而在当事学生本人或者学生之间,或学生患有特定疾病或者监护人未履行监护职责而导致,应该由肇事方或肇事方的法定监护人承担主要责任,学校视具体情况承担部分责任。

案例链接

学生受伤,学校一定要担责?并不![1]

蒙某某生于2006年,原告蒙某、潘某某系蒙某某的父母,蒙某某就读于某某县第二中学八年级。2021年3月12日,上课期间蒙某某邀约同班同学何某某、姚某,三人逃课从就读中学围墙爬出,翻墙过程中蒙某某不慎跌落坠伤,就此原告起诉至法院要求学校承担未尽到管理、教育职责的责任。

经法院查明,某某县二中已经制定相关安全管理制度、中学生日常行为规范,并通过上墙张贴、主题班会、家长会等方式向学生及家长进行宣传教育。蒙某某于2019年8月到某某县二中就读,原告均参加该学校组织的家长会,并时常与蒙某某所在班级班主任沟通蒙某某在校学习情况。

法院经审理认为,其一,被告某某县二中已在校园设置围墙,并制定相关安全管理制度、中学生日常行为规范,通过上墙张贴、主题班会、家长会等方式向学生及家长进行宣传教育,作为义务教育机构已履行与其管理和控制能力相适应的安全保障义务。其二,蒙某某虽然属于限制民事行为能力人,但其已年满14周岁并在该校已经就读一年有余,其间,对遵守学校纪律制度已经具备了相应的认知能力,对其行为的后果也具有一定的认知和预见能力。其三,从蒙某某逃课到翻墙坠伤发生时间间隔较短,即使发生学生逃课、旷课行为,学校亦需要一个核实过程,故不能认定被告某某县二中未尽到教育、管理职责,原告主张学校承担管理失职之责,缺乏事实依据,依法不予支持。

(三)其他法律关系主体应当依法承担相应责任的事故

《办法》第十一条规定:"学校安排学生参加活动,因提供场地、设备、交通工具、食品及其他消费与服务的经营者,或者学校以外的活动组织者的过错造成的学生伤害事故,有过错的当事人应当依法承担相应的责任。"活动虽由学校安排,但事故发生是由活动承担者的过错造成,由过错的当事人承担相应法律责任。

《办法》第十四条规定:"因学校教师或者其他工作人员与其职务无关的个人行为,或者因学生、教师及其他个人故意实施的违法犯罪行为,造成学生人身损害的,由致害

---

[1] 澎湃新闻.学生受伤,学校一定要担责?并不!——省法院发布适用民法典典型案例(十三)[EB/OL]. https://www.thepaper.cn/newsDetail_forward_23228357,2023-05-24.

人依法承担相应的责任。"虽然致害人是学校教师或者其他工作人员,但对学生的伤害是与其职务无关的个人行为造成的,应由其个人承担相应法律责任。

(四)学校不承担法律责任的事故

《办法》第十二条规定:因下列情形之一造成的学生伤害事故,学校已履行了相应职责,行为并无不当的,无法律责任:

(1) 地震、雷击、台风、洪水等不可抗的自然因素造成的;

(2) 来自学校外部的突发性、偶发性侵害造成的;

(3) 学生有特异体质、特定疾病或者异常心理状态,学校不知道或者难于知道的;

(4) 学生自杀、自伤的;

(5) 在对抗性或者具有风险性的体育竞赛活动中发生意外伤害的;

(6) 其他意外因素造成的。

以上事故的发生与学校的教育教学活动无关,是学校无力抵抗或者无法预知的;或者在教育教学活动中学校行为并无不当,学校不承担法律责任。

案例链接

自垃圾桶取出瓷砖碎片滑行摔伤,学校不担责[1]

小虎为E学校七年级学生。午休期间,小虎将一块瓷砖碎片垫在脚下,于教室内滑行,滑行过程中小虎不慎摔倒,致额头软组织受伤。原告小虎认为,被告E学校未及时将墙壁脱落的碎片处理,未尽教育、管理职责,应当承担相应赔偿责任,遂涉诉。学校辩称根据监控视频,确认小虎自行从垃圾桶内取出瓷砖碎片后垫于脚下滑行,其受伤系自身行为导致,学校已告知不得嬉戏、遛滑,已尽管理、教育职责,无需承担赔偿责任。

上海市嘉定区人民法院经审理认为,本事故的发生系原告踩在碎瓷砖上滑行造成,是原告的危险行为造成损害结果的发生,而原告在事发时已年满12周岁,对该危险行为应当具备辨别能力。考虑到一则该碎瓷学校已及时清理进垃圾桶,尽到了合理的注意义务;另则被告作为教育机构对原告等也做过安全防范方面的教育,尽到了教育责任;再则被告的主要职责系教书育人,其安全保障义务应为一般义务,过分加强加重教育机构的安全保障义务,不利于教育机构的健康发展。据此,法院驳回原告的全部诉讼请求。

---

[1] 王慧君.学生在学校发生伤害事故,责任谁来担?[EB/OL]. https://www.chinacourt.org/article/detail/2023/06/id/7375987.shtml,2023-06-30.

(五)学校不承担法律责任,事故责任应当按有关法律法规或者其他有关规定认定的事故

《办法》第十三条规定:下列情形下发生的造成学生人身损害后果的事故,学校行为并无不当的,不承担事故责任;事故责任应当按有关法律法规或者其他有关规定认定:

(1) 在学生自行上学、放学、返校、离校途中发生的;

(2) 在学生自行外出或者擅自离校期间发生的;

(3) 在放学后、节假日或者假期等学校工作时间以外,学生自行滞留学校或者自行到校发生的;

(4) 其他在学校管理职责范围外发生的。

以上事故的发生在学校管理职责范围外,学校不承担法律责任,事故责任应当按有关法律法规或者其他有关规定认定。

《办法》中关于学生伤害事故与责任的规定,充分体现了过错责任原则在事故处理中的运用。无论学校、学生及其监护人,还是第三方,其是否承担责任、承担责任的大小都要根据其行为是否有过错、过错的大小,其行为与学生伤害之间是否有因果关系而决定。

除了《办法》中的有关规定,2021年1月1日起施行的《中华人民共和国民法典》就学生伤害的归责问题也有明确,将学校的过错和承担的责任相结合,学校根据其过错程度承担相应的责任。《中华人民共和国民法典》第一千一百九十九条规定:无民事行为能力人在幼儿园、学校或者其他教育机构学习、生活期间受到人身损害的,幼儿园、学校或者其他教育机构应当承担侵权责任;但是,能够证明尽到教育、管理职责的,不承担侵权责任。《中华人民共和国民法典》第一千二百条规定:限制民事行为能力人在学校或者其他教育机构学习、生活期间受到人身损害,学校或者其他教育机构未尽到教育、管理职责的,应当承担侵权责任。《中华人民共和国民法典》第一千二百零一条规定:无民事行为能力人或者限制民事行为能力人在幼儿园、学校或者其他教育机构学习、生活期间,受到幼儿园、学校或者其他教育机构以外的第三人人身损害的,由第三人承担侵权责任;幼儿园、学校或者其他教育机构未尽到管理职责的,承担相应的补充责任。幼儿园、学校或者其他教育机构承担补充责任后,可以向第三人追偿。

案例链接

恶作剧致同学受伤，谁担责？[①]

思思与小杰（均为化名）就读于广州市某中学初一年级，二人系同班同学。2021年9月某日午休，思思从座位起身与前座同学交流，小杰路过思思座位时，突起"玩心"，便偷偷将思思的椅子往后拉出一定距离，思思坐下时不慎坐空并仰倒，后脑勺碰到凳子并着地不起。其他同学见状帮忙将其扶起，并送至校医务室。

摔倒后，思思称出现头部疼痛、视物模糊等症状，学校迅速通知双方家长并将其送至医院治疗。之后数日内，思思多次前往多家医院就诊并住院治疗，先后被诊断出颅脑外伤、视物模糊、双目视神经挫伤等。事故发生后，小杰的父母向思思的父母支付了部分治疗费用。后思思的父母因与小杰的父母及学校协商赔偿事宜未果，遂以思思名义将小杰及其父母、学校一并诉至广州市南沙区人民法院，要求赔偿医疗费、住院伙食补助费、营养费、护理费、精神损害抚慰金等。

南沙区法院审理后认为，通过诊断证明书等证据可以看出，思思的治疗过程均是围绕其受伤导致的相应症状，其治疗未超越该范围。相关鉴定也未排除和否定思思的损害后果跟小杰的侵权行为有必然联系。医嘱病历可证明思思的损害是因小杰的侵权行为所造成。因此，思思出现疼痛、视力下降、视物模糊等症状与小杰拉椅子的侵权行为存在因果关系。小杰做出侵权行为时已满12周岁，对其行为所造成的后果具有一定的判断能力，当其拉开思思椅子时，已明知该行为会给他人带来伤害，却仍然为之，存在过错。小杰的行为最终导致思思摔倒受伤并产生经济损失，根据《中华人民共和国民法典》的相关规定，行为人因过错侵害他人民事权益造成损害的，应当承担侵权责任。故思思因小杰侵权行为所产生的全部损失应由小杰承担。因小杰系限制民事行为能力人，故其应承担的赔偿责任由小杰的监护人即其父母承担。结合思思治疗期间实际支出费用情况，南沙区法院判决小杰的父母向原告思思赔偿医疗费、住院伙食补助费、护理费、营养费、交通费、精神损害抚慰金等合计10万余元。

小杰及其父母不服，提起上诉。广州中院二审判决：驳回上诉，维持原判。

[①] 郑育婷，王君，吴媚. 恶作剧致同学受伤，谁担责？[EB/OL]. https://www.chinacourt.org/article/detail/2023/11/id/7629746.shtml，2023-11-10.

五、学生伤害事故的处理程序与途径

(一) 现场处理的程序

学校伤害事故现场处理是指在学校伤害事故发生的当时以及以后很短的时间内的处理程序。[①] 发生学生伤害事故时,学校或教师应正确面对,通过合法及科学的处理方式来降低伤害事故可能导致的不良后果,并让学生伤害事故得到妥善的解决。《办法》第十五条、第十六条、第十七条的规定中指出了现场处理的三个程序,也是基本要求:一是及时救治,二是及时告知,三是及时上报。

1. 及时救治受伤学生

学校在学生伤害事故中的归责原则为过错责任原则,即对于学校来说,有过错担责任,无过错无责任。但有时学校对于伤害事故的发生并不存在过错,也有可能会因为对事故的处理和救治不及时,而承担过错责任。所以,发生学生伤害事故之后,一切应以学生安全为最高利益,抢救第一,学校和教师应在第一时间里对受伤的学生进行救治。对于伤势轻微的,可以由校医进行处理;对于伤势严重的,应当及时采取有效措施,将其送往有条件救治的医院进行治疗。在此过程中,如果因为救治不及时、救治措施不当等原因导致学生伤势加重的,学校应当对学生伤害加重的部分承担相应的过错责任。

2. 及时告知家长

学生伤害后,学校应及时通知其父母或者其他监护人,履行自己的告知义务。在学生伤害事故当中,受伤学生家长一般都非常惊慌。此时,如果学校不及时通知家长,往往会造成家长对学校的不满,甚至认为学校在故意隐瞒伤害情况,逃避法律责任。这样,容易让受伤学生的家长过分追究学校的责任。事实证明,学校及时通知家长,配合家长一起处理已发生的伤害事故,往往会产生积极的效果;相反那些态度冷漠的学校,往往会让受伤学生和家长产生敌对的心理,原本学校没有过错的事件,家长也会无理取闹。

因此,《办法》第十五条规定:"发生学生伤害事故,学校应当及时救助受伤害学生,并应当及时告知未成年学生的监护人;有条件的,应当采取紧急救援等方式救助。"这里规定了事故现场的处理既要及时救助,又要及时通知家长。

3. 及时上报有关部门

学生在校学习、生活,难免出现这样那样的身体损害事件。对严重的学生伤害事故,学校应履行双重报告制度,以便教育行政部门及时掌握有关的情况,对事故处理做出统筹的安排,并协助学校做好善后工作。切不能因为顾及学校的名誉等因素,而隐瞒不报,对于知情不报的,应当追究有关学校责任人的法律责任。

---

① 沈莉芳.学生伤害事故现场处理的法律建议[J].现代教育科学(中学校长),2007(1):68-69.

对此,《办法》第十六条有这样的规定:"发生学生伤害事故,情形严重的,学校应当及时向主管教育行政部门及有关部门报告;属于重大伤亡事故的,教育行政部门应当按照有关规定及时向同级人民政府和上一级教育行政部门报告。"第十七条规定:"学校的主管教育行政部门应学校要求或者认为必要,可以指导、协助学校进行事故的处理工作,尽快恢复学校正常的教育教学秩序。"

案例链接

学生突发疾病,学校应该如何应对?[①]

一天下午18:00,赵女士突然接到在寄宿学校读6年级的女儿连续打来的两个电话,说是肚子疼、哮喘病复发。赵女士急匆匆赶到学校,只见女儿坐在宿舍楼一楼的学校医务室门口,呼吸困难,连话也说不出来了。赵女士和其他人将小韩抱到医务室的床上后,立马打了120,没想到救护车一直没找到学校的位置。大概在当天18:45左右,距离赵女士接到小韩电话约40分钟后,学校安排了一辆车把人送往附近医院。不幸的是,5天后,小韩还是因医治无效死亡。痛失爱女的赵女士将学校推上了被告席。

学校辩称,小韩发病时,生活老师第一时间出现在现场,整个送医过程全程都有师生陪护。从发病到安排车辆送到医院救治,前后总共用时30分钟,其中包括等急救车的十几分钟,可见学校并未有丝毫耽搁。校方认为,根据《学校卫生工作条例》,学校校医室不具备也无须具备对危重型哮喘等严重性疾病治疗的资质和职责。

法院审理后称,学校虽然采取了一些急救措施,但没有充分证据证明其全面有效地予以落实,尤其是未及时通知作为监护人的原告或拨打120急救电话,未尽职责范围内的相关义务,应当承担与其过错相应10%的赔偿责任。

(二)事故处理的途径

就伤害事故处理的途径而言,无非是协商、调解、仲裁和诉讼。作为普通伤害案件,根据我国《民法典》中相关程序处理即可。但是学校中学生伤害事故的处理涉及学校这个特殊的主体,处理不当,不仅影响学校的利益,也会影响教学秩序,更会对受害学生产生不良影响。因此,处理学生伤害事故比起处理普通伤害事故应当来得更加谨慎些。从《办法》的内容看,它既有实体问题的规定,也有程序问题的规定。程序问题的规定旨在最大可能地避免通过司法程序处理校园伤害事故,希望能够尽早处理好校园学生伤

[①] 凌馨.教育机构屡成被告,法律工作者以案说法——学校打官司"不败秘籍"[J].辽宁教育,2016(8):8-11.

害事故,防止其影响学校正常教学秩序。[①]

《办法》第十八条规定:"发生学生伤害事故,学校与受伤害学生或者学生家长可以通过协商方式解决;双方自愿,可以书面请求主管教育行政部门进行调解。成年学生或者未成年学生的监护人也可以依法直接提起诉讼。"第十九条规定:"教育行政部门收到调解申请,认为必要的,可以指定专门人员进行调解,并应当在受理申请之日起60日内完成调解。"第二十条规定:"经教育行政部门调解,双方就事故处理达成一致意见的,应当在调解人员的见证下签订调解协议,结束调解;在调解期限内,双方不能达成一致意见,或者调解过程中一方提起诉讼,人民法院已经受理的,应当终止调解。调解结束或者终止,教育行政部门应当书面通知当事人。"从以上三条规定可以看出,学生伤害事故发生后,学校与受伤害学生或者学生家长可以通过双方协商、教育行政部门调解、诉讼三种法律处理程序予以解决。在教育实践中,绝大多数轻微的学生伤害事故都是通过双方协商方式解决,这是一种简便、易行、经济的处理办法。但对于比较严重的学生伤害事故,尤其是发生学生伤亡事故,就需要司法介入。

(三) 事故处理的报告

《办法》第二十二条规定:"事故处理结束,学校应当将事故处理结果书面报告主管的教育行政部门;重大伤亡事故的处理结果,学校主管的教育行政部门应当向同级人民政府和上一级教育行政部门报告。"

事故处理结束后,为什么还要向有关部门报告提交处理结果的书面报告呢?这并非多此一举,而是为了更好地规范事故调查程序,查找事故发生原因,以便查漏补缺、举一反三,更好地防止同类事故再次发生。

六、学生伤害事故中的法律责任类型

学生伤害事故的法律责任主体包括学校、成年学生、未成年学生的监护人及其他第三人。根据伤害事故具体情节,主要涉及民事责任、行政责任和刑事责任。

(一) 民事责任

关于民事责任,在《办法》中就民事责任的形式、追偿情形以及责任替代等三类情况做出了规定。具体如下:

第二十六条规定:"学校对学生伤害事故负有责任的,根据责任大小,适当予以经济赔偿,但不承担解决户口、住房、就业等与救助受伤害学生、赔偿相应经济损失无直接关系的其他事项。学校无责任的,如果有条件,可以根据实际情况,本着自愿和可能的原则,对受伤害学生给予适当的帮助。"

第二十七条规定:"因学校教师或者其他工作人员在履行职务中的故意或者重大过失造成的学生伤害事故,学校予以赔偿后,可以向有关责任人员追偿。"

[①] 李晓年. 高职院校学生伤害事故成因与法律处理建构[J]. 职大学报,2011(4):111-115(有修改).

第二十八条规定:"未成年学生对学生伤害事故负有责任的,由其监护人依法承担相应的赔偿责任。学生的行为侵害学校教师及其他工作人员以及其他组织、个人的合法权益,造成损失的,成年学生或者未成年学生的监护人应当依法予以赔偿。"

案例链接

为校园伤害事故撑起法治"安全伞"[①]

时年9岁的梁林(化名)和崔明(化名)均就读于河北保定某小学三年级。该学校是全托寄宿制学校。

2022年3月10日19时左右,梁林和崔明等七名同学一起在学校操场玩游戏,崔明追逐梁林,梁林在奔跑中不慎摔倒在地,崔明来不及躲闪,顺势趴在了已经倒地的梁林身上,梁林脸部触地,门牙磕掉一块,额面部擦伤。一起玩游戏的田东(化名)上前扶起倒地受伤的梁林,并随即报告了班主任任老师。任老师立即查看了梁林同学的伤情,向同学们了解情况,查看了操场监控,并及时联系了涉事学生家长。

3月10日当晚,梁林父母带梁林到某口腔医院进行治疗,共计花费医疗费920元。之后,梁林家长就梁林所受伤害进行了鉴定,共计花费鉴定费4 280元。

事故发生后,学校及时联系崔明同学家长,希望其配合医治受伤的梁林同学,但双方家长多次协商未果。

梁林将学校、崔明一家及某保险股份有限公司诉至法院,请求判令五被告连带赔偿医疗费、护理费、营养费、交通费、鉴定费、精神抚慰金等费用共计9 951元。

庭审中,崔明父母辩称,此事件之所以发生,原因是学校操场地面坑洼不平且留有砖头,导致梁林奔跑中不慎被绊倒。崔明并无任何过错,两人年龄相仿、认知相当,不存在谁对谁负有特别义务,而且双方各自奔跑,并无任何主动的侵权行为,不应当承担责任。

学校则辩称,对于限制民事行为能力人,学校只有存在过错才应当承担责任,本次事故中学校没有过错,不应当承担责任。

高碑店市人民法院审理后认为:公民的生命健康权受法律保护,行为人因过错侵害他人民事权益的,应当承担侵权责任。法院根据各方的过错程度、致害原因等因素,酌情确定被告学校承担赔偿责任,被告某保险股份有限公司于本判决生效后七日内支付原告梁林医疗费、护理费、营养费、鉴定费等共计6 470.5元,驳回原告梁林其他诉讼请求。判决后,双方均服判息诉,该判决现已生效。

---

① 人民法院报.为校园伤害事故撑起法治"安全伞"[EB/OL]. http://www.sdcourt.gov.cn/wfwcqfy/443527/443501/10467037/index.html,2023-05-29.

(二) 行政责任、刑事责任

虽说学生伤害事故中主要追究的是民事责任(经济赔偿),但不同法律主体的行为造成伤害后果的严重程度不一样,就可能面临不同的法律责任追究。《办法》第三十二条至第三十六条,就规定了四类不同主体,如学校里直接负责的主管人员和其他管理责任人员,教育行政部门,造成伤害的学生,受伤害学生的监护人、亲属或者其他有关人员等应承担相应的行政责任或刑事责任的情况。

具体如下:

第三十二条规定:"发生学生伤害事故,学校负有责任且情节严重的,教育行政部门应当根据有关规定,对学校的直接负责的主管人员和其他直接责任人员,分别给予相应的行政处分;有关责任人的行为触犯刑律的,应当移送司法机关依法追究刑事责任。"

第三十三条规定:"学校管理混乱,存在重大安全隐患的,主管的教育行政部门或者其他有关部门应当责令其限期整顿;对情节严重或者拒不改正的,应当依据法律法规的有关规定,给予相应的行政处罚。"

第三十四条规定:"教育行政部门未履行相应职责,对学生伤害事故的发生负有责任的,由有关部门对直接负责的主管人员和其他直接责任人员分别给予相应的行政处分;有关责任人的行为触犯刑律的,应当移送司法机关依法追究刑事责任。"

第三十五条规定:"违反学校纪律,对造成学生伤害事故负有责任的学生,学校可以给予相应的处分;触犯刑律的,由司法机关依法追究刑事责任。"

第三十六条规定:"受伤害学生的监护人、亲属或者其他有关人员,在事故处理过程中无理取闹,扰乱学校正常教育教学秩序,或者侵犯学校、学校教师或者其他工作人员的合法权益的,学校应当报告公安机关依法处理;造成损失的,可以依法要求赔偿。"

案例链接

栽赃"老师体罚学生"者栽了[①]

2020年5月30日,微博网友"小岛里的大海"(刘某)发布两条博文,称其患哮喘的六岁女儿被广州市白云区某学校的班主任体罚,长跑学校足球大操场十圈,致孩子呕吐、呼吸困难并吐血,晚间被送入医院抢救,并附上了带血的衣服、鞋子和就医等图片。该网友还爆料班主任索贿受贿6万元且对其进行了殴打和威胁。

法院经审理查明:2019年12月,刘某认为其女儿在学校受到体罚,先后在班级微信群、朋友圈及微信签名处发布诅咒、辱骂、威胁老师的言论及图片。2020年3

---

① 谢君源,廖燕珊. 栽赃"老师体罚学生"者栽了[EB/OL]. https://www.chinacourt.org/article/detail/2020/12/id/5673791.shtml,2020-12-21.

月28日,刘某通过新浪微博持续编造其女儿被老师体罚及被老师索要照顾费等虚假信息。同年5月30日,刘某发布微博称其女儿被班主任体罚致吐血,并上传伪造的带血的衣服、鞋子等照片。

同时,为进行炒作,提高网络关注度,刘某向马某支付760元购买"增粉""点赞"及"转发"等服务,后马某将该业务转包给一非法网络平台,致该微博被转发140万余次,#广州一小学体罚哮喘儿童至吐血抢救#微博热搜被网友阅读5.4亿次,讨论19.6万次,引发网络及公共秩序严重混乱。

法院认为,被告人马某无视国家法律,在信息网络上散布虚假信息,造成公共秩序严重混乱,其行为已构成寻衅滋事罪。被告人马某犯罪后自愿如实供述自己的罪行,并自愿认罪认罚,可以从轻处罚。综合被告人马某犯罪行为的性质、情节、危害后果及认罪态度,判决被告人马某犯寻衅滋事罪,判处有期徒刑六个月。

被告人刘某在信息网络上散布虚假信息,起哄闹事,造成公共秩序严重混乱,其行为已构成寻衅滋事罪。被告人刘某犯罪后有自首情节,且认罪认罚,可以从轻处罚。综合本案的事实、情节、危害后果及刘某的认罪态度、悔罪表现,判决被告人刘某犯寻衅滋事罪,判处有期徒刑一年六个月,缓刑二年。

第二节 《中小学教育惩戒规则(试行)》解读

2020年,教育部在广泛调研、公开征求意见基础上,制定颁布了《中小学教育惩戒规则(试行)》(以下简称《规则》)。这是第一次以部门规章的形式对教育惩戒做出规定,系统规定了教育惩戒的属性、适用范围以及实施的规则、程序、措施、要求等,旨在将教育惩戒纳入法治轨道。

一、制定背景和意义

教育惩戒问题长期以来一直是教育领域中央关心、社会关注、群众关切的热点问题。2019年6月,《中共中央 国务院关于深化教育教学改革全面提高义务教育质量的意见》对制定教育惩戒有关实施细则提出明确要求。中央领导同志多次作出指示批示,两会代表、委员提出许多有关建议、提案,基层学校校长、教师普遍希望国家明确规则,解决老师不敢管、不愿管、不会管学生这一突出问题,大多数家长也对此表示支持。教育部自2019年开始组织研究《规则》的起草,开展了深入的理论研究,并广泛听取了地方教育行政部门、学校、教师等各方面的意见,还面向社会公开征求了意见,受到了高度关注,起草部门全面梳理了相关意见,经反复修改形成现在的《规则》。

教育惩戒问题"小切口""大问题",关系到学校能否全面落实教育方针,关系到落实立德树人根本任务的大战略,关系到营造良好教育生态的大问题。《中小学教育惩戒规则(试行)》于2020年9月23日教育部第三次部务会议审议通过,2020年12月23日正式公布,自2021年3月1日起施行。《规则》出台是建立在科学研判、广集民意、慎重决策基础上的,有利于将教育惩戒全面纳入法治轨道,更好地推动学校全面贯彻落实党的教育方针和立德树人根本任务。《规则》的制定和实施,让学校、教师会用、敢用、慎用教育惩戒,让家长、社会理解、支持、配合学校、教师教育和管理,共同营造良好教育生态,具有十分重要的意义。①

二、制定宗旨与依据

《规则》第一条规定:"为落实立德树人根本任务,保障和规范学校、教师依法履行教育教学和管理职责,保护学生合法权益,促进学生健康成长、全面发展,根据教育法、教师法、未成年人保护法、预防未成年人犯罪法等法律法规和国家有关规定,制定本规则。"

(一) 制定宗旨

(1) 落实立德树人根本任务。
(2) 保障和规范学校、教师依法履行教育教学和管理职责。
(3) 保护学生合法权益,促进学生健康成长、全面发展。

《规则》的制定是确权,也是限权,出发点就是将法律中规定的学校、教师的教育权进一步细化,对法律禁止的体罚等教师不当管理行为划出红线,推动落实党和国家教育方针,促进学生德智体美劳全面发展。

(二) 制定依据

《教育法》规定,学校及其他教育机构有对受教育者实施处分的权利;《义务教育法》规定,对违反学校管理制度的学生,学校应当予以批评教育;《教师法》规定,教师有评定学生品行的评价权,并提出教师应当制止有害于学生的行为或者其他侵犯学生合法权益的行为,批评和抵制有害于学生健康成长的现象;最新修订的《未成年人保护法》规定,对实施欺凌的未成年学生,学校应当根据欺凌行为的性质和程度,依法加强管教。法律虽然没有直接使用教育惩戒的概念,但这一概念已经约定俗成,被社会和教育界普遍认同,符合我们的文化传统和教育实践,也是教育权的题中应有之义。制定《规则》是确权,也是限权,出发点就是将法律规定的学校、教师的教育权进一步细化,对法律禁止的体罚等教师不当管理行为划出红线,推动落实党和国家教育方针,促进学生全面发展。《规则》名称叫"规则"而不是"办法",也是考虑不是简单规定怎么实施教育惩戒,而是着力健全规则,细化法律规定,强化可操作性和可监督性,规范学校、教师、学生、家长各方行为,寻求最佳平衡点。同时,考虑到有关教育法律如《教师法》可能做出修改,教

---

① 许映建,陈玉祥.教师职业道德与教育法规教程[M].南京:南京大学出版社,2021:7.

育惩戒的实施也要不断通过实践健全完善,《规则》将在一段时间后适时进行评估,并进行修订、完善。①

三、教育惩戒的界定

(一)教育惩戒适用范围的界定

《规则》第二条第一款,首先明确了教育惩戒的适用范围。该规则适用于普通中小学校、中等职业学校(以下称学校)。高校学生已有《普通高等学校学生管理规定》予以规范,而学前幼儿认知和行为控制能力较低,特殊教育学校学生身心发展存在障碍,都不适宜实施教育惩戒,因此《规则》将教育惩戒的实施范围限定在普通中小学校、中等职业学校。

(二)教育惩戒内涵的界定

《规则》第二条明确指出,教育惩戒是指"学校、教师基于教育目的,对违规违纪学生进行管理、训导或者以规定方式予以矫治,促使学生引以为戒、认识和改正错误的教育行为"。

这一规定,首先明确了教育惩戒的属性,其是在教育过程中发生的,学校、教师行使教育权的一种具体方式,而不是单独赋予学校、教师的一种权力。其次,明确了实施的对象和方式,是对违规违纪学生的管理、训导或者以规定方式予以矫治。再次,强调了行为的目的性,即要使学生认识和改正错误,而不能为了惩戒而惩戒。

四、实施教育惩戒遵循的原则

(一)基本原则

《规则》第三条明确规定:"学校、教师应当遵循教育规律,依法履行职责,通过积极管教和教育惩戒的实施,及时纠正学生错误言行,培养学生的规则意识、责任意识。教育行政部门应当支持、指导、监督学校及其教师依法依规实施教育惩戒。"在第四条更是直接道明了实施教育惩戒的基本要求,即实施教育惩戒应当遵循教育性、合法性、适当性的原则。

1. 教育性原则

教育惩戒应当符合教育规律,注重育人效果,坚持育人为本。要基于关爱学生的宗旨,注重人文关怀,达到教育学生遵守规则、增强自律、改过向上的目的。基于这一原则,《规则》规定,教师对学生实施教育惩戒后,应当注重与学生的沟通和帮扶,对改正错误的学生及时予以表扬、鼓励;学生受到教育惩戒或者纪律处分后,能够诚恳认错、积极

---

① 中华人民共和国教育部. 让教育惩戒有尺度、有温度——教育部政策法规司负责人就《中小学教育惩戒规则(试行)》答记者问[EB/OL]. http://www.moe.gov.cn/jyb_xwfb/s271/202012/t20201229_507960.html,2020-12-29.

改正的,可以提前解除教育惩戒或者纪律处分。

2. 合法性原则

实施教育惩戒要遵循法治原则,做到客观公正、合法合规。要以事先公布的规则为依据,尊重学生基本权利和人格尊严。《规则》要求,校规校纪中的行为规范和教育惩戒措施应当明确,并应事先公布,未经公布的校规校纪不得施行;还规定实施较重或者严重教育惩戒,要事前听取陈述申辩、事后给予救济。

3. 适当性原则

实施教育惩戒应当选择适当措施,与学生过错程度相适应。《规则》要求综合考虑学生的一贯表现、主观认识、悔过态度以及家庭环境等因素,以求最佳育人效果。[①]

(二)制定教育惩戒实施细则的要求

教育部制定的《规则》要适用全国中小学、中等职业学校,是具有原则性、普适性的。但要真正落地落实,还需要各地各学校制定实施细则,根据学校学生特点,健全相关实施的细节。对此,《规则》第五条、第六条、第二十条做了相关要求。具体如下:

1. 应当结合本地本校实际,健全实施教育惩戒的细则

《规则》第五条规定:学校应当结合本校学生特点,依法制定、完善校规校纪,明确学生行为规范,健全实施教育惩戒的具体情形和规则。

《规则》第二十条规定:各地可以结合本地实际,制定本地方实施细则或者指导学校制定实施细则。

2. 学校制定校规校纪应当广泛征求意见

《规则》第五条规定:学校制定校规校纪,应当广泛征求教职工、学生和学生父母或者其他监护人(以下称家长)的意见;有条件的,可以组织有学生、家长及有关方面代表参加的听证。校规校纪应当提交家长委员会、教职工代表大会讨论,经校长办公会议审议通过后施行,并报主管教育部门备案。教师可以组织学生、家长以民主讨论形式共同制定班规或者班级公约,报学校备案后施行。

3. 未经公布的校规校纪不得施行

《规则》第六条规定:学校应当利用入学教育、班会以及其他适当方式,向学生和家长宣传讲解校规校纪。未经公布的校规校纪不得施行。学校可以根据情况建立校规校纪执行委员会等组织机构,吸收教师、学生及家长、社会有关方面代表参加,负责确定可适用的教育惩戒措施,监督教育惩戒的实施,开展相关宣传教育等。

---

① 中华人民共和国教育部. 让教育惩戒有尺度、有温度——教育部政策法规司负责人就《中小学教育惩戒规则(试行)》答记者问[EB/OL]. http://www.moe.gov.cn/jyb_xwfb/s271/202012/t20201229_507960.html,2020-12-29.

五、对学生实施教育惩戒的情形

《规则》第七条对应当给予教育惩戒的情形做了具体化规定,学生有下列情形之一,学校及其教师应当予以制止并进行批评教育,确有必要的,可以实施教育惩戒。① 不服从:故意不完成教学任务要求或者不服从教育、管理的;② 扰乱秩序:扰乱课堂秩序、学校教育教学秩序的;③ 行为失范:吸烟、饮酒,或者言行失范违反学生守则的;④ 具有危险性:实施有害自己或者他人身心健康的危险行为的;⑤ 侵犯权益:打骂同学、老师,欺凌同学或者侵害他人合法权益的;⑥ 其他违反校规校纪的行为。

学生实施属于预防未成年人犯罪法规定的不良行为或者严重不良行为的,学校、教师应当予以制止并实施教育惩戒,加强管教;构成违法犯罪的,依法移送公安机关处理。

六、三类教育惩戒措施与禁止性的行为

(一) 一般教育惩戒

一般教育惩戒适用于违规违纪情节较轻微的学生。对此,教师可以采取的教育惩戒措施包括点名批评、做口头或者书面检讨、增加额外教学或者班级公益服务任务、一节课堂教学时间内的教室内站立、课后教导等。

在《规则》第八条中有明确规定:"教师在课堂教学、日常管理中,对违规违纪情节较为轻微的学生,可以当场实施以下教育惩戒:① 点名批评;② 责令赔礼道歉、做口头或者书面检讨;③ 适当增加额外的教学或者班级公益服务任务;④ 一节课堂教学时间内的教室内站立;⑤ 课后教导;⑥ 学校校规校纪或者班规、班级公约规定的其他适当措施。教师对学生实施前款措施后,可以以适当方式告知学生家长。"此外,第十一条第一款还规定:"学生扰乱课堂或者教育教学秩序,影响他人或者可能对自己及他人造成伤害的,教师可以采取必要措施,将学生带离教室或者教学现场,并予以教育管理。"

(二) 较重教育惩戒

较重教育惩戒适用于违规违纪情节较重或者经当场教育惩戒拒不改正的学生,包括德育工作负责人训导、承担校内公共服务、接受专门的校规校纪和行为规则教育、被暂停或者限制参加游览以及其他集体活动等。

此类教育惩戒措施在《规则》第九条有明确规定:"学生违反校规校纪,情节较重或者经当场教育惩戒拒不改正的,学校可以实施以下教育惩戒,并应当及时告知家长:① 由学校德育工作负责人予以训导;② 承担校内公益服务任务;③ 安排接受专门的校规校纪、行为规则教育;④ 暂停或者限制学生参加游览、校外集体活动以及其他外出集体活动;⑤ 学校校规校纪规定的其他适当措施。"

注意,对学生采取较重教育惩戒措施,应当及时告知家长。

(三) 严重教育惩戒

严重教育惩戒适用于违规违纪情节严重或者影响恶劣,且必须是小学高年级、初中

和高中阶段的学生,包括停课停学、法治副校长或者法治辅导员训诫、专门人员辅导矫治等。

《规则》第十条规定:"小学高年级、初中和高中阶段的学生违规违纪情节严重或者影响恶劣的,学校可以实施以下教育惩戒,并应当事先告知家长:① 给予不超过一周的停课或者停学,要求家长在家进行教育、管教;② 由法治副校长或者法治辅导员予以训诫;③ 安排专门的课程或者教育场所,由社会工作者或者其他专业人员进行心理辅导、行为干预。对违规违纪情节严重,或者经多次教育惩戒仍不改正的学生,学校可以给予警告、严重警告、记过或者留校察看的纪律处分。对高中阶段学生,还可以给予开除学籍的纪律处分。对有严重不良行为的学生,学校可以按照法定程序,配合家长、有关部门将其转入专门学校教育矫治。"

注意,对学生采取严重教育惩戒措施之前要先告知家长。

除了上述三类教育惩戒的具体措施之外,如果发现学生携带、使用、藏匿违规违法、危险物品,教师、学校可采取制止、责令交出、暂扣保管等措施。这些内容在《规则》第十一条第二款有规定:"教师、学校发现学生携带、使用违规物品或者行为具有危险性的,应当采取必要措施予以制止;发现学生藏匿违法、危险物品的,应当责令学生交出并可以对可能藏匿物品的课桌、储物柜等进行检查。"第十一条第三款规定:"教师、学校对学生的违规物品可以予以暂扣并妥善保管,在适当时候交还学生家长;属于违法、危险物品的,应当及时报告公安机关、应急管理部门等有关部门依法处理。"

(四) 教育惩戒过程中教师禁止性行为

《规则》第十二条规定,教师在教育教学管理、实施教育惩戒过程中,不得有下列行为:

(1) 以击打、刺扎等方式直接造成身体痛苦的体罚;

(2) 超过正常限度的罚站、反复抄写,强制做不适的动作或者姿势,以及刻意孤立等间接伤害身体、心理的变相体罚;

(3) 辱骂或者以歧视性、侮辱性的言行侵犯学生人格尊严;

(4) 因个人或者少数人违规违纪行为而惩罚全体学生;

(5) 因学业成绩而教育惩戒学生;

(6) 因个人情绪、好恶实施或者选择性实施教育惩戒;

(7) 指派学生对其他学生实施教育惩戒;

(8) 其他侵害学生权利的。

七、实施教育惩戒后的要求

1. 教师应当注重与学生的沟通和帮扶

《规则》第十三条第一款规定:教师对学生实施教育惩戒后,应当注重与学生的沟通和帮扶,对改正错误的学生及时予以表扬、鼓励。

2. 学校要建立学生教育保护辅导工作机制

《规则》第十三条第二款规定:学校可以根据实际和需要,建立学生教育保护辅导工作机制,由学校分管负责人、德育工作机构负责人、教师以及法治副校长(辅导员)、法律以及心理、社会工作等方面的专业人员组成辅导小组,对有需要的学生进行专门的心理辅导、行为矫治。

3. 学校要尊重学生程序性权利

《规则》第十四条规定:学校拟对学生实施本规则第十条所列教育惩戒和纪律处分的,应当听取学生的陈述和申辩。学生或者家长申请听证的,学校应当组织听证。学生受到教育惩戒或者纪律处分后,能够诚恳认错、积极改正的,可以提前解除教育惩戒或者纪律处分。

4. 学校应当支持、监督教师正当履行职务

《规则》第十五条规定:学校应当支持、监督教师正当履行职务。教师因实施教育惩戒与学生及其家长发生纠纷,学校应当及时进行处理,教师无过错的,不得因教师实施教育惩戒而给予其处分或者其他不利处理。教师违反本规则第十二条,情节轻微的,学校应当予以批评教育;情节严重的,应当暂停履行职责或者依法依规给予处分;给学生身心造成伤害,构成违法犯罪的,由公安机关依法处理。

5. 学校、教师应当重视家校协作

《规则》第十六条规定:学校、教师应当重视家校协作,积极与家长沟通,使家长理解、支持和配合实施教育惩戒,形成合力。家长应当履行对子女的教育职责,尊重教师的教育权利,配合教师、学校对违规违纪学生进行管教。家长对教师实施的教育惩戒有异议或者认为教师行为违反本规则第十二条规定的,可以向学校或者主管教育行政部门投诉、举报。学校、教育行政部门应当按照师德师风建设管理的有关要求,及时予以调查、处理。家长威胁、侮辱、伤害教师的,学校、教育行政部门应当依法保护教师人身安全、维护教师合法权益;情形严重的,应当及时向公安机关报告并配合公安机关、司法机关追究责任。

6. 学校应当加强对教师的培训

《规则》第十九条规定:学校应当有针对性地加强对教师的培训,促进教师更新教育理念、改进教育方式方法,提高教师正确履行职责的意识与能力。每学期末,学校应当将学生受到本规则第十条所列教育惩戒和纪律处分的信息报主管教育行政部门备案。

八、教育惩戒的救济

学生及其家长如果对学校、教师对学生实施的教育惩戒不服的,可以通过相关程序和方式对自身相关权利进行维护,要求得到合理救济。

1. 学生及其家长可以向学校提起申诉

《规则》第十七条第一款规定:学生及其家长对学校依据本规则第十条实施的教育惩戒或者给予的纪律处分不服的,可以在教育惩戒或者纪律处分作出后 15 个工作日内

向学校提起申诉。

2. 学校应当成立学生申诉委员会

《规则》第十七条第二、三款规定：学校应当成立由学校相关负责人、教师、学生以及家长、法治副核长等校外有关方面代表组成的学生申诉委员会，受理申诉申请，组织复查。学校应当明确学生申诉委员会的人员构成、受理范围及处理程序等并向学生及家长公布。学生申诉委员会应当对学生申诉的事实、理由等进行全面审查，作出维持、变更或者撤销原教育惩戒或者纪律处分的决定。

3. 学生或者家长可以申请行政复核、行政复议或者行政诉讼

《规则》第十八条规定：学生或者家长对学生申诉处理决定不服的，可以向学校主管教育部门申请复核；对复核决定不服，可以依法提起行政复议或者行政诉讼。

案例链接

为"戒尺"断案，学生犯错老师"怎么管"？[1]

在班主任老师的眼里，小杨原本是一名成绩优秀的学生，并获评"三好学生"。然而随着课业的加重，小杨逐渐跟不上学习的节奏，并产生抵抗情绪，经常迟到早退、违反校规，还会莫名地和同学发脾气。在一次体育课上，小杨因站位顺序与同学小亚发生争执，小杨情绪激动之下打了对方一记耳光。小杨打人的行为被老师批评后，却坚持认为自己没错。等不来小杨一句道歉的小亚家长一气之下报了警。虽然在公安机关的主持下调解结案，但小杨却渐渐被同学疏远。没过多久，同学小天也因对小杨不满，在朋友圈发布了几条针对小杨的侮辱性言论，小杨也报了警，但双方没能达成和解。最终，公安机关鉴于小天是未成年人，且认错态度较好，作出了不予处罚的决定。

在"打耳光""朋友圈"等事件后，学校考虑到事情在学生中产生了不良影响，便将小杨的"三好学生"宣传照从公示栏中撤掉。没想到，这一教育惩戒行为成了压倒小杨和她父亲的"最后一根稻草"。小杨的父亲老杨认为，小亚、小天之前的行为是受班主任的教唆，怀疑老师存在教唆霸凌、非法拘禁、精神恐吓等违法行为，其先后多次找学校领导理论，反映班主任的班级管理方式存在问题。最终，小杨因受此影响无法安心学业，中考失利。这个结果让老杨对学校愈加不满，他认为学校滥用教育惩戒权，有体罚学生的行为，遂报警要求予以处理。这次，当地派出所在接警后调

---

[1] 于波，张海陵，冯露. 为"戒尺"断案，学生犯错老师"怎么管"？ 江苏泰州中院：法律为教师教育惩戒权划出了"标尺"[EB/OL]. https://www.chinacourt.org/article/detail/2023/03/id/7199557.shtml, 2023-03-20.

查认为,老杨反映的情况不属实,并对其进行了劝导。老杨却觉得公安机关的处理方式是行政不作为,于是一纸诉状将当地公安机关送上了被告席。

在老杨看来,女儿小杨从小乖巧听话,近期在学习上遇到困难,班主任不仅没有起到帮助的作用,反而不公平对待小杨,无故对小杨进行惩罚,激起了孩子的逆反心理。

在学校看来,他们收到家长的投诉后,多次向家长进行了解释。教育主管部门也对学校、老师进行了约谈,但小杨始终对教育局、学校的处理不满意。学校也感到无能为力。

随着对案件审理的不断深入,承办法官了解到老杨对学校、老师的不满大多来源于一些小事,比如班主任布置作业较多;对小杨进行罚抄、罚站等处罚;撤销小杨班长、大队长职务;将小杨"三好学生"宣传照撤掉……将公安机关告上法庭,说到底是老杨对于学校、老师教育的不满,并且没有能够正确认识学校教育的本质。

纵观本案中学校及老师的一系列处理行为,均是基于教育目的,对违规违纪的学生进行管理、训导,促使学生能引以为戒,认识并改正错误,并未超出教育惩戒的必要限度。对于确有必要实施的教育惩戒,无论是学校、家长还是社会都应当理解、支持和配合,形成合力,促使学生真正认识和改正错误的行为,并能引以为戒。

作为家长,应当在家庭教育中引导配合,真正让孩子认识错误、改正错误,而不是动辄对教师的管理、惩戒行为予以否定、指责、投诉、举报,甚至要求公安机关等公权力的介入,这不仅严重背离教育管理和治安管理的初衷,混淆了两者之间的界限,而且也会给孩子形成错误的导向。

案件经合议庭讨论后一致认为,教育是全社会的责任,为了国家、民族和人类社会的未来,全社会都应当尊重教师,为教育创造优良环境,不能让教师在教书育人的同时"战战兢兢""如履薄冰"。对教师的合法正当教育惩戒权,本案中,班主任老师采取罚抄、罚站以及撤销小杨班长职务等一般教育惩戒行为,措施与小杨的过错程度相适应,并不具有伤害、报复小杨的故意,亦未造成人身伤害等严重后果,不能让教师的正当惩戒行为受到过度追究。

《中小学教育惩戒规则(试行)》,首次从法律规范层面上明确了教育惩戒的内涵、原则、适用情形以及异议程序,为教师行使教育惩戒权提供了法律遵循,也为教师行使教育惩戒权划定了红线。教育惩戒行为是学校和老师对违规违纪学生进行管理、训导或者以规定方式予以矫治,促使学生引以为戒、认识和改正错误的教育行为,其实质是学校和教师基于教育目的实施的内部教学管理活动,是《中华人民共和国教育法》和《中华人民共和国教师法》赋予学校、教师的法定权利,同时也是其应尽的义务。对于教育惩戒行为有异议的,一般应遵循内部管理行为的救济原则,向学校或者教育行政管理部门投诉、举报,由学校或主管部门通过内部程序予以解决。在教育惩戒行为超过教育管理的合理边界,造成人身伤害等严重后果时,方可由公安机关介入。

第三节 《未成年人学校保护规定》解读

为了落实学校保护职责,保障未成年人合法权益,促进未成年人德智体美劳全面发展、健康成长,根据《中华人民共和国教育法》《中华人民共和国未成年人保护法》等法律法规,《未成年人学校保护规定》(中华人民共和国教育部令第50号,以下简称《规定》)已于2021年5月25日教育部第一次部务会议审议通过,自2021年9月1日起施行。

一、制定背景

未成年人是民族的希望、祖国的未来。党中央、国务院历来高度重视未成年人保护工作,就此作出一系列重大决策部署。2020年10月,习近平总书记签署主席令,颁布新修订的《未成年人保护法》,新法于2021年6月1日起施行,其中专章对学校保护做出规定。保护未成年人是全社会的职责,也是学校的法定义务。近年来,教育部和地方教育行政部门不断加强和改进中小学管理,出台了一系列文件,后又出台了加强"五项管理"等有关文件,取得了明显成效。但是,学校未成年人保护中仍然存在着对保护职责认识不全面、相关制度可操作性不强、保护体制机制不健全等问题,迫切需要系统整合现有制度、构建未成年人学校保护的制度体系,把党中央要求和上位法规定落细落实,提升学校未成年人保护工作效能。

2018年,教育部即着手研究建立学校未成年人保护制度,在新修订的《未成年人保护法》发布后,加快推进起草工作,委托相关高校、研究机构开展课题研究论证,先后赴上海、江苏、四川等地开展深入调研,广泛听取基层教育部门、学校、教师和学生家长的意见,并征求了全国人大常委会法工委、最高人民检察院、公安部、民政部等部门意见。在此基础上形成了《规定》,于2021年6月1日正式发布。[①]

二、制定宗旨和适用对象

(一)制定宗旨

《未成年人学校保护规定》第一条除了阐明本规定的立法依据,即"根据《中华人民共和国教育法》《中华人民共和国未成年人保护法》等法律法规,制定本规定",还明确了制定的宗旨是"为了落实学校保护职责,保障未成年人合法权益,促进未成年人德智体美劳全面发展、健康成长"。

[①] 中华人民共和国教育部.落实未成年人保护法 健全未成年人学校保护体系——《未成年人学校保护规定》有关情况介绍[EB/OL]. http://www.moe.cn/fbh/live/2021/53477/sfcl/202106/t20210601_534673.html,2021-06-01.

（二）适用对象

《未成年人学校保护规定》第二条：普通中小学、中等职业学校（以下简称学校）对本校未成年人（以下统称学生）在校学习、生活期间合法权益的保护，适用本规定。

《未成年人学校保护规定》第六十二条：幼儿园、特殊教育学校应当根据未成年人身心特点，依据本规定有针对性地加强在园、在校未成年人合法权益的保护，并参照本规定、结合实际建立保护制度。幼儿园、特殊教育学校及其教职工违反保护职责，侵害在园、在校未成年人合法权益的，应当适用本规定从重处理。

考虑到《规定》主要针对学校这一特定组织构建全面保护体系，而培训机构、托育机构等不具备学校的组织架构，因此并未规定其适用《规定》，但有关机构仍应当落实未成年人保护法的要求，可以参考《规定》建立健全内部的管理制度。①

三、未成年人学校保护的基本原则

《未成年人学校保护规定》第三条：学校应当全面贯彻国家教育方针，落实立德树人根本任务，弘扬社会主义核心价值观，依法办学、依法治校，履行学生权益保护法定职责，健全保护制度，完善保护机制。

《未成年人学校保护规定》第四条：学校学生保护工作应当坚持最有利于未成年人的原则，注重保护和教育相结合，适应学生身心健康发展的规律和特点；关心爱护每个学生，尊重学生权利，听取学生意见。

《未成年人学校保护规定》第五条：教育行政部门应当落实工作职责，会同有关部门健全学校学生保护的支持措施、服务体系，加强对学校学生保护工作的支持、指导、监督和评价。

四、学校对未成年人的一般保护

《未成年人学校保护规定》第二章第八条至第十七条对学校的一般保护进行了明确规定。

1. 学校应当保护每个学生的平等权

《未成年人学校保护规定》第六条：学校应当平等对待每个学生，不得因学生及其父母或者其他监护人（以下统称家长）的民族、种族、性别、户籍、职业、宗教信仰、教育程度、家庭状况、身心健康情况等歧视学生或者对学生进行区别对待。

2. 学校应当保护学生的人身安全（生命健康权）

《未成年人学校保护规定》第七条：学校应当落实安全管理职责，保护学生在校期间

---

① 中华人民共和国教育部.落实未成年人保护法 健全未成年人学校保护体系——《未成年人学校保护规定》有关情况介绍［EB/OL］.http://www.moe.gov.cn/fbh/live/2021/53477/sfcl/202106/t20210601_534673.html,2021-06-01.

人身安全。学校不得组织、安排学生从事抢险救灾、参与危险性工作,不得安排学生参加商业性活动及其他不宜学生参加的活动。

学生在校内或者本校组织的校外活动中发生人身伤害事故的,学校应当依据有关规定妥善处理,及时通知学生家长;情形严重的,应当按规定向有关部门报告。

3. 学校应当保护学生的人身自由

《未成年人学校保护规定》第八条:学校不得设置侵犯学生人身自由的管理措施,不得对学生在课间及其他非教学时间的正当交流、游戏、出教室活动等言行自由设置不必要的约束。

4. 学校应当保护学生的人格权

《未成年人学校保护规定》第九条:学校应当尊重和保护学生的人格尊严,尊重学生名誉,保护和培育学生的荣誉感、责任感,表彰、奖励学生做到公开、公平、公正;在教育、管理中不得使用任何贬损、侮辱学生及其家长或者所属特定群体的言行、方式。

5. 学校应当保护学生的个人信息和隐私权

《未成年人学校保护规定》第十条:学校采集学生个人信息,应当告知学生及其家长,并对所获得的学生及其家庭信息负有管理、保密义务,不得毁弃以及非法删除、泄露、公开、买卖。

学校在奖励、资助、申请贫困救助等工作中,不得泄露学生个人及其家庭隐私;学生的考试成绩、名次等学业信息,学校应当便利学生本人和家长知晓,但不得公开,不得宣传升学情况;除因法定事由,不得查阅学生的信件、日记、电子邮件或者其他网络通讯内容。

6. 学校应当保护学生的受教育权

《未成年人学校保护规定》第十一条:学校应当尊重和保护学生的受教育权利,保障学生平等使用教育教学设施设备、参加教育教学计划安排的各种活动,并在学业成绩和品行上获得公正评价。

对身心有障碍的学生,应当提供合理便利,实施融合教育,给予特别支持;对学习困难、行为异常的学生,应当以适当方式教育、帮助,必要时,可以通过安排教师或者专业人员课后辅导等方式给予帮助或者支持。

学校应当建立留守学生、困境学生档案,配合政府有关部门做好关爱帮扶工作,避免学生因家庭因素失学、辍学。

《未成年人学校保护规定》第十二条:义务教育学校不得开除或者变相开除学生,不得以长期停课、劝退等方式,剥夺学生在校接受并完成义务教育的权利;对转入专门学校的学生,应当保留学籍,原决定机关决定转回的学生,不得拒绝接收。

义务教育学校应当落实学籍管理制度,健全辍学或者休学、长期请假学生的报告备案制度,对辍学学生应当及时进行劝返,劝返无效的,应当报告有关主管部门。

7. 学校应当保护学生的休息权

《未成年人学校保护规定》第十三条:学校应当按规定科学合理安排学生在校作息时间,保证学生有休息、参加文娱活动和体育锻炼的机会和时间,不得统一要求学生在规定的上课时间前到校参加课程教学活动。

义务教育学校不得占用国家法定节假日、休息日及寒暑假,组织学生集体补课;不得以集体补课等形式侵占学生休息时间。

8. 学校应当保护学生的财产权

《未成年人学校保护规定》第十四条:学校不得采用毁坏财物的方式对学生进行教育管理,对学生携带进入校园的违法违规物品,按规定予以暂扣的,应当统一管理,并依照有关规定予以处理。

学校不得违反规定向学生收费,不得强制要求或者设置条件要求学生及家长捐款捐物、购买商品或者服务,或者要求家长提供物质帮助、需支付费用的服务等。

9. 学校应当保护学生的知识产权和肖像权

《未成年人学校保护规定》第十五条:学校以发布、汇编、出版等方式使用学生作品,对外宣传或者公开使用学生个体肖像的,应当取得学生及其家长许可,并依法保护学生的权利。

10. 学校应当尊重学生的参与权和表达权

《未成年人学校保护规定》第十六条:学校应当尊重学生的参与权和表达权,指导、支持学生参与学校章程、校规校纪、班级公约的制定,处理与学生权益相关的事务时,应当以适当方式听取学生意见。

11. 学校应当保护学生的申诉权

《未成年人学校保护规定》第十七条:学校对学生实施教育惩戒或者处分学生的,应当依据有关规定,听取学生的陈述、申辩,遵循审慎、公平、公正的原则作出决定。

除开除学籍处分以外,处分学生应当设置期限,对受到处分的学生应当跟踪观察、有针对性地实施教育,确有改正的,到期应当予以解除。解除处分后,学生获得表彰、奖励及其他权益,不再受原处分影响。

五、学校对未成年人的专项保护

校园欺凌是近年来中央关心、社会关注、群众关切的教育领域热点难点问题。教育部等部门就防治校园欺凌印发了专门文件,新修订的《未成年人保护法》也对此做了专门规定。《未成年人学校保护规定》第三章第十八条至第二十四条将有关要求进一步具体化,进行了科学的制度设计,构建了防治学生欺凌、性侵害、性骚扰的规则体系。

1. 学校应当建立学生欺凌预防机制

《未成年人学校保护规定》第十八条:学校应当落实法律规定建立学生欺凌防控和

预防性侵害、性骚扰等专项制度,建立对学生欺凌、性侵害、性骚扰行为的零容忍处理机制和受伤害学生的关爱、帮扶机制。

2. 学校应当成立学生欺凌治理组织

《未成年人学校保护规定》第十九条第一款:学校应当成立由校内相关人员、法治校长、法律顾问、有关专家、家长代表、学生代表等参与的学生欺凌治理组织,负责学生欺凌行为的预防和宣传教育、组织认定、实施矫治、提供援助等。

3. 学校应当建立学生欺凌调查评估制度

《未成年人学校保护规定》第十九条第二款:学校应当定期针对全体学生开展防治欺凌专项调查,对学校是否存在欺凌等情形进行评估。

4. 学校应当建立学生欺凌教育制度

《未成年人学校保护规定》第二十条:学校应当教育、引导学生建立平等、友善、互助的同学关系,组织教职工学习预防、处理学生欺凌的相关政策、措施和方法,对学生开展相应的专题教育,并且应当根据情况给予相关学生家长必要的家庭教育指导。

5. 教职工应当及时制止的学生欺凌情形

《未成年人学校保护规定》明确学生欺凌的行为表现,归纳了侵犯身体、侮辱人格、侵犯财产、恶意排斥、网络诽谤或传播隐私等五类欺凌行为,为欺凌认定和处理提供具体指引。《未成年人学校保护规定》第二十一条:教职工发现学生实施下列行为的,应当及时制止:

(1) 殴打、脚踢、掌掴、抓咬、推撞、拉扯等侵犯他人身体或者恐吓威胁他人;

(2) 以辱骂、讥讽、嘲弄、挖苦、起侮辱性绰号等方式侵犯他人人格尊严;

(3) 抢夺、强拿硬要或者故意毁坏他人财物;

(4) 恶意排斥、孤立他人,影响他人参加学校活动或者社会交往;

(5) 通过网络或者其他信息传播方式捏造事实诽谤他人、散布谣言或者错误信息诋毁他人、恶意传播他人隐私。

《未成年人学校保护规定》明确了学生欺凌的概念。《未成年人学校保护规定》第二十一条第二款:学生之间,在年龄、身体或者人数等方面占优势的一方蓄意或者恶意对另一方实施前款行为,或者以其他方式欺压、侮辱另一方,造成人身伤害、财产损失或者精神损害的,可以认定为构成欺凌。这一概念强调了主体上的特定性、主观上的故意性、后果上的伤害性,有助于把学生欺凌和校园暴力、学生间正常的嬉闹等区别开来。

6. 学校应当建立学生欺凌关注、干预和制止机制

《未成年人学校保护规定》第二十二条:教职工应当关注因身体条件、家庭背景或者学习成绩等可能处于弱势或者特殊地位的学生,发现学生存在被孤立、排挤等情形的,应当及时干预。教职工发现学生有明显的情绪反常、身体损伤等情形,应当及时沟通了解情况,可能存在被欺凌情形的,应当及时向学校报告。学校应当教育、支持学生主动、

及时报告所发现的欺凌情形,保护自身和他人的合法权益。

7. 学校应当建立学生欺凌认定和处置机制

《未成年人学校保护规定》第二十三条:学校接到关于学生欺凌报告的,应当立即开展调查,认为可能构成欺凌的,应当及时提交学生欺凌治理组织认定和处置,并通知相关学生的家长参与欺凌行为的认定和处理。认定构成欺凌的,应当对实施或者参与欺凌行为的学生作出教育惩戒或者纪律处分,并对其家长提出加强管教的要求,必要时,可以由法治副校长、辅导员对学生及其家长进行训导、教育。

对违反治安管理或者涉嫌犯罪等严重欺凌行为,学校不得隐瞒,应当及时向公安机关、教育行政部门报告,并配合相关部门依法处理。

不同学校学生之间发生的学生欺凌事件,应当在主管教育行政部门的指导下建立联合调查机制,进行认定和处理。

8. 学校应当建立防治性侵害、性骚扰工作机制

教职工当中存在极个别害群之马对学生实施性骚扰、性侵害等行为,严重侵害学生权益,性质恶劣、影响极坏,严重违背法律和师德红线,严重冲击社会道德底线。针对这一问题,《未成年人学校保护规定》将防治性侵害、性骚扰纳入专项保护,《未成年人学校保护规定》第二十四条第一款:学校应当建立健全教职工与学生交往行为准则、学生宿舍安全管理规定、视频监控管理规定等制度,建立预防、报告、处置性侵害、性骚扰工作机制。

9. 学校应当预防并制止的性侵害、性骚扰行为

《未成年人学校保护规定》第二十四条第二款规定,学校应当采取必要措施预防并制止教职工以及其他进入校园的人员实施以下行为:

(1) 与学生发生恋爱关系、性关系;

(2) 抚摸、故意触碰学生身体特定部位等猥亵行为;

(3) 对学生作出调戏、挑逗或者具有性暗示的言行;

(4) 向学生展示传播包含色情、淫秽内容的信息、书刊、影片、音像、图片或者其他淫秽物品;

(5) 持有包含淫秽、色情内容的视听、图文资料;

(6) 其他构成性骚扰、性侵害的违法犯罪行为。

六、对未成年人学校保护的管理要求

近年来,教育部和地方教育行政部门不断加强和改进中小学管理,出台了一系列文件,教育部2021年下发的关于作业管理、睡眠时间管理、手机管理、课外读物管理、体质健康管理等五项管理办法,取得了明显成效。《未成年人学校保护规定》第四章第二十五条至第四十条对未成年人学校保护的管理要求进行了明确规定。

1. 学校应当制定规范教职工、学生行为的校规校纪

《未成年人学校保护规定》第二十五条:学校应当制定规范教职工、学生行为的校规校纪。校规校纪应当内容合法、合理,制定程序完备,向学生及其家长公开,并按照要求报学校主管部门备案。

2. 学校应当加强课程管理

《未成年人学校保护规定》第二十六条:学校应当严格执行国家课程方案,按照要求开齐开足课程、选用教材和教学辅助资料。学校开发的校本课程或者引进的课程应当经过科学论证,并报主管教育行政部门备案。

学校不得与校外培训机构合作向学生提供有偿的课程或者课程辅导。

3. 学校应当加强作业管理

《未成年人学校保护规定》第二十七条:学校应当加强作业管理,指导和监督教师按照规定科学适度布置家庭作业,不得超出规定增加作业量,加重学生学习负担。

4. 学校应当加强读物和校园文化环境管理

《未成年人学校保护规定》第二十八条:学校应当按照规定设置图书馆、班级图书角,配备适合学生认知特点、内容积极向上的课外读物,营造良好阅读环境,培养学生阅读习惯,提升阅读质量。

学校应当加强读物和校园文化环境管理,禁止含有淫秽、色情、暴力、邪教、迷信、赌博、恐怖主义、分裂主义、极端主义等危害未成年人身心健康内容的读物、图片、视听作品等,以及商业广告、有悖于社会主义核心价值观的文化现象进入校园。

5. 学校应当加强学生的安全管理

《未成年人学校保护规定》第二十九条:学校应当建立健全安全风险防控体系,按照有关规定完善安全、卫生、食品等管理制度,提供符合标准的教育教学设施、设备等,制定自然灾害、突发事件、极端天气和意外伤害应急预案,配备相应设施并定期组织必要的演练。

学生在校期间学校应当对校园实行封闭管理,禁止无关人员进入校园。

6. 学校应当加强学生成瘾性药物的管理

《未成年人学校保护规定》第三十条:学校应当以适当方式教育、提醒学生及家长,避免学生使用兴奋剂或者镇静催眠药、镇痛剂等成瘾性药物;发现学生使用的,应当予以制止、向主管部门或者公安机关报告,并应当及时通知家长,但学生因治疗需要并经执业医师诊断同意使用的除外。

7. 学校应当加强学生的体质管理

《未成年人学校保护规定》第三十一条:学校应当建立学生体质监测制度,发现学生出现营养不良、近视、肥胖、龋齿等倾向或者有导致体质下降的不良行为习惯,应当进行必要的管理、干预,并通知家长,督促、指导家长实施矫治。

学校应当完善管理制度,保障学生在课间、课后使用学校的体育运动场地、设施开展体育锻炼;在周末和节假日期间,按规定向学生和周边未成年人免费或者优惠开放。

8. 学校应当加强学生的心理健康管理

《未成年人学校保护规定》第三十二条:学校应当建立学生心理健康教育管理制度,建立学生心理健康问题的早期发现和及时干预机制,按照规定配备专职或者兼职心理健康教育教师、建设心理辅导室,或者通过购买专业社工服务等多种方式为学生提供专业化、个性化的指导和服务。

有条件的学校,可以定期组织教职工进行心理健康状况测评,指导、帮助教职工以积极、乐观的心态对待学生。

9. 学校应当加强学生的手机管理和网络管理

《未成年人学校保护规定》第三十三条:学校可以禁止学生携带手机等智能终端产品进入学校或者在校园内使用;对经允许带入的,应当统一管理,除教学需要外,禁止带入课堂。

《未成年人学校保护规定》第三十四条:学校应当将科学、文明、安全、合理使用网络纳入课程内容,对学生进行网络安全、网络文明和防止沉迷网络的教育,预防和干预学生过度使用网络。

学校为学生提供的上网设施,应当安装未成年人上网保护软件或者采取其他安全保护技术措施,避免学生接触不适宜未成年人接触的信息;发现网络产品、服务、信息有危害学生身心健康内容的,或者学生利用网络实施违法活动的,应当立即采取措施并向有关主管部门报告。

10. 任何人不得在校园内吸烟、饮酒

《未成年人学校保护规定》第三十五条:任何人不得在校园内吸烟、饮酒。学校应当设置明显的禁止吸烟、饮酒的标识,并不得以烟草制品、酒精饮料的品牌冠名学校、教学楼、设施设备及各类教学、竞赛活动。

11. 学校不得聘用教职工或引入校外人员的情形

《未成年人学校保护规定》第三十六条规定,学校应当严格执行入职报告和准入查询制度,不得聘用有下列情形的人员:

(1) 受到剥夺政治权利或者因故意犯罪受到有期徒刑以上刑事处罚的;
(2) 因卖淫、嫖娼、吸毒、赌博等违法行为受到治安管理处罚的;
(3) 因虐待、性骚扰、体罚或者侮辱学生等情形被开除或者解聘的;
(4) 实施其他被纳入教育领域从业禁止范围的行为的。

学校在聘用教职工或引入志愿者、社工等校外人员时,应当要求相关人员提交承诺书;对在聘人员应当按照规定定期开展核查,发现存在前款规定情形的人员应当及时解聘。

12. 学校教职工从业禁止依据

《未成年人学校保护规定》第三十七条：学校发现拟聘人员或者在职教职工存在下列情形的，应当对有关人员是否符合相应岗位要求进行评估，必要时可以安排有专业资质的第三方机构进行评估，并将相关结论作为是否聘用或者调整工作岗位、解聘的依据：

（1）有精神病史的；

（2）有严重酗酒、滥用精神类药物史的；

（3）有其他可能危害未成年人身心健康或者可能造成不良影响的身心疾病的。

13. 学校及教职工行为的禁止性要求

教师承担着教书育人的重要使命和塑造灵魂、塑造生命、塑造新人的神圣职责。教职工的一言一行会对学生产生直接的、重要的影响。教职工利用职务便利谋取利益，不仅侵害学生权益，而且严重损害教师形象，甚至构成违法犯罪。为规范教师行为，保护学生权益，《未成年人学校保护规定》第三十八条规定：学校应当加强对教职工的管理，预防和制止教职工实施法律、法规、规章以及师德规范禁止的行为。学校及教职工不得实施下列行为：

（1）利用管理学生的职务便利或者招生考试、评奖评优、推荐评价等机会，以任何形式向学生及其家长索取、收受财物或者接受宴请、其他利益；

（2）以牟取利益为目的，向学生推销或者要求、指定学生购买特定辅导书、练习册等教辅材料或者其他商品、服务；

（3）组织、要求学生参加校外有偿补课，或者与校外机构、个人合作向学生提供其他有偿服务；

（4）诱导、组织或者要求学生及其家长登录特定经营性网站，参与视频直播、网络购物、网络投票、刷票等活动；

（5）非法提供、泄露学生信息或者利用所掌握的学生信息牟取利益；

（6）其他利用管理学生的职权牟取不正当利益的行为。

14. 学校应当加强校车安全管理

《未成年人学校保护规定》第三十九条：学校根据《校车安全管理条例》配备、使用校车的，应当依法建立健全校车安全管理制度，向学生讲解校车安全乘坐知识，培养学生校车安全事故应急处理技能。

15. 学校应当加强校园及周边环境管理

《未成年人学校保护规定》第四十条：学校应当定期巡查校园及周边环境，发现存在法律禁止在学校周边设立的营业场所、销售网点的，应当及时采取应对措施，并报告主管教育部门或者其他有关主管部门。

学校及其教职工不得安排或者诱导、组织学生进入营业性娱乐场所、互联网上网服务营业场所、电子游戏场所、酒吧等不适宜未成年人活动的场所；发现学生进入上述场所的,应当及时予以制止、教育,并向上述场所的主管部门反映。

七、未成年人学校保护的八大工作机制

健全完善的工作机制是未成年人学校保护各项制度能够有效实施的关键。《未成年人学校保护规定》第五章第四十一条至第四十九条构建了未成年人学校保护的八大工作机制。

1. 领导机制和组织机制

《未成年人学校保护规定》第四十一条:校长是学生学校保护的第一责任人。学校应当指定一名校领导直接负责学生保护工作,并明确具体的工作机构,有条件的,可以设立学生保护专员开展学生保护工作。学校应当为从事学生保护工作的人员接受相关法律、理论和技能的培训提供条件和支持,对教职工开展未成年人保护专项培训。

有条件的学校可以整合欺凌防治、纪律处分等组织、工作机制,组建学生保护委员会,统筹负责学生权益保护及相关制度建设。

2. 教育机制

(1) 学校要积极开展以生命关怀为核心的专题教育

《未成年人学校保护规定》第四十二条:学校要树立以生命关怀为核心的教育理念,利用安全教育、心理健康教育、环境保护教育、健康教育、禁毒和预防艾滋病教育等专题教育,引导学生热爱生命、尊重生命;要有针对性地开展青春期教育、性教育,使学生了解生理健康知识,提高防范性侵害、性骚扰的自我保护意识和能力。

(2) 学校应当积极开展法治教育

《未成年人学校保护规定》第四十三条:学校应当结合相关课程要求,根据学生的身心特点和成长需求开展以宪法教育为核心、以权利与义务教育为重点的法治教育,培养学生树立正确的权利观念,并开展有针对性的预防犯罪教育。

3. 专业合作机制

《未成年人学校保护规定》第四十四条:学校可以根据实际组成由学校相关负责人、教师、法治副校长(辅导员)、司法和心理等方面专业人员参加的专业辅导工作机制,对有不良行为的学生进行矫治和帮扶;对有严重不良行为的学生,学校应当配合有关部门进行管教,无力管教或者管教无效的,可以依法向教育行政部门提出申请送专门学校接受专门教育。

4. 民主参与机制

《未成年人学校保护规定》第四十五条:学校在作出与学生权益有关的决定前,应当告知学生及其家长,听取意见并酌情采纳。

学校应当发挥学生会、少代会、共青团等学生组织的作用,指导、支持学生参与权益保护,对于情节轻微的学生纠纷或者其他侵害学生权益的情形,可以安排学生代表参与调解。

5. 家校沟通机制

《未成年人学校保护规定》第四十六条：学校应当建立与家长有效联系机制，利用家访、家长课堂、家长会等多种方式与学生家长建立日常沟通。

学校应当建立学生重大生理、心理疾病报告制度，向家长及时告知学生身体及心理健康状况；学校发现学生身体状况或者情绪反应明显异常、突发疾病或者受到伤害的，应当及时通知学生家长。

6. 强制报告机制

《未成年人学校保护规定》第四十七条：学校和教职工发现学生遭受或疑似遭受家庭暴力、虐待、遗弃、长期无人照料、失踪等不法侵害以及面临不法侵害危险的，应当依照规定及时向公安、民政、教育等有关部门报告。学校应当积极参与、配合有关部门做好侵害学生权利案件的调查处理工作。

7. 首问负责机制

《未成年人学校保护规定》第四十八条：教职员工发现学生权益受到侵害，属于本职工作范围的，应当及时处理；不属于本职工作范围或者不能处理的，应当及时报告班主任或学校负责人；必要时可以直接向主管教育行政部门或者公安机关报告。

8. 帮扶救助机制

《未成年人学校保护规定》第四十九条：学生因遭受遗弃、虐待向学校请求保护的，学校不得拒绝、推诿，需要采取救助措施的，应当先行救助。

学校应当关心爱护学生，为身体或者心理受到伤害的学生提供相应的心理健康辅导、帮扶教育。对因欺凌造成身体或者心理伤害，无法在原班级就读的学生，学生家长提出调整班级请求，学校经评估认为有必要的，应当予以支持。

八、未成年人学校保护的教育行政部门支持与监督机制

未成年学校保护不仅是学校的职责，还需要政府给予支持保障，需要政府加强监督指导。《未成年人学校保护规定》第六章第五十条至第五十六条对未成年人学校保护教育行政部门的支持与监督机制进行了明确规定。

1. 教育行政部门应当建立协同机制

《未成年人学校保护规定》第五十条：教育行政部门应当积极探索与人民检察院、人民法院、公安、司法、民政、应急管理等部门以及从事未成年人保护工作的相关群团组织的协同机制，加强对学校学生保护工作的指导与监督。

2. 教育行政部门应当落实从业禁止机制

《未成年人学校保护规定》第五十一条：教育行政部门应当会同有关部门健全教职工从业禁止人员名单和查询机制，指导、监督学校健全准入和定期查询制度。

3. 教育行政部门提供专业服务

《未成年人学校保护规定》第五十二条：教育行政部门可以通过政府购买服务的方式，组织具有相应资质的社会组织、专业机构及其他社会力量，为学校提供法律咨询、心理辅导、行为矫正等专业服务，为预防和处理学生权益受侵害的案件提供支持。

教育行政部门、学校在与有关部门、机构、社会组织及个人合作进行学生保护专业服务与支持过程中，应当与相关人员签订保密协议，保护学生个人及家庭隐私。

4. 教育行政部门应当建立专门的机构队伍

《未成年人学校保护规定》第五十三条：教育行政部门应当指定专门机构或者人员承担学生保护的监督职责，有条件的，可以设立学生保护专兼职监察员负责学生保护工作，处理或者指导处理学生欺凌、性侵害、性骚扰以及其他侵害学生权益的事件，会同有关部门落实学校安全区域制度，健全依法处理涉校纠纷的工作机制。

负责学生保护职责的人员应当接受专门业务培训，具备学生保护的必要知识与能力。

5. 教育行政部门应当建立投诉渠道

《未成年人学校保护规定》第五十四条：教育行政部门应当通过建立投诉举报电话、邮箱或其他途径，受理对学校或者教职工违反本规定或者其他法律法规、侵害学生权利的投诉、举报；处理过程中发现有关人员行为涉嫌违法犯罪的，应当及时向公安机关报案或者移送司法机关。

6. 教育行政部门应当发展社会组织

《未成年人学校保护规定》第五十五条：县级教育行政部门应当会同民政部门，推动设立未成年人保护社会组织，协助受理涉及学生权益的投诉举报、开展侵害学生权益案件的调查和处理，指导、支持学校、教职工、家长开展学生保护工作。

7. 地方教育行政部门应当加强考核评估

《未成年人学校保护规定》第五十六条第一款：地方教育行政部门应当建立学生保护工作评估制度，定期组织或者委托第三方对管辖区域内学校履行保护学生法定职责情况进行评估，评估结果作为学校管理水平评价、校长考评考核的依据。

8. 各级教育督导机构应当强化督导问责

《未成年人学校保护规定》第五十六条第二款：各级教育督导机构应当将学校学生保护工作情况纳入政府履行教育职责评价和学校督导评估的内容。

九、未成年人学校保护的责任与处理

《未成年人学校保护规定》第七章第五十七条至第六十一条对未成年人学校保护的责任与处理进行了明确规定。

1. 明确学校侵权责任

《未成年人学校保护规定》第五十七条:学校未履行未成年人保护法规定的职责,违反本规定侵犯学生合法权利的,主管教育行政部门应当责令改正,并视情节和后果,依照有关规定和权限分别对学校的主要负责人、直接责任人或者其他责任人员进行诫勉谈话、通报批评、给予处分或者责令学校给予处分;同时,可以给予学校1至3年不得参与相应评奖评优,不得获评各类示范、标兵单位等荣誉的处理。

2. 明确学校监督责任

《未成年人学校保护规定》第五十八条:学校未履行对教职工的管理、监督责任,致使发生教职工严重侵害学生身心健康的违法犯罪行为,或者有包庇、隐瞒不报,威胁、阻拦报案,妨碍调查、对学生打击报复等行为的,主管教育部门应当对主要负责人和直接责任人给予处分或者责令学校给予处分;情节严重的,应当移送有关部门查处,构成违法犯罪的,依法追究相应法律责任。因监管不力、造成严重后果而承担领导责任的校长,5年内不得再担任校长职务。

3. 明确学校管理责任

《未成年人学校保护规定》第五十九条:学校未按本规定建立学生权利保护机制,或者制定的校规违反法律法规和本规定,由主管教育部门责令限期改正、给予通报批评;情节严重、影响较大或者逾期不改正的,可以对学校主要负责人和直接负责人给予处分或者责令学校给予处分。

4. 明确教职工侵权责任

《未成年人学校保护规定》第六十条:教职工违反本规定的,由学校或者主管教育部门依照事业单位人员管理、中小学教师管理的规定予以处理。

教职工实施第二十四条第二款禁止行为的,应当依法予以开除或者解聘;有教师资格的,由主管教育行政部门撤销教师资格,纳入从业禁止人员名单;涉嫌犯罪的,移送有关部门依法追究责任。

教职工违反第三十八条规定牟取不当利益的,应当责令退还所收费用或者所获利益,给学生造成经济损失的,应当依法予以赔偿,并视情节给予处分,涉嫌违法犯罪的移送有关部门依法追究责任。

学校应当根据实际,建立健全校内其他工作人员聘用和管理制度,对其他人员违反本规定的,根据情节轻重予以校内纪律处分直至予以解聘,涉嫌违反治安管理或者犯罪的,移送有关部门依法追究责任。

5. 明确教育行政部门失职责任

《未成年人学校保护规定》第六十一条:教育行政部门未履行对学校的指导、监督职责,管辖区域内学校出现严重侵害学生权益情形的,由上级教育行政部门、教育督导机构责令改正、予以通报批评,情节严重的依法追究主要负责人或者直接责任人的责任。

本章小结

教育部门规章是教育部根据法律和行政法规,在本部门权限内单独或与其他部委联合发布的命令、指示等规范性文件,全国通行有效。《学生伤害事故处理办法》明确了学生伤害事故与责任、处理程序、事故损失的赔偿、责任者的处理等事项。《中小学教育惩戒规则(试行)》首次明确了教育惩戒的内涵、原则、可实施教育惩戒措施的行为,可采取的教育惩戒措施、程序,并为教师行使教育惩戒权划定了红线,为教师"敢管、愿管、善管"创造了良好的条件。《未成年人学校保护规定》是教育部第一次就未成年人保护制定专门规章,重点围绕"谁来保护""保护什么""如何保护"等问题,系统构建未成年人学校保护的制度体系,细化和完善了法律责任,为下一步加强管理问责提供更为明确的根据。

思考题

1. 《学生伤害事故处理办法》中关于学校有过错情形的规定,给学校工作带来怎样的启示?你认为该如何防止学生伤害事故的发生?

2. 在学校教育中,教师该如何把握好教育惩戒的边界呢?

3. 在未成年人的学校保护中,什么情形是需要启动强制报告的?对此,教师应增强哪些方面的能力?

第十章 依法治教与中小学教师法治素养的提升

学习目标

1. 理解依法治教的目的和要求;掌握有效提高自身法治素养的策略方法;
2. 形成正确运用法律知识处理教育实践问题、维护教师自身和学生合法权益、监督相关主体义务履行等能力。
3. 深刻理解依法治国、依法治教、依法执教的必要性和重要性,自觉学法、尊法、守法,树立与时俱进的法治理念,养成依法执教的意识,不断提升法治素养。

内容框架

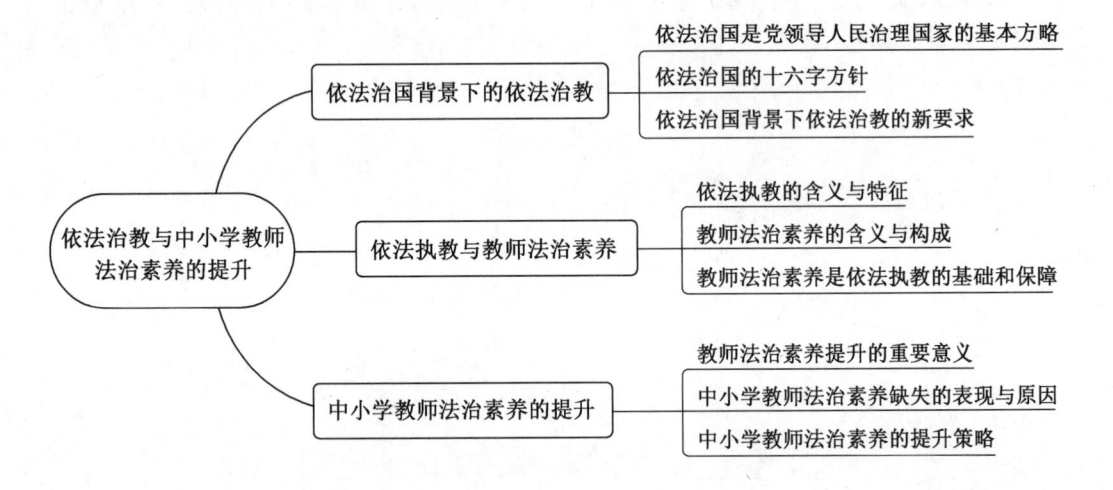

依法治教与中小学教师法治素养的提升
- 依法治国背景下的依法治教
  - 依法治国是党领导人民治理国家的基本方略
  - 依法治国的十六字方针
  - 依法治国背景下依法治教的新要求
- 依法执教与教师法治素养
  - 依法执教的含义与特征
  - 教师法治素养的含义与构成
  - 教师法治素养是依法执教的基础和保障
- 中小学教师法治素养的提升
  - 教师法治素养提升的重要意义
  - 中小学教师法治素养缺失的表现与原因
  - 中小学教师法治素养的提升策略

案例导入

对教师追加的处理被撤销①

2019年4月29日下午,五莲二中初三年级三班第二节语文课,科任教师、班主任杨某因学生李某、王某上课迟到,责令两人到教室门口等候,后两人私自跑到操场玩耍,被杨某发现后叫回。在教学楼楼道内,杨某让学生蹲在地上,用课本抽打、高跟鞋踢踹、扇耳光、辱骂等方式体罚或变相体罚10多分钟。下课后,学生李某跑到门卫室,用门卫室电话告诉家长,其家长到校发现孩子脸部、颈部、腿部等多处红肿,随即报警。辖区派出所出警调查,做完笔录后,按照《未成年人保护法》相关规定,将该起教师体罚学生事情移交县教育部门处理。

4月30日,五莲县教体局了解到情况后,责成五莲二中进行调查,依纪依规妥善处理。5月5日,五莲二中作出处理:一是对杨某予以停职一个月;二是责成杨某向当事学生和家长赔礼道歉,并书面向学校做出深刻检查;三是取消杨某2019年度评优评先资格,该年度师德考核为不合格;四是给予杨某党内警告处分,行政记过处分(12个月);五是责成杨某承担被打学生的诊疗费等合理支出;六是校长丁某对学校管理负有主要责任,责成其在学校办公会上做出深刻检查,并扣发一个季度校长职级薪酬。

五莲二中向杨某宣布了处理意见,其表示接受学校处理意见;学校向李某父亲通报了对杨某的处理意见,其对学校处理意见不满意。4月29日至6月3日,李某父亲多次到学校协商,先后提出将杨某调离五莲二中、从严从重处理等要求。

鉴于杨某体罚学生行为严重违反师德,7月1日五莲县教体局进行了专题研究,决定根据有关规定,对杨某追加处理:一是扣发杨某2019年5月至2020年4月奖励性绩效工资;二是责成五莲二中2019年新学年不再与杨某签订《山东省事业单位聘用合同》;三是将杨某自2019年7月纳入五莲县信用信息评价系统"黑名单"。

7月初,五莲县教体局关于对五莲二中杨某体罚学生处理情况的通报在网上引发关注,舆论认为不再签订聘用合同、纳入信用"黑名单"等处理过重。

7月28日,五莲县政府网站发布修正对教师处罚的消息:"日前,我县发生教师杨某体罚学生事件。县委、县政府对教体局、学校进行了严肃批评教育,7月23日教体局已撤销追加处理决定。根据涉事老师个人意愿,已将其从原学校调往五莲一中。目前,当事双方已协商达成和解。"

为何会对杨某追加处理?又为何对追加的处理给予撤销?此案例给教育领域依法

---

① 五莲教体局撤销杨守梅处罚,并调任五莲一中!央视:明确教师惩戒权,势在必行[EB/OL]. https://www.sohu.com/a/330226933_100174668,2019-07-30(有删减).

· 271 ·

治教、学校的依法治校、教师的依法执教带来怎样的启示？

第一节 依法治国背景下的依法治教

一、依法治国是党领导人民治理国家的基本方略

用明确的法律规范来调节社会生活、维护社会秩序，是古今中外的通用手段。明确将法治确立为治国理政的基本方略，既是中国共产党彻底摒弃人治方式的重大政治宣示，也是中国共产党统筹推进党和国家事业发展的客观现实需要，充分表明党推动当代中国发展进步的法治信念和决心。

在党的十五大提出依法治国是党领导人民治理国家的基本方略、党的十六届四中全会提出依法执政是新的历史条件下党执政的一个基本方式的基础上，党的十八大进一步提出法治是治国理政的基本方式。[1] 2020年11月16日至17日，中央全面依法治国工作会议召开，"习近平法治思想"首次正式提出，并被确立为新时代全面依法治国的根本指导思想。[2] 2022年10月16日，党的二十大报告把全面依法治国摆到党和国家事业发展布局更加突出、更加重要的位置，做了专章论述、专门部署，将法治贯穿于全面建设社会主义现代化国家各领域各环节，在党的百年法治奋斗史上书写了新的光辉篇章，充分彰显了我们党矢志不渝推进法治建设的坚定决心和意志。

1. 依法治国是新时代坚持和发展中国特色社会主义的本质要求

进入新时代，我国发展阶段、社会主要矛盾、奋斗目标、国际地位等都发生重大变化。特别是随着社会主要矛盾的变化，人民在民主、法治、公平、正义、安全、环境等方面的要求日益增长。要不断开拓新时代中国特色社会主义事业更加广阔的发展前景，必须加快推进社会主义法治国家建设，将全面依法治国摆到关系全局的战略位置，善于运用法治维护党的全面领导和党中央集中统一领导，善于运用法治保障人民合法权益和美好生活，善于运用法治坚持和发展中国特色社会主义制度，在法治轨道上全面建设社会主义现代化国家，为习近平新时代中国特色社会主义提供有力法治支撑。

2. 依法治国是统筹推进党和国家事业发展布局的迫切需要

"全面依法治国，关系党执政兴国，关系人民幸福安康，关系党和国家长治久安。"这"三个关系"充分说明了全面依法治国在治国理政中的全局性、战略性、基础性、保障性地位。当前，我国经济社会发展形势总体是好的，但面对的改革发展稳定任务之重前所未有、面对的各类矛盾风险挑战之多前所未有，不少深层次矛盾和问题长期没有得以解

---

[1] 熊选国.论全面依法治国的战略地位和作用[J].中国法学,2023(2):5-24.
[2] 章志远.习近平法治思想中的严格执法理论[J].比较法研究,2022(3):13-27.

决，还要进行具有许多新的历史特点的伟大斗争。在千头万绪中，必须抓住党和国家事业发展中的主要矛盾、突出矛盾，抓住人民群众最关切、最希望解决的重大问题、突出问题，确定战略重点、战略任务。治理一个国家、一个社会，关键是立规矩、讲规矩、守规矩，法律是治国理政最大最重要的规矩。统筹党和国家事业发展，必须把全面依法治国摆在更加突出、更加重要的位置。法治是治国理政的基本方式，是国家治理体系和治理能力的重要依托，是国家核心竞争力的重要内容。

3. 依法治国是推进国家治理体系和治理能力现代化的必然选择

"在我们这个有着14亿多人口、地域辽阔、民族众多、国情复杂、发展任务艰巨的大国执政，要保证国家统一、政令统一、市场统一，要实现经济发展、政治清明、文化昌盛、社会公正、生态良好，必须更加重视法治、厉行法治。"[1]习近平总书记还强调："中国特色社会主义实践向前推进一步，法治建设就要跟进一步。"推进国家治理现代化，必须坚持依法治国，为党和国家事业发展提供根本性、全局性、长期性的制度保障。只有始终秉持法律这个准绳、用好法治这个方式，更好发挥法治的引领、推动、规范和保障作用，才能不断开创"中国之治"更加靓丽的风景线，不断开拓中国式现代化更加广阔的光明前景。[2]

4. 依法治国是实现中华民族伟大复兴中国梦的内在要求

一个良法善治的法治中国，是中华民族伟大复兴中国梦的题中应有之义。改革开放以来，我们虽然在社会主义法治建设上取得了一系列重大成就，但有法不依、执法不严、司法不公、违法不究等问题依然存在，这些问题严重损害法治权威，严重影响社会公平正义。依法治国既是立足于解决我国改革发展稳定中的矛盾和问题的现实考量，更是着眼于实现中华民族伟大复兴中国梦、实现党和国家长治久安的长远考虑。

当今世界正经历百年未有之大变局，国际制度性权力和未来世界主导权之争成为大国博弈的主要方面，国际竞争越来越体现为制度、规则、法律之争。中国要走向世界，以负责任大国参与国际事务，必须善于运用法治，统筹推进国内法治和涉外法治，用法治方式有效应对挑战、防范风险，维护国家主权、安全、发展利益。[3]

二、依法治国的十六字方针

1978年，党的十一届三中全会首次确立了"有法可依、有法必依、执法必严、违法必究"社会主义法制建设方针。在这十六字方针的指导下，中国的法制建设取得了长足的进步。2012年党的十八大报告正式提出"科学立法、严格执法、公正司法、全民守法"，后来习近平同志多次予以强调，在党的十八届四中全会上被确定为依法治国所遵循的法治建设方针。

---

[1] 习近平.习近平关于全面依法治国论述摘编[M].北京:中央文献出版社,2015:9.
[2] 熊选国.论全面依法治国的战略地位和作用[J].中国法学,2023(2):5-24.
[3] 熊选国.论全面依法治国的战略地位和作用[J].中国法学,2023(2):5-24.

"新十六字方针"是对原"十六字方针"的丰富和发展,体现了与时俱进,它进一步明确了法治建设的基本内涵、主要任务、具体要求和衡量标准,是中国新时期全面加快推进法治中国建设的工作方针,也是法治中国建设的衡量标准。

(一) 科学立法

"科学立法"包含两个层面的要义:一是立法的内容体系完备,政治、经济、社会等领域均有完备的法律规范,为人们开展社会活动提供明确的规范指引,如《民法典》的颁布就是科学立法的范例;二是立法遵循程序正当原则,增加广大民众参与立法的途径,通过召开座谈会或听证会、委托第三方立法等形式,保障专家学者、普通民众参与立法的话语权,真正做到立法为民。① 在法治领域,究竟走什么样的路,首先取决于立什么样的法。因此,科学立法成为提高立法质量的基本途径。

党的二十大报告在两处提及了"科学立法",一是在法治工作基本格局中将"科学立法"与"严格执法""公正司法""全民守法"相并列,进一步强调了"科学立法"作为法治工作首要环节的重要地位;二是从立法工作原则的角度再次强调了科学立法、民主立法、依法立法的重要性,并且在"科学立法"原则的指导下,旨在追求"立法系统性、整体性、协同性、时效性"。因此,坚持"科学立法"原则,要把立法作为法治工作的起点,从源头抓起,"抓早抓好"才能保证全面依法治国各项工作的有序展开。②

遵循党的二十大报告关于科学立法的规定精神,就是要以宪法为核心来构建中国特色社会主义法律体系,要以科学立法精神来体现立法对改革开放和社会主义现代化建设的推动作用,要以科学立法的要求来加强重点领域、新兴领域和涉外领域立法,把科学立法精神渗透到立法工作的各个方面,形成立法工作的法治格局。③

(二) 严格执法

党的十八届四中全会通过的《中共中央关于全面推进依法治国若干重大问题的决定》指出:"法律的生命力在于实施,法律的权威也在于实施。"良法如果无法得到执行,法治就将沦为空谈。

严格执法是指在执行法律法规或掌握标准时,不放松、不走样,做到严厉、公平、公正。执法,也称为法的执行,有广义和狭义两种理解方式。广义的执法是指所有国家机关、公职人员及被授权或被委托的组织及其人员依照法定职权和程序,贯彻实施法律的活动。狭义的执法专指国家行政机关、公务员及其授权组织等依照法定职权和程序,贯彻和实施法律的活动。本节所讲的执法是狭义的执法,也可称之为"行政执法"。"行政执法作为行政机关实施法律法规、履行政府职能、管理经济社会事务的主要方式,与人民群众之间的联系最为紧密、直接,既是行政机关最重要的职能,也是法治政府建设的

---

① 宋随军,胡馨予.论中国特色法治建设方针的发展[J].中州学刊,2021(5):54-62.
② 莫纪宏.党的二十大报告中"立法"及其价值指向[J].人民检察,2023(3):1-4.
③ 莫纪宏.党的二十大报告中"立法"及其价值指向[J].人民检察,2023(3):1-4.

关键环节。"[①]

（三）公正司法

公正是法治的生命线，公正司法是司法的生命和灵魂。在党的二十大报告中，习近平总书记再次指出，"公正司法是维护社会公平正义的最后一道防线"，并围绕公正司法提出了体系化的新理念、新思想和新战略，凸显了公正司法在全面依法治国与法治中国建设中的重要价值。[②]

司法又被称为"法的适用"或"法律适用"，是指国家司法机关依照一定职权和程序，具体适用处理各种案件的专门活动。公正司法，是指司法机关及其司法人员在司法活动的过程和结果中应坚持和体现公平和正义的原则。公正司法包括实体公正和程序公正。实体公正主要是指司法裁判的结果公正，当事人的权益得到了充分的保障，违法犯罪者受到了应有的惩罚。程序公正主要是指司法裁判的过程公正，司法程序具有正当性，当事人在司法过程中受到了公平的对待。

（四）全民守法

习近平总书记指出："全民守法，就是任何组织或者个人都必须在宪法和法律范围内活动，任何公民、社会组织和国家机关都要以宪法和法律为行为准则，依照宪法和法律行使权利或权力、履行义务或职责。"[③]这是对全民守法内涵的直接阐述。需要强调的是"全民"不仅指全体公民，还包括所有的社会组织和国家机关，对应着个人、社会和国家三个层面。而全民守法的内容既包括公民、社会组织依法享有权利和履行义务，也包括国家机关依法行使权力和履行职责。全民守法的"初阶目标是让法制成为行为准则，高阶目标是让法治成为内心信仰"[④]。

总之，"科学立法"是形成完备的法律规范体系的前提与基础，"严格执法""公正司法""全民守法"是建构法治实施体系所必不可少的环节。因此，"新十六字方针"的提出体现了我们党和政府对构建中国特色社会主义法治体系的重视，从更宏观的角度设计法治蓝图、掌控法治进程，表明我国法治建设进入相当成熟的阶段。[⑤]

三、依法治国背景下依法治教的新要求

以习近平同志为核心的党的新一代领导集体成功探索了中国特色社会主义新理论和新实践，在依法治国方面形成了一系列新理念、新思想、新战略。教育领域中依法治教同样至关重要，为建设现代教育强国提供了坚实的保障，全面推进依法治教是贯彻落

[①] 章志远.习近平法治思想中的严格执法理论[J].比较法研究,2022(3):13-27.
[②] 姜晓贞.论习近平法治思想中的公正司法观——核心要义、理论渊源与实践逻辑[J].内蒙古社会科学,2023(4):10-18.
[③] 习近平.论坚持全面依法治国[M].北京:中央文献出版社,2020:24.
[④] 刘翀,濮艳.习近平法治思想中的全民守法理论[J].实事求是,2022(6):5-12.
[⑤] 宋随军,胡馨予.论中国特色法治建设方针的发展[J].中州学刊,2021(5):54-62.

实习近平总书记全面依法治国新理念、新思想、新战略的重大政治任务。

(一) 依法治教的内涵

依法治教,即全部的教育活动都应当符合教育法律法规的有关规定,所有的教育法律关系主体在从事各类教育活动时都应当遵守和不违背教育法律的规定和精神。依法治教的本质就是依据法律法规来管理和发展教育,把法治精神贯穿于教育管理的全过程,从而推动和保障教育改革与发展的健康、有序。

正确理解依法治教,应注意把握以下三个关键点:

(1) 依法治教的主体具有广泛性。考察我国现行的教育法律法规,能成为教育法律关系主体的有:各级人民政府、各级国家教育行政机关、有关部门和社会组织、各级各类学校及其他教育机构、教育者、受教育者及其他公民。依法治教不仅仅是国家政府、机关、教育部门的事,而是全社会的事业。依法治教的主体具有广泛性,其中教育部门应带头在教育法律规定的职权范围内依法管理好教育事务,依法促进教育事业健康协调的发展。

(2) 依法治教的范围具有广泛性。依法治教不能仅仅理解为国家机关对教育的依法管理活动,更不能只理解为国家机关对教育违法行为的处罚活动。从教育行业的性质及其涉及面广的特点看,依法治教的范围既包括国家机关的教育管理活动,也包括教育行政机关和学校以及其他教育法律关系主体的管理、办学、教育教学等活动,同时也包括公民、有关部门和社会组织应承担的教育义务和责任。

(3) 依法治教的依据具有广泛性。依法治教中"法"是一个广义上的概念,不能把依法治教的法律依据仅仅理解为教育法律法规,它还应包括:宪法中有关教育的条款;以《教育法》为代表的国家教育法律、法规、规章;与教育密切相关的法律法规,如《残疾人权益保障法》等等。此外,其他法律法规和规章中有涉及教育的条款,也是依法治教的重要依据。

(二) 依法治国背景下对依法治教的新要求

1. 党领导依法治教

教育领域要加强党对依法治教的集中统一领导,总体表现为党在教育领域内领导教育立法、保证教育执法、支持教育司法、带头守法。

(1) 党领导教育立法,即党从国家教育发展现状以及人民群众对教育的现实需要出发,提出教育立法建议,立法机关结合实际情况,制定体现人民根本利益和促进国家教育发展的法律。一方面,党要把握教育立法工作的方向性,另一方面,党要把握教育立法工作的实效性,保障教育立法的质量。

(2) 党保证教育执法,即党要保证教育行政机关依法行使职权,监督教育执法部门严格执法,依法推进教育工作的开展,切实维护人民的合法权益。首先,党要强化教育执法者依法治教的理念。其次,党要加强对教育执法的监督。

(3) 党支持教育司法,即各级党组织和领导干部要支持法院、检察院能够依法独立地行使审判权和检察权,依法处理教育违法案件,提升教育司法公信力,同时要支持国家行政机关依法裁决教育纠纷活动。党要支持法院、检察院等司法机关依法独立行使职责,对任何干预其正常教育司法活动的行为要严加禁止,对干预司法机关办案的人员,给予党纪政纪处分。

(4) 党带头守法,即各级党政机关和党员必须要在宪法和法律的规范下活动,要起到带头表率作用,严格遵守宪法和各级各类的法律规定,重视教育领域相关法律,用法治思维和法治方式处理教育领域的相关问题。

2. 以保障师生权益为中心

教育是培养人的活动,教师是培养人的主体。在当下提升教育治理能力现代化的背景下,保障教育的发展,就必须从法治上保障教师的合法权益,尤其要维护弱势教师群体权益,促进教育公平,使教师可以无后顾之忧,潜心教书育人。当教师权益受到损害时要提供有效的救济方式,依法维护教师的权益。

学生是教育的对象,学生权益保护一直受到社会各界的高度关注。学生受教育权、学习权受到侵害的事件层出不穷,亟需法律的保障来维护学生的权益,用法律的手段制止侵害学生合法权益的事件发生。

在当前推进依法治教的过程中,师生权益能否得到有效保障是检验依法治教成果的试金石。[1]

3. 依法治教与以德治教相结合

新时代依法治国和以德治国相结合,是将依法治国与以社会主义核心价值观为统领的社会主义道德有机结合,以社会主义道德观念、道德水准和道德评价体系作为治国依据。[2]

由于教育的特殊性,促进教育的发展,不仅需要法治的保障,更需要德治的规范。习近平总书记多次在讲话中强调"立德树人"的重要性,立德是培养确立崇高的思想品德,树人是培养高素质的人才。新时代依法治教与以德治教相结合就是将依法治教与习近平总书记立德树人思想的有机结合。首先,国家机关以及其他有关机构等教育主体要依照法律规定,在其职权范围内从事教育的治理活动,各级各类学校及其他教育机构、社会组织和公民依照教育的法律规定,从事办学活动、教育教学活动及其他有关教育的活动。其次,教育工作者要具备良好的社会主义道德,以社会主义道德标准和道德评价体系作为治教的依据,"把立德树人内化到学校建设和管理各领域、各方面,做到以树人为核心,以立德为根本"[3]。

---

[1] 秦雅楠,郝淑华.新时代依法治国背景下依法治教的新思考[J].辽宁教育行政学院学报,2022(6):46-51(有缩减).

[2] 程之胜,高宏贵.论习近平全面依法治国思想的历史底蕴与时代特色[J].社会主义研究,2018(6):16-23.

[3] 习近平.习近平在北京大学师生座谈会上的讲话[N].人民日报,2018-05-03(2).

➤ 扫描目录页二维码，了解"全面推进依法治教所面临的基本挑战"。

第二节　依法执教与教师法治素养

政府依法行政、学校依法治校、教师依法执教是教育领域落实依法治国基本方略的必然要求。

一、依法执教的含义与特征

依法执教是指教师在教育教学活动中，按照教育法律的规定，依法行使权利，自觉履行义务，逐步使教育教学工作走上法制化和规范化。"其含义有二：一是教师的教育教学行为要在法律法规的范围内进行；二是教师要善于利用法律武器来维护自身的合法权益。"[1]

教师的依法执教具有以下几个特征：

（1）依法执教主体的特定性。依法执教的主体是教师，是在学校或者其他教育机构从事教育教学活动的专业人员。其中既包括从事教学工作的专业课教师，也包括从事教育管理工作的专业人员。

（2）依法执教范围的有限性。执教的范围仅指在教育教学活动中。教育教学活动之外的教师活动不属于依法执教的调整范围，属于教育法律之外的法律调整范畴。

（3）依法执教依据的专门性。执教必须依据法律法规进行并受教育法律法规的调整和规范。依法执教依据的是广义的法律法规，还包括教师职业行为规范和地方以及学校的教育教学管理的规章制度。教师执教必须在教育法律的明确授权或教育行政部门和学校委托下进行的。

（4）依法执教权利和义务的双重性。一方面教师对学生不仅传授知识，还要教育和管理。对学生的教育和管理既不能任意行使也不能随意放弃，既有权力又有义务。另一方面教师在依法履行义务的同时也要依法维护法律赋予自身的合法权益，这是教师完成教书育人任务的条件和保证。

（5）依法执教的目的是实现教育教学活动的规范化、法制化。最终实现依法治教，实现教育民主化与法治化。[2]

总之，依法执教是依法治教的主要内容之一，依法治教的实施很大程度上依赖教育工作者来推动和落实。

---

[1] 杜德栎,任永泽,庄可.教师道德与教育法规[M].北京:北京大学出版社,2016:180.
[2] 王雅静.城区中小学教师依法执教的现状、问题及对策研究[D].南京师范大学,2020.

二、教师法治素养的含义与构成

(一) 教师法治素养的含义

教师法治素养可定义为:教师通过不同学段不同形式的法治教育,逐步形成解决教育法律问题和追求良善公共秩序的相关素质、修养和能力。

(二) 教师法治素养的构成

教师法治素养的构成维度包括法治文化、法律知识、法律思维、法治能力、教师专业伦理。具体如下:

(1) 法治文化。法治文化是孕育教师法治素养的土壤。法治文化是相对于人治文化而存在的一种进步文化形态,是指包含民主、人权、平等、自由、正义、公平等价值在内的人类优秀法律文化类型。作为新时代教师法治素养维度之一的法治文化是指以社会主义核心价值观为统领的社会主义法治文化对传统人治文化的扬弃,高扬人的主体精神和权利意识,养成尊法、学法、守法、用法的法治意识。

(2) 法律知识。法律知识是新时代教师法治素养构成的基础。教师拥有"公民"和"教师"双重身份,其所需的法律知识可以分为公民基本法律常识、教师专业法律知识和未成年人法律知识三个部分。教师提升法治素养需加强法理知识的学习与掌握。

(3) 法律思维。法律思维是新时代教师法治素养的核心。法律思维就是依据法律、实现法律的思维。教师从事教育教学活动必须依据法律,也必须依法执教,但教师从事教育教学活动更多依靠专业判断。因此,教师法律思维主要宜吸纳底线思维、规则思维、权利思维及契约思维等,除此之外还应有证据思维,教师应养成留存具有法律效应的证据的习惯。

(4) 法治能力。法治能力是新时代教师法治素养的综合体现。法治能力是指在法治文化的隐性作用下,遵循法治思维方式,综合运用法律知识解决各种法律问题的相对稳定的心理特征。教师法治能力可分为学法能力、守法能力、用法能力和传法能力。

(5) 教师专业伦理。教师专业伦理是新时代教师法治素养的必然意蕴。法治"本身具有伦理性,所以教师专业伦理是教师法治素养的题中之义。教师专业伦理一方面要求教师遵守职业规范,另一方面要求教师内心持有自己的道德律。"[①]

三、教师法治素养是依法执教的基础和保障

教师的依法执教和教师法治素养两者之间是辩证统一的关系。教师真正做到依法执教需要具备一定的法治素养。教育法制静态层面的完备并不意味着法律在现实生活中的实现。从"应然"的教育法到"实然"的教育法需要从"文本中"通过"行动"去实现从

---

① 张利洪,周也. 新时代教师法治素养:内涵、维度与价值[J]. 中国教育法制评论,2021(1):46-57.

教育价值法律化到教育法律价值化的转化过程。一国教育法制的完备与否,不仅要看其制订了多少个教育法律法规、教育法律规范体系是否完备,还要看这些法律规范在实际生活中的运作与结果。

教师作为履行教育教学职责的专业人员,承担着教书育人,全面提高民族素质的使命,在某种意义上说,其在依法执教的过程中承担着重大责任。而教师这种责任的完全履行,相应地取决于教师的法治素养。教师的法治素养对依法执教的各方面都有积极的作用,如有助于教师树立教育责任意识、维护学生的合法权益以及处理学校的各种关系等。教师如果没有较高的法治素养作为支撑,依法执教就会很难实现,就会影响我国教育事业的法制化进程。因此,提高教师法治素养既是依法治校和依法执教的基本要求,也是其基础和保障。

第三节 中小学教师法治素养的提升

在世界教育日趋法制化的当代,依法执教不仅具有职业道德意义,同时也是教师自身得以更好发展的内在需求。法治素养作为教师职业道德修养的一部分,是其做好教育工作不可忽视的。

一、教师法治素养提升的重要意义

1. 教师法治素养的提升有助于教师自身专业化发展

"教师专业化主要指教师在整个专业生涯中,依托专业组织,通过终身专业训练,习得教育专业知识技能,实施专业自主,表现专业道德,逐步提高自身从教素质,成为一个良好的教育专业工作者的专业成长过程。"[①]从教师专业化的这个定义中,我们可以分析出,无论是"表现专业道德"还是"提高自身从教素质",在全面推进依法治教和依法执教的今天,教师的法治素养都应该成为教师专业化发展的重要内容之一,不断提升教师法治素养就是不断提升自身专业化的过程。

2. 教师法治素养的提升有助于合法实施学校教育管理和保障师生合法权益

教育是一种培养人的活动,教师在工作中直接面对的就是"接受培养、教育"的学生,教师直接承担微观教育管理任务。随着国家对教育的重视,教师获得了国家赋予的在教育实践中起支配作用的力量,即国家的教育权力,教师也因此获得了直接面对学生的教育权力。教师权力的行使,有助于教育过程处于有序状态,有助于教育教学活动的正常进行,从而更好地达到教育目标。在这一过程中,教师权力的行使无疑要受到相应教育法律的约束,以保障学生的合法权益不受侵害;同时,教师的法治素养也是保证教

---

① 刘捷.专业化:挑战21世纪的教师[M].北京:教育科学出版社,2002.

师自身合法权益得到保障的有利条件。面对侵犯教师的教育教学自主权、克扣拖欠教师工资、非法恶意解聘教师等教育法律问题，教师们采取忍耐的态度，与教师较低的法治素养不无关系。教师只有具备一定的法治素养，才能有意识地对教育行政部门和学校管理行为的合法性进行判断，更好地保证自身的合法权益。教师只有具备了较高的教育法治素养，才能避免教师权力行使中的越权现象；才能使其行使程度与学生的行为相符；才能在出于教育目的基础上，在法治理念下，完全合法并合理地行使教师权力，更好地保障学生的权益。

3. 教师的法治素养具有"师表"的示范作用，有助于学生法治素养的养成

学生素质的高低固然受家庭、社会环境等诸多因素的影响，但教师的素质是影响学生素质的主要因素。教师的一言一行，一举一动，很大程度上会成为学生模仿的对象。因此，要对学生进行法治教育，增强和提高学生的法治素养，就必须首先提高教师的法治素养。只有教师具备扎实的教育法律知识，在教育教学活动中言传身教，自觉贯彻法治精神和教育法治要求，在日常教育教学和管理活动中贯彻法治理念，才能为学生创设出尊法学法守法用法的氛围，为学生养成法治素养起到示范作用。

二、中小学教师法治素养缺失的表现与原因

经过教师的职前教育、职后培训、社会法制宣传工作等方式，中小学教师的法治素养已经有了较大提升，绝大多数教师能严格遵守法律法规、依法执教，但新闻媒体时有报道一些教育系统内发生的违法犯罪事件，也暴露出中小学教师法治素养存在的一些问题和不足。

（一）当前中小学教师法治素养缺失的表现

1. 侵犯学生人格尊严的案例时有发生

作为公民，学生享有人格尊严权，任何组织或个人都不得侵犯学生的人格尊严权。但是，当前部分教师对于学生人格尊严的尊重却不够重视，当众讽刺挖苦、破口大骂学生的情形比较常见。批评是教育的必要手段，但一定要讲究方式方法，如果言语不当或恶意中伤，会伤害学生的人格尊严，甚至构成对学生人格尊严权的侵犯，这不仅违背了师德，还是一种违法行为。[1]

---

[1] 陈永福. 教师法律素养提升探析[J]. 中学政治教学参考，2019(11)：95-96.

案例链接

不满学生只给班主任送花　女教师发飙辱骂学生[①]

2020年7月17日,一段女老师在教室里发飙责骂学生的视频引发网友热议。据了解,事发山西朔州市朔城区第六小学六年级某班,骂人的老师正是教该班数学的王老师。事发时,正值第六小学毕业典礼,因不满学生只给班主任送花,数学老师当众吐口水,辱骂学生。

7月19日,朔州市教育局官方微信发布通报称,依法依规按程序给予教师王某某留党察看二年、撤销教师资格、降低岗位等级、调离教育系统处理;给予朔城区第六小学领导班子成员(1名校长、3名副校长)免职处理。

2. 侵犯学生生命健康的案例时有发生

当前,一些教师仍然信奉"棍棒教育",对学生所犯的错误怒不可遏,简单粗暴的采用"棍棒"教育方式,对学生的生命健康造成伤害。另外,个别教师毫无底线,猥亵甚至强奸学生,严重败坏了教师群体的形象和声誉,对学生造成了不可逆转的伤害。

案例链接

教育部曝光多起反面典型[②]

2023年8月,教育部公开曝光的第十三批7起违反教师职业行为典型案例的材料中就有2起教师体罚学生的案例,分别是"甘肃省张掖市民乐县民族小学金贝贝幼儿园教师樊某某体罚幼儿问题""陕西省延安市宝塔区延安培植中学(附设小学)教师刘某体罚学生问题",2起教师骚扰或猥亵学生的案例分别是"四川省泸州市纳溪区棉花坡学校教师徐某骚扰学生问题""贵州省铜仁市碧江区和平中心小学教师吴某某猥亵多名学生问题"。

[①] 澎湃新闻."学生未送花老师发飙"事件后,山西朔城区全面整治师德师风[EB/OL]. https://www.sohu.com/a/409119844_260616,2020-07-22.

[②] 教育部.教育部公开曝光第十三批7起违反教师职业行为十项准则典型案例[EB/OL]. http://www.moe.gov.cn/jyb_xwfb/gzdt_gzdt/s5987/202308/t20230816_1074599.html,2023-08-16.

> 此类案件涉及侵犯学生生命健康。对其中情节严重、影响恶劣的教师要依法依纪依规严肃惩处,根据《中华人民共和国教师法》《教师资格条例》《最高人民法院最高人民检察院 教育部关于落实从业禁止制度的意见》《教育部关于推开教职员工准入查询工作的通知》,撤销或丧失其教师资格,列入教师资格限制库,清除出教师队伍。

3. 面对校园暴力、校园欺凌等表现出无能为力或无所作为

近年来,校园暴力事件、欺凌事件呈多发趋势,受害学生往往在财产、人身、人格尊严上受到伤害。面对校园暴力,教师既可以通过法治教育进行事前预防,也可以在校园暴力发生后帮助受害学生进行事后维权,让违纪违法学生受到应有的法律惩处。但是,一些教师在校园暴力面前无能为力。究其原因,是其先天的法治意识淡薄,而后天学校的法治教育培训缺失。教师法律素养不高,是校园暴力发生的一个重要因素。[①]

案例链接

被嫌弃排挤的女孩[②]

小楠(化名),女,高二,因人际关系问题来咨询心理老师。自述因为头发爱出油被同学说臭,甚至被用恶毒的字眼大声诅咒。她曾因为同学的言语欺凌产生每天强迫洗澡的行为,并有老师听信传言误解自己,公开侮辱自己,要不是有同学的开导,自己可能熬不过去了。

4. 教师自身权益难以维护

在教育教学工作中,教师作为"弱势群体"的一部分,其合法权益时常被侵犯。比如:工资的拖欠、学生家长的侮辱与打骂等。此外,在教育教学工作外,教师也会面临一些其他矛盾与纠纷。

---

① 陈永福.教师法律素养提升探析[J].中学政治教学参考,2019(11):95-96.
② 叶华文.警惕校园里"隐秘的角落"——心理辅导案例中的校园欺凌现象探析[J].心理与健康,2021(10):36-37.

案例链接

老师罚站学生被关派出所[①]

2018年10月16日上午8点多,株洲县育红小学三年级某班27岁女教师被该县渌口镇派出所几个警察直接从教室带走,在审讯室里被关了7个多小时,下午3点左右才被放出。事情的起因是,班里的一个女孩因为迟到,该老师让她在教室前面站了几分钟。罚站女学生很快通过电话联系到家长,孩子爸爸(该父亲是某派出所副所长)接到报案后,跟着警察到学校将女教师带到派出所。

2018年10月18日,株洲县发布官方消息,称涉事的派出所副所长已被停职检查,县纪委也已介入调查。

正如本节开头所述,教师的依法执教既要求教师要在法律法规允许的范围内实施教育教学行为,同时要保护学生合法权益不受侵害,保障自身合法权益不受侵害。

(二)中小学教师法治素养缺失的原因

1. 未受过系统的法治教育

大部分教师并非法学专业出身,大学阶段也只是对思想道德修养与法律基础课程进行了浅显的学习。未受过系统的法治教育,是导致教师法律知识欠缺、法律意识淡薄、依法办事能力不高的重要原因,是部分教师不能完全依法执教、不能采取法律手段最大限度地维护自身和学生合法利益的主要原因。

2. 无暇进行法律知识学习

教师是一个忙碌的职业,面临着繁重的教学任务和工作压力。本来,教师可以把没有学过的法律知识进行后天"补课",但为了做好教育教学工作,应对各种检查、评比和培训,使得他们没有足够的精力进行专业知识外其他知识的学习。虽然各类培训都要求把法治课程培训列入其中,但实际操作上这类培训课程很难在实践中落实,法治教育实效有限。

3. 受传统无讼思想影响

受儒家思想影响,"无讼"成为中国传统法律文化的一个重要价值取向,对中国法治乃至中国社会的发展产生了深远影响。加之诉讼成本颇高,无论是从时间还是金钱上,抑或是精力上,当事人都难以承受"诉讼之重"。因此,包括教师在内的群体不愿意、也

[①] 澎湃新闻.株洲县回应"女教师让迟到女生罚站被带到派出所":纪委介入[EB/OL].https://www.sohu.com/a/260296339_260616,2018-10-18.

无精力和法律有太多的"瓜葛",内心排斥是教师法律素养不高的历史缘由。[1]

三、中小学教师法治素养的提升策略

新时代,教师的法治素养的高低直接关乎依法办学的推进,反映教师法治教育的实效,亦关系到师生权益的实现。近年来屡次被媒体曝光的教师性侵、虐童等失范行为,以及教师权益受侵害求助无门等现象均暴露出教师法治素养亟待提高。[2]

如何有效提升教师法治素养呢?可从以下几个方面入手:

(一)更新观念,重视教师法治素养的提升

在师资培养的传统模式中往往强调的是教师的思想道德品质、专业文化科学知识、教育教学能力及组织管理能力,不重视甚至忽视教师的教育法治素养,认为教师的法治素养并不是教师职业素养的组成成分。教育行政主管部门、学校、教育行政机构等往往也并不重视教师的法治素养,更多强调的还是教师的师德,强调以德治教。正是思想观念上的一些误区,不学法、不知法、不懂法的教师,尽管责任心强,业务水平优秀,却在出现违反相关的法律法规,做出侵犯学生的名誉、荣誉、隐私、人身自由、财产甚至生命健康等权利等行为时而不自知。

现代社会是法治社会,全面提高公民的法治素养是一种必然。教师作为社会中文化教育水平较高的社会群体,承担着教书育人、培养社会主义事业建设者和接班人、提高民族素质的使命。作为承担教育教学职责的专业人员,其劳动的特点具有示范性等,教师的法治素养对推进社会的民主法治进程具有重要的意义。因此,不仅是教育行政主管部门、学校等要更加重视对教师的法治教育、宣传,教师自身更要主动更新观念,尊法、学法、知法、懂法、守法、维法,不断提高自身法治素养。

(二)在教师职前、职后持续开展法律知识的学习、宣传

1. 在师资的培养与培训中开展教育法类课程的学习

提高教师的法治素养,一方面,要不断完善教育法律体系,另一方面,要加强对现有的教育法律法规的普法与学法的工作。在全国教师资格统一考试之前,已经具有教师资格的中小学教师基本上没有系统地、正规地学习过教育法类性质课程的经历;在全国教师资格统一考试之后,因为《综合素质》考试中有专门的"教育法律法规"内容要求,所以师范专业大都开设了与之对应的课程,通过正规的课程学习及考核,提高准教师的教育法律素养。但非师范专业的学生则缺乏专门正规的课程学习,只要通过国家教师资格考试、通过招聘考试就可能进入教师队伍。对此情况,相关部门或学校要及时做好补充教育。

---

[1] 陈永福.教师法律素养提升探析[J].中学政治教学参考,2019(11):95-96.
[2] 张利洪,周也.新时代教师法治素养:内涵、维度与价值[J].中国教育法制评论,2021(1):46-57.

此外,社会、学校、培训机构应该以丰富多样的渠道对职后教师进行普法教育,让他们掌握系统的教育法律及相关法律知识。从学校方面讲,可以开辟法律宣传专栏,有针对性地介绍法律知识及其运用,并且定期更新;在师德教育活动中,进一步增加法治教育,组织教师开展尊法、知法、信法、用法、守法的系列活动;定期邀请法律专家或专业人士来学校做法律方面的报告及校内法律培训;在教师考核中,把对教师法治素养的考核落到实处。从教师继续教育培训机构方面讲,在重视教学理念、教学技能、学科专业素养、职业道德素养的同时,进一步重视将最新的教育法律法规等内容引入培训课程。从社会角度讲,可以充分利用传媒(电视、报纸杂志、网络)的优势,以多种形式大面积地对教师进行普法宣传教育,形成尊法、知法、守法、信法、用法的良好社会环境。

2. 在教育教学活动中全面提高教师的法治素养

在学校的日常工作中,在教育教学活动、课外活动、党团队活动、社会生产实践活动中,通过多种形式开展普法、学法、用法活动,全面提高教师的法治素养。如开展法律进校园活动,聘请相关的专家、学者开设教育法讲座;组织教师通过课堂教学进行系统的教育法理论知识的学习;组织教师通过听报告、看录像学习教育法知识;进行教育法知识的竞赛与考试;运用学校墙报、开展图片展览等形式进行教育法知识的宣传;针对具体教育法律纠纷案例,通过交流、讨论、调查、研究等活动学习教育法律知识。另外班会、校会、晨会、团队会、国旗下的讲话等方式也是普及教育法律知识的重要途径。

3. 在良好的校园文化环境建设中全面提高教师的法治素养

目前,各类学校都非常重视校园文化建设,学校特色的开发、学校环境(物质环境、精神环境)的建设、学校特色活动成为关注重点。在校园文化建设中要进一步重视法治文化建设。法治文化建设并非故弄玄虚,而是通过学校制度得以实现的。"制度中沉淀着精神和价值观,制度也可以塑造人们的行为,也可以通过有效实施而养成大家共同的生活方式和形成稳定的生活习惯。制度又同时可以找到合适的物质承载形式。制度文化对其他文化要素具有统摄性。"[①]所以,学校要依法制定学校规章制度、完善校内管理体制,使法治精神无时无处不在。在法治文化浓郁的环境中,教师会深受熏陶,潜移默化地形成尊法、学法、用法、守法、护法的自觉。

(三) 教师主动树立法治意识、加强实践、不断加强师德修养

1. 树立学法尊法守法用法意识

思想是行动的先导。有什么样的思想,就会进行什么样的行动。要提升教师法律素养,首先要在思想上树立法治意识。教师自身要通过主动学习教育法、教师法、教师职业道德等教育类法律法规和宪法、行政法、民法等常见、常用的法律知识,拓宽法治视野,增强法治意识,提高运用法律解决纠纷和矛盾的能力,达到最大限度地保护自身和

---

① 徐显明. 法治文化的核心是制度文化[EB/OL]. https://wenku.baidu.com/view/3b8d257c998fcc22bdd10d40.html?_wkts_=1734701479472,2013-12-18.

学生合法权益的目的。

2. 提高证据保存意识和能力

证据是依照诉讼规则认定案件事实的重要依据，它对于当事人进行诉讼活动、维护当事人合法权益，对于法院查明案件事实、依法正确裁判具有十分重要的意义。证据问题是诉讼的核心问题，在任何一起案件的审判过程中，无论是刑事案件、民事案件，还是行政案件，都需要通过证据和证据形成的证据链再现、还原事件的本来面目，法院依据充足的证据作出公正的裁判。因此，在日常教育教学过程中，教师要树立证据意识，善于保存和运用书证、物证、电子数据、视听资料等证据，提高证据保存和运用的能力。

3. 加强职业道德修养

法律是最低限度的道德，道德是最高层次的法律。教师要免于"官司缠身"，最根本的是要加强自身道德修养。通过加强师德修养，用高尚的道德约束和规范自身行为，严格按照法律法规从事教育教学工作。同时，教师要"严于律己，宽以待人"，用宽容、真诚、善良和爱为学生树立榜样，感动学生，以此减少与学生及学生家长的纠纷，减少利益冲突和诉讼发生的可能性，达到维护自身合法权益和保护学生的目的。

教育是党和国家的千年大计，是决定中华民族命运的大问题。教师作为立教之本，作为教育发展的第一资源，其素质的高低对于教育发展具有至关重要的影响。法治素养是教师素养的重要内容，也是教师综合素养的衡量标准。

本章小结

在依法治国的大背景下，依法治教是一种必然，学校的依法治校和教师的依法执教是依法治教的基础和保证。教师作为教育教学活动的主要实施者，其法治素养对依法治教具有重要的意义。教师要更新观念、主动学习、积极实践，不断提高自己的法治素养，树立依法执教的意识、提升执教能力，自觉维护教育法律法规，维护师生合法权益。

思考题

1. 当前我国全面推进依法治教过程中面临着怎样的挑战？
2. 依法治教、依法治校与教师依法执教之间是怎样的关系？
3. 教师要做到"依法执教"，需要具备怎样的素质和能力？

附 录

一、中华人民共和国教育法

二、中华人民共和国义务教育法

三、中华人民共和国教师法

四、中华人民共和国家庭教育促进法

五、中华人民共和国未成年人保护法

六、中华人民共和国预防未成年人犯罪法

七、未成年人学校保护规定

八、学生伤害事故处理办法

九、中小学教师职业道德规范

十、中小学教师违反职业道德行为处理办法

十一、新时代中小学教师职业行为十项准则

十二、中小学教育惩戒规则(试行)

主要参考文献

1. 习近平.习近平关于全面依法治国论述摘编[M].北京:中央文献出版社,2015.
2. 林崇德.师魂:新时代师德八讲[M].杭州:浙江教育出版社,2022.
3. 许映建,陈玉祥.教师职业道德与教育法规教程[M].南京:南京大学出版社,2021.
4. 教育部组编,李春秋主编.高等学校教师职业道德修养[M].北京:北京师范大学出版社,2021.
5. 中华人民共和国民法典[M].北京:中国法制出版社,2020.
6. 周琴.教师职业道德与教育法律法规[M].合肥:安徽大学出版社,2019.
7. 杜德栎,任永泽,庄可.教师道德与教育法规[M].北京:北京大学出版社,2016.
8. 徐廷福.教师职业道德修养[M].北京:北京师范大学出版社,2015.
9. 王淑琴.教师职业道德新编[M].北京:高等教育出版社,2015.
10. 卫建国.教育法规与教师道德[M].北京:北京师范大学出版社,2012.
11. 陈大伟.师德修养与教育法规[M].北京:北京师范大学出版社,2012.
12. 冯明义.师范生必读[M].北京:科学出版社,2012.
13. 李黎,吕鸿.师德与教师礼仪[M].北京:高等教育出版社,2011.
14. 肖自明,孙宏恩,韦庆华.现代教师道德修养[M].咸阳:西北农林科技大学出版社,2010.
15. 王毓珣,王颖.教师新师德六项修炼[M].重庆:西南师范大学出版社,2009.
16. 李晓燕.教育法学[M].2版.北京:高等教育出版社,2006.
17. 郑航.学校德育概论[M].北京:高等教育出版社,2007.
18. 钱焕琦.教师职业道德[M].上海:华东师范大学出版社,2008.
19. 朱小蔓,等.教育职场:教师的道德成长[M].北京:教育科学出版社,2004.
20. 叶澜,等.教师角色与教师发展新探[M].北京:教育科学出版社,2001.
21. 陈波.陶行知教育文选[M].杭州:浙江大学出版社,2014.
22. 詹万生.职业道德与职业指导[M].北京:教育科学出版社,2001.
23. 施修华.学校教育伦理学[M].上海:学林出版社,1991.
24. 马克思恩格斯全集(第6卷)[M].北京:商务印书馆,1961.
25. 林崇德,等.心理学大辞典[M].上海:上海教育出版社,2003.
26. 朱贻庭.伦理学大辞典[M].上海:上海辞书出版社,2010.
27. 王仕杰.需要德育论[M].武汉:湖北人民出版社,2010.

28. 黄正平,阎玉珍.教育法律法规教程[M].南京:南京大学出版社,2011.
29. 杨颖秀.教育法学[M].北京:中国人民大学出版社,2014.
30. 石佩臣,王少湘,柳海民.教育学基础理论[M].北京:教育科学出版社,2018.
31. 魏志耕.终身教育新论[M].长沙:湖南人民出版社,2006.
32. 王道俊,郭文安.教育学[M].北京:人民教育出版社,2009.
33. 高家伟.教育行政法[M].北京:北京大学出版社,2007.
34. 刘捷.专业化:挑战21世纪的教师[M].北京:教育科学出版社,2002.
35. 朱小蔓,笪佐领.新世纪教师教育的专业化走向[M].南京:南京师范大学出版社,2003.
36. 连秀云.新世纪教师职业道德修养[M].北京:教育科学出版社,2005.
37. [日]小原国芳.小原国芳教育论著选:下卷[M].北京:人民教育出版社,1993.
38. [美]麦金太尔.德性之后[M].龚群,戴扬毅,译.北京:中国社会科学出版社,1995.
39. [美]E.博登海默.法理学:法律哲学与法律方法[M].邓正来,译.北京:中国政法大学出版社,2004.